Couvertures supérieure et inférieure
manquantes

MALEBRANCHE

DE LA
RECHERCHE DE LA VÉRITÉ

LIVRE SECOND
DE L'IMAGINATION

AVEC UNE INTRODUCTION, DES NOTES

ET DES APPENDICES

PAR

Léon OLLÉ-LAPRUNE

MAITRE DE CONFÉRENCES A L'ÉCOLE NORMALE SUPÉRIEURE

PARIS
LIBRAIRIE CLASSIQUE EUGÈNE BELIN
Vᵉ EUGÈNE BELIN ET FILS
RUE DE VAUGIRARD, N° 52

1886

Toutes mes éditions sont revêtues de ma griffe.

Eug. Belin

AVANT-PROPOS

Le second livre de la *Recherche de la Vérité* vient d'être placé sur la liste des auteurs pour les classes de philosophie.

On cherche, dans la présente édition, à en rendre l'étude aussi agréable et aussi profitable que possible aux jeunes lecteurs que la date de l'ouvrage et le nom de l'auteur effrayent peut-être un peu. Ils s'attendent, je le crois bien, à trouver un traité vieilli, démodé, hérissé d'une métaphysique qui a fait son temps. On ne leur demande que de lire avec quelque attention : on est sûr qu'ils seront détrompés. Mais on croit bon de leur faciliter la tâche.

On leur fait donc connaître Malebranche, on leur conte sa vie : ils n'y trouveront pas beaucoup d'événements, mais l'histoire d'un esprit et d'un grand esprit a un intérêt particulier : ils verront avec plaisir Malebranche se former, sa vocation philosophique se déclarer, sa philosophie elle-même se préparer sous des influences diverses, au milieu d'études théologiques, philosophiques, scientifiques. On n'a pas craint d'entrer en d'assez longs détails pour leur bien montrer la nature d'esprit, la qualité d'âme, le caractère du grand *méditatif*.

On n'a pas cru qu'il fût utile d'exposer en raccourci sa philosophie. On s'est borné à en rappeler dans l'occasion les principes essentiels. On a jugé plus opportun de faire connaître à fond la *Recherche de la Vérité* dont le présent « traité » est une partie. Ce traité se détache bien de l'ouvrage, il forme un tout complet en soi, mais rattaché à l'ensemble, il se comprend mieux. Et puis, on est persuadé que si la lecture d'une portion assez restreinte d'un ouvrage est proposée aux élèves pour leur fournir la matière d'une étude approfondie, ce doit être aussi pour eux l'occasion d'étendre leurs connaissances par des excursions, si je puis dire, dans les environs.

Donner une idée du dessein de la *Recherche de la Vérité*, et en citer beaucoup a donc paru naturel et utile. Si l'on eût parlé beaucoup soi-même dans cette Introduction, on eût eu des scrupules de la faire si longue. Comme c'est Malebranche qui y parle presque partout, l'on se rassure et l'on ne s'excuse point.

On place dans la troisième partie de l'Introduction une étude du second livre lui-même. On y a en vue non de dispenser de lire ce livre, mais de mettre à même de le lire mieux. On fait donc remarquer combien la physiologie tient ici une grande place, et on détermine le sens et apprécie la valeur de ces explications physiologiques. Puis on dit un mot du moraliste, un seul mot, car ses mérites se découvriront assez au fur et à mesure que se fera la lecture; on indique les principes métaphysiques partout supposés ou exprimés dans le livre; on avertit du caractère chrétien en même temps que philosophique qui est sensible ou visible partout.

Il reste à signaler les *nouveautés*, c'est le mot, d'un

ouvrage qui semble si vieux. On y insiste. On fait voir Malebranche devançant sur plus d'un point la psychologie contemporaine, et l'on se réjouit de trouver chez un Français, et à la date de 1674, des observations, des aperçus, des théories que la plupart des gens croient d'origine récente et étrangère.

Après ces préparations, il est temps de donner le texte. On l'emprunte à l'édition de 1712, que Malebranche a déclarée la meilleure ; mais, comme la *Recherche de la Vérité* s'est beaucoup augmentée de 1674 à 1712, on a eu le soin de comparer le texte de 1712 à un texte antérieur. On s'est servi de la troisième édition, qui est de 1678 [1].

Au texte on a joint toutes les notes propres à l'éclaircir, notes de toutes sortes, historiques, philosophiques, philologiques, littéraires. On a pensé qu'on devait sur tous les points satisfaire la curiosité légitime des lecteurs, et leur épargner des recherches qu'ils n'auraient guère le temps ni les moyens de faire quand même ils en auraient l'envie. Un commentaire a paru utile : on s'est appliqué à le faire sobre, peut-être est-il encore bien abondant. Du moins on n'y a jamais cherché qu'à faire entendre et faire goûter le texte.

Le second livre de la *Recherche de la Vérité* est accompagné de trois *Éclaircissements*. On en donne deux ; on en supprime un, et dans les notes, à l'endroit convenable, l'on dit pourquoi.

---

1. On a conservé autant que possible la vieille ponctuation, mais non la vieille orthographe : elle déconcerterait les lecteurs ; on ne l'a maintenue que pour les noms propres : ainsi, au lieu de *Montaigne*, on a écrit *Montagne*.

On a estimé utile d'ajouter au texte quelques Appendices. La *Vie de Malebranche* par le P. André, dont M. Cousin déplorait si vivement la perte, ayant été récemment retrouvée et venant de paraître, il a paru intéressant de placer dans un premier Appendice une note sur ce curieux point d'histoire littéraire.

Un second Appendice présente aux lecteurs plusieurs passages de Malebranche, empruntés à la *Recherche de la Vérité* et au *Traité de morale;* ces ouvrages traitant des mêmes choses que le livre de *l'Imagination* en sont le naturel complément.

Les trois derniers Appendices contiennent des extraits d'auteurs du dix-septième siècle qu'il paraît avantageux de rapprocher de Malebranche. On s'est attaché à ne mettre là que ceux dont les élèves n'étudient pas ou n'étudient plus les écrits. On n'a donc rien donné de Pascal ni de La Bruyère. C'est dans les notes courantes qu'on a indiqué les rapprochements avec les *Pensées* et avec les *Caractères*. Mais on a reproduit une bonne partie de ce traité de la *Connaissance de Dieu et de soi-même*, de Bossuet, chef-d'œuvre de philosophie élémentaire, simple, vigoureuse, substantielle. On ne se console pas de ne plus voir un tel livre sur la liste des auteurs pour les classes de philosophie. La comparaison avec Malebranche était naturelle. Rien du reste n'était plus propre que ces textes de Bossuet à préciser le sens du mot Imagination au dix-septième siècle, son livre reproduisant la théorie de l'école, fondue pour ainsi dire avec celle de Descartes. On croit rendre service aux élèves de philosophie en leur fournissant ici la facilité de lire de belles pages de la première et de la troisième partie de la *Connaissance de Dieu et de soi-même*. On y a joint deux chapitres du *Traité de la concupiscence*.

De très nombreux extraits du célèbre chapitre xx de la troisième partie de la *Logique de Port-Royal* sur les erreurs qui se commettent dans la vie, et quelques pages de l'excellent et charmant traité de Fénelon sur l'*Éducation des filles*, remplissent les deux derniers Appendices.

On aurait pu extraire des écrits contemporains, anglais ou français, bien des pages intéressantes. Mais c'eût été grossir inutilement le volume, les théories contemporaines étant fort connues. Les cours et les manuels ou précis en parlent avec détail, et quelquefois plus qu'il ne convient.

C'est peut-être une édition bien chargée que l'on offre aux jeunes lecteurs du traité de l'*Imagination*. On n'y a rien voulu mettre qui ne fût utile. Si l'on a trop fait, on espère qu'une Introduction un peu longue et des Appendices un peu nombreux ne nuiront pas à Malebranche en le voulant servir. Qui empêche ceux qui voudront aller tout droit à lui de laisser le reste et de n'y recourir que dans le besoin? Des renvois faciliteront ce recours. Ce que l'on souhaite, c'est que les jeunes élèves de philosophie lisent les pages de Malebranche qui leur sont offertes, et y trouvent plaisir et profit.

INTRODUCTION

I

Vie de Malebranche. Ses écrits. Son caractère.

Jusqu'aux découvertes de M. Cousin, la vie de Malebranche était connue par l'*Éloge* de Fontenelle, le *Journal des savants* de 1715, une notice contenue dans un certain *Traité de l'Infini créé*, et l'article du P. Tabaraud dans la *Biographie universelle*. M. Cousin a le premier apporté des lumières nouvelles. Dans ses *Fragments de philosophie moderne*, il a raconté avec érudition et éloquence les relations de Malebranche avec Leibniz, Dortous de Mairan, le P. André, et publié ce que l'on a de la triple correspondance à laquelle ces relations donnèrent lieu. De plus, il a recueilli l'*Éloge* de Malebranche par le marquis d'Allemans, les *Remarques* du conseiller Chauvin, les *Mémoires* de l'oratorien Lelong, et une *Lettre* du même P. André, tous documents inédits d'une grande importance. M. Cousin avait donné l'exemple et le signal. En 1861, M. l'abbé Blampignon publiait une intéressante *Étude* sur Malebranche[1]. Il y mettait à profit ses deux précieuses découvertes, celle du manuscrit du P. Adry aux Archives nationales, et celle du manuscrit de Troyes, dont nous allons dire un mot, et il fournissait sur la vie privée et la vie publique de Malebranche d'abondants et curieux renseignements. Peu de temps après, M. Francisque Bouillier, consultant à son tour les deux manuscrits, en faisait dans le *Journal des savants* des citations heureuses, et, à l'aide de tous les documents nouveaux ajoutés aux anciens, il rassemblait en trente pages, dans un excellent chapitre de la troisième édition de son *Histoire de la philosophie cartésienne*, les détails biographiques les plus exacts et les mieux choisis[2].

Ce que nous nommons le manuscrit de Troyes est un fragment de cette *Vie* de Malebranche, composée par le père André,

---

1. *Étude sur Malebranche*, d'après des documents manuscrits, suivie d'une correspondance inédite, par l'abbé Blampignon, professeur à la Sorbonne (Douniol, 1861).
2. *Histoire de la philosophie cartésienne*, 3ᵉ édit., 1868, Delagrave, tome II, chapitre II. Voyez aussi les chapitres X, XII, XIV et XV où se trouve le récit des rapports de Malebranche avec Arnauld, Bossuet et Fénelon.

dont M. Cousin a si vivement déploré la perte. La *Vie* elle-même a été retrouvée tout récemment : elle va être publiée, elle s'imprime. On sera bien aise, pensons-nous, de trouver dans un *Appendice* l'histoire de cet ouvrage d'André.

Nicolas Malebranche, né à Paris le 6 août 1638, était le dernier des nombreux enfants de Nicolas Malebranche, secrétaire du roi trésorier des cinq grosses fermes sous Richelieu, et de Catherine de Lauzon, qui eut un frère vice-roi du Canada, intendant de Bordeaux, puis conseiller d'État. D'une complexion délicate, Malebranche fit ses humanités dans la maison paternelle. Sa mère, « femme d'un esprit rare et d'une grande vertu, s'appliqua particulièrement à le former, » et c'est à elle, assure-t-on, qu'il fut redevable de ce « langage brillant et naturel qu'on observe dans ses écrits[1]. » A seize ans, il entra en philosophie au collège de la Marche, où il eut pour maître le péripatéticien Rouillard. Au sortir de la Marche, déjà sûr de sa vocation ecclésiastique, il fit sa théologie à la Sorbonne. Ses études théologiques achevées, il refusa un canonicat à Notre-Dame. Il venait de perdre sa mère en août 1658, et cette mort lui avait fait faire des réflexions sur la vanité des choses de ce monde. Quelque temps après il perdait son père, 5 mai 1659. A vingt-deux ans il entra dans la congrégation de l'Oratoire, en 1660. L'amour de la retraite et le besoin d'une union plus intime avec Dieu le déterminaient à quitter le monde. La sainte liberté qui régnait à l'Oratoire, la ferveur qui en animait les membres, le goût des études sérieuses qu'on y professait, la nature même des pratiques qui y étaient en usage, propres à assurer la régularité sans causer de gêne et à entretenir l'esprit de pénitence sans compromettre une santé délicate, tels furent les motifs qui lui firent choisir l'institut fondé par le cardinal de Bérulle. Il y fut reçu le 21 janvier 1660, fit son noviciat au séminaire de Saint-Magloire et fut ordonné prêtre le 20 septembre 1662.

Sans doute les exercices de l'Oratoire lui procurèrent une profonde satisfaction. Il devait déjà goûter ces solides joies dont il a tant parlé dans ses livres; mais bien qu'à l'Oratoire, conformément à l'exemple du cardinal de Bérulle[2], on fût d'une part très favorable à la philosophie cartésienne et que d'autre part l'on eût saint Augustin en singulier honneur, Malebranche ne se doutait point encore de sa vocation philosophique. Il rencontrait le P. Gibieuf qui avait eu des relations personnelles avec Descartes, le P. Thomassin, épris du platonisme qu'il christianisait, le P. André Martin, qui avait publié, en 1656, 1669 et 1671, sous

---

1. Manuscrit de Troyes.
2. Le cardinal de Bérulle, mort en 1629, n'avait connu aucun des écrits de Descartes, mais il avait entendu le philosophe exposer ses idées dans cette célèbre conférence chez le nonce Bagni, que Baillet a racontée dans sa *Vie de Descartes*.

le pseudonyme d'Ambrosius Victor, une *Philosophia christiana* toute recueillie dans les écrits de saint Augustin. Et pourtant, il s'ignorait tellement lui-même qu'il se laissait appliquer à l'étude de l'histoire par le P. Lecointe, à l'étude des langues par Richard Simon; et s'il sentait très bien que ce qu'il faisait ne convenait pas à son esprit, il ne savait pas encore ce qu'il devait faire. Enfin un jour il trouve chez un libraire le *Traité de l'homme* de Descartes, y jette les yeux, se sent ému et ravi, achète le livre, l'emporte, le lit jusqu'au bout avec des battements de cœur qui le forcent à interrompre de temps en temps sa lecture : dès ce moment il se connaît. Il est philosophe. Ceci se passait en 1664.

On ne peut douter de l'authenticité de ce fait. Le marquis d'Allemans, le conseiller Chauvin, le P. Lelong le racontent, comme une particularité qu'ils tiennent de la bouche même de leur ami [1]. C'est donc à bon escient que Fontenelle a placé cette anecdote dans son *Éloge* de Malebranche. Il ne faut pas trop s'étonner de cette subite conscience qu'une circonstance accidentelle donne à Malebranche de son génie philosophique. Il n'est pas très rare que quelque rencontre imprévue amène dans la vie intellectuelle ou morale de grandes décisions. La plupart du temps ces coups d'éclat sont préparés dans l'ombre par mille causes secrètes, et on ne remarque guère que l'occasion déterminante. C'est le fruit mûr et prêt à tomber que le moindre souffle détache.

Ne songeant pas à édifier une métaphysique, Malebranche en portait déjà les éléments dans sa pensée; ne se croyant pas philosophe, et s'appliquant encore, mais sans goût, à des études de linguistique et d'histoire, il avait, peut-on dire, une philosophie. Quand il lut Descartes, ce qu'il y remarqua, nous dit le P. Lelong, ce furent « la *mécanique* et la *méthode de raisonner* ». Dans ce *Traité de l'homme*, il trouvait un philosophe pur et un savant : rien pour le sentiment, rien pour l'imagination ; une raison calme et froide, jugeant des choses après un examen sévère, et enchaînant les idées les unes aux autres dans un ordre lumineux; la science enfin, lui sembla-t-il, dégagée de toute subtilité d'école, éloignée de toute pédanterie, mais rigoureuse, débarrassée des entraves syllogistiques, mais très méthodique dans sa marche. Cette austère image lui plut : en contemplant Descartes, il se reconnut philosophe.

Dès ce moment, il se mit sous la discipline du nouveau maître qu'il venait de rencontrer ; et apprenant dans Descartes la méthode de raisonner et les principes de la philosophie fondée sur les idées claires et la mécanique, dans saint Augustin la mé-

---

[1]. Cousin, *Fragments de phil. mod.*, t. II, p. 473-474, 480, 493. — Fontenelle avait eu connaissance des *Mémoires* du P. Lelong. Voir ce qui est dit de l'*Éloge* de Fontenelle dans la lettre du P. Lelong à André, p. 510.

thode morale et les principes de la philosophie religieuse, il se proposa de porter l'exactitude et la rigueur de la science dans la métaphysique, et en même temps « de rendre les choses les plus abstraites, non seulement sensibles, mais touchantes et agréables, et d'en montrer l'influence dans la morale [1]. »

Pendant dix ans, de 1664 à 1674, Malebranche, résolu à philosopher, travaille dans la retraite. Il ne publie rien, il ne fait pas parler de lui. Mais nous pouvons sans peine deviner ce qui l'occupe, alors même que ses amis ne nous donnent aucun renseignement précis.

D'abord, il lit Descartes et saint Augustin, ou plutôt il médite dans la compagnie de ses deux grands maîtres. Il parle, en l'un de ses ouvrages, de ceux qui n'ont la philosophie nouvelle que dans la mémoire et dans l'imagination, et il leur oppose ceux qui l'ont vraiment dans l'esprit [2]. C'est bien de ceux-ci qu'il est, et ce qu'il dit de la philosophie de Descartes, il pourrait le dire de la philosophie de saint Augustin, tant il les a étudiées l'une et l'autre.

Maintenant veut-on se faire une idée de l'ordre que garda Malebranche dans ses libres études, qu'on lise le sixième chapitre de la IIe partie du livre de la *Méthode* dans la *Recherche de la Vérité*. Les renseignements que nous fournit le P. Lelong [3] sont d'accord avec le plan qui y est tracé, et l'on voit bien que c'est celui que Malebranche a suivi lui-même. Après avoir acquis quelque connaissance de soi-même et de l'Être souverain, il faut étudier l'algèbre, l'arithmétique et la géométrie; mais il serait dangereux de s'y arrêter trop longtemps. Quand on a acquis par l'usage de ces sciences une certaine étendue d'esprit, une justesse et une pénétration que d'autres études ne donneraient pas, on doit, pour ainsi dire, les *mépriser* ou les *négliger*, pour étudier la physique et la morale. La physique, considérée comme une véritable science, consiste à raisonner non sur nos sentiments, mais sur nos idées; elle est très difficile, mais très utile et très intéressante. N'y chercher que la satisfaction de sa curiosité serait n'en pas comprendre la vraie importance. Il faut l'étudier en vue de la métaphysique, et, par conséquent, considérer surtout ce peu de vérités pleinement démontrées que nous avons touchant les choses de la matière, et ne pas pousser trop loin de curieuses et inutiles recherches. Ainsi préparé, on doit s'appliquer de toutes ses forces à la morale, qui est la plus nécessaire de toutes les connaissances. C'est ici principalement qu'il est dangereux de suivre les opinions vaines des hommes. Il faut se consulter soi-même pour reconnaître la faiblesse de sa nature, consulter le Maître qui nous enseigne intérieurement les vrais principes, et en même temps étudier l'Évangile où la Sa-

---

1. Ces mots sont de Leibniz. Voir plus loin, p. 17, n. 2.
2. *Convers. chrét.*, VII.
3. *Mémoires* du P. Lelong.

gesse éternelle, se présentant à nous sans toutefois sortir hors de nous, nous apprend par des paroles sensibles et des exemples convaincants le chemin de la vraie félicité. L'Évangile nous fait connaître avec certitude les lois sur lesquelles nous devons régler nos mœurs. « Pour ceux qui ne se contentent point de la certitude à cause qu'elle ne fait que convaincre l'esprit sans l'éclairer, ils doivent méditer avec soin sur ces lois et les déduire de leurs principes naturels, afin de connaître par la raison, et avec évidence, ce qu'ils savaient déjà par la foi avec une entière certitude[1]. »

Notons tout d'abord que Malebranche aimait peu à lire. Il consultait les livres de sciences pour profiter des solides travaux accomplis avant lui ou de son temps[2]. Les autres lui semblaient, pour la plupart, au moins inutiles. Qu'y aurait-il cherché? Les opinions d'autrui? Elles n'excitaient point sa curiosité. Une instruction sérieuse? Il comptait bien plus sur la méditation, que toutes ces voix du dehors ne font que troubler. Mairan lui demandant ce qu'il pense de l'*Éthique* de Spinoza : « Je n'ai point le livre dont vous me parlez, répond-il. J'en ai lu autrefois une partie; mais j'en fus bientôt dégoûté... Je n'ai point lu les réfutations qu'on a faites de ses erreurs : car *je n'en ai pas besoin.* » Et à un ami il écrit : « Il y a peu ou point de livres qui me plaisent. Si l'on faisait tous les ans un petit volume in-12 qui me contentoit, je serais satisfait des savants. Quand je n'avais que vingt-cinq ans, j'entendais ce que je lisais dans les livres; mais à présent je n'y entends plus rien dans la plupart[3]. »

1. *Rech. de la Vér.*, l. VI, part. II, ch. VI. — Voir aussi *Rech. de la Vér.*, liv. I, ch. VII, et *Entret. mét.*, X et XI.
2. Dans le XI° *Entretien métaphysique*, Malebranche expose plusieurs expériences qu'il a faites lui-même. Voir § 8 et 9. — Le P. Daniel écrit au P. Poisson, le 10 avril 1670 : « Le R. P. de Malebranche m'a fait l'honneur de m'écrire qu'il a présentement un fourneau où il met couver des œufs, et qu'il en a déjà ouvert dans lesquels il a vu le cœur formé et battant, avec quelques artères. » Manuscrit du P. Adry, II° partie. Malebranche cite Malpighi, Swammerdam, le *Journal des savants*, *Rech.*, I, et *Entret. mét.*, XI; dans le second livre de la *Recherche*, Willis, Fernel, Pecquet, Swammerdam, Sylvius, Harvey, etc. — Plus tard, il parlera de Newton, *Corresp. inéd.*, publiée par M. Blampignon, p. 25. — Il faut citer son jugement : « Quoique M. Newton ne soit point physicien, son livre (l'*Optique*, qui parut en 1704) est très curieux et très utile à ceux qui ont de bons principes de physique. Il est d'ailleurs excellent géomètre. Tout ce que je pense des propriétés de la lumière s'ajuste à toutes ses expériences. » Parmi les noms que cite Malebranche, beaucoup sont étrangers. Il y avait alors entre les savants une sorte de confraternité bien remarquable. Quand il s'agit d'informations scientifiques, d'observations, de faits, Malebranche les prend de quelque part qu'ils viennent. En philosophie, il est d'un autre sentiment. Voir ce qu'il dit à la fin de la *Recherche de la Vérité*. « Ceux qui liront les ouvrages de ce savant homme (Descartes)... sentiront une secrète joie d'être nés dans un siècle et dans un pays assez heureux pour nous délivrer de la peine d'aller chercher dans les siècles passés parmi les païens, et dans les extrémités de la terre, parmi les barbares ou les étrangers, un docteur pour nous instruire de la vérité ou plutôt un moniteur assez fidèle pour nous disposer à en être instruits. »
3. *Corresp. inéd.* publiée par

A vingt-cinq ans même il lisait peu, et sans grand plaisir, et, je crois aussi, sans grand profit. S'il est vrai que dans son premier ouvrage on trouve un certain nombre de citations, souvenirs encore récents de ses études littéraires, on remarquera qu'il ne cite guère les philosophes et qu'il traite avec un suprême dédain les érudits et les commentateurs. Celui qui écrivait ces choses était-il homme à rechercher curieusement les livres des cartésiens? Et dans quel intérêt, je vous prie? Méditer avec Descartes, comme avec saint Augustin, voilà qui est bien, car c'est utile. Mais étudier ce que d'autres ont dit de Descartes, ou d'après Descartes, à quoi bon? Je pense donc que si Malebranche rencontrait, sans les chercher, quelques livres philosophiques de bonne apparence, il se hasardait à y jeter les yeux, et si la chose lui plaisait, il s'y arrêtait un peu, et s'il y trouvait quelque chose de bon, quelque excitation à penser, quelque stimulant pour la piété, il en profitait. Mais voilà tout.

C'est ainsi qu'il a certainement lu la *Logique* de Port-Royal, publiée en 1662 et arrivée en 1673 à sa quatrième édition. Il y fait allusion quelque part, et dans la *Recherche de la Vérité* on en trouverait sans peine des ressouvenirs. Mais il en garda, paraît-il, une impression peu profonde, puisque, consulté par André sur les meilleurs ouvrages à suivre dans un cours de philosophie, il ne songe pas à nommer l'*Art de penser*; il n'a rien à dire sur la logique; il n'en connaît de bonne que la naturelle, jointe aux règles qu'il a données dans le livre de la *Recherche de la Vérité*; il ne sait pas trop quels sont les livres qui seraient utiles[1].

Très certainement aussi il a lu les *Pensées* de Pascal, publiées par MM. de Port-Royal en 1670. Qui ne serait tenté de croire qu'il en demeura frappé? Ce souci vif des choses de l'âme, cette

---

M. Blampignon, p. 4. Cette lettre de Malebranche me rappelle un charmant passage d'un écrit peu connu de Leibniz, *Préceptes pour avancer les sciences*, édit. Erdmann, LIII, p. 165. « Je ne désapprouve pas entièrement ces petits livres à la mode, qui sont comme les fleurs d'un printemps, ou comme les fruits d'un automne, qui ont de la peine à passer l'année. S'ils sont bien faits, ils font l'effet d'une conversation utile, ils ne plaisent pas seulement et empêchent les oisifs de mal faire, mais encore ils servent à former l'esprit et le langage; souvent leur but est de persuader quelque chose de bon aux hommes de ce temps, qui est aussi la fin que je me propose en publiant ce petit ouvrage. Cependant, il me semble qu'il vaut mieux, pour le public, de bâtir une maison, de défricher un champ, et au moins de planter quelque arbre fruitier ou d'usage, que de cueillir quelques fleurs ou quelques fruits. Ces divertissements sont louables, bien loin d'être défendus, mais il ne faut pas négliger ce qui est plus important. On est responsable de son talent devant Dieu et à la République; il y a tant d'habiles gens, dont on pourrait attendre beaucoup, s'ils voulaient joindre le sérieux à l'agréable. Il ne s'agit pas toujours de faire de grands ouvrages : si chacun ne donnait qu'une grande découverte, nous y gagnerions beaucoup en peu de temps. »

1. Lettre à André, 21 août 1709.

préoccupation religieuse partout dominante, ce mépris des prétendues grandeurs d'ici-bas et de la science elle-même, si on la sépare de la foi et de la piété, cette humiliation de tout l'homme devant Dieu, et aussi ce dédain pour l'opinion commune et cette intrépidité de la pensée en présence des difficultés, tout cela n'était-il pas fait pour lui plaire? Et néanmoins que voyons-nous? Des analogies remarquables avec quelques-unes des *Pensées* de Pascal, notamment dans le premier livre de la *Recherche*, analogies qui font croire à des réminiscences, mais qui s'expliqueraient encore sans cela[1]. Il n'y a rien de plus. D'une profonde influence exercée par le livre des *Pensées* sur notre philosophe, aucune trace ne reste. Trop de choses apparemment le choquaient dans ce livre : les attaques contre la raison, les critiques adressées à Descartes, la condamnation de toute philosophie, et presque partout, malgré les adoucissements de Port-Royal, je ne sais quoi de violent, qui agite et qui trouble. Pascal n'était pas de ceux avec qui Malebranche pouvait méditer.

Quant à la Rochefoucauld, il devait déplaire à Malebranche, parce qu'il est trop peu chrétien, mais il lui plaisait d'un autre côté par ce rigorisme satirique qui inspire les *Maximes*. Nous en trouvons une citation au livre IV de la *Recherche*, ch. vi, § 1. « Si l'on peut dire que les hommes se mettent moins en peine de paraître riches que de l'être, écrit Malebranche, on peut dire aussi qu'ils se mettent souvent moins en peine d'être vertueux que de le paraître; car, comme dit agréablement l'auteur des *Réflexions morales* : « La vertu n'irait pas loin, si la vanité ne lui tenait compagnie. »

La vie de Malebranche n'est pas féconde en événements. C'est en 1664 qu'il est ordonné prêtre; c'est en cette même année qu'il lit le *Traité de l'homme* de Descartes. C'est alors aussi qu'il quitte Saint-Magloire pour venir habiter la maison professe de la rue Saint-Honoré. Ce sera sa résidence habituelle. L'été seulement il sort volontiers de Paris, et alors il va tantôt dans les maisons de campagne de la congrégation, à Marines, près de Pontoise, ou à Raray, en Picardie, tantôt à Perseigne, abbaye cistercienne dans le diocèse du Mans, tantôt enfin dans les terres de ses amis, chez le marquis de Roussy, chez Pierre de Montmort, et même en Saintonge, chez le marquis d'Allemans.

Partout, ce qui occupe sa pensée et son temps, est, avec l'accomplissement régulier et fervent de ses devoirs de prêtre, la

---

1. Au livre IV, ch. vi, § 2, je remarque encore le passage suivant : « Si un homme grossier et stupide est infiniment au-dessus de la matière, parce qu'il sait qu'il est, et que la matière ne le sait pas, ceux qui connaissent l'homme sont beaucoup au-dessus des personnes grossières et stupides, parce qu'ils savent ce qu'ils sont, et que les autres ne le savent point. »

recherche de la vérité, à laquelle il s'applique avec un respect tout religieux et une pieuse ardeur. Les spéculations métaphysiques, comme on disait alors, ont rempli sa vie. Nous n'y trouvons pas d'autres événements que la composition et la publication de ses ouvrages, avec les controverses et les luttes qu'ils suscitèrent ou entretinrent. Ses travaux sur les mathématiques, qui le firent mettre au nombre des membres honoraires de l'Académie des sciences, ses recherches sur l'optique, ses expériences concernant l'anatomie et la physiologie, se rapportaient plus ou moins directement à la métaphysique, qu'il ne séparait pas de la religion. C'était encore ce qu'il avait en vue dans ses relations avec les hommes considérables qui le visitaient ou lui écrivaient, avec les amis qui s'attachaient à lui, avec les disciples qu'il instruisait, avec les jeunes gens qui le consultaient. Cette vie toute de prière et d'étude s'acheva en 1715. Tombé malade le 18 juin à Villeneuve-Saint-Georges, où il était chez son ami M. du Metz, président de la chambre des comptes, Malebranche se fit transporter à l'Oratoire de la rue Saint-Honoré : regardant cette maladie comme celle qui devait terminer ses jours, il souhaitait de les finir au milieu de ses frères. Il mourut le 13 octobre, après avoir supporté les douleurs et les ennuis de sa longue maladie en vrai philosophe chrétien.

Il avait beaucoup écrit. La *Recherche de la Vérité*, dont les trois premiers livres avaient paru en 1674, et les trois derniers en 1675, avait eu plusieurs éditions toujours augmentées, et seize *éclaircissements* y avaient été joints : en sorte que dans cet ouvrage destiné à découvrir les causes de nos erreurs et à en indiquer les remèdes, toute la philosophie de l'auteur se trouve comme disséminée. Les *Conversations chrétiennes*, écrites en 1676, avaient repris et présenté sous un jour nouveau les principes de la *Recherche* qui regardaient la religion et étaient propres à justifier la morale de Jésus-Christ. En 1680, le *Traité de la nature et de la grâce*, ouvrage à la fois philosophique et théologique, avait expliqué le sentiment de Malebranche sur la question de la Providence, effleurée seulement dans ses premiers écrits, et avait soulevé contre lui bien des orages. Dans les *Méditations chrétiennes*, commencées en 1680, achevées en 1682, publiées en 1683, il avait repris de nouveau les principes de sa philosophie morale et religieuse, se proposant d'en montrer la suite et l'enchaînement, et il avait insisté beaucoup sur les conséquences pratiques de ces principes qui n'étaient, à ses yeux, que ceux mêmes de la foi, rendus clairs par la méditation. En 1684, il avait démontré par ordre, dans un traité exprès, les fondements de la *Morale*. En 1687, il avait composé les *Entretiens sur la métaphysique*, qui avaient paru en 1688. C'était le résumé de toute sa philosophie, et la réponse aux objections qu'on lui avait faites, mais dépouillée de tout air de dispute. Dans l'édition de 1696, fort remarquable, trois *Entretiens sur la mort*, composés au sortir d'une grave maladie, et ajoutés à l'ouvrage primitif[1], lui avaient donné sa dernière perfection. En 1697, le *Traité de l'amour de Dieu*, en 1708, l'*Entretien d'un philosophe chrétien et d'un philosophe chinois*, en 1715, les *Réflexions sur la prémotion physique*, avaient présenté à propos de circonstances diverses l'exposition sans cesse recommencée de principes toujours les mêmes. Ajoutons à cela les *Réponses à Arnauld* formant quatre volumes, dont le dernier avait paru en 1709, et la liste des principaux ouvrages de notre philosophe sera complète.

Je viens de résumer la vie de Malebranche. Maintenant, pour rendre plus facile, plus agréable, plus profitable aussi la lecture du traité que nous éditons, je crois bon de donner sur le philosophe quelques détails encore; et, ne m'astreignant plus à l'ordre chronologique, je vais chercher dans les divers documents qui nous parlent de lui, ou dans ses écrits mêmes, ce qui me paraîtra le plus propre à faire connaître la nature de son esprit, sa qualité d'âme, son caractère.

Le P. Lelong, écrivant au P. André, dit que Malebranche n'aimait pas à parler de lui-même : « Il avait tant de mépris pour la connaissance des faits qu'il ne voulait même pas qu'on sût ce qu'il avait fait. » Son humilité lui faisait souvent trouver mauvais que les autres s'occupassent de lui. « Mais, ajoute le P. Lelong, il s'est peint lui-même dans ses ouvrages ; et, en les lisant dans la vue de l'y trouver, il ne sera pas difficile de le tirer d'après nature dans la *Recherche de la Vérité*, les *Conversations* et les *Méditations chrétiennes*, sa *Morale* et ses *Entretiens sur la métaphysique*. » Le P. Lelong a raison. Malebranche, sans jamais faire au lecteur de ces confidences dont nos écrivains contemporains ne sont pas avares, répand son âme dans ses ouvrages. Si l'on compare ce qu'on y lit avec les détails que l'on trouve dans ses lettres, dans celles de ses amis, dans les Mémoires du P. Lelong, dans le manuscrit de Troyes, dans celui d'Adry, etc., bien des passages de ses écrits, peu remarqués d'abord, nous donnent beaucoup de lumières sur son esprit et son caractère. Son amour pour la retraite et pour l'étude, son goût pour la méditation silencieuse devant Dieu, sa haine des discours inutiles et des vaines disputes qui détournent l'âme de l'entretien avec le Maître intérieur, sa

---

1. Cette belle édition de 1696, et celles qui, du vivant ou après la mort de Malebranche, en sont la reproduction (notamment l'édition de 1732), outre l'avantage de contenir les *Entretiens sur la mort*, se recommandent encore par une longue *Préface* très digne d'attention, et par des notes marginales renvoyant aux autres écrits de l'auteur.

défiance pour les sens et pour l'imagination, qui troublent l'esprit et le rendent incapable d'une sérieuse attention à la vérité, tout cela paraît dans ses ouvrages, et l'on voit bien que ce sont ses vrais sentiments qu'il exprime. Quand il nous décrit avec tant de complaisance le bienheureux état du premier homme avant la chute, averti par ses sens, mais non troublé, délivré, grâce à ces moniteurs fidèles, du soin, trop bas pour un esprit, de veiller à la conservation du corps, et jamais distrait par leurs informations respectueuses de la contemplation de la vérité[1], ne sent-on pas dans ces peintures une pieuse envie pour cet état qui n'est plus le nôtre? Et Malebranche ne met-il pas à nu toute son âme, quand il se plaint ensuite avec une vivacité éloquente des importunités de ces mêmes sens, et de leur tyrannie? Nous piquons-nous le bout du doigt, voilà notre âme « tout entière appliquée à notre doigt offensé, et toute pénétrée de douleur. » Dans de rares moments nous sentons en nous-mêmes « quelques restes de la puissance » de notre premier père, « lorsque nous sommes fortement appliqués et que la lumière de la vérité nous pénètre et nous réjouit[2]. » Mais par combien d'efforts ne faut-il pas acheter cette « liberté d'esprit[3], » et encore combien de fois n'est-elle pas troublée? Les sens nous tirent hors de nous, et crient si haut que nous n'entendons plus la voix du Maître intérieur. Même convaincus que Dieu seul agit en nous, nous avons encore de l'attachement pour ces objets sensibles que la lumière divine nous fait mépriser[4]. « Je sens que je les aime, » s'écrie Malebranche en gémissant. L'imagination est là aussi qui ébranle l'esprit par ses fantômes « caressants ou terribles[5], » et Malebranche qui, doué d'un génie vif et brillant, connaissait bien les séductions de l'enchanteresse, la poursuit et la condamne avec une vigueur où l'on sent de la rancune. Il en vient à se demander à quoi sert ce corps dont le poids appesantit l'esprit; il se plaint à Dieu de cette domination de la matière sur l'âme, qui lui est un scandale; et quand il a compris que, l'œuvre divine étant gâtée par le péché, il est juste et sage que ce corps soit le maître de l'esprit rebelle à Dieu, alors il accepte avec humilité cette condition convenable au pécheur[6], et entreprend courageusement, avec la grâce de Dieu, la lutte qui doit rendre à l'esprit une partie de sa liberté. « C'est se sacrifier, c'est s'enterrer tout vivant que d'écouter, mais sans cesse, sa raison et sa foi[7]. » Cette pensée seule fait peur, mais la grâce raffermit l'âme et la

---

1. Voir surtout la *Rech. de la Vérité*, liv. I, ch. v; les *Médit. chrét.*, xiii, 13; les *Entret. métaph.*, iv, et le *Traité de morale*, première partie.
2. *Entret. métaph.*, iv, 17 et 18.
3. *Morale*, I, ch. vi.
4. *Médit. chrét.*, v, 10.
5. *Entret. métaph.*, v, 13.
6. *Médit. chrét.*, iv, 2; xi, 10; xiii, 11 et suiv. — *Entret. mét.*, iv.
7. *Médit. chrét.*, xii, 10.

rend capable de former cette résolution et de la tenir. « Pour gagner la vie de l'esprit, il faut travailler de l'esprit : c'est une nécessité absolue. » Ceux qui « ne peuvent se résoudre à gagner à la sueur de leur front le pain de l'âme, n'en goûteront jamais la saveur[1]. »

Voilà bien le *méditatif* dans son vrai caractère. Les hommes le prennent pour un rêveur et se rient de lui. Mais il se console dans le commerce de l'éternelle vérité, ne s'émeut point du jugement de ces aveugles qui ne comprennent rien aux « solides joies » dont est récompensé le « travail désolant » de la méditation, répond à leurs sarcasmes par un sourire où se mêlent l'ironie et la pitié, et travaille à les éclairer. Il y a dans ses écrits bien des traces de cette double disposition. Tous les secrets de nos mille passions, grandes ou petites, hostiles à la vérité, il les surprend avec la clairvoyance habituelle aux âmes très élevées, très délicates et très pures ; et, dans sa façon de peindre les misères du cœur humain, que de finesse et que d'esprit naturel, quelle joie de percer les fausses apparences et de confondre la vanité, quelle piquante malice dans ces traits presque négligemment lancés, et quel air de hauteur où se trahit le mépris qu'il fait de tout cela ! Et puis, en même temps, il plaint de bon cœur les ennemis de la vérité, surtout ces beaux esprits qui attaquent ce qu'ils ne connaissent pas : dans sa compassion pour eux, il veut qu'on tente de les guérir, et il le tente tout le premier. La forme même de plusieurs de ses ouvrages atteste ce souci. C'est Aristarque, homme du monde et homme d'esprit, qui sent enfin le vide et le néant de ce que les hommes estiment le plus, et qui veut « des biens solides et des vérités certaines. » Théodore l'instruit et le convertit. C'est Éraste, jeune homme que le commerce du monde n'a point encore gâté, qui, initié par ce même Théodore aux secrets de la philosophie, se dégoûte à tout jamais des choses humaines et va s'enfermer dans un cloître pour ne plus s'appliquer qu'à la recherche de la vérité et des vrais biens[2]. Ailleurs, c'est un Ariste, bel esprit, fort rempli des préjugés de l'ignorance vulgaire ou de la fausse science, que Théodore encore détrompe peu à peu et rend capable, non seulement de comprendre et de goûter les vrais principes, mais de les défendre et d'en instruire les autres. Théodore, c'est Malebranche lui-même. Qu'on l'écoute encore exposant les moyens dont une ingénieuse charité peut user pour guérir « la corruption du cœur et l'aveuglement de l'esprit[3]. » Les ressources d'une psychologie très fine et très perspicace sont mises au service de la morale et de la religion, et l'on devine ce que Malebranche devait avoir de délicatesse et d'agrément quand il espérait de faire pénétrer

---

1. *Morale*, 1, ch. v, 9 et 10.
2. *Convers. chrét.* Voir surtout le premier entretien et le dernier.
3. *Entret. mét.*, iv, 20.

dans une âme les principes de la foi et ceux de sa philosophie. « Le philosophe et le bel esprit, dit-il au commencement de son premier *Entretien sur la mort*, sont naturellement incompatibles lorsqu'ils veulent toujours conserver leur caractère. Mais Théotime (c'est le philosophe) s'humanisait souvent par le plaisir qu'il trouvait dans les agréables pensées d'Ariste (le bel esprit), ou peut-être par un sentiment plus chrétien et plus relevé : semblable à celui de la souveraine Raison qui a bien voulu prendre une nature et des manières sensibles pour s'accommoder à la faiblesse des hommes qui n'écoutent que leurs sens. Et Ariste, de son côté, faisait effort de temps en temps pour rentrer en lui-même et consulter, de concert avec Théotime, la vérité intérieure. » Voilà les entretiens que Malebranche aimait. Il se plaisait à éclairer ces âmes droites dont il nous a tracé la peinture dans ses *Méditations*, âmes remplies d'un fort grand amour pour la vérité, attentives, ne suivant que la lumière de l'évidence, ne se soumettant qu'à l'autorité de la foi, ne croyant jamais les hommes à leur parole, ne se rendant qu'à la raison, ne s'arrêtant point aux manières, n'ayant enfin ni entêtement ni préjugé, ni rien qui sente la dispute et le parti. A ceux qui avaient ces qualités ou qui s'efforçaient de les acquérir, il communiquait avec joie ses pensées. Quel accent de conviction ! « Il faut être pénétré pour toucher les autres. » Quel respect pour le Maître intérieur et quelle humilité ! « En la présence du Dieu vivant, il faut être ventre à terre. » Quel soin pour ne pas scandaliser les faibles ! Quelle application pour leur ôter tout sujet de chute ! « Ils ne voient point à leurs pieds : on doit ranger les pierres qui se trouvent dans le chemin des aveugles. » Enfin que de « surprises charitables » pour faire aimer la vérité ! « Attribue aux autres des pensées solides qu'ils n'expriment qu'à demi et qu'ils n'ont peut-être pas... Afin que l'homme aime la vérité, il faut qu'elle lui appartienne et qu'elle le touche, il faut qu'il la regarde comme une production de son esprit [1]. »

C'est ainsi sans doute qu'il en usa avec Condé pendant ces trois jours passés à Chantilly en sérieux entretiens. Au retour il écrivait : « M. le Prince est un esprit vif, pénétrant, net, et que je crois ferme dans la vérité lorsqu'il la connaît; mais il veut voir clair... Il aime la vérité et je crois qu'il en est touché [2]. » Et le prince, de son côté, déclarait que le P. Malebranche lui avait plus parlé de Dieu en quelques heures que son directeur pendant des années entières. C'est ainsi encore qu'appuyés sur d'irrécusables témoignages, nous nous représentons Malebranche initiant aux secrets des sciences Prestet, ce domestique qui devenu, grâce à lui, prêtre de l'Oratoire et mathématicien distingué,

---

1. *Médit. chrét.*, XVIII, 11, 12, 8, 20, 13, 12.
2. Blampignon, *Corresp. inéd.*, p. 21 (lettre du 18 août 1683).

lui voua une éternelle reconnaissance; Carré, qui fut aussi son protégé et prit pour lui un tendre attachement; Dortous de Mairan, qui, après vingt-sept ans passés, parlait encore avec une admiration émue de ce maître dont cependant il ne partageait plus les doctrines. Enfin, c'est sous ces traits et avec ce même air que les témoignages les plus véridiques nous le montrent, dans ces graves et familières causeries avec le marquis de l'Hôpital, le marquis d'Allemans, le duc de la Force, le duc de Chevreuse, ou avec les femmes d'élite que sa philosophie enchantait. Tel il apparut à André et le séduisit; tel il fut avec d'Aguesseau et fit sur lui une durable impression; tel « il voulut bien quelquefois se mêler des études » du jeune Saint-Simon, qui ne cessa point d'admirer en lui « cette rare simplicité et cette piété solide » unies à une si « grande science » et à tant de réputation[1]. C'était dans toutes les occasions la même bienveillance naturelle et parfaite, avec je ne sais quelle grâce austère et un désir manifeste de faire du bien à l'âme; point d'expansion, mais une bonté retenue et sereine, « accommodante » encore qu'un peu sévère[2]; rien de trop éclatant, de peur d'arrêter l'esprit au sensible, mais un égal soin et de rendre la vérité aimable par quelque chose qui flattât les sens, et de dissiper, d'anéantir, de sacrifier le sensible à la vue de la vérité, où il devait conduire[3]. Quand on le voyait et qu'on l'entendait dans l'intimité, on était gagné à sa personne en même temps qu'à ses doctrines. On subissait son ascendant, on était sous le charme; et, pour plusieurs, le charme ne devait point se rompre. « Jamais philosophe, selon l'heureuse et juste expression de Fontenelle, jamais philosophe n'a eu des disciples plus persuadés[4]. » Il inspira même de vives et ardentes amitiés, et il sut y répondre. Seulement, et c'est là encore un trait de caractère, il craignit toujours, à ce qu'il semble, d'en trop goûter les douceurs : loin de s'y laisser aller et d'en jouir avec abandon, il songeait plutôt à les tempérer, à les *régler*, à les *perfectionner*, c'est-à-dire à en ôter tout le vif et l'humain pour n'y laisser que l'amour calme de la vérité intelligible, recherchée et possédée en commun. C'était « le goût des mêmes sciences qui le faisait l'ami intime[5] » de ceux qu'il estimait et chérissait; et il voulait que « Jésus-Christ fût le lien de ces amitiés *raisonnables et chrétiennes*[6]. » Ainsi, dans ses entretiens, « tout me-

---

1. Fontenelle, *Éloge de Carré.* — Mairan, *Éloge de l'abbé de Molières.* Mémoires de l'Académie des sciences, année 1742. — *André à Malebranche*, 22 octobre 1706. Cousin, ouvrage déjà cité, p. 425. — D'Aguesseau, *Deuxième instruction à son fils.* — *Mémoires de Saint-Simon*, éd. de M. Chéruel, in-12, t. XI, p. 118.

2. *Journal des savants*, 1715. — *Lettres d'André à Malebranche et au P. Lelong.*

3. *Rech. de la Vér.*, liv. VI, part. I, ch. III, à la fin.

4. *Éloge de Malebranche.*

5. Saint-Simon, *loco citato.*

6. Voir *Lettres à André*, surtout les deux premières et celle du 2 janvier 1708.

naît à Dieu comme à sa fin unique : la force de son esprit ne lui servait qu'à abattre le cœur humain aux pieds de son Créateur; » l'agrément de sa parole ne lui était qu'un moyen de gagner les âmes à la vérité et au bien. « Quelque éloigné qu'il parût en certains endroits de ce terme essentiel de toutes choses, c'est là néanmoins qu'il aboutissait toujours; quelque sujet qu'il traitât, c'est toujours par là qu'il y entrait ou qu'il en sortait[1]. »

Si ces conversations paisibles et efficaces plaisaient à Malebranche, il n'avait pour les disputes et les controverses aucun goût. L'âme ravie des splendeurs du monde intelligible, il pouvait bien consentir à redescendre parmi les hommes et à leur parler leur langage pour les rendre capables de contempler le spectacle qui le charmait; il ne pouvait, sans une vive souffrance, se voir entraîné à des luttes qui le troublaient sans profit pour autrui. « Si tu reconnais qu'on soit en humeur pour disputer, tais-toi[2], » dit le Verbe divin à son disciple dans les *Méditations*. « Je vous avoue, dit Malebranche dans une lettre à la date de 1684, je vous avoue que l'opposition que je trouve à la vérité me dégoûte fort d'écrire, et qu'il y a longtemps que je désire le repos et la pratique de la vertu[3]. » Dès que ses correspondants, au lieu de chercher la vérité dans la méditation des principes qu'il leur communique, lui posent des questions oiseuses, lui demandent des éclaircissements, il a peur d'être engagé dans quelque dispute; et, comme il veut ménager son temps, il répond d'une manière brève, puis a soin de déclarer que philosopher par lettres n'avance à rien. A ses meilleurs amis il fait cette déclaration peu encourageante; il les exhorte à méditer, et il ajoute que les entretiens valent mieux que les lettres : on s'y instruit en moins de temps, et les malentendus sont plus vite dissipés. Mais ces entretiens, nous savons qu'il les redoutait dès qu'ils ressemblaient à des controverses, et alors il jugeait préférable de consigner par écrit les questions en litige pour qu'on pût les examiner avec plus de loisir et de calme. Mairan lui-même, soumettant à son ancien maître de graves difficultés qu'il le supplie d'éclaircir, n'obtient guère à des lettres si sérieuses et si respectueusement pressantes, que des réponses courtes et même un peu sèches. Si, par intérêt pour une âme en péril, Malebranche consent à entrer dans quelques développements, c'est presque à contre-cœur : il a hâte d'en finir avec une discussion qui lui paraît inutile et causée d'ailleurs par une curiosité outrée : avec un peu plus de foi, on se mettrait en repos, et, au lieu de s'épuiser dans ces doutes et ces disputes, on s'appliquerait à d'utiles méditations. Il dirait volontiers comme

---

1. Lettre d'*André au P. Lelong.* C'est des écrits de Malebranche qu'André dit cela, mais il ajoute plus loin : « Il était dans sa personne tel qu'il paraît dans ses ouvrages. »
2. *Médit. chrét.*, XVIII, 11.
3. Blampignon, *Corresp. inéd.*, p. 11.

Pascal quelque part : « Cela est incertain, et inutile, et pénible. »
Il met donc un terme à cet échange de lettres, après avoir rappelé les principes de sa philosophie et la nécessité de ne pas s'écarter de la foi pour bien philosopher, avertissant Mairan du danger où une téméraire curiosité l'expose, et priant la Sagesse éternelle de l'éclairer. Nous trouvons là l'exemple le plus frappant de l'éloignement, nous pouvons dire de l'horreur de Malebranche pour la controverse. L'opposition, même sous la forme respectueuse d'un doute ou d'une question, déconcerte sa bonté et le glace. C'était « un maître dans l'art de penser et d'amener les autres à sa pensée[1]. » Lui échappaient-ils, l'enchanteur n'avait ni le goût, ni l'art, ni la puissance de les ramener par la discussion.

Leibniz, dans une lettre adressée à Malebranche lui-même, a parfaitement caractérisé, non sans quelque ironie peut-être, les dispositions de cet étrange correspondant, en les comparant aux siennes propres, si différentes. « Le tête-à-tête est le plus commode pour conférer sur la philosophie ; mais des gens comme moi, qui se trouvent dans des endroits éloignés des grandes villes, ont le malheur de ne pouvoir profiter par ce moyen des pensées des excellents hommes dont Paris ou Londres abondent, et à qui on n'oserait ni ne doit demander qu'ils se donnent la peine de s'expliquer par lettres : ce qui surtout a lieu, mon révérend père, à votre égard. Vous et autres personnes d'un mérite extraordinaire êtes chargés de l'instruction du genre humain, et vous emploieriez mal votre temps si vous vouliez vous appliquer à instruire des particuliers en écrivant des lettres. Il n'en est pas de même de moi, car mes pensées n'étant pas encore assez fixées en système mis par ordre, je trouve du profit dans les objections et les réflexions que je rencontre dans les lettres de mes amis. Je prends plaisir de voir les différents biais dont on prend les choses, et, cherchant à satisfaire à un chacun (supposé qu'il cherche sincèrement la vérité), je trouve ordinairement des nouvelles ouvertures, lesquelles ne changeant rien au fond de la chose, lui donnent toujours un plus grand jour[2]. »

Leibniz a raison : il trouve partout du profit ; il ne perd jamais son temps. Malebranche est de ceux qui n'aiment point à se donner la peine de s'expliquer par lettres : il ne s'instruit que par la méditation, et ses pensées sont fixées en système : les objections et les réflexions de ses amis eux-mêmes sont pour lui des causes de trouble et non des secours.

Cependant, sur un point de mécanique, dans cette même correspondance poursuivie par Malebranche comme à regret, Leibniz a eu cet honneur de convaincre l'homme du monde le plus

---

1. C'est Mairan lui-même qui parle ainsi dans l'*Éloge de l'abbé de Molières*.

2. Blampignon, *Corresp. inéd.*, p. 77-78. Hanover, 1er janvier 1700.

attaché à ce qu'il avait une fois admis comme vrai, et Malebranche a donné un bel exemple de courage philosophique en revenant entièrement sur son opinion première, déjà rendue publique et consignée dans ses ouvrages. En 1692, il avait fait un *Traité des lois de la communication des mouvements* qui contenait déjà quelques modifications à plusieurs propositions du VI⁰ livre de la *Recherche de la Vérité*. En 1698, il écrit à Leibniz : « En relisant à la campagne, où j'avais quelque loisir, le méchant petit *Traité de la communication des mouvements*, et voulant me satisfaire sur les troisièmes lois, j'ai reconnu qu'il n'était pas possible d'accorder l'expérience avec le principe de Descartes, que le mouvement absolu demeure toujours le même. J'ai donc tout changé ce traité, car je suis maintenant convaincu que le mouvement absolu se perd et s'augmente sans cesse, et qu'il n'y a que le mouvement de même part qui se conserve toujours le même dans le choc. J'ai donc tout corrigé le traité, mais je ne sais pas encore quand on le réimprimera. Je vous dis ceci, monsieur, afin que vous continuiez d'être persuadé que je cherche sincèrement la vérité et que je mérite en partie, par cette disposition de mon esprit, que vous continuiez à m'aimer autant que je vous honore[1]. » Belles et simples paroles, qui font bien de l'honneur à celui qui les a dites. Leibniz le félicite à bon droit : « Pour ce qui est de votre *Traité de la communication des mouvements,* que vous me mandez, mon révérend père, de vouloir réformer, je reconnais en même temps en cela votre pénétration et votre sincérité. Il faut être bien plus pénétrant pour voir ce qu'il y a à changer dans le sien que pour le découvrir chez les autres; mais il faut être fort sincère pour l'avouer[2]... » Nous voyons que Malebranche était capable de profiter d'un avis et savait quitter une opinion quand il en reconnaissait la fausseté. Mais, en écrivant à celui-là même dont les critiques une fois au moins lui ont paru utiles, il exprime souvent la crainte que cette correspondance ne soit une grande perte de temps, et il répète que rien n'est plus ennuyeux et désagréable que de philosopher par lettres, surtout quand l'on a d'autres affaires plus pressées[3]. Et puis c'est seulement sur une question de mécanique qu'il a modifié son sentiment. Que Leibniz, touchant à la métaphysique même, essaye de l'amener à des vues nouvelles sur l'essence de la matière, et entreprenne, dans ce dessein, la critique de Descartes[4], aussitôt de fières paroles coupent court à tout débat. « Du reste, monsieur, je ne crois pas bien des choses que vous dites de M. Descartes. Quoique je puisse démontrer qu'il

---

1. Cousin, *Fragments philosophiques*, déjà cités, II⁰ partie. *Correspondance de Leibniz et de Malebranche*, cinquième lettre de Malebranche, 1698.
2. Neuvième lettre de Leibniz, 13/23 mars 1699.
3. Quatrième lettre de Malebranche.
4. Troisième lettre de Leibniz, 13 janvier 1679.

s'est trompé en plusieurs endroits, je vois clairement, ou je suis le plus stupide des hommes, qu'il a eu raison dans certaines choses que vous reprenez en lui. » Et ensuite : « Si je ne craignais point d'abuser de votre loisir, et *que je crusse devoir m'appliquer à des choses que j'ai quittées pour m'appliquer à d'autres qui sont plus essentielles*, je vous prierais de me dire les raisons que vous avez pour défendre vos sentiments[1]. » Voilà bien le ton d'un homme qui hait la discussion et n'a pas de temps à perdre. Et d'ailleurs, là même où la mécanique seule est en question, il est court et réservé dans ses réponses; il ne discute guère : mais, s'il se sent ébranlé par de puissantes raisons, il se recueille pour les méditer, et le jour où il en reconnaît toute la force, il se rend à l'évidence et se déclare convaincu.

C'est donc une chose incontestable que Malebranche redoutait l'échange des idées dès qu'il prévoyait un choc. Il aurait voulu que la vérité rayonnât doucement autour d'elle et pénétrât les esprits. S'il aimait les entretiens philosophiques, c'était pour amener la fusion des idées et des âmes par l'exposition de « choses abstraites, » il est vrai, mais présentées d'une façon « touchante, » et propre à en « montrer l'influence dans la morale[2]; » ce n'était pas pour examiner les questions de pure curiosité, qu'il négligeait volontiers, ni même pour éprouver par la discussion les principes qui lui étaient chers.

Ainsi disposé, que devait-il faire quand il était publiquement attaqué? Son premier mouvement est de ne pas répondre. Ses écrits et ses lettres nous l'apprennent[3]. Il ne songe pas un seul instant à chercher dans les objections qu'on lui fait un contrôle à ses propres spéculations. Ce serait douter de ce qu'il regarde comme très assuré, et ce doute serait une injure à la vérité. Si donc il jette les yeux sur les livres de ses adversaires, c'est pour y chercher les points faibles et les mettre en lumière. L'honneur de la vérité l'exige : pour ne point paraître la trahir, il sort de son repos. Il n'essayera point d'entrer dans la pensée de ses critiques : à quoi bon? il leur déclarera qu'il ne les entend pas, ce qui est vrai; et il s'appliquera à leur montrer qu'ils ne l'entendent pas, ce qui est assez souvent vrai aussi. Il écrit à un homme qui l'avait combattu : « Vous me preniez pour un autre... Dieu soit loué qui m'a fait connaître à vous, à peu près tel que je suis[4]. » Aussi ne le voit-on pas serrer son adversaire de près et user des armes d'une dialectique alerte et puissante pour renverser les raisons qu'on lui oppose; non, il reprend ses propres

---

1. Deuxième lettre de Malebranche.
2. Leibniz le loue de posséder ce secret (6ᵉ lettre).
3. Lettre à André, 16 février 1707. Cousin, ouvrage déjà cité, p. 137. « Ma *paresse* aime mieux souffrir que de me justifier : peut-être s'accorde-t-elle en cela avec le devoir et la morale chrétienne. »
4. Blampignon, *Corresp. inéd.*, p. 133.

idées et les développe : c'est un recommencement perpétuel de l'exposition de sa doctrine, toujours peu comprise ; seulement il n'a plus là le calme et la sérénité que nous admirons dans ses autres ouvrages. La polémique, qui contrarie tous ses goûts, l'irrite ; après d'admirables élans de charité, après des plaintes éloquentes où il gémit de voir son temps gaspillé, son repos troublé, la vérité méconnue, la charité blessée, il se montre d'autant plus vif dans le combat qu'il est plus mécontent d'y être engagé malgré lui. S'il pouvait supprimer le débat, il le ferait volontiers, car la contradiction lui pèse ; mais, puisqu'on le contredit, il soutient avec une invincible persistance ses opinions attaquées, sans cacher son dédain pour des critiques qu'il juge la plupart du temps vaines ou malveillantes. A ces traits, nous reconnaissons encore le *méditatif*, au milieu même des luttes ardentes où il est entraîné.

En présence de la nature, aussi bien qu'au milieu des hommes, il redoute les émotions trop violentes. Si, voyant dans les beautés sensibles un reflet de l'éternelle beauté, il se sent ému et touché, aussitôt il se défie de lui-même et détourne les yeux [1]. Les grands ouvrages de la création, comme les astres, font une trop vive impression sur l'âme, la remplissent de leur grandeur apparente, l'éblouissent de leur éclat et s'attirent ainsi à eux-mêmes des hommages qui font tort à Dieu. Il ne les contemple pas volontiers. Ce qu'il considère avec une parfaite sécurité et avec un plaisir qu'aucune arrière-pensée ne trouble, ce sont les ressorts secrets de ces machines vivantes que nous voyons dans la nature. Les insectes surtout, et les plus petits, « ces atomes vivants, » comme il les appelle, sont l'objet de ses complaisances. Il les défend contre le mépris injuste que les hommes en font ordinairement. Il veut qu'on admire leurs ajustements et leur magnificence. On n'a pas à craindre que ces petits êtres « abattent notre esprit et le prosternent devant eux. » Par leur petitesse ils nous confondent, puis par leur beauté si humble et si exquise ils nous ravissent. Quand on contemple leurs aigrettes et leurs couronnes, et ces proportions si justes et toutes ces beautés ramassées dans un si petit espace, on trouve dans ce spectacle une grande douceur, et l'âme reconnaît aisément Dieu, tout-puissant et tout sage, et l'adore [2].

---

1. *Médit. chrét.*, IV, 13, 14, 15.
2. *Rech. de la Vér.*, l. 1er, ch. VI, 2. Il faut lire le ravissant passage qui commence par ces mots bien significatifs : « Quoiqu'on ne veuille pas trop s'arrêter à ces choses, on a pourtant de la peine à se taire sur le mépris que les hommes font ordinairement des insectes... » Et Malebranche énumère tout ce qu'il y a de grand, de beau, de magnifique « sur la tête d'une simple mouche. » Voir aussi dans les *Entret. métaph.*, le XIe entretien, où il y a des choses charmantes sur les insectes, et dans la *Corresp. inédite* publiée par M. l'abbé Blampignon, une lettre (p. 21) où on lit : « Les heures que l'on ne peut pas s'appliquer à la lecture et aux choses que Dieu demande de nous, on peut examiner les ouvrages de Dieu, étudier l'anatomie des animaux, des

Si le mysticisme consiste, comme le dit Leibniz [1], à nous détacher des choses mondaines pour nous mener à Dieu, Malebranche est mystique dans tous ses écrits; si le mysticisme suppose dans l'âme un effort perpétuel pour rester en communication intime avec Dieu, principe de la lumière, de l'amour et de la force, Malebranche est encore mystique. Si, au delà de ces limites où s'arrête le vrai mysticisme, une tendance assez commune entraîne les âmes mystiques à un mépris excessif des choses naturelles ou humaines et les porte à diminuer, à atténuer, à anéantir presque la créature, cette tendance est dans Malebranche : il incline vers ce mysticisme outré. C'est un esprit élevé et hardi, aimant beaucoup la spéculation, fort peu l'action, qui lui coûte et le fatigue, une âme religieuse, toute pleine de Dieu, qui partout le voit et l'entend, qui toujours s'efforce de demeurer unie à lui, car cette union avec Dieu, c'est sa force, c'est sa lumière, c'est sa joie.

Mais il n'a pas, dans sa manière d'aimer Dieu, cette vigueur et cette tendresse d'âme qu'on admire dans saint Augustin, ces élans passionnés et cette onction qui sont le caractère de Fénelon. Il sait que Dieu est son bien, et il le « goûte, » et il en « jouit, » et il y trouve la source d'un « plaisir infiniment doux et paisible [2]. » Mais sa piété ne connaît guère l'abandon. Si avec Dieu il n'a pas, comme avec les créatures, des précautions à prendre pour ne point trop aimer, on dirait cependant qu'il se surveille encore pour aimer raisonnablement. Et d'ailleurs, ce qu'il considère le plus volontiers en Dieu, c'est la sagesse, ce n'est pas la bonté : les splendeurs de la raison souveraine le ravissent ; mais à la bonté mesurée et un peu froide qu'il conçoit dans le Créateur, il répond par un amour sans naïveté et sans effusion, et il n'a jamais « cette conduite simple, libre, enfantine, entre les bras de Dieu, » que Fénelon recommande quelque part. Quand son mysticisme devient intempérant, ce n'est pas que l'amour l'aveugle et l'emporte ; ce n'est pas qu'il cède à un de ces entraînements où le cœur ne se possède plus et va se confondre presque avec l'objet aimé. Non, il n'est point tenté de remplacer la connaissance claire « par l'ivresse de l'amour » et de dire que « mieux vaut pour l'âme être en une telle ivresse que de demeurer plus sage [3]. » Jusque dans ses excès, il entend bien user de raison : « connaissant clairement son vide et l'impuissance de sa nature [4], » il veut établir par principes et en « théologien géomètre [5], » que les créatures ne sont rien et que le Créateur

---

plantes, des insectes. On méprise ordinairement les insectes ; néanmoins je n'ai jamais rien étudié des choses naturelles, qui m'ait donné une plus grande idée de la sagesse de Dieu. »

1. Cousin, ouvrage déjà cité, IIe partie, p. 166. *Sentiment de Leibniz sur le livre de Fénelon et sur l'amour désintéressé.*
2. *Traité de l'amour de Dieu.*
3. Plotin, *Ennéades*, VI, vii, 35.
4. *Traité de l'amour de Dieu.*
5. *Traité de la nature et de la grâce.*

est tout, et se réduire enfin par raison à une sorte « d'anéantissement devant Dieu[1]. »

Voilà ce qu'est Malebranche. Et ce sont si bien là les traits de son caractère que, jusque dans le délire causé par la maladie, ils se retrouvent. Là, sans doute, « comme on est incapable de réflexion, la nature parle toute seule et trahit tous les secrets de l'âme[2]. » Nous lisons dans le manuscrit de Troyes : « Le P. Malebranche (pendant sa grave maladie de 1696) ne s'entretenait dans ses transports que de ce qui l'avait occupé toute sa vie, de Dieu et de ses ouvrages. Dans les égarements de son esprit aliéné, il revenait sans cesse à ses pieuses méditations, toujours un peu philosophiques, mais à leur ordinaire toujours édifiantes. Le sentiment de ses vives douleurs, au lieu d'exciter des plaintes, ne faisait le plus souvent que lui rappeler les idées qui lui étaient si familières de la structure du corps humain. Tantôt il en comptait les ressorts, il en expliquait l'ordre, il en marquait l'usage, en montrant la sagesse infinie de Celui qui les avait si bien ordonnés. Tantôt il cherchait la cause de son mal par des raisonnements physiques, dont il n'interrompait la suite et le cours que pour y faire entrer quelque chose du Créateur. Mais la pensée qui l'occupait le plus dans ses délires était celle de la mort et de l'éternité : ces deux grands objets qu'il avait tant médités pendant sa vie se présentaient continuellement devant ses yeux, avec tout ce qu'une bonne conscience y peut trouver de charmant. » Ces détails achèvent le portrait moral de Malebranche. Et maintenant que l'on considère la belle peinture de Santerre conservée à Juilly, qu'y voit-on apparaître ? L'âme du *méditatif*, éprise de la beauté intelligible et divine, dédaigneuse de tout le reste.

La philosophie de Malebranche est conforme à son caractère. La nature et l'éducation, le génie et la piété, tout le portait à la métaphysique. Initié à la méditation des choses divines par sa mère, et ensuite par ses maîtres de l'Oratoire, il a longtemps philosophé sans le savoir, et alors même qu'il était peut-être tenté de dire comme Pascal : La philosophie ne vaut pas une heure de peine. Descartes lui a révélé sa vocation véritable, a satisfait ses exigences scientifiques, l'a armé d'une méthode. Saint Augustin, plus ardemment étudié après cette rencontre avec Descartes, lui a révélé les secrets de la philosophie morale et religieuse. Instruit par ces deux grands esprits, et méditant avec eux sous le regard de Dieu, il a édifié une métaphysique où il a prétendu mettre la rigueur mathématique, expliquer la nature mécaniquement, et mener à Dieu par les principes d'une science solide et claire, toujours d'accord avec la foi. S'arrê-

---

1. *Entret. métaph.*, xiv, 8.
2. Manuscrit de Troyes, à l'endroit d'où est tirée aussi la citation suivante.

tant de préférence dans Descartes à certaines théories périlleuses, il a fait un système excessif où la grande vérité de la présence et de l'action universelle de Dieu, qu'il voulait établir, est sans cesse compromise par l'exagération, et gâtée souvent par l'erreur. La théologie, dont il comprenait trop l'importance pour vouloir, comme Descartes, la tenir à distance dans les recherches philosophiques, eût pu lui être un frein : malheureusement, très <u>médiocre théologien</u>, il faut le dire, c'est une théologie souvent inexacte et chimérique qu'il a mêlée à sa philosophie. Mais, ce que je veux marquer en ce moment, c'est que, disciple de deux grands penseurs, il a été lui-même un penseur original, et au premier chef. Être original, en effet, ce n'est pas proposer des théories qui ne se rencontrent nulle part ailleurs, qui n'aient pas d'histoire; c'est dire souvent ce que d'autres disent ou ont dit, mais le dire d'une façon telle qu'il faut en chercher l'*origine* vraie dans l'âme même : on peut montrer au dehors les conditions ou les matériaux de l'œuvre, on peut signaler des ressemblances avec ceci ou cela, même des influences reçues; de l'âme seule part le souffle de vie qui anime tout. A ce titre, qui donc a plus d'originalité que Malebranche ? Qu'on lise ses ouvrages, et l'on sentira qu'elle est bien le fruit de son génie et de son âme, cette philosophie des idées, comme l'appelèrent les contemporains, chrétienne à la fois et cartésienne, noble et religieuse jusque dans ses excès, exposée dans une suite de beaux écrits où il a si souvent « ces expressions claires et véritables, vives et animées, dignes de Dieu [1], » qu'il demandait au Maître intérieur de lui donner, pour « pénétrer les esprits de l'éclat de la lumière divine et brûler les cœurs de l'ardeur du divin amour. »

II

La Recherche de la Vérité.

Je voudrais faire bien entendre le dessein de Malebranche dans sa *Recherche de la Vérité*.

Le principe qui domine tout est celui-ci : Nous sommes raisonnables; il s'agit de nous unir librement à la souveraine Raison; elle seule peut nous perfectionner et nous rendre heureux.

La logique qui règle l'esprit est, à un certain point de vue, une partie de la morale. C'est manquer à l'un des devoirs de l'être raisonnable que de ne pas cultiver l'intelligence, que de négliger de s'éclairer, que de ne pas combattre l'ignorance, le préjugé et l'erreur. C'est en même temps se rendre moins ca-

---

1. *Prière* qui précède les *Méditations chrétiennes*.

pable de bien remplir ses autres devoirs : car on aime les choses, en général, selon l'estime qu'on en fait ; et si l'on est ignorant, si l'on est surtout asservi aux préjugés ou aveuglé par l'erreur, on juge mal des choses, et on risque par cela même de ne conformer à l'ordre ni son estime ni son amour[1]. La logique a par conséquent une grande portée morale.

Faut-il donc que tout homme soit savant ? non. Il faut que tout homme juge bien des choses. Or, il y a beaucoup de choses qu'il est assez inutile de connaître ; et pour celles qui sont de la première importance, l'ignorant qui est éclairé par la foi en jugera assez bien pour éviter le péché et conformer à l'ordre sa conduite. « Le meilleur précepte de logique, c'est de vivre en homme de bien. Car il vaut beaucoup mieux passer quelques années dans l'ignorance, et devenir savant pour toujours, que d'acquérir pour quelques jours, et avec bien de la peine, une science bien imparfaite, et passer une éternité dans les ténèbres[2]. »

Nous sommes faits pour posséder la vérité : nous devons aspirer à être savants, c'est certain. Mais le meilleur moyen d'atteindre cette fin de notre nature, et de trouver dans la possession de la vérité la perfection et la félicité de notre être raisonnable, c'est de nous assurer par une bonne vie, par la soumission à la foi, par la pratique de la vertu, l'union éternelle avec la Raison souveraine.

Est-ce donc à dire maintenant qu'il faille mépriser la science ? Non pas ; mais il faut : 1° choisir entre les sciences ; 2° rechercher celles qui sont utiles dans un esprit d'humilité et de charité.

Malebranche rejette comme frivoles et dangereuses toutes les connaissances qui ne servent point à nous convaincre de la vérité fondamentale : à savoir que Dieu est la cause unique et générale qui fait tout et règle tout. Il importe que nous sachions par la lumière et avec évidence que les créatures sont impuissantes, et partant incapables de nous perfectionner et de nous rendre heureux ou malheureux. Il importe que nous sachions que Dieu seul nous éclaire, nous touche, nous anime, et que, s'il fait tout par sa puissance, il agit toujours et partout avec sagesse. Voilà la connaissance la plus précieuse, et toutes les autres n'ont de valeur qu'autant qu'elles se rapportent à celle-là. La métaphysique en vue de la morale, ou, ce qui revient au même, la morale établie sur la métaphysique, telle est la science par excellence. Cela posé, la connaissance de soi-même, commencement de la métaphysique, puis les mathématiques et la physique, auxiliaires indispensables de l'esprit, voilà les con-

---

[1]. *Traité de morale*, I, ch. II et VII.

[2]. *Médit. chrét.*, IX, 24. — *Rech. de la Vér.*, fin.

naissances qu'il faut avoir[1]. Tout le reste est inutile et même dangereux. Car tout le reste dissipe l'esprit, excite les sens, exalte l'imagination; tout le reste resserre donc notre union avec le corps, bien loin de l'affaiblir, et par conséquent va contre le but de la vraie science, qui est de nous unir plus intimement à la Raison souveraine[2]. N'oublions pas que nous sommes des êtres raisonnables, que c'est là notre honneur, et n'estimons pas des connaissances vaines qui nous détournent de notre véritable fin. Appuyé sur ces principes, Malebranche poursuit à outrance le bel esprit, comme il dit, condamne au feu les poètes, les historiens, les érudits de toute sorte, ou à tout le moins déclare que la perte de tous les écrits de ce genre le laisserait indifférent[3]; enfin, il n'a que de la défiance ou de la colère pour l'imagination, « la folle qui se plaît à faire la folle[4], » puissance trompeuse et contagieuse, mortelle ennemie de la raison[5]. Pascal lui-même n'a rien dit de plus fort contre cette maîtresse d'erreur.

Voilà donc un premier point établi : il n'y a de connaissances utiles que celles qui se rapportent à la métaphysique, et par elle à la morale et à la religion. Mais ces connaissances mêmes peuvent devenir dangereuses si elles enflent le cœur. C'est à la vue de cette science gâtée par l'orgueil que Malebranche déclare que mieux vaut l'ignorance des simples. La vraie science ne va pas sans humilité et sans charité[6]. Elle ne s'obtient qu'à ce prix, et elle-même contribue à augmenter ces vertus dans l'âme.

Il y a dans la logique de Malebranche deux grands préceptes qui dominent tout. Comme il admet que nous n'avons de lumière que par notre union avec la Raison divine, il nous prescrit sans cesse de consulter par notre attention le Maître intérieur[7]. Puis, comme les sens et l'imagination nous troublent sans cesse, il nous recommande de ne point donner notre consentement aux choses qui nous paraissent vraies, que nous ne sentions une peine intérieure et des reproches secrets de la raison[8]. Il y a donc deux vertus propres à l'esprit, la force et la liberté qui, l'une et l'autre, supposent l'amour de l'ordre, dominant, habituel, porté jusqu'au sacrifice[9]. Par la force d'esprit, nous nous délivrons de l'ignorance; par la liberté d'esprit, nous évitons l'erreur. Par ces deux vertus, nous tenons en respect les sens et l'imagination, nous échappons à la domination tyrannique du corps, et la raison seule est la maîtresse en nous.

---

1. *Rech. de la Vér.*, liv. IV, ch. vi et vii; liv. V, ch. v; liv. VI, part. II, ch. vi. — *Traité de morale*, I, ch. v, 9, 22. — *Entret. métaph.*, vi, 1 et 2. — *Médit. chrét.*, iii et ix, 21, 25.
2. *Traité de morale*, I, ch. x-xiii.
3. *Rech. de la Vér.*, liv. IV, ch. vi, 2.
4. *Entret. métaph.*, v, 13.
5. *Rech. de la Vér.*, l. II tout entier. — *Traité de morale*, I, ch. xii.
6. *Médit. chrét.*, ix.
7. On ne peut ici indiquer aucun passage particulier : ce précepte est partout.
8. Voir notamment *Rech. de la Vér.*, liv. I, ch. i et ii.
9. *Traité de morale*, I, ch. v, vi et vii.

Avec les préjugés que le corps inspire, on peut être entraîné à de monstrueuses erreurs. « Ainsi, quand on se regarde comme le centre de l'univers, tout l'ordre se renverse, toutes les vérités changent de nature. Un flambeau devient plus grand qu'une étoile, un fruit plus estimable que le salut de l'État. La terre, que les astronomes regardent comme un point par rapport à l'univers, est l'univers même. Mais cet univers n'est encore qu'un point par rapport à notre être propre. Dans certains moments que le corps parle et que les passions sont émues, on est prêt, si cela se pouvait, à le sacrifier à sa gloire et à ses plaisirs[1]. »

Pour résister aux séductions du corps, et pour avoir des idées claires, il faut lutter, lutter beaucoup, et puis savoir suspendre son consentement, savoir se retenir jusqu'à ce qu'on voie bien clair. Il est donc vrai que sans la force d'esprit et sans la liberté d'esprit il n'y a pas moyen de juger sainement des choses ni d'en avoir la science.

Mais il faut considérer dans le détail cette logique dont nous venons d'indiquer l'esprit. Il faut donc la chercher, non plus dans les divers écrits où elle est répandue, non plus même dans le *Traité de morale* où elle est comme ramassée, mais bien dans l'ouvrage exprès où elle est développée longuement, je veux dire dans la *Recherche de la Vérité*. Celui qui veut éviter l'erreur et ne porter sur les choses que des jugements vrais, doit lutter contre lui-même : nous venons de le voir. Or, comment combattre avec avantage un ennemi que l'on ne connaît pas ? C'est une nécessité et un devoir de s'étudier soi-même, afin de saisir les causes des faiblesses et des erreurs les plus communes de l'esprit. Malebranche entreprend cette étude et soutient cette guerre avec un courage et une habileté vraiment admirables. Mettons-nous à sa suite, et considérons-le dans ses démarches variées, dans ses vaillants et brillants combats. Autrement, nous ne pourrions avoir de sa logique une idée complète, et surtout nous risquerions de ne pas apprécier en lui comme il convient le psychologue et le moraliste.

Tantôt par des analyses pénétrantes, tantôt par des conjectures ingénieuses, tantôt par « des réflexions sur ce qui se passe dans la conversation ordinaire des hommes[2], » il atteint l'âme jusque dans ses plus intimes replis, et il en met à nu toutes les misères. Il fait ainsi de l'âme « une science expérimentale[3], » comme il dit, riche en observations précieuses et en remarques dignes d'être recueillies. Puis, comme le corps est étroitement uni à l'esprit, et que les rapports des deux substances entre

---

1. *Traité de morale*, I, ch. v, 14. | III, chap. I, 5.
2. *Rech. de la Vér.*, liv. II, part. | 3. *Traité de morale*, I, ch. v, 7.

elles sont nombreux et importants, le psychologue se fait physiologiste. Au moment même où « il découvre et sent des choses si délicates et si fines qu'il est difficile de les représenter et de les faire sentir aux autres¹, » il s'engage dans de longues considérations sur les esprits animaux, sur le sang, sur les fibres du cerveau, pensant surprendre dans les modifications de la *machine* l'explication de ce que sa propre conscience et l'observation assidue des autres lui ont révélé. Mais dans toutes ses recherches, il est toujours en la présence de Dieu. C'est Dieu qu'il trouve dans l'âme même, Dieu qui nous éclaire, Dieu qui nous touche, Dieu qui nous anime. C'est Dieu qu'il trouve dans le corps, puisque les mouvements du corps n'ont pas d'autres causes que la volonté de Dieu. Et tout cela constitue une manière vraiment remarquable d'entendre et de pratiquer l'étude de soi-même : l'âme, pour se connaître, ne s'isole point artificiellement et ne se sépare ni de Dieu ni du corps ; le témoignage de la conscience est sans cesse commenté par les enseignements de l'expérience et de la vie ; enfin, à l'étude des détails se mêlent de grandes pensées religieuses et morales qui la dominent, et des conclusions pratiques qui la rendent utile.

Il s'agit de faire la guerre à l'erreur et de la détruire autant qu'il est possible en l'atteignant dans ses causes mêmes. A vrai dire, il n'y a qu'une cause générale de toutes nos erreurs, c'est la précipitation dans le jugement : si nous usions de notre liberté pour suspendre notre jugement toutes les fois que nous ne voyons pas clair, nous ne nous tromperions jamais. Mais il importe de savoir pourquoi nous sommes si pressés de juger quand la lumière manque, et quelles sont alors les apparences qui nous séduisent. Aussi est-il nécessaire de passer en revue nos diverses facultés et de déterminer ce que l'on pourrait appeler les causes occasionnelles d'illusion et d'erreur propres à chacune d'elles. C'est le seul moyen de discerner la portée véritable de ces facultés et d'apprendre à en faire un usage réglé, légitime et sûr. Ainsi, les sens ne nous sont donnés que pour la conservation du corps : juger sur leur témoignage de la nature des choses en elles-mêmes, c'est se jeter immanquablement dans toutes sortes de préjugés et de faussetés. Il faut donc les réduire à leur rôle naturel, et ruiner l'autorité que nous leur attribuons à tort en dehors de leurs justes limites². De même l'imagination est incapable de découvrir quelque vérité que ce soit : la prendre pour maîtresse, et prononcer sur les choses comme si on les connaissait avec évidence, c'est s'exposer aux plus étranges illusions. Il faut dissiper ces fantômes, et contenir sévèrement cette puissance vagabonde qui

---

1. *Rech. de la Vér.*, l. II, part. I, ch. I, 3.

2. C'est le sujet du premier livre de la *Recherche de la Vérité*.

ne peut avoir d'utilité que si la raison la domine et la dirige[1]. L'esprit pur n'a ni une étendue infinie ni une force infatigable : oublier ses limites ou méconnaître sa faiblesse, en jugeant de choses qui nous passent, ou en nous appliquant sans aucun ordre à des sujets trop compliqués, c'est risquer de nous perdre dans le vague. Il faut avoir peur des abstractions chimériques, et régler l'esprit pour qu'elles ne l'égarent point[2]. Enfin, nos inclinations naturelles, qui sont en elles-mêmes excellentes, et nos passions, qui ont dans l'institution primitive de la nature leur utilité, et même leur nécessité, ne nous portent pas tant à examiner les choses avec soin qu'à en juger avec précipitation, et les passions en particulier, nous attachant et nous asservissant au corps par suite du péché, nous exposent à juger des objets, non selon ce qu'ils sont en eux-mêmes, mais selon le rapport qu'ils ont avec nous : comment ne serions-nous point par là engagés dans toutes sortes d'erreurs ? Il faut donc, non pas détruire les inclinations et les passions, ce qui aussi bien est impossible, mais les contenir et les régler, en sorte qu'au lieu d'être des obstacles à la recherche de la vérité, elles se tournent en secours et viennent en aide à l'esprit : en un mot, il faut les combattre pour s'en faire des alliées[3]. Par ces moyens, qui du reste seraient inefficaces sans la prière et sans la grâce divine, l'union naturelle que nous avons avec Dieu par la raison est augmentée et fortifiée ; et, « quoique pour cela il soit nécessaire de combattre contre les impressions des sens et des passions d'une manière bien différente de celle qui est familière aux personnes les plus vertueuses, quoique les plus gens de bien ne soient pas toujours persuadés que les sens et les passions soient trompeurs en la manière que nous venons de dire[4], » néanmoins cette méthode, fidèlement et courageusement pratiquée, a des avantages moraux incontestables, et par la connaissance de la vérité, elle mène et unit à Dieu notre unique maître, notre seule lumière, et en même temps la fin véritable de l'esprit[5]

1. C'est le sujet du second livre.
2. C'est le sujet du troisième livre. « Si on doit se servir de sa raison en toutes choses, il ne faut cependant s'en servir qu'avec règle. »
3. C'est ce qui est montré dans les trois derniers livres.
4. *Rech. de la Vér.*, liv. V, ch. v.
5. « Il y a très peu de gens (même parmi ceux qui aiment Dieu), qui sachent avec évidence que ce soit s'unir avec Dieu, selon les forces naturelles, que de connaître la vérité ; que ce soit une espèce de possession de Dieu même que de contempler les véritables idées des choses, et que ces vues abstraites de certaines vérités générales et immuables qui règlent toutes les vérités particulières, soient des efforts d'un esprit qui s'attache à Dieu et qui quitte le corps. La métaphysique, les mathématiques pures, et toutes les sciences universelles qui règlent et qui renferment les sciences particulières, comme l'être universel renferme les êtres particuliers, paraissent chimériques presque à tous les hommes, aux gens de bien comme à ceux qui n'ont aucun amour pour Dieu. De sorte que je n'oserais presque dire que l'application à ces siences est l'application de l'esprit à Dieu, la

Voilà donc la lutte qu'il faut engager, et le plan de campagne pour ainsi dire, et les avantages que l'on attend de la victoire. Les sens sont les premiers attaqués, avons-nous dit : avec quelle vigueur et quelle verve, c'est ce que je voudrais au moins faire soupçonner en signalant quelques traits. Malebranche nous raille de cette folie par laquelle, donnant à l'étendue à peu près les mêmes bornes qu'à notre vue, nous limitons et diminuons sans raison l'idée que nous avons d'un ouvrier infini en mesurant sa puissance et son adresse par notre imagination qui est finie. Mais quoi ! rien n'est grand ni petit en soi, mais seulement par proportion à notre corps : qu'on suppose un petit monde de la grosseur d'une balle, où il y aurait un ciel, une terre, des hommes sur cette terre, avec les mêmes proportions qui sont dans ce grand monde : ces petits hommes regarderont leur petit monde, qui ne serait qu'une balle à notre égard, comme des espaces infinis, à peu près de même que nous jugeons du monde dans lequel nous sommes[1]. Tous ces jugements que nous portons touchant les figures, le mouvement, la distance, ne peuvent résister, selon Malebranche, à l'analyse minutieuse et savante qu'il en fait : les voilà tous expliqués, c'est-à-dire renversés, et voilà du même coup l'autorité de la vue ruinée, et, puisque la vue est le plus noble et le plus étendu des sens, voilà leur crédit à tous entièrement anéanti[2]. Qu'on aille maintenant sur de vaines apparences juger que les qualités sensibles appartiennent aux corps ! Les sens sont-ils donc capables de nous apprendre quoi que ce soit sur la nature des choses ? Quand on s'est donné le spectacle des illusions auxquelles ils nous exposent, on n'a point de peine à juger, malgré leurs suggestions, que les qualités sensibles appartiennent non aux corps, mais à l'âme dont elles sont les modalités ; et que ce qui agit sur l'âme, ce ne sont point les objets, lesquels sont impuissants, mais c'est Dieu, Dieu qui seul la modifie. Le tout est donc de ne demander aux sens que ce qu'il est dans leur nature de nous apprendre : à vrai dire, ils ne nous trompent pas ; mais c'est folie que de vouloir juger par eux des choses mêmes, puisqu'ils ne nous en disent rien[3].

L'imagination est poursuivie avec la même vivacité. Les causes physiologiques qui influent sur elle, les illusions qu'elle fait naître ou qu'elle entretient, la contagion qu'elle exerce autour d'elle quand elle est forte et dominante, tout cela est étudié à fond, et les réflexions que cette étude amène naturellement sont parfois exprimées de la façon la plus saisissante.

Nous abusons des meilleures choses. La présence intime de

plus pure et la plus parfaite dont on soit naturellement capable. » *Rech. de la Vér.*, liv. V, ch. v.
1. *Rech. de la Vér.*, liv. I, ch. vi.
2. *Rech. de la Vér.*, liv. I, ch. vii-ix, et puis xv.
3. *Rech. de la Vér.*, liv. I, ch. x-xiv, et xvi-xx.

l'être infini nous est une occasion d'erreur : les abstractions déréglées de l'esprit et les chimères de la philosophie ordinaire en sont la preuve[1]. Quoique notre raison soit la principale partie de nous-mêmes, il peut arriver que nous nous trompions en la laissant trop agir, parce qu'elle ne peut assez agir sans se lasser, je veux dire qu'elle ne peut assez connaître pour bien juger, et que cependant on veut juger[2]. C'est ainsi que nous supposons très facilement dans les choses des ressemblances imaginaires. Il nous faudrait beaucoup d'application pour découvrir les différences quand elles ne sont pas très saillantes; et d'ailleurs la variété des objets nous fatigue et nous embarrasse : pour juger que mille objets sont différents entre eux, mille idées différentes sont nécessaires; pour juger que ces mille objets sont semblables, une seule idée suffit. La limitation même de notre esprit et notre empressement à juger nous rendent donc bien plus sensibles aux ressemblances qu'aux différences[3]. Remarque judicieuse et féconde, qui signale nettement le péril de l'induction et de l'analogie, et qui montre en même temps dans l'attentive observation des détails le moyen d'arrêter la témérité de l'esprit. Mais ce sont surtout les erreurs de morale causées par cette impatience de juger qui sont représentées vivement. Un Français se rencontre avec un Anglais ou un Italien : cet étranger a ses humeurs particulières; il a de la délicatesse d'esprit, ou, si vous voulez, il est fier et incommode. Voilà notre Français porté à juger que tous les Anglais ou tous les Italiens ont le même caractère d'esprit que celui qu'il a fréquenté. Un religieux de quelque ordre commet une faute : voilà tous ceux qui portent le même habit et le même nom condamnés avec lui. Un homme de bien se montre ferme dans ses convictions : c'est un opiniâtre, comme si l'attachement à des principes de vertu était la même chose que l'aveugle entêtement des vicieux et des libertins[4]. Qui ne reconnaît dans ces exemples ces faux jugements que les hommes portent chaque jour presque sans y penser ?

L'inclination pour le bien en général est la cause de l'inquiétude de notre volonté, et par suite, de notre peu d'application et de notre ignorance. C'est notre honneur et notre grandeur que de ne pouvoir nous contenter de rien de fini et d'imparfait[5]. Mais c'est notre faiblesse et notre malheur que de nous fier tou-

---

1. *Rech. de la Vér.*, liv. III, part. II, ch. VIII.

2. *Rech. de la Vér.*, conclusion des trois premiers livres.

3. *Rech. de la Vér.*, liv. III, part. II, ch. X.

4. *Rech. de la Vér.*, liv. III, part. II, ch. XI.

5. *Rech.*, liv. IV, ch. II, 1. « L'âme ne s'en contente pas (des biens finis), parce qu'il n'y a rien qui puisse arrêter le mouvement de l'âme que celui qui le lui imprime. Tout ce que l'esprit se représente comme son bien, est fini; et tout ce qui est fini peut détourner pour un moment notre amour, mais il ne peut le fixer. »

jours aux apparences et de nous élancer vers les objets qui nous séduisent, ou de nous détourner de ceux qui nous lassent, sans prendre le temps et la peine de juger selon la vérité. Quel sentiment profond et quelle vivante peinture de ce qu'est l'âme humaine! Toujours altérée d'une soif ardente, toujours agitée de désirs, d'empressements, d'inquiétudes pour un bien qu'elle ne possède pas, tressaillant aux approches d'un objet qui lui fait sentir quelque douceur : voyez ses ardeurs qui se rallument, et puis la déception qu'elle éprouve quand elle a goûté ce bien impuissant à remplir sa capacité infinie ; et puis encore ses espérances nouvelles aussi sottes et aussi vaines que les premières, suivies à leur tour de déboires pareils ; et ainsi, au milieu de la multiplicité de biens qui ne peuvent la satisfaire, une inconstance perpétuelle et une légèreté inconcevable qui ne peut se fixer nulle part [1].

L'inclination que nous avons pour la grandeur et pour le bien-être nous jette aussi dans de graves erreurs. Ainsi, nous oublions que la vraie grandeur ne consiste pas dans ce rang que les hommes tiennent dans l'imagination des autres hommes, aussi faibles et aussi misérables qu'eux-mêmes, mais dans le rang honorable qu'ils tiennent dans la raison divine, dans cette raison toute-puissante qui rendra éternellement à chacun selon ses œuvres [2]. Ainsi encore des gens de néant s'imaginent sottement qu'ils sont de grands hommes, parce qu'ils ont de grandes maisons, et le plaisir de la vanité remplit tellement la petite capacité de leur esprit que les vérités les plus évidentes de la morale sont obscurcies et cachées pour eux [3]. D'autres, tout entiers à l'espérance, deviennent incapables de discerner le bien du mal : car l'âme est si fort occupée des plaisirs qu'elle espère, qu'elle les suppose innocents et qu'elle ne cherche que les moyens de les goûter [4]. Chez d'autres encore, la pensée des peines de l'autre vie produit les effets les plus tristes : cette crainte servile fait naître une infinité de scrupules ; elle étend pour ainsi dire la foi jusqu'aux préjugés, et elle fait embrasser avec ardeur et avec zèle des traditions purement humaines, des dévotions pharisaïques, des pratiques superstitieuses, ou elle jette l'âme dans un aveuglement de désespoir, et les hommes, regardant confusément la mort comme le néant, se hâtent brutalement de se perdre, afin de se délivrer des inquiétudes mortelles qui les agitent et qui les effrayent [5].

C'est un chef-d'œuvre de pénétration et de justesse que le chapitre sur les erreurs où nous précipite l'amitié que nous avons pour les autres hommes. Alceste, dans Molière, ne dit rien de

---

1. *Rech. de la Vér.*, liv. IV, ch. II ; ch. III, 1 ; ch. IV.
2. *Rech.*, liv. IV, ch. VI, 1.
3. *Rech.*, liv. IV, ch. XI, 2.
4. *Rech.*, liv. IV, ch. XI, 2.
5. *Rech.*, liv. IV, ch. XII.

plus fort contre les faiseurs de compliments que Malebranche dans la page que voici :

« Ne voyons-nous pas tous les jours que des personnes qui ne se connaissent point, ne laissent pas de s'élever l'un l'autre jusqu'aux nues la première fois qu'ils se voient et qu'ils se parlent? Et qu'y a-t-il de plus ordinaire que de voir des gens qui donnent des louanges hyperboliques et qui témoignent des mouvements extraordinaires d'admiration à une personne qui vient de parler en public, même en présence de ceux avec lesquels ils s'en sont moqués quelque temps auparavant? Toutes les fois qu'on se récrie, qu'on pâlit d'admiration, et comme surpris des choses que l'on entend, ce n'est pas une bonne preuve que celui qui parle dit des merveilles, mais plutôt qu'il parle à des hommes flatteurs, qu'il a des amis ou peut-être des ennemis qui se divertissent de lui. C'est qu'il parle d'une manière engageante, qu'il est riche et puissant ; ou, si on le veut, c'est une assez bonne preuve que ce qu'il dit est appuyé sur les notions des sens confuses et obscures, mais fort touchantes et fort agréables, ou qu'il a quelque feu d'imagination, puisque les louanges se donnent à l'amitié, aux richesses, aux dignités, aux vraisemblances, et très rarement à la vérité [1]. »

La satire est sanglante. Mais en même temps, comme Malebranche voit bien que l'inclination que nous avons à faire des compliments aux autres a ses avantages, et même sa nécessité dans la société! Elle sert comme de contrepoids à ce désir secret de grandeur qui, tempéré et modéré, est si avantageux pour le bien public, mais qui, s'il était seul, tendrait à la dissolution de toutes les sociétés. Si chacun disait ouvertement qu'il veut commander et ne jamais obéir, il est visible que tous les corps politiques se détruiraient. Mais ceux qui ont le plus d'esprit et ceux qui sont les plus propres à commander aux autres, sont heureusement portés par une inclination secrète à témoigner aux autres, par leurs manières et par leurs paroles civiles et honnêtes, qu'ils se jugent indignes que l'on pense à eux, et qu'ils croient être les derniers des hommes : cet abaissement imaginaire leur permet de jouir sans envie de cette prééminence qui est nécessaire dans tous les corps. Car, de cet sorte, tous les hommes possèdent en quelque manière la grandeur qu'ils désirent : les grands la possèdent réellement, et les petits et les faibles ne la possèdent que par imagination, étant persuadés en quelque manière par les compliments des autres qu'on ne les regarde pas pour ce qu'ils sont, c'est-à-dire pour les derniers d'entre les hommes [2].

Les passions nous aveuglent bien souvent. « Lorsque nous

1. *Rech. de la Vér.*, liv. IV, ch. xiii, 2.
2. *Rech. de la Vér.*, liv. IV, ch. xiii, 1.

aimons quelque personne, nous sommes naturellement portés à croire qu'elle nous aime... Mais si la haine succède à l'amour, nous ne pouvons croire qu'elle nous veuille du bien;... nous sommes toujours sur nos gardes et dans la défiance, quoiqu'elle ne pense pas à nous ou qu'elle ne pense qu'à nous rendre service. » Ce n'est pas tout. « Lorsque nous avons un amour passionné pour quelqu'un, nous jugeons que tout en est aimable. Ses grimaces sont des agréments; sa difformité n'a rien de choquant; ses mouvements irréguliers et ses gestes mal composés sont justes, ou pour le moins ils sont naturels. S'il ne parle jamais, c'est qu'il est sage; s'il parle toujours, c'est qu'il est plein d'esprit; s'il parle de tout, c'est qu'il est universel; s'il interrompt les autres sans cesse, c'est qu'il a du feu, de la vivacité, du brillant; enfin, s'il veut toujours primer, c'est qu'il le mérite. Notre passion nous couvre ou nous déguise de cette sorte tous les défauts de nos amis, et au contraire, elle relève avec éclat leurs petits avantages [1]. » Ici on ne peut s'empêcher de penser à la charmante tirade que Molière, traduisant Lucrèce, met dans la bouche d'Éliante au deuxième acte du *Misanthrope*.

Les passions sont très habiles à se justifier elles-mêmes. Considérez les plus ridicules : vous verrez qu'elles trouvent toutes sortes d'arguments pour plaider leur cause contre la raison qui prétend les condamner. Parfois « la passion se sent mourir; mais ne croyez pas qu'elle se repente de sa conduite. Au contraire, elle dispose toutes choses, ou pour mourir avec honneur, ou pour revivre bientôt après : elle contracte une espèce d'alliance avec toutes les autres passions qui peuvent la secourir dans sa faiblesse, rallumer ses cendres et l'en faire renaître; et ainsi les jugements qui la justifient sont incessamment sollicités et pleinement confirmés par toutes les passions qui ne lui sont pas contraires [2]. » Voilà bien, représentés au vif, ces débats intérieurs que personne n'ignore, les voilà avec les secrètes intrigues, et les artifices, et les sophismes par lesquels nos passions soutiennent dans notre cœur leur empire ébranlé.

Peut-être devrais-je m'arrêter ici. Mais si je cède à la tentation de faire encore quelques citations, pourra-t-on s'en fâcher? Je voudrais donner une idée un peu complète de ces descriptions et de ces peintures où Malebranche excelle, et de ces traits piquants ou mordants, vraies satires en raccourci, jetées au milieu de fines analyses ou de graves réflexions. A ceux qui me reprocheraient trop d'insistance, je dirais en me servant des propres paroles de notre auteur : « Je me fais un ordre pour me conduire, mais je prétends qu'il m'est permis de tourner la tête lorsque je marche, si je trouve quelque chose qui mérite d'être

---

1. *Rech. de la Vér.*, liv. V. ch. vi. | 2. *Rech. de la Vér.*, liv. V, ch. xi

considéré. Je prétends même qu'il m'est permis de me reposer à l'écart, pourvu que je ne perde point de vue le chemin que je dois suivre. Ceux qui ne veulent point se délasser avec moi peuvent passer outre ; il leur est permis, ils n'ont qu'à tourner la page ; mais, s'ils se fâchent, qu'ils sachent qu'il y a bien des gens qui trouvent que ces lieux que je choisis pour me reposer leur font trouver le chemin plus doux et plus agréable[1]. »

Ce sont les faux savants et les beaux esprits que Malebranche peint le plus souvent. Il est clair qu'il prend plaisir à les représenter dans toutes les poses, si je puis parler ainsi, et sous tous les aspects. L'érudition inutile des uns, l'air décisif et dominant des autres, l'irritent : les uns et les autres méprisent le Maître intérieur et le font mépriser. Voici des gens qui aiment mieux se servir de l'esprit des autres dans la recherche de la vérité, que de celui que Dieu leur a donné. Il y a de cette folie bien des raisons : l'une des principales, c'est un faux respect pour l'antiquité. « Quoi ! Aristote, Platon, Épicure, ces grands hommes se seraient trompés ! On ne considère pas qu'Aristote, Platon, Épicure étaient hommes comme nous, et de même espèce que nous ; et de plus, qu'au temps où nous sommes, le monde est plus âgé de deux mille ans, qu'il a plus d'expérience, qu'il doit être plus éclairé, et que c'est la vieillesse du monde et l'expérience qui font découvrir la vérité[2]. » Malebranche parle ici comme Pascal. Voyez maintenant ces hommes qui lisent beaucoup, mais ne méditent point, qui ne savent que des histoires et des faits, et non pas des vérités évidentes, historiens plutôt que véritables philosophes, puisque la science et la philosophie qu'ils apprennent est une science de mémoire, et non une science d'esprit ; voyez-les accablant du poids de leur érudition, et étourdissant, tant par des opinions extraordinaires que par des noms d'auteurs anciens et inconnus, de pauvres jeunes gens inexpérimentés qui regardent comme des articles de foi toutes leurs décisions[3]. Ils font

---

1. *Rech. de la Vér.*, liv. IV, ch. xiii, 2, fin.
2. *Rech. de la Vér.*, liv. II, part. II, chap. iii, 2.
3. *Ibid.*, liv. II, part. II, ch. iv. Voir dans les *Entret. métaphys.*, v, 13, ce passage remarquable : « La plupart des hommes s'engagent imprudemment dans des études inutiles. Il suffit à tel d'avoir entendu faire l'éloge de la chimie, de l'astronomie, ou de quelque autre science vaine ou peu nécessaire, pour s'y jeter à corps perdu. Celui-ci ne saura pas si l'âme est immortelle ; il serait peut-être bien empêché à vous prouver qu'il y a un Dieu ; et il vous réduira les égalités de l'algèbre les plus composées avec une facilité surprenante. Et celui-là saura toutes les délicatesses de la langue, toutes les règles des grammairiens, qui n'aura jamais médité sur l'ordre de ses devoirs. Quel renversement d'esprit ! Qu'une imagination dominante loue d'un air passionné la connaissance des médailles, la poésie des Italiens, la langue des Arabes et des Perses devant un jeune homme plein d'ardeur pour les sciences, cela suffira pour l'engager aveuglément dans ces sortes d'études (Malebranche se souvenait-il, en écrivant ceci, de ses études de linguistique et d'histoire à l'Oratoire ?) ; il négligera la connaissance de l'homme, les règles de la morale, et peut-être oubliera-t-il ce qu'on apprend aux enfants dans leur catéchisme. C'est que

perdre la parole à leurs adversaires par leur air fier, impérieux et grave, semblables à ces hommes fiers et hardis qui en maltraitent d'autres plus forts, mais plus judicieux et plus retenus qu'eux[1]? On en voit qui connaissent à peine leurs propres parents, et qui peuvent vous prouver que tel citoyen romain était parent de tel empereur. D'autres savent ce qui se passe dans les astres, mais ignorent ce qui se passe dans leur pays[2]. Quelle folie! « Il y a, dit Malebranche, des personnes destinées par l'ordre du prince à observer les astres, contentons-nous de leurs observations. Ils s'appliquent à cet emploi avec raison, car ils s'y appliquent par devoir ; c'est leur affaire. Ils s'y appliquent avec succès, car ils y travaillent sans cesse avec art, avec application, et avec toute l'exactitude possible ; rien ne leur manque pour y réussir. Ainsi nous devons être pleinement satisfaits sur une matière qui nous touche si peu, lorsqu'ils nous font part de leurs découvertes[3]. » C'est parler bien étrangement d'une des plus belles sciences que le génie de l'homme ait créées : sous prétexte que par la grandeur de son objet, elle éblouit et aveugle l'esprit, la voilà reléguée, avec le plus singulier dédain, parmi les services publics. Son intérêt scientifique, sa portée religieuse, tout cela est méconnu. Mais passons : nous ne voulons pas ici juger Malebranche. Remarquons seulement que s'il traite si mal l'astronomie, c'est qu'elle ne fait guère selon lui que des savants orgueilleux et téméraires, tout pleins de cette suffisance et de cette pédanterie qu'il a en horreur.

Regardons maintenant ce savant qui, semblable à un cavalier monté et bien armé, se sent prêt à tout entreprendre : il devient, si cela se peut dire, généreux et hardi contre la vérité. Il la combat sans la reconnaître, il la trahit après l'avoir connue : il est toujours prêt à soutenir l'affirmative ou la négative, selon que l'esprit de contradiction le possède[4]. Écoutons cet autre : « J'ai vu Descartes, dit-il : je l'ai connu, je l'ai entretenu plusieurs fois : c'était un honnête homme : il ne manquait pas d'esprit, mais il n'avait rien d'extraordinaire. » Voilà donc un homme « qui s'est fait une idée basse de la philosophie de Descartes, parce qu'il en a entretenu l'auteur quelques moments, et qu'il n'a rien reconnu en lui de cet air grand et extraordinaire qui échauffe l'imagination. Il prétend même répondre suffisamment aux raisons de ce philosophe, lesquelles l'embarrassent un peu,

---

l'homme est une machine qui va comme on la pousse. C'est beaucoup plus le hasard que la raison qui le conduit. Tous vivent d'opinion. Tous agissent par imitation. Ils se font même un mérite de suivre ceux qui vont devant, sans savoir où. »

1. *Rech. de la Vér.*, liv. II, part. II, ch. IV.
2. *Rech. de la Vér.*, liv. IV, ch. VII; et liv. V, ch. VII, vers la fin.
3. *Rech. de la Vér.*, liv. IV, ch. VII.
4. *Rech. de la Vér.*, liv. V, ch. VII.

en disant fièrement qu'il l'a connu autrefois. Qu'il serait à souhaiter que ces sortes de gens pussent voir Aristote autrement qu'en peinture, et avoir une heure de conversation avec lui, pourvu qu'il ne leur parlât point en grec, mais en français, et sans se faire connaître qu'après qu'ils auraient porté leur jugement[1] »

C'est une chose étrange que l'abus des citations[2] et que l'empire que cinq ou six mots latins ou grecs peuvent donner à un homme sur ses semblables : essayez de résister, ce pédant vous dira que vous n'avez pas le sens commun et que vous niez les premiers principes. Aussi bien ce sont là ses premiers principes, à lui : il n'en connaît pas d'autres. Et voyez la tyrannie de la mode. Un médecin qui parlerait comme tout le monde ne serait ni estimé ni obéi. Au village, le latin suffit, à la ville il faut du grec. Et des hommes très savants et très sérieux sont obligés dans leurs visites de parler grec comme les affronteurs et les ignorants : seulement « c'est pour charmer le malade et non pas la maladie, car ils savent bien qu'un passage grec n'a jamais guéri personne[3]. »

Le bel esprit ne vaut pas mieux que le pédant. C'est un pédant encore, mais un « pédant à la cavalière. » Il est « comme un homme riche et puissant, qui a un grand équipage, qui mesure sa grandeur par celle de son train, et sa force par celle des chevaux qui tirent son carrosse »; et il y a de faux humbles que cet attirail éblouit : ils s'imaginent qu'ils ne sont rien parce qu'ils ne possèdent rien, et ils se trouvent misérables, pauvres, faibles et languissants. Mais enfin « notre équipage n'est pas nous, » et l'abondance du sang et des esprits, la vigueur et l'impétuosité de l'imagination ne servent de rien pour conduire à la vérité. Au contraire, rien ne nous en détourne davantage. Tout cela n'est bon que pour nous faire briller dans le monde d'un éclat non moins dangereux que vain[4]. C'est encore ce que Malebranche exprime dans ce double portrait digne des admirables *caractères* de Giton et de Phédon dans la Bruyère : « Si celui qui parle s'énonce avec facilité, s'il garde une mesure agréable dans ses périodes, s'il a l'air d'un honnête homme et d'un homme d'esprit, si c'est une personne de qualité, s'il est suivi d'un grand train, s'il parle avec autorité et gravité, si les autres l'écoutent avec respect et en silence, s'il a quelque réputation et quelque commerce avec les esprits du premier ordre, enfin s'il est assez heureux pour plaire ou pour être estimé, il aura raison dans tout ce qu'il avancera, et il n'y aura pas jusqu'à son collet et ses manchettes qui ne prouvent quelque chose. Mais s'il est assez malheureux pour avoir des qualités contraires à celles-ci,

---

1. *Rech. de la Vér.*, liv. V, ch. VII, vers la fin.
2. *Rech. de la Vér.*, liv. IV, ch. VIII.
3. *Rech. de la Vér.*, liv. IV, ch. IV, 2.
4. *Ibid.*, liv. II, part. III, ch. V; liv. V, ch. VII; *Traité de morale*, I, ch. XII.

il aura beau démontrer, il ne prouvera jamais rien ; qu'il dise les plus belles choses du monde, on ne les apercevra jamais. L'attention des auditeurs n'étant qu'à ce qui touche les sens, le dégoût qu'ils auront de voir un homme si mal composé les occupera tout entiers et empêchera l'application qu'ils devraient avoir à ses pensées. Ce collet sale et chiffonné fera mépriser celui qui le porte et tout ce qui peut venir de lui ; et cette manière de parler de philosophe et de rêveur fera traiter de rêveries et d'extravagances ces hautes et sublimes vérités dont le commun du monde n'est pas capable [1]. »

Quand l'hypocrisie se joint à la fausse science pour persécuter la science véritable, alors Malebranche éclate, et, dans sa colère, il écrit cette page terrible où il montre Voët, ce petit homme, ardent et véhément déclamateur, respecté des peuples par le zèle qu'il fait paraître pour leur religion, s'élevant contre Descartes et accusant d'athéisme celui qui vient de prouver démonstrativement l'existence de Dieu. Et puis, quelle sérénité après cet éclat de colère ! quelle confiance dans la force invincible de la vérité ! « La vérité aime la douceur et la paix, et, toute forte qu'elle est, elle cède quelquefois à l'orgueil et à la fierté du mensonge qui se pare et qui s'arme de ses apparences. Elle sait bien que l'erreur ne peut rien contre elle ; et enfin la victoire lui reste, et elle paraît plus forte et plus éclatante que jamais dans le lieu même de son oppression [2]. »

J'ai montré comment Malebranche s'y prend pour dissiper les illusions des sens, les fantômes de l'imagination, les fausses abstractions de l'esprit pur, et enfin toutes les erreurs où nos inclinations et nos passions ont coutume de nous jeter. Nous nous trompons parce que nous jugeons trop vite ; nous jugeons trop vite parce que nos sens, notre imagination, nos passions nous entraînent. Résister à cet entraînement, user de notre liberté, pour ne juger que dans la lumière, voilà le grand principe d'où tout dépend dans la recherche de la vérité. « On ne doit jamais donner un consentement entier qu'aux propositions qui paraissent si évidemment vraies qu'on ne puisse le leur refuser sans sentir une peine intérieure et des reproches secrets de la raison, c'est-à-dire sans que l'on connaisse clairement que l'on ferait mauvais usage de sa liberté si l'on ne voulait pas consentir [3]. »

Mais pour être fidèle à ce principe dans les études auxquelles on veut s'appliquer, il faut rendre l'esprit plus attentif et travailler à en augmenter la capacité et l'étendue [4]. Il faut pour

---

1. *Rech. de la Vér.*, liv. I, ch. xviii, 2.
2. *Rech. de la Vér.*, liv. IV, ch. vi, 3 et 4. Souvenir manifeste de Pascal, fin de la *XIV Provinciale*.
3. *Rech. de la Vér.*, liv. VI, part. I, ch. i. Voir aussi liv. I, ch. i et ii, et liv. III, part. II, ch. xii, conclusion des trois premiers livres.
4. *Rech.*, liv. VI, part. I, ch. ii.

cela user des sens, de l'imagination, des passions mêmes ; et puis se servir de certaines sciences, telles que la géométrie, l'arithmétique et l'algèbre, qui sont très propres à discipliner l'esprit et à le fortifier[1]. Enfin il faut observer quelques règles, très simples, très naturelles, dont voici les principales :

« Nous ne devons raisonner que sur des choses dont nous avons des idées claires ; et, par une suite nécessaire, nous devons toujours commencer par les choses les plus simples et les plus faciles, et nous y arrêter fort longtemps avant que d'entreprendre la recherche des plus composées et des plus difficiles. »

Cette première règle regarde le sujet de nos études. Les suivantes regardent la manière dont il faut s'y prendre pour résoudre les questions :

« Il faut concevoir très distinctement l'état de la question qu'on se propose de résoudre ;

» Lorsqu'on ne peut reconnaître les rapports que les choses ont entre elles, en les comparant immédiatement, il faut découvrir par quelque effort d'esprit une ou plusieurs idées moyennes qui puissent servir comme de mesure commune pour reconnaître par leur moyen le rapport qu'elles ont entre elles ;

» Lorsque les questions sont difficiles et de longue discussion, il faut retrancher avec soin du sujet que l'on doit considérer toutes les choses qu'il n'est pas nécessaire d'examiner pour découvrir la vérité que l'on cherche[2]. »

Telle est la logique de Malebranche. Il y a un art de penser qui donne « toutes les règles sur lesquelles l'esprit doit régler toutes ses démarches dans la recherche de la vérité. » C'est la logique proprement dite ; et ceux-là seuls sont obligés de l'étudier à fond qui veulent être en état de découvrir la vérité sur toutes sortes de sujets[3]. Mais il y a un bon emploi de l'esprit, un soin de bien juger, qui est nécessaire à tous les hommes, aussi bien que la morale elle-même, dont, à vrai dire, il fait partie. Nous voyons quelle est l'importance de la *Recherche de la Vérité*. Maintenant parlons spécialement du second livre, consacré à l'Imagination.

III

Du livre II de la « Recherche de la Vérité. » De l'imagination.

L' « imagination » est, dans Malebranche comme dans tous les écrivains du dix-septième siècle, la φαντασία d'Aristote et l'*imagination* des scolastiques, faculté d'avoir dans l'esprit une

---

[1]. *Rech. de la Vér.*, liv. VI, part. I, ch. v. — Voir aussi liv. IV ch. xi, 2.

[2]. *Rech. de la Vér.*, liv. VI, part. II, ch. I.

[3]. *Traité de morale*, I, ch. v, 11.

image des objets sensibles, image qui persiste après la sensation même. L'imagination continue la sensation, ou perception par les sens, et elle est liée, comme elle, à des faits physiologiques.

§ Ier

LA PHYSIOLOGIE

Malebranche, comme Descartes, dans le *Traité des passions*, comme Bossuet, dans la deuxième et la troisième partie de la *Connaissance de Dieu et de soi-même*, se comporte en philosophe convaincu qu'en cette matière mixte la *psychologie*, comme nous dirions maintenant, ne saurait se passer de la *physiologie*. Il ne fait d'ailleurs aucune déclaration à cet égard, il n'y songe même pas : puisqu'il y a ici « deux choses, l'une qui dépend de l'âme, l'autre qui dépend du corps, » il va de soi que l'on ne peut les séparer dans l'étude des facultés de l'âme.

La théorie sans cesse exposée ou supposée est celle des *esprits animaux*.

Esprit, au sens original, c'est *souffle*, comme le latin *spiritus*, traduction du grec πνεῦμα. Les stoïciens se sont beaucoup servis du mot πνεῦμα dans l'exposition de leur doctrine; ils ont voulu désigner par là ce qu'il y a, dans les choses, de plus subtil, de plus délié, de plus immatériel, pour ainsi dire, quelque chose comme ce que nous nommerions *fluide*, *éther*; ils disaient volontiers un *feu* : si c'est de la matière encore, c'est à leurs yeux ce qui est en toute chose le principe de la vie et du mouvement. On connaît les vers de Virgile :

> Spiritus intus alit...

Sénèque expose au livre VI des *Questions naturelles* toute une théorie physique et physiologique de l'esprit[1]. Le mot devenait usuel en médecine. Parmi les médecins appelés *dogmatiques* ou *logiciens*, parce que des *symptômes* ou signes indicateurs ils prétendaient remonter aux causes invisibles des maladies, les *pneumatiques* tenaient le premier rang, et le propre de cette secte médicale, le nom le dit assez, c'était de chercher dans les affections de l'*esprit*, ce souffle principe de la vie, la cause première de tout phénomène morbide. Si bientôt avec Galien un système nouveau prévalut, le système des *humeurs*, ce fut sans faire tort aux *esprits* : le chef des humoristes est encore un pneumatique[2]. Médecin, physiologiste,

---

1. Il dit § 14, 1 : *Corpus nostrum et sanguine irrigatur, et spiritu, qui per sua itinera decurrit.*
2. Galien, né à Pergame en 133, mort vers 200. Voir Ravaisson, *Essai sur la métaphysique d'Aristote*, t. II, p. 162-165 ; Ch. Daremberg, *la Médecine, histoire et doctrines*, p. 59-99.

philosophe aussi, ce savant et original rénovateur d'Hippocrate, très versé dans la connaissance des doctrines philosophiques, est éclectique, comme on aimait à l'être de son temps : il emprunte à toutes les philosophies, il s'inspire surtout de Platon, d'Aristote, des stoïciens, et il les mêle librement, mais en demandant, peut-on dire, à la théorie stoïcienne de la nature de fournir, avec la terminologie, le lien de ces éléments divers. Cela est visible dans la façon dont il conçoit les *esprits* et dans le rôle que sa physiologie et par suite sa thérapeutique leur assignent. Outre les *humeurs* (le sang et trois autres liquides qui s'en séparent), premiers matériaux du corps organisé, principes dont le juste *tempérament* fait la santé, et le mélange vicieux, la maladie, Galien admet des *esprits*, πνεύματα, sorte de milieu entre ces humeurs elles-mêmes et l'âme ou principe supérieur qui organise le corps : ce sont des fluides aériformes, légers, subtils, se dégageant du sang : les uns se forment dans le foie, ce sont les esprits *naturels;* les autres dans le cœur, ce sont les esprits *vitaux;* d'autres enfin dans le cerveau, et ceux-là, qui président aux fonctions de la locomotion et de l'intelligence, Galien les nomme *esprits animaux.* Le nom était destiné à faire fortune. Le système médical des galénistes, bientôt prépondérant, devait au moyen âge régner tout seul, et ainsi l'influence d'une terminologie issue de la physique stoïcienne allait se perpétuer pendant des siècles : les *esprits animaux* ont survécu à la médecine galéniste, ils ont duré jusqu'au dix-huitième siècle, où Charles Bonnet, mort en 1793, les admet encore, tout en déclarant qu'ils sont « encore plus hors de la portée de nos sens et de nos instruments que les vaisseaux qui les filtrent ou les préparent[1]. » La théorie médicale des *esprits* n'a-t-elle pas laissé des traces jusque dans la langue que nous parlons, et si nous disons *reprendre ses esprits, rappeler ses esprits,* où chercher ailleurs que là l'origine de ces locutions journellement usitées ?

« Ce que tous les anatomistes, comme dit quelque part Dortous de Mairan, ont nommé *esprits animaux,* » remonte bien haut, on le voit. En veut-on une définition tirée d'un dictionnaire du dix-septième siècle ? Voici ce que dit le Dictionnaire de Trévoux, publié en 1704 :

« Les *esprits* sont les parties les plus volatiles du corps qui servent à faire toutes ses opérations. Les *esprits animaux* sont les corps très subtils et très mobiles contenus dans le cerveau et dans les nerfs; ils sont les auteurs du sentiment et du mouvement. »

C'est à peu près la définition de Galien. C'est aussi celle de Descartes. Nous lisons dans le *Discours de la méthode* (v, 8) : « Ce qu'il y a de plus remarquable, c'est la génération des

---

1. *Essai analytique des facultés de l'âme,* 1760 et 1769.

esprits animaux, qui sont comme un vent très subtil, ou plutôt comme une flamme très pure et très vive, qui, montant continuellement en grande abondance du cœur dans le cerveau, va se rendre de là par les nerfs dans les muscles et donne le mouvement à tous les membres. » Et dans le *Traité de l'homme*, Descartes, après s'être servi de cette même comparaison, « un vent très subtil, ou plutôt une flamme très vive et très pure », avait expliqué tout au long comment ce sont « les parties les plus subtiles du sang » qui montent du cœur au cerveau où « elles cessent d'avoir la forme du sang et se nomment les esprits animaux ; » et comment ce sont eux qui entretiennent le mouvement et la vie dans la *machine* humaine, « en sorte qu'il ne faut point concevoir en elle aucune autre âme végétative ni sensitive, ni aucun principe de mouvement et de vie, que son sang et ses esprits agités par la chaleur du feu qui brûle continuellement dans son cœur, et qui n'est point d'autre nature que tous les feux qui sont dans les corps inanimés. »

Bossuet, qui établit entre l'âme et le corps « une parfaite et nécessaire communication, » et qui voit dans l'âme le principe même de la vie du corps, n'en admet pas moins les esprits animaux. Il les définit ainsi (*Conn. de Dieu*, III, ix) : « Les esprits sont la partie la plus vive et la plus agitée du sang. C'est une espèce de vapeur extraordinairement subtile et mouvante, que la chaleur du cœur en fait élever, et qui est portée promptement par certains vaisseaux au cerveau, où les esprits s'affinent davantage par leur propre agitation, par celle du cerveau même, et par la nature des parties où ils passent; à peu près comme les liqueurs s'épurent et se clarifient dans les instruments par où on les coule. De là ils entrent dans les nerfs qu'ils tiennent tendus; par les nerfs ils s'insinuent dans les muscles qu'ils font jouer, et mettent en action toutes les parties. »

Malebranche, au chapitre ii de la Iʳᵉ partie de ce second livre de la *Recherche de la Vérité*, dit : « Tout le monde convient assez que les esprits animaux ne sont que les parties les plus subtiles et les plus agitées du sang, qui se subtilise et s'agite principalement par la fermentation et par le mouvement violent des muscles dont le cœur est composé, que les esprits sont conduits avec le reste du sang par les artères jusque dans le cerveau, et que là ils en sont séparés par quelques parties destinées à cet usage, desquelles on ne convient pas encore. »

Plus haut, dans le livre Iᵉʳ, chapitre x, 2, il avait dit : « Il y a bien de l'apparence que les filets des nerfs sont creux comme de petits canaux et exactement remplis d'esprits animaux, surtout lorsque l'on veille; et que, quand l'extrémité de ces filets est ébranlée, les esprits qui y sont contenus transmettent jusqu'au cerveau les mêmes vibrations qu'ils reçoivent de dehors. »

Il serait aisé, long et inutile de relever les erreurs physiologiques dont cette théorie est pleine. Il est plus facile encore, et surtout plus court, mais aussi plus inutile, de la tourner en ridicule. Elle n'est plus en rapport avec l'état actuel de la science physiologique, c'est certain ; elle a toujours eu le tort d'entrer dans un détail fort hypothétique ; ce qui est présomptueux, et semble absurde, quand la mode est passée. Mais on juge maintenant que ces explications ne sont pas si risibles et qu'entre ces vieilles théories et les nouvelles il y a certaines analogies. A le bien prendre, ce qu'il y a de plus bizarre pour nous dans les esprits animaux, c'est peut-être leur nom, qui ne l'est pourtant pas ; appelez-les fluides, par exemple, et vous leur donnerez un air de jeunesse qui les rendra presque acceptables. Il y aura beaucoup à modifier, à rectifier dans la théorie, beaucoup à en ôter ou à y ajouter ; mais, prise dans son ensemble, elle ne paraîtra pas sans valeur, et si cette mécanique cérébrale est trop souvent conjecturale, on avouera que nos essais contemporains d'explication, pour être plus complexes et mieux fondés, ne laissent pas que d'avoir aussi une bonne part de conjectures : on y emploie les derniers résultats de la chimie, de la physique et de la mécanique, unis à une anatomie plus complète et à une physiologie surtout infiniment plus parfaite que celle du dix-septième siècle ; mais on s'y heurte contre des ignorances invincibles, on y rencontre d'insondables mystères, et si l'on s'y interdisait toute hypothèse, ce qu'on aurait à dire serait bien peu de chose.

Ainsi les progrès mêmes des sciences rendent plus indulgent, ou pour mieux dire plus juste pour de vieilles théories, où ceux qui venaient de les renverser ne voyaient que d'impertinentes chimères.

Ouvrons *les Sens et l'Intelligence* de M. Alexandre Bain. Cette œuvre contemporaine nous emporte bien loin de Malebranche. Mais n'est-il pas piquant et instructif d'y trouver dans un chapitre de l'Introduction, intitulé *du Système nerveux*, une page sur la *force nerveuse* qui n'est pas tellement différente de ce que Malebranche écrit sur les esprits animaux ?

Après avoir constaté que « la force nerveuse proprement dite, c'est-à-dire les courants qui traversent les nerfs durant la sensation et le mouvement, a les mêmes propriétés que l'électricité, » — observation précise qu'assurément on ne pouvait faire au temps de Malebranche, — M. Bain ajoute que « le pouvoir conducteur des fibres nerveuses a pour effet l'usure du tissu nerveux, qui doit constamment se renouveler aux dépens du sang qui afflue aux nerfs quoique peut-être moins abondamment qu'aux cellules. » Et plus loin M. Bain dit : « Il est permis de supposer que ce qu'on appelle excitation est une accélération du courant nerveux. » Puis : « On admet que la force nerveuse est engendrée par l'action des aliments fournis au corps. » Et enfin : « La source la plus immédiate de la force nerveuse est l'arrivage abondant du sang. L'arrêt de la circulation cérébrale par la cessation des battements du cœur ou par une pression sur la tête est suivi de la perte de la conscience. D'autre part, une rapidité excessive de la circulation rend plus rapide le cours des pensées et des sentiments, en d'autres termes produit une *excitation* qui peut aller jusqu'au délire. De plus, la *qualité* du sang influe sur la pensée ; l'acide carbonique en excès, l'urée ou d'autres impuretés que les organes sécréteurs doivent expulser, dépriment la fonction mentale ou la détruisent ; le manque de nourriture produit le même effet. Par contre, l'abondance de la nourriture, le fonctionnement régulier des organes sécréteurs et la présence dans le sang des agents reconnus comme stimulants, en affectant la qualité du sang, donnent de la fraîcheur et de la vigueur aux fonctions mentales. »

Quand Malebranche, au chapitre ɪɪ de la Iʳᵉ partie de ce livre sur l'imagination que nous présentons à nos jeunes lecteurs, écrit des choses qu'ils n'y trouveront certainement pas sans surprise, n'est-ce pas, dans le fond et malgré tant de différences, les mêmes vues ? Et les esprits animaux n'ont-ils pas bien de l'analogie avec cette force nerveuse ? Ne font-ils pas à peu près les mêmes choses ? N'ont-ils pas avec le sang, et, par suite, avec les viandes et les breuvages, à peu près les mêmes rapports ?

Ne rions donc pas trop de cette vieille physiologie. Elle était ce qu'elle pouvait, et si elle a été rectifiée ou dépassée, ses hypothèses justement abandonnées ne sont pas pour cela sans intérêt. Quoi qu'il en soit d'ailleurs de sa valeur, il faut noter que Malebranche n'en use jamais qu'en homme bien initié à la science de son temps. La Bruyère dit quelque part (*De la Cour*) : « Avec cinq ou six termes de l'art, et rien de plus, l'on se donne pour connaisseur en musique, en tableaux, en bâtiments et en bonne chère : l'on croit avoir plus de plaisir qu'un autre à entendre, à voir et à manger ; l'on impose à ses semblables et l'on se trompe soi-même. » De notre temps les philosophes, apprentis ou maîtres, ont souvent un travers analogue à celui que raille si agréablement la Bruyère. Avec cinq ou six termes de science, et rien de plus, ils se donnent pour savants ; ils croient avoir des choses une connaissance bien autrement profonde que les autres, et ils se font écouter comme des oracles. Un peu de chimie, un peu de physiologie, des mots techniques, des formules que parfois, je pense, l'écrivain copie textuellement pour être sûr de ne pas les altérer, que cela fait un *grand effet* ! Malebranche est entièrement exempt de ces adresses. S'il parle de physiologie, ce n'est jamais en l'air ni par ouï-dire. Toujours il sait ce qu'il dit. Bossuet, avant de composer la *Connaissance de Dieu et de soi-même*, s'était sérieusement instruit auprès de Stenon. Malebranche, depuis le jour où il s'était reconnu philosophe en 1664, jusqu'au jour où il avait publié son premier écrit, dix ans après, en 1674, avait joint à l'étude assidue de Descartes et de saint Augustin et à ce qu'il nommait « la méditation », des études scientifiques, des observations, des expériences. Aussi avec quelle simplicité, quelle aisance et en même temps quelle probité il entre en des détails techniques quand il le juge à propos! Il garde une certaine réserve, il est discret, il ne songe pas à éblouir ni à étonner, il ne donne que ce qui lui semble nécessaire; il laisse indécises beaucoup de choses qui n'importent pas à son sujet; mais ce à quoi il veut se borner, il l'expose avec justesse, précision, exactitude. Et partout on sent une sorte d'attention respectueuse aux découvertes des savants, un soin de recueillir les notions nouvelles plus précises, en un mot ces qualités excellentes de l'esprit vraiment scientifique, la curiosité réglée, l'amour du vrai, le goût de la nouveauté, je veux dire des découvertes et du progrès, enfin, la confiance que dans les sciences, les plus humbles vérités ont leur prix, comme aussi les plus combattues feront leur chemin. On trouvera en lisant le livre II de la *Recherche* bien des exemples de ce que j'avance; on sera frappé de voir tant de médecins ou de physiologistes cités, non pas, je le répète, pour orner le discours, mais pour instruire le lecteur, et l'on remarquera que si les découvertes de ces savants sont mal vues et leurs assertions mal reçues, Malebranche ne craint pas d'aller à l'encontre des préjugés pour rendre honneur à la vérité et en profiter.

Ainsi Malebranche consulte sérieusement, scrupuleusement, avec une entière liberté d'esprit la physiologie de son temps. Tout cet usage qu'il fait des notions scientifiques est lié à une conviction exprimée toujours avec une décision bien propre à étonner les esprits timides : c'est que certains états de l'âme sont dans une étroite et constante dépendance à l'égard du corps. Soit qu'il pose cette dépendance comme un fait et une loi, soit qu'il entre dans le détail des explications physiologiques, c'est avec une aisance et une tranquillité d'esprit qui ne se démentent jamais. Descartes avait dit, dans la VIe partie du *Discours de la méthode* : « L'esprit dépend si fort du tempérament et des organes du corps que, s'il est possible de trouver quelque moyen qui rende communément les hommes plus sages et plus habiles qu'ils n'ont été jusqu'ici, je crois que c'est dans la médecine qu'on doit le chercher. » Et le même Descartes, dans une lettre à Chanut à propos du livre des *Principes*, écrivait : « Les vérités de physique font partie des fondements de la plus haute et de la plus parfaite morale. » (Ed. Cousin, t. X, p. 308.) Il y a quelques années, je ne sais trop si un pareil langage n'eût point paru matérialiste ou peu s'en faut. Ces grands spiritualistes cartésiens disaient sans sourciller des choses que l'on a prises ensuite l'habitude de ne laisser dire qu'aux adeptes d'une certaine philosophie. Maintenant même où nous revenons de cette pruderie, des propositions comme celles que je viens de transcrire excitent quelque défiance si elles se présentent sans commentaire, et il faut avouer qu'elles gardent presque toujours un petit air osé et tapageur. Ni on ne les répète, ni on ne les entend tout bonnement, sans y mettre ou y chercher malice. Le dix-septième siècle y allait avec plus de simplicité, et, d'ailleurs, les traditions de ce que l'on nomme l'*Ecole* s'accordaient bien sur ce point avec l'esprit du cartésianisme. Si le mécanisme cartésien était une nouveauté, l'affirmation franche de la dépendance de l'âme à l'égard du corps n'en était pas une. Veut-on voir unies dans un même écrit les théories d'origine scolastique et celles d'origine cartésienne, et, à la lumière des unes et des autres, les rapports de l'âme et du corps exposés sans embarras par un spiritualiste chrétien, qu'on lise le traité de la *Connaissance de Dieu et de soi-même*, surtout la *troisième partie*. On demeurera plus d'une fois étonné, et j'ajoute que, l'exemple étant bon, on fera bien de le méditer et de le mettre à profit. Malebranche, pur cartésien, a cette même attitude nette, simple et franche. On peut examiner avec une scrupuleuse attention tant de pages où il traite des sens, de l'imagination, des passions : on ne surprendra nulle part ni gêne ni hésitation, on ne découvrira pas la moindre trace de peur ou de fausse honte, on ne verra jamais l'auteur s'entourer de précautions, user de ménagements, recourir à des détours pour dissimuler, ou atténuer, ou faire passer à ses propres yeux et aux yeux des autres ce qu'il croit vrai. Et pourquoi s'effrayerait-il? Il est si profondément convaincu, d'une part, que l'esprit est distinct du corps, d'autre part, que Dieu fait et règle tout. L'ébranlement du cerveau, les mouvements du sang et des esprits animaux semblent tout expliquer, et le corps se mêle tellement à ce que nous avons de plus intime, que les timides pourraient se demander avec effroi ce qui reste à l'âme : il lui reste la pensée, c'est-à-dire tout ce qui est connu par sentiment intérieur, c'est-à-dire la connaissance, la sensation, l'inclination et la passion même : non, jamais un mouvement de matière ne pourra être un amour ou une joie; jamais une trace ou une image formée dans le cerveau par les objets ou les esprits animaux ne sera une pensée, jamais la différente situation de petits corps s'arrangeant diversement dans la tête ne formera un raisonnement[1]. Mais plus la distinction est profonde, évidente, incontestable, moins il faut craindre d'affirmer l'union, les rapports et la dépendance même. Et d'ailleurs, n'est-ce pas Dieu qui conduit ces ressorts par lesquels notre machine se meut? N'est-ce pas lui qui produit par sa puissance

---

1. *Rech. de la Vér.*, liv. VI, part. II, ch. VII.

et qui règle par sa sagesse tous ces mouvements organiques, conditions de la sensation, de l'imagination, de la passion? Malebranche n'est donc point troublé dans sa foi à l'existence de l'âme par l'étude du corps, et son admiration pour le Créateur y trouve un continuel aliment. Il use des explications physiologiques avec une imperturbable confiance, et c'est un des points qui méritent, notamment dans ce livre de l'*Imagination*, la plus particulière et je dirai volontiers la plus favorable attention.

§ II

LA PSYCHOLOGIE

D'après les idées communément reçues, on s'attend à trouver dans la *Recherche de la Vérité*, et particulièrement dans le traité de l'*Imagination*, la fine psychologie du moraliste, quelquefois du satirique, avec beaucoup de métaphysique et de grands sentiments chrétiens. On y cherche peu ce que nous nommons proprement *psychologie* au sens positif et pour ainsi dire scientifique du mot. On a tort. Commençons par rendre justice et hommage au moraliste, au métaphysicien, au chrétien, et puis signalons à l'attention de nos jeunes lecteurs cette psychologie vraiment si neuve après plus de deux siècles.

J'insiste peu sur le moraliste. On reconnaîtra facilement ses mérites. Malebranche n'a ni les effrayantes profondeurs ni la pressante dialectique ni l'ardente passion ni les tours vifs et hardis qui mettent Pascal hors de pair; on ne pourra néanmoins s'empêcher, en le lisant, de penser plus d'une fois à Pascal lui-même. Malebranche n'a point la concision aiguisée de la Rochefoucauld, mais on lui trouvera un sens plus juste; il n'a point la délicatesse exquise de la Bruyère, mais il a plus de naturel. C'est, dans ses descriptions, ses peintures, ses satires, ses réflexions, quelque chose de simple, d'aisé, de sincère; aucun souci de l'effet, nul effort pour mettre en relief la pensée, pour affiner le trait, une certaine lenteur parfois et même je ne sais quoi de terne d'abord, mais, avec une vue très pénétrante et très sûre, une façon singulièrement heureuse de rendre et de peindre, un art sans artifice, une verve qui coule de source, très souvent des mots trouvés, des saillies piquantes, de la force aussi, et toujours un ton noble sans apprêt, et une belle négligence sans vulgarité; enfin, pour parler le langage du temps, « l'esprit de finesse » en ce qu'il a de meilleur, et partout un air « d'honnête homme ».

La métaphysique propre à Malebranche se retrouve au milieu de ces observations et de ces réflexions morales. Le principe fondamental, à savoir que Dieu est l'unique cause efficace qui fait et règle tout; cet autre principe, application du premier, à savoir qu'aucun objet n'agit sur l'esprit pour s'en faire connaître et que l'esprit ne fait rien quand il connaît, mais que l'idée, c'est Dieu qui fait voir, et le sentiment, Dieu qui affecte; les lois générales de l'union de l'âme et du corps, entendues en ce sens que les esprits et les corps ne sont que des causes occasionnelles; le principe de la simplicité des voies, invoqué pour rendre compte des monstres dans la nature; la théorie de l'automatisme des bêtes : tout cela est tacitement supposé ou déclaré expressément dans tout le livre, et si c'est bien la marque du philosophe, c'est aussi ce qui contribue le plus, avec la vieille physiologie dont nous avons parlé, à donner à l'ouvrage un aspect vieilli et démodé. Il faut pourtant avouer que si le système proprement dit est un système très particulier, excessif, par exemple lorsqu'il ôte aux créatures toute activité, contraire au sens commun, lorsqu'il réduit les bêtes à l'état de pures machines, choquant, lorsqu'il parle des voies de Dieu avec une si étrange assurance, et que, pour exalter la sagesse du Créateur, il compromet sa bonté; si tout cela est vrai (et l'on pourrait pousser plus loin les critiques), à le bien prendre, c'est une haute et profonde métaphysique que celle-là; les grands principes qui la dominent, débarrassés des exagérations systématiques, expriment des vérités fondamentales de l'ordre moral, et la continuelle influence de ces vérités sur la pensée de l'auteur, bien loin de la gâter, lui communique une fermeté et une élévation que ne sauraient avoir ces traités de psychologie dite *positive*, sans âme et sans Dieu.

Du christianisme de Malebranche, sans cesse présent aussi en tout son ouvrage, je ne dirai qu'un mot. Nous avons affaire à un disciple de ce cardinal de Bérulle, fondateur de l'Oratoire, qui cherchait une nourriture pour la piété dans les spéculations de la plus haute théologie unie à une profonde métaphysique[1]. Sa foi s'allie sans effort à sa raison, et c'est avec une aisance souveraine qu'en une matière toute de science et de philosophie, il affirme, s'il le juge bon, et au moment qui lui semble convenable, les dogmes révélés. Il lui arrive alors de s'aventurer en une théologie peu exacte. Nous l'avons remarqué plus haut, et nous en aurons tout à l'heure un exemple dans ses dissertations sur le péché originel. Mais, si tout cela est téméraire et vieilli, sans intérêt ni théologique ni philosophique, c'est un spectacle très digne d'attention que celui de ce penseur qui veut philosopher tel qu'il est, avec tout ce qu'il est, non pas seulement en « homme purement homme », mais en chrétien aussi puisqu'il est chrétien, et que le chrétien qui dépasse l'homme le complète; dès lors décidé à unir toujours l'humble soumission du catholique et la liberté du philosophe, et toujours

---

1. L'abbé Houssaye, *le P. de Bérulle et l'Oratoire*, p. 123.

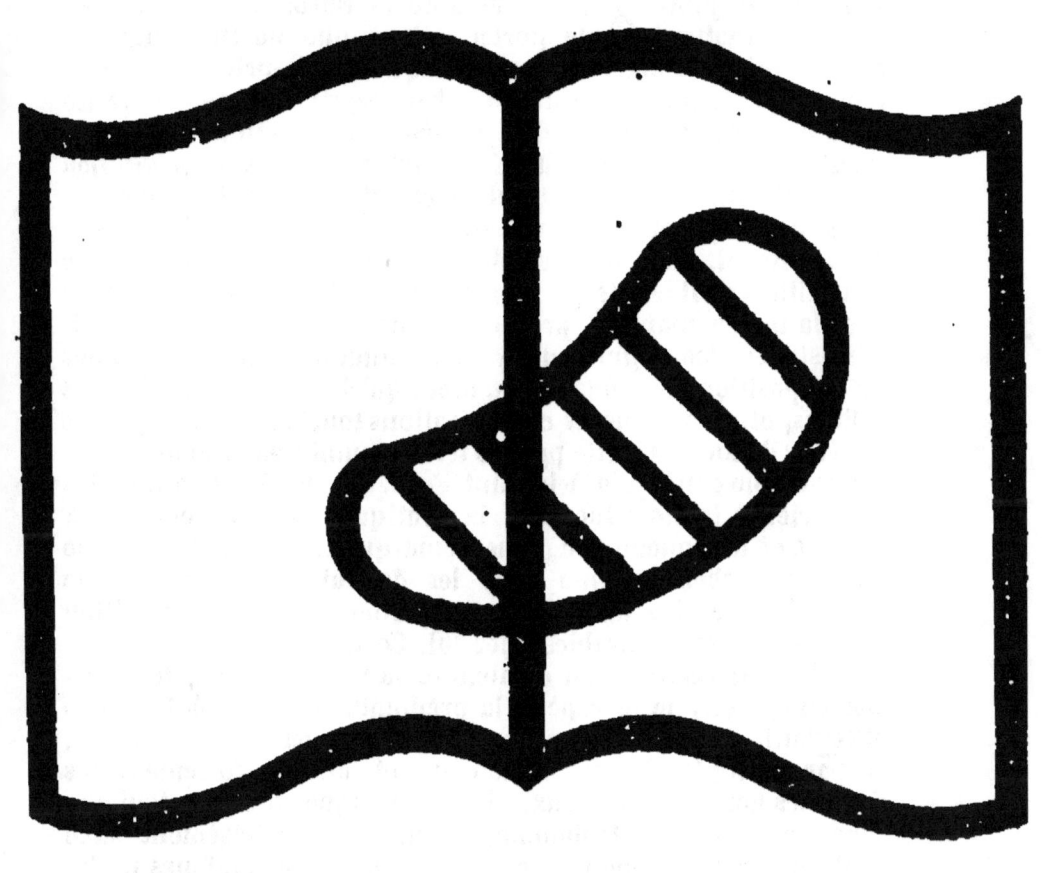

Illisibilité partielle

soucieux d'ajouter aux lumières de la raison les données de l'ordre surnaturel et de porter autant que possible dans la religion même la clarté rationnelle. Quant à l'esprit de son christianisme, si je puis ainsi dire, c'est un esprit de grande sévérité uni à une grande hauteur de pensée et de sentiment. C'est le christianisme d'un « méditatif », qui voit dans la *méditation* comme il l'entend l'état naturel du chrétien et de l'homme raisonnable, et qui prise fort peu tout le reste. Il n'a pas la *tristesse* de Port-Royal, mais s'il a un demi-sourire fait de sagesse et de bienveillance, il envisage ce monde à la façon de Port-Royal ; c'est la même manière presque d'entendre le péché originel, d'insister sur les dogmes effrayants, d'admettre comme certaines les propositions les plus dures, alors qu'elles ne sont nullement définies, et puis, dans les considérations touchant la pratique, de se défier de tout sur cette pauvre terre maudite, sans jamais avoir par exemple cette joie à la saint François de Sales, qui certes n'ôte rien à la doctrine ni à la pratique du renoncement. La sévérité et la rigueur que nous remarquons en Malebranche se retrouvent chez presque tous les écrivains du dix-septième siècle. Bossuet les a, mais avec la saine vigueur, la discrétion et la mesure si admirables chez lui. Ce qui est propre à Malebranche, dans cette façon d'entendre la vie, le monde, le christianisme, c'est, je le répète, la prédominance du point de vue spéculatif. Si des observations justes corrigent certains excès, si par exemple il voit nettement et affirme fortement les liens des hommes entre eux, il lui manque presque toujours l'onction, la chaleur, la flamme, l'élan, et cela précisément parce qu'il est essentiellement spéculatif, méditatif, et toujours philosophant. Voilà ce qu'il faut reconnaître, nous en aurons dans ce traité de l'*Imagination* bien des preuves. Mais il faut reconnaître aussi que si cette haute et sévère conception des choses est presque pessimiste quelquefois, c'est d'un pessimisme sans découragement, d'un pessimisme qui juge la vie mauvaise, parce que le péché abonde ici et qu'il y a une autre vie où il faut tendre, et il y a là ce que Bossuet nomme si bien quelque part « l'incompréhensible sérieux de la vie chrétienne. » Voilà le chrétien, le métaphysicien et le moraliste à qui nous avons affaire.

J'ai hâte maintenant d'arriver au psychologue inconnu ou méconnu. Ce traité de l'*Imagination* contient une théorie de l'*association des idées*, comme nous dirions maintenant : le lecteur y trouvera une foule d'observations et d'aperçus qui constituent une psychologie expérimentale du plus grand prix. On parle ordinairement de l'association des idées et de tout ce qui s'y rapporte comme si c'était une découverte de l'école anglaise contemporaine. Tout au plus accorde-t-on que les Ecossais avaient entrevu quelque chose. Le seul nom un peu ancien que l'on cite volontiers, c'est celui de Hume, et encore sans s'y arrêter beaucoup. M. Francisque Bouillier a bien raison, dans son édition de la *Recherche de la Vérité*, de faire remarquer combien Malebranche mérite d'être cité avant tout le monde. L'imagination, telle qu'il l'entend, c'est la faculté de se représenter les choses perçues, de se former des images des objets. Or, comme la vivacité et la netteté de la perception sensible dépendent de l'état des organes des sens, la force et la netteté des images dépendent aussi des conditions physiologiques de l'imagination[1]. Ici intervient la théorie des esprits animaux dont nous avons parlé plus haut. Malebranche ne craint nullement d'expliquer en très grande partie par des dispositions organiques la grande différence qu'on remarque entre les esprits. Cela ne lui est point particulier, nous le savons. Ce qui lui appartient, c'est l'étude de détail dans laquelle il entre. Il voit qu'il y a dans l'homme « une circulation de pensée et de désirs », comparable à la circulation du sang et non sans lien avec elle. Il cherche les lois de ce qu'il nomme la liaison des idées avec les traces de cerveau. C'est chercher comment se forment les associations d'idées, quel rapport elles ont avec les perceptions sensibles, en quelles circonstances elles se fortifient, sous quelle influence elles peuvent devenir à peu près indissolubles. Il voit que, si deux perceptions ont été simultanées, l'image de l'une ne pourra se présenter à l'esprit sans réveiller aussi l'image de l'autre ; que de même, si une perception et une idée ont été unies dans le temps, le retour de la perception ou simplement de son image ramènera l'idée. Il nomme cette cause de la liaison des idées avec les traces » « *l'identité* du temps. » Il faut remarquer que, dans les éditions antérieures à celle de 1712, c'est cette cause qu'il signale la première. En 1712 il la fait passer au second rang. C'est une loi psychologique, comme nous dirions maintenant. Il regarde comme plus importante, comme plus générale, comme antérieure une autre cause, qui est d'ordre métaphysique, savoir, la volonté constante du Créateur, qui a établi entre certaines traces et certaines idées une liaison naturelle. Mais en un sens c'est encore une loi psychologique qui est ici énoncée, et une loi qui en effet prime celle de la simultanéité des états de conscience, ou qui en est un cas digne d'être noté le premier. Car enfin, ou ce qui se trouve ensemble dans la conscience y est ainsi par l'effet d'une simple rencontre tout accidentelle, et c'est ce que Malebranche désigne par *l'identité* du temps; ou ce qui coïncide dans la conscience y coïncide parce que tout naturellement telle perception ou idée est liée à telle perception, et, si nous considérons le phénomène objectivement, telle chose est dans la nature même liée à telle autre chose, et c'est précisément

---

1. Ire partie, ch. 1er, 3.

ce que Malebranche nomme les liaisons naturelles. La distinction qu'il établit est donc nette et juste, et ce qu'il place au premier rang après l'avoir d'abord mis au second, a bien en un sens la priorité. Si « le cri d'un homme ou d'un animal qui souffre et que nous entendons se plaindre, » ou « l'air du visage d'un homme qui nous menace ou qui nous craint » éveille en nous « des idées de douleur, de force, de faiblesse » et « des sentiments de compassion, de crainte et de courage, » ce n'est pas en vertu d'une expérience accidentelle, c'est en vertu d'un lien naturel entre ces choses, et toutes les explications qu'on peut donner supposent toujours cela. Ces explications vont bien au delà du point où s'arrête Malebranche. Du moins ses indications sommaires sont justes. Ajouter ensuite, comme il le fait, les liaisons arbitraires et d'institution humaine à ces deux classes de liaisons, les liaisons naturelles et les liaisons dues à l'identité du temps, c'est compléter assez heureusement, on en conviendra, un classement qui à la date de 1674 était assurément fort neuf. Malebranche a le mérite de comprendre parfaitement l'importance de la liaison des idées « pour la société », et il montre que, si les signes sensibles auxquels les hommes attachent leurs idées sont l'effet d'un choix ou d'une convention, « cette volonté de convenir » est elle-même l'effet d'une inclination naturelle, et, pour donner à cette loi une expression métaphysique qui certes ne la gâte pas, « l'effet d'une impression de l'Auteur de la nature qui nous a tous faits les uns pour les autres, et avec une inclination très forte à nous unir par l'esprit autant que nous le sommes par le corps. »

On brouille tout quand on veut trop rapprocher les choses. Mais rien n'est plus philosophique que de saisir entre des objets éloignés des liens qui les rattachent les uns aux autres et à une commune loi. Une vue étendue ramène beaucoup de détails à un même principe ou suit ce principe dans une multitude d'applications. Elle ne confond pas pour cela les objets distincts, mais elle aperçoit en quoi et comment ils se tiennent. Ces lois générales de l'union de l'âme et du corps, que Malebranche invoque si souvent, sont, à leur manière, l'expression de cette sorte de continuité naturelle, et Malebranche, qui nie toute action réelle des créatures les unes sur les autres, excelle à montrer les rapports qu'elles ont entre elles. Le livre de l'*Imagination* et les extraits du *Traité de morale* que nous y joignons sont à cet égard bien instructifs. Malebranche, retrouvant l'influence de l'association des idées dans toutes les relations des hommes entre eux, n'a pas de peine à voir combien elle importe à la morale, à la politique, à l'éducation. C'est un nouveau trait de ressemblance avec nos modernes. Les applications aux choses de la vie naissent de toutes parts sous ses yeux, et l'étude qu'il fait des imaginations contagieuses, comme il les nomme d'une manière si expressive, amène sans effort ces derniers chapitres du traité où nous avons d'abord à propos de Tertullien, de Sénèque et de Montaigne, une sorte de rhétorique « d'honnête homme », un chapitre des « ouvrages de l'esprit, » à la façon de La Bruyère, et puis, immédiatement après, cette étonnante étude de psychologie pathologique sur les faux sorciers, chef-d'œuvre de ferme et fine raison où la sagacité de l'explication rationnelle, d'ordre physiologique ou psychologique, n'ôte rien à la foi du catholique, et où tant de folies et d'abus sont dénoncés sans un mot de déclamation. Quelle vive leçon à l'adresse des amateurs imprudents de fausses merveilles! Peu à peu et comme par degrés insensibles, la croyance à la réalité de choses imaginaires s'établit dans l'esprit, s'y enracine, s'y fortifie, si bien qu'à la fin on peut avec la meilleure foi du monde se trouver très persuadé des plus ridicules impostures. Ce pâtre qui le soir, à la veillée, raconte à sa femme et à ses enfants, avec une éloquence naturelle et une émotion contagieuse, les merveilles effrayantes du sabbat, ces auditeurs épouvantés et séduits, à qui le récit a rendu presque présentes ces scènes étranges, pris du désir d'y assister en réalité, sans cesse poursuivis par ces images qui leur causent de l'effroi et les tiennent sous le charme, et enfin devenus sorciers par imagination, quelle peinture! et quel enseignement! L'on ne tombe pas souvent dans des erreurs aussi grossières; mais combien de circonstances, dans la vie de chaque jour, où l'illusion, pour être plus subtile, n'est pas pour cela sans danger!

L'imagination, qui semblait réduite à la simple puissance de conserver et de reproduire les perceptions sensibles, redevient « constructive » comme l'on aime à dire maintenant, et, quoiqu'il ne s'agisse jamais dans cette étude que de ce qui se nomme aujourd'hui *association des idées*, les divers modes d'association s'étendant fort loin, nous touchons à l'imagination dite créatrice. On voit combien le domaine de l'étude est large.

C'est cette vue de la liaison des choses qui a mis Malebranche sur la voie d'une théorie fort en honneur de nos jours. Entre l'association des idées et la mémoire il a nettement établi un rapport étroit, et la mémoire elle-même, il l'a expliquée à la façon d'une habitude, mais d'une habitude accompagnée de perception, comme il dit. Il a même écrit cette formule : « En un sens la mémoire peut passer pour une espèce d'habitude. »

Je ne veux pas insister. Mon dessein n'est pas de dispenser de lire Malebranche, mais de donner ou d'accroître le désir de l'étudier. Nos jeunes lecteurs, avertis, trouveront d'eux-mêmes les analogies entre les théories de Malebranche et les théories contemporaines. Ils seront charmés de découvrir chez un vieil auteur, qui est un Français, et qui a une langue philosophique admirable de pureté, de simplicité, de netteté, de jus-

tesse, tant de nouveautés intéressantes dont nous faisons tr[op]
facilement honneur à des philosophes étrangers, ou que no[us]
croyons plus savantes, parce qu'elles sont péniblement et lo[ur]dement exprimées chez les nôtres ou ailleurs. Je ne veux p[as]
certes rabaisser la psychologie contemporaine, mais sans d[oute]
ce n'est faire tort à personne que de rappeler qu'une psych[o]logie expérimentale très solide n'est pas à dédaigner pour ê[tre]
unie à une haute métaphysique religieuse et exprimée dans u[ne]
belle langue. Je signale encore deux points qui me paraisse[nt]
excellemment observés, l'un sur la difficulté qu'ont les homm[es]
à comprendre et surtout à retenir les vérités abstraites, et l'aut[re]
presque au même endroit, sur les terminologies nouvelles [et]
étranges affectées par certains auteurs. En faisant cette de[r]nière critique, à qui Malebranche songe-t-il ? Je ne le sais p[as]
trop. Mais on n'aurait pas de peine à faire de ce qu'il dit si j[us]tement de profitables applications au temps présent. Je m'a[r]rête ici, ne voulant pas que les lecteurs de cette Introducti[on]
disent de moi ce que Malebranche lui-même a dit des co[m]mentateurs : leur auteur n'est jamais un homme tout court,
la matière qu'ils traitent est toujours la plus belle et la pl[us]
relevée. J'espère pourtant qu'après avoir lu le traité qui suit, [on]
reconnaîtra que je n'ai fait que rendre justice à des mérit[es]
méconnus. Qu'on lise Malebranche, qu'on l'étudie, et que l'[on]
médite avec lui : l'on s'instruira beaucoup, et l'on sera souve[nt]
charmé.

DE LA
RECHERCHE DE LA VÉRITÉ

LIVRE SECOND
DE L'IMAGINATION

PREMIÈRE PARTIE

CHAPITRE PREMIER

I. Idée générale de l'Imagination. — II. Qu'elle renferme deux facultés, l'une active, l'autre passive. — III. Cause générale des changements qui arrivent dans l'imagination des hommes, et le fondement de ce Livre.

Dans le Livre précédent nous avons traité des Sens[1]. Nous avons tâché d'en expliquer la nature, et de marquer précisément l'usage que l'on doit en faire. Nous avons découvert les principales et les plus générales erreurs dans lesquelles ils nous jettent; et nous avons tâché de limiter de telle sorte leur puissance, qu'on doit beaucoup espérer d'eux, et n'en rien craindre, si on les retient toujours dans les bornes que nous leur avons prescrites. Dans ce second Livre nous traiterons de l'Imagination : l'ordre naturel nous y oblige; car il y a un si grand rapport entre les sens et

---

1. Voici la définition que Malebranche donne des sens au premier livre de la *Recherche de la Vérité* :
« La faculté de recevoir différentes idées et différentes modifications dans l'esprit est entièrement passive... ; et j'appelle cette faculté, ou cette capacité qu'a l'âme de recevoir toutes ces choses, *entendement*... Par le mot de *sens* nous n'entendons rien autre chose que cette faculté passive de l'âme dont nous venons de parler, c'est-à-dire l'entendement apercevant quelque chose à l'occasion de ce qui se passe dans les organes de son corps, selon l'institution de la nature, comme on expliquera ailleurs. » L. Ier, ch. Ier, § Ier; ch. IV, § Ier.

l'imagination qu'on ne doit pas les séparer[1]. On verra même dans la suite que ces deux facultés ne diffèrent entre elles que du plus et du moins.

Voici l'ordre que nous gardons dans ce Traité. Il est divisé en trois parties. Dans la première, nous expliquons les causes physiques du dérèglement et des erreurs de l'imagination. Dans la seconde, nous faisons quelque application de ces causes aux erreurs les plus générales de l'imagination, et nous parlons aussi des causes que l'on peut appeler morales de ces erreurs. Dans la troisième, nous parlons de la communication contagieuse des imaginations fortes.

Si la plupart des choses que ce Traité contient ne sont pas si nouvelles que celles que l'on a déjà dites, en expliquant les erreurs des sens, elles ne seront pas toutefois moins utiles. Les personnes éclairées reconnaissent assez les erreurs et les causes mêmes des erreurs dont je traite; mais il y a très peu de personnes qui y fassent assez de réflexion. Je ne prétends pas instruire tout le monde, j'instruis les ignorants, et j'avertis seulement les autres, ou plutôt je tâche ici de m'instruire, et de m'avertir moi-même.

I. Nous avons dit dans le premier Livre[2], que les organes de nos sens étaient composés de petits filets qui d'un côté se terminent aux parties extérieures du corps et à la peau, et de l'autre aboutissent vers le milieu du cerveau. Or ces petits filets peuvent être remués en deux manières, ou en commençant par les bouts qui se terminent dans le cerveau, ou par ceux qui se terminent au dehors. L'agitation de ces petits filets ne pouvant se communiquer jusqu'au cerveau, que l'âme n'aperçoive quelque chose, si l'agitation commence par l'impression que les objets font sur la surface extérieure des filets de nos nerfs, et qu'elle se communique jusqu'au cerveau, alors l'âme sent, et

---

1. « C'est l'entendement qui imagine les objets absents et qui sent ceux qui sont présents, et les *sens* et l'*imagination* ne sont que l'entendement apercevant les objets par les organes du corps, ainsi que nous expliquerons dans la suite. » *Rech. de la Vér.*, I, I, § 1er.

2. *Rech. de la Vér.*, liv. Ier, ch. x, § II.

juge* que ce qu'elle sent est au dehors, c'est-à-dire qu'elle aperçoit un objet comme présent. Mais, s'il n'y a que les filets intérieurs qui soient légèrement ébranlés par le cours des esprits animaux, ou de quelque autre manière, l'âme imagine, et juge que ce qu'elle imagine n'est point au dehors, mais au dedans du cerveau, c'est-à-dire qu'elle aperçoit un objet comme absent. Voilà la différence qu'il y a entre sentir et imaginer.

Mais il faut remarquer que les fibres du cerveau sont beaucoup plus agitées par l'impression des objets, que par le cours des esprits; et que c'est pour cela que l'âme est beaucoup plus touchée par les objets extérieurs, qu'elle juge comme présents, et comme capables de lui faire sentir du plaisir ou de la douleur, que par le cours des esprits animaux[1]. Cependant il arrive quelquefois dans les personnes qui ont les esprits animaux fort agités par des jeûnes, par des veilles, par quelque fièvre chaude, ou par quelque passion violente, que ces esprits remuent les fibres intérieures de leur cerveau avec autant de force que les objets extérieurs; de sorte que ces personnes sentent ce qu'ils ne devraient qu'imaginer[2], et croient voir devant leurs yeux des objets qui ne sont que dans leur imagination. Cela montre bien qu'à l'égard de ce qui se passe dans le corps, les sens et l'imagination ne diffèrent que du plus et du moins, ainsi que je viens de l'avancer[3].

Mais afin de donner une idée plus distincte et plus particulière de l'imagination, il faut savoir, que toutes les fois qu'il y a du changement dans la partie du cerveau à laquelle les nerfs aboutissent, il arrive aussi du changement dans l'âme; c'est-à-dire, comme nous avons déjà expliqué, que s'il arrive dans cette partie quelque mouve-

---

* Par un jugement naturel, dont j'ai parlé en plusieurs endroits du Livre précédent. [Voir notamment l. Ier, ch. VII, § 4, et ch. IX, à la fin.]

1. Voir Introduction, III, n° 1, où il est parlé des « esprits animaux » et de la physiologie contemporaine.
2. Ces *personnes* sentent ce qu'ils ne devraient... Au dix-septième siècle, le mot *personnes* ainsi employé, est suivi du pronom *ils*, au masculin, comme *gens*. Voir plus loin ch. II, § 2, p. 59.
3. Voir Appendice II, n° 1, où nous donnons la théorie péripatéticienne de l'imagination résumée par Bossuet.

ment des esprits qui change quelque peu l'ordre de ses fibres, il arrive aussi quelque perception nouvelle dans l'âme[1]; elle sent nécessairement, ou elle imagine quelque chose de nouveau; et l'âme ne peut jamais rien sentir ni rien imaginer de nouveau, qu'il n'y ait du changement dans les fibres de cette même partie du cerveau.

De sorte que la faculté d'imaginer, ou l'imagination, ne consiste que dans la puissance qu'a l'âme de se former des images des objets, en produisant du changement dans les fibres de cette partie du cerveau, que l'on peut appeler partie *principale*, parce qu'elle répond à toutes les parties de notre corps, et que c'est le lieu où notre âme réside immédiatement, s'il est permis de parler ainsi.

II. Cela fait voir clairement, que cette puissance qu'a l'âme de former des images renferme deux choses; l'une qui dépend de l'âme même, et l'autre qui dépend du corps. La première est l'action et le commandement de la volonté. La seconde est l'obéissance que lui rendent les esprits animaux qui tracent ces images, et les fibres du cerveau sur lesquelles elles doivent être gravées. Dans cet ouvrage, on appelle indifféremment du nom d'*imagination* l'une et l'autre de ces deux choses, et on ne les distingue point par les mots d'*active* et de *passive*, qu'on leur pourrait donner; parce que le sens de la chose dont on parle marque assez de laquelle des deux on entend parler, si

---

1. *Perception* est pour Malebranche tout changement qui se produit dans l'âme d'une manière toute passive, c'est-à-dire qui se fait en nous sans nous, sans que notre *volonté* y ait aucune part. Percevoir c'est, non pas saisir, mais recevoir ou différentes idées, ou différentes modifications; donc apercevoir plusieurs objets, ou être touché de diverses manières à l'occasion de plusieurs objets, en sorte que la perception se dit de la *connaissance* ou du *sentiment*, selon que la faculté passive de l'âme, ou *entendement*, est considérée comme *esprit pur*, c'est-à-dire abstraction faite du corps, ou comme *sens* (et par suite *imagination*), c'est-à-dire dans la dépendance du corps. Voir *Recherche*, l. Ier, ch. Ier, § Ier, et ch. II, § Ier. Cf. *Réponse à Régis*, ch. II, § II : « La différence qu'il y a entre nos perceptions et les idées me paraît aussi claire que celle qui est entre nous qui connaissons et ce que nous connaissons, car nos perceptions ne sont que des modifications de notre esprit, ou que notre esprit même modifié de telle ou telle manière, et ce que nous connaissons n'est proprement que notre idée. » Enfin, on peut dire que *perception* est, pour Malebranche, à peu près ce qu'est pour nous *état de conscience*, toute action de la volonté étant écartée. Ainsi, Bossuet dit de la sensation qu'elle est « la première perception qui s'élève dans l'âme à la présence des objets. » *Connaissance de Dieu et de soi-même*, I, 1.

c'est de l'*imagination active* de l'âme, ou de l'*imagination passive* du corps.

On ne détermine point encore en particulier, quelle est cette partie *principale* dont on vient de parler. Premièrement, parce qu'on le croit assez inutile, secondement, parce que cela est fort incertain, et enfin, parce que n'en pouvant convaincre les autres, à cause que c'est un fait qui ne se peut prouver ici, quand on serait très assuré quelle est cette partie principale, on croit qu'il serait mieux de n'en rien dire[1].

Que ce soit donc, selon le sentiment de Willis[2], dans les deux petits corps, qu'il appelle *corpora striata*, que réside le sens commun[3] ; que les sinuosités du cerveau conservent les espèces[4] de la mémoire, et que le corps *calleux* soit le siège de l'imagination ; que ce soit, suivant le sentiment de Fernel[5], dans la *pie-mère*, qui enveloppe la

---

1. Remarquons cette réserve, bonne à imiter dans toutes les matières où la physiologie et la psychologie se touchent.
2. Willis (Thomas), médecin anglais, 1622-1675, auteur de plusieurs ouvrages dont les plus célèbres sont : *De fermentatione seu de motu intestino particularum in quocumque corpore*, La Haye, 1659 ; *Cerebri anatome, cui accessit nervorum descriptio et usus*, Londres, 1664 (ouvrage plusieurs fois réédité, et important même dans l'état actuel de la science) ; *Pathologia cerebri et nervosi generis, in qua agitur de morbis convulsivis et de scorbuto*, Oxford, 1672 (plusieurs fois réimprimé et traduit en anglais). Les descriptions anatomiques contenues dans ce livre firent naître le goût des études zootomiques et de l'anatomie comparée.
3. Le sens commun. *Sensus communis*, κοινὴ αἴσθησις, d'Aristote. Voir Appendice II, n° 1, un extrait de la *Connaissance de Dieu et de soi-même*, de Bossuet, où la théorie de l'École est résumée.
4. *Espèces*, en latin *species*, traduction du grec εἶδος, image. Malebranche, au l. III de la *Recherche*, II° part., ch. II, dit : « La plus commune opinion (pour expliquer la connaissance des choses sensibles) est celle des péripatéticiens, qui prétendent que les objets de dehors envoient des espèces qui leur ressemblent. » Et plus loin, il dit : « des espèces ou des images, » et puis « des images ou des espèces. » Ce mot « envoient » fait supposer une émission en quelque sorte matérielle, et Malebranche parle ailleurs d'espèces qui « se promènent. » C'est mal entendre la théorie de l'École, qui est celle d'Aristote. « Ἡ μὲν αἴσθησίς ἐστι τὸ δεκτικὸν τῶν αἰσθητῶν εἰδῶν ἄνευ τῆς ὕλης, οἷον ὁ κηρὸς τοῦ δακτυλίου ἄνευ τοῦ σιδήρου καὶ τοῦ χρυσοῦ δέχεται τὸ σημεῖον. La perception par les sens est la faculté de recevoir les images sensibles sans la matière même, comme la cire reçoit l'empreinte de l'anneau sans le fer ou l'or. » Aristote, *De Anima*, II, XII, 424a 18. Et ailleurs (III, VIII, 431b 21, 29) : « Ἡ ψυχὴ τὰ ὄντα πώς ἐστιν· πάντα γὰρ ἢ αἰσθητὰ τὰ ὄντα ἢ νοητά, ἔστι δ' ἡ ἐπιστήμη μὲν τὰ ἐπιστητά πως, ἡ δ'αἴσθησις τὰ αἰσθητά... αὐτὰ μὲν δὴ οὔ· οὐ γὰρ ὁ λίθος ἐν τῇ ψυχῇ, ἀλλὰ τὸ εἶδος. L'âme est en un sens les choses qui sont ; car tout ce qui est, est sensible ou intelligible, et la science est en un sens les intelligibles, et la sensation les sensibles... Mais cela ne veut pas dire que les choses mêmes soient dans l'âme. Ce n'est pas la pierre qui est dans l'âme, c'est son image. »
5. Fernel, célèbre médecin et mathématicien, né en 1497, mort en 1558.

substance du cerveau ; que ce soit dans la glande *pinéale*, de M. Descartes, ou enfin dans quelque autre partie inconnue jusqu'ici, que notre âme exerce ses principales fonctions, on ne s'en met pas fort en peine. Il suffit qu'il y ait une partie principale ; et cela est même absolument nécessaire, comme aussi que le fond du système de M. Descartes subsiste. Car il faut remarquer que, quand il se serait trompé, comme il y a bien de l'apparence, lorsqu'il a assuré que c'est à la *glande pinéale* que l'âme est immédiatement unie, cela toutefois ne pourrait faire de tort au fond de son système, duquel on tirera toujours toute l'utilité qu'on peut attendre du véritable, pour avancer dans la connaissance de l'homme [1].

III. Puis donc que l'imagination ne consiste que dans la force qu'a l'âme de se former des images des objets, en les imprimant, pour ainsi dire, dans les fibres de son cerveau ; plus les vestiges des esprits animaux, qui sont les traits de ces images, seront grands et distincts, plus l'âme imaginera fortement et distinctement ces objets [2]. Or, de même que la largeur, la profondeur, et la netteté des traits de quelque gravure dépend de la force dont le burin agit, et de l'obéissance que rend le cuivre : ainsi la profondeur et la netteté des vestiges de l'imagination dépend de la force des esprits animaux, et de la constitution des fibres du cerveau ; et c'est la variété qui se trouve dans ces deux choses, qui fait presque toute cette grande différence que nous remarquons entre les esprits.

Car il est assez facile de rendre raison de tous les différents caractères qui se rencontrent dans les esprits des hommes : d'un côté par l'abondance et la disette, par l'agitation et la lenteur, par la grosseur et la petitesse des esprits animaux ; et de l'autre par la délicatesse et la grossièreté, par l'humidité et la sécheresse, par la facilité et la difficulté de se ployer des fibres du cerveau, et enfin

---

1. Remarquer ce libre jugement sur une théorie de Descartes.
2. Dans l'édition de 1671, il y a : « ... d'autant plus que les vestiges... seront grands et distincts, l'âme imaginera plus fortement et plus distinctement les objets.

par le rapport que les esprits animaux peuvent avoir avec ces fibres. Et il serait fort à propos, que d'abord[1] chacun tachât d'imaginer toutes les différentes combinaisons de ces choses, et qu'on les appliquât soi-même à toutes les différences qu'on a remarquées entre les esprits ; parce qu'il est toujours plus utile et même plus agréable de faire usage de son esprit, et de l'accoutumer ainsi à découvrir de soi-même la vérité, que de se laisser corrompre dans l'oisiveté, en ne l'appliquant qu'à des choses toutes digérées et toutes développées. Outre qu'il y a des choses si délicates et si fines dans la différence des esprits, qu'on peut bien quelque fois les découvrir et les sentir soi-même, mais on ne peut pas les représenter ni les faire sentir aux autres[2].

Mais afin d'expliquer, autant qu'on le peut, toutes ces différences qui se trouvent entre les esprits, et afin qu'un chacun remarque plus aisément dans le sien même la cause de tous les changements qu'il y sent en différents temps, il semble à propos d'examiner en général les causes des changements qui arrivent dans les esprits animaux et dans les fibres du cerveau ; parce qu'ainsi on découvrira tous ceux qui se trouvent dans l'imagination.

L'homme ne demeure guère longtemps semblable à lui-même ; tout le monde a assez de preuves intérieures de son inconstance : on juge tantôt d'une façon et tantôt

---

1. En 1674, *un chacun*.

2. « Faire usage de son esprit. » Conseil excellent et excellemment motivé. Cette longue phrase était autrement rédigée en 1674. Il y avait : « ... il est toujours plus utile et même plus plus agréable de faire usage *de sa raison*, et de s'accoutumer ainsi à *voir les choses dans son propre fond et à les découvrir de soi-même*, que de *la* laisser se corrompre dans l'oisiveté... » Malebranche a vu que *la* était trop loin de raison. Mais la phrase remaniée elle-même, avec le mot *esprit* employé à deux ou trois lignes de distance en des acceptions différentes, est un exemple du dédain de Malebranche pour les petits détails du style. Ajoutons, ce qui est beaucoup plus important, que nous avons ici un des plus remarquables échantillons de cette psychologie fine dont Malebranche a le secret, et que nous retrouverons plusieurs fois la même observation sur la difficulté d'expliquer tout ce que l'on découvre en soi, le même conseil de travailler de l'esprit à la suite et sous la conduite de l'auteur qu'on lit. Des remarques analogues ont été faites avec une extrême finesse d'analyse dans un ouvrage du cardinal Newman, *A Grammar of Assent*, Londres, 5ᵉ édit., 1885.

d'une autre sur le même sujet : en un mot la vie de l'homme ne consiste que dans la circulation du sang, et dans une autre circulation de pensées et de désirs [1]; et il semble qu'on ne puisse guère mieux employer son temps, qu'à rechercher les causes de ces changements qui nous arrivent, et apprendre ainsi à nous connaître nous-mêmes.

CHAPITRE II [2]

I. Des esprits animaux, et des changements auxquels ils sont sujets en général. — II. Que le chyle va au cœur, et qu'il apporte du changement dans les esprits. — III. Que le vin en fait autant.

I. Tout le monde convient assez que les esprits animaux ne sont que les parties les plus subtiles et les plus agitées du sang qui se subtilise et s'agite principalement par la fermentation et par le mouvement violent des

---

1. Rapprochement qui frappe l'esprit et fait penser. Dans le *Traité de morale* (I, ch. xiii, 2), Malebranche dit : « Les sens, l'imagination et les passions vont toujours de compagnie... Par les passions, je n'entends point les sens qui les produisent ni l'imagination qui les excite et qui les entretient; j'entends le mouvement de l'âme et des esprits causé par les sens et par l'imagination, et qui agit à son tour sur la cause qui les produit, car tout cela n'est qu'une circulation continuelle de sentiments et de mouvements qui s'entretiennent et se reproduisent. » — Dans les premières éditions, après ces mots *circulation de pensées et de désirs*, Malebranche avait placé cette citation :

Quod petiit, spernit, repetit quod nuper omisit.
Æstuat, et vitæ disconvenit ordine toto.

La *Recherche de la Vérité* est le seul ouvrage où Malebranche cite volontiers les auteurs latins. Il a en général conservé dans les éditions subséquentes les citations qui se trouvaient dans la première. Ici ces vers d'Horace (*Épîtres*, I, 1, 99) lui auront paru une interruption trop inutile du développement.

2. Les chapitres ii, iii et iv n'étant pas fort longs, nous les donnons ici bien qu'ils ne figurent pas au programme. Les détails qu'ils contiennent sur les esprits animaux les ont fait exclure; mais il n'est pas sans quelque intérêt de voir exposée par Malebranche lui-même une théorie physiologique dont il fera tant d'usage dans le reste du Traité. Ces chapitres aident à mieux entendre la suite. D'ailleurs ils se recommandent à l'attention par les allusions qu'on y trouve aux découvertes et aux débats scientifiques du temps, par plusieurs réflexions importantes, par des citations d'auteurs anciens : tout cela montre bien le tour d'esprit de Malebranche, ses dispositions à l'égard des sciences de la nature, la façon dont il entendait philosopher dans ces matières de psychologie, les agréments aussi que dans ce premier ouvrage il ne dédaignait pas de répandre dans ses sévères expositions avec une simplicité et une aisance parfaites. Ces chapitres sont de ceux qui justifient particulièrement ce que nous avons dit de Malebranche dans notre Introduction. Pour ces raisons nous les avons conservés.

muscles dont le cœur est composé, que ces esprits sont conduits avec le reste du sang par les artères jusque dans le cerveau, et que là ils en sont séparés par quelques parties destinées à cet usage, desquelles on ne convient pas encore [1].

Il faut conclure de là, que si le sang est fort subtil, il y aura beaucoup d'esprits animaux, et que s'il est grossier, il y en aura peu. Que si le sang est composé de parties fort faciles à s'embraser dans le cœur et ailleurs, ou fort propres au mouvement, les esprits qui seront dans le cerveau en seront extrêmement échauffés ou agités ; que si au contraire le sang ne se fermente pas assez, les esprits animaux seront languissants, sans action et sans force ; enfin que, selon la solidité qui se trouvera dans les parties du sang, les esprits animaux auront plus ou moins de solidité, et par conséquent plus ou moins de force dans leur mouvement. Mais il faut expliquer plus au long toutes ces choses, et apporter des exemples et des expériences incontestables, pour en faire reconnaître plus sensiblement la vérité.

II. L'autorité des anciens n'a pas seulement aveuglé l'esprit de quelques gens, on peut même dire qu'elle leur a fermé les yeux. Car il y a encore quelques personnes si respectueuses à l'égard des anciennes opinions, ou peut-être si opiniâtres qu'ils ne veulent pas voir des choses qu'ils ne pourraient plus contredire, s'il leur plaisait seulement d'ouvrir les yeux. On voit tous les jours des personnes assez estimées par leur lecture et par leurs études, qui font des livres et des conférences publiques contre les expériences visibles et sensibles de la circulation du sang, contre celle du poids et de la force élastique de l'air et d'autres semblables. La découverte que M. Pecquet a faite en nos jours [2], de laquelle on a besoin ici, est du nombre

---

1. *Desquelles on ne convient pas encore.* Qui ne sont pas encore assez déterminées pour qu'il y ait accord entre les savants sur ce point.
2. Jean Pecquet, célèbre médecin, né à Dieppe, en 1610, mort en 1674. Il venait de compléter la découverte de la circulation du sang, en découvrant le réservoir du chyle et en prouvant que les vaisseaux chylifères se rendent par là dans le canal d'Eustache et dans le système veineux.

de celles qui ne sont malheureuses que parce qu'elles ne naissent pas toutes vieilles, et pour ainsi dire avec une barbe vénérable. On ne laissera pas cependant de s'en servir, et on ne craint pas que les personnes judicieuses y trouvent à redire [1].

Selon cette découverte il est constant que le chyle ne va pas d'abord des viscères au foie par les veines *mésaraïques*, comme le croient les anciens, mais qu'il passe des boyaux dans les veines lactées, et ensuite dans certains réservoirs où elles aboutissent toutes. Que de là il monte par le *canal thoracique* le long des vertèbres du dos, et se va mêler avec le sang de la veine *axillaire*, laquelle entre dans le tronc supérieur de la veine cave, et qu'ainsi étant mêlé avec le sang, il se va rendre dans le cœur.

Il faut conclure de cette expérience, que le sang mêlé avec le chyle étant fort différent d'un autre sang, qui aurait déjà circulé plusieurs fois par le cœur, les esprits animaux qui n'en sont que les plus subtiles parties, doivent être aussi fort différents dans les personnes qui sont à jeun et dans d'autres qui viendraient de manger. De plus, parce qu'entre les viandes et les breuvages dont on se sert, il y en a d'une infinité de sortes, et même que ceux qui s'en servent ont des corps diversement disposés ; deux personnes qui viennent de dîner et sortent d'une même table, doivent sentir dans leur faculté d'imaginer une si grande variété de changements, qu'il n'est pas possible de la décrire.

Il est vrai que ceux qui jouissent d'une santé parfaite font une digestion si achevée, que le chyle entrant dans le cœur, et de là dans le cerveau, est aussi propre à former des esprits que le sang ordinaire. De sorte que leurs esprits animaux, et par conséquent leur faculté d'imaginer n'en reçoivent presque pas de changement. Mais pour les vieillards et les infirmes, ils remarquent en eux-mêmes des changements fort sensibles après leur repas. Ils s'as-

---

1. Voir Introduction, III, n° 1, où nous avons noté l'attention respectueuse de Malebranche aux découvertes physiologiques, son goût pour les expériences, la précision de ses notions scientifiques, et aussi le ton à la fois noble, aisé et spirituellement piquant avec lequel il prend la liberté de suivre la vérité là où il la voit, en dépit des préjugés contraires.

soupissent presque tous ; ou pour le moins leur imagination devient toute languissante, et n'a plus de vivacité ni de promptitude : ils ne conçoivent plus rien distinctement, ils ne peuvent s'appliquer à quoi que ce soit, en un mot, ils sont tout autres qu'ils n'étaient auparavant.

III. Mais afin que les plus sains et les plus robustes aient aussi des preuves sensibles[1] de ce qu'on vient de dire, ils n'ont qu'à faire réflexion sur ce qui leur est arrivé, quand ils ont bu du vin bien plus qu'à l'ordinaire, ou bien sur ce qui leur arrivera, quand ils ne boiront que du vin dans un repas, et que de l'eau dans un autre. Car on est assuré que s'ils ne sont entièrement stupides, ou si leur corps n'est composé d'une façon toute extraordinaire[2], ils sentiront aussitôt de la gaieté, ou quelque petit assoupissement, ou quelque autre accident semblable.

Le vin est si spiritueux, que ce sont des esprits animaux presque tout formés, mais des esprits libertins[3], qui ne se soumettent pas volontiers aux ordres de la volonté, à cause apparemment de leur facilité à être mus. Ainsi dans les hommes même les plus forts et les plus vigoureux, il produit de plus grands changements dans l'imagination et dans toutes les parties du corps, que les viandes et les autres breuvages. Il donne du *croc en jambe*, pour parler comme Plaute*; et il produit dans l'esprit bien des effets, qui ne sont pas si avantageux que ceux qu'Horace décrit en ces vers[4] :

> Quid non ebrietas designat? operta recludit;
> Spes jubet esse ratas; in prœlia trudit inermem;
> Sollicitis animis onus eximit; addocet artes.
> Fecundi calices quem non fecere disertum?
> Contracta quem non in paupertate solutum[5]?

* *Vinum luctator dolosus est*. [Plaute, *Pseudolus*, v. 1 :
> Magnum hoc vitium vino'st :
> Pedes captat primum : luctator dolosu'st.]

1. Dans les premières éditions, il y a *personnelles* au lieu de *sensibles*.
2. Au dix-septième siècle, on écrivait ordinairement *toute* aussi bien devant les adjectifs commençant par une voyelle que devant les autres.
3. Dans les premières éditions, il y a : « Les esprits *un peu* libertins, qui ne se soumettent pas... à cause de leur solidité et de leur agitation excessive. »
4. Dans les premières éditions : « et Horace dépeint trop bien ses effets pour ne le pas citer ici. »
5. Horace, *Épîtres*, I, v, 16. La leçon communément adoptée est *inertem*.

Il serait assez facile de trouver des raisons fort vraisemblables des principaux effets que le mélange du chyle avec le sang produit dans les esprits animaux, et ensuite dans le cerveau, et dans l'âme même : comme pourquoi le vin réjouit; pourquoi il donne une certaine vivacité à l'esprit, quand on en prend avec modération; pourquoi il l'abrutit avec le temps, quand on en fait excès; pourquoi on est assoupi après le repas, et de plusieurs autres choses desquelles on donne ordinairement des raisons fort ridicules. Mais, outre qu'on ne fait pas ici une physique, il faudrait donner quelque idée de l'anatomie du cerveau, ou faire quelques suppositions, comme M. Descartes en fait dans le traité qu'il a fait de l'*Homme*, sans lesquelles il n'est pas possible de s'expliquer. Mais enfin, si on lit avec attention ce traité de M. Descartes, on pourra peut-être se satisfaire sur toutes ces questions, à cause des ouvertures qu'il donne pour les résoudre [1].

CHAPITRE III

Que l'air qu'on respire cause aussi quelque changement dans les esprits.

La seconde cause générale des changements qui arrivent dans les esprits animaux, est l'air que nous respirons. Car, quoiqu'il ne fasse pas d'abord des impressions si sen-

---

1. Voir dans l'Introduction, I, l'importance de ce traité de l'*Homme* aux yeux de Malebranche. — Dans les premières éditions, cet alinéa était rédigé un peu différemment. Nous croyons qu'indiquer les retouches de Malebranche, c'est montrer quelles sortes de scrupules il avait en se relisant. « Il serait assez facile de *rendre raison* des principaux effets... il faudrait... faire quelques suppositions comme Monsieur Descartes en fait dans son homme... Mais enfin si on lit avec attention *le livre qu'il a composé sur cette matière*, on peut *assez se satisfaire sur toutes ces questions, parce qu'il explique toutes ces choses, ou au moins il en donne assez de connaissance pour les découvrir après de soi-même par la méditation, pourvu qu'on ait quelque connaissance de ses principes.* » C'était inutilement long et embarrassé. Au début, *rendre raison* était trop affirmatif.

sibles que le chyle, cependant il fait à la longue ce que les sucs des viandes font en peu de temps. Cet air entre des branches de la trachée-artère dans celle de l'*artère veineuse**; de là il se mêle et se fermente¹ avec le reste du sang dans le cœur, et selon sa disposition particulière et celle du sang, il produit de très grands changements dans les esprits animaux, et par conséquent dans la faculté d'imaginer.

Je sais qu'il y a quelques personnes qui ne croient pas que l'air se mêle avec le sang dans les poumons et dans le cœur, parce qu'ils ne peuvent découvrir avec leurs yeux dans les branches de la trachée-artère, et dans celles de l'artère veineuse, les passages par où cet air se communique. Mais il ne faut pas que l'action de l'esprit s'arrête avec celle des sens; il peut pénétrer ce qui leur est impénétrable, et s'attacher à des choses qui n'ont point de prise pour eux. Il est indubitable qu'il passe continuellement quelques parties du sang des branches de la *veine artérieuse*** dans celle de la trachée-artère; l'odeur et l'humidité de l'haleine le prouvent assez, et cependant les passages de cette communication sont imperceptibles. Pourquoi donc les parties subtiles de l'air ne pourraient-elles pas passer des branches de la trachée-artère dans l'artère veineuse, quoique les passages de cette communication ne soient pas visibles? Enfin il se transpire beaucoup plus d'humeurs par les pores imperceptibles des artères et de la peau, qu'il n'en sort par les autres passages du corps, et les métaux même les plus solides n'ont point de pores si étroits, qu'il ne se rencontre encore dans la nature des corps assez petits pour y trouver le passage libre, puisque autrement ces pores se fermeraient.

Il est vrai que les parties grossières et branchues de l'air ne peuvent point passer par les pores ordinaires des

---

* C'est la veine du poumon.
** C'est l'artère du poumon.

1. Au dix-septième siècle, beaucoup de verbes qui sont neutres maintenant s'employaient comme verbes réfléchis. Plus loin, Malebranche dit : *Il se transpire plus d'humeurs.*

corps, et que l'eau même, quoique fort grossière, peut se glisser par des chemins où cet air est obligé de s'arrêter. Mais on ne parle pas ici de ces parties les plus grossières de l'air; elles sont, ce semble, assez inutiles pour la fermentation. On ne parle que des plus petites parties, raides, piquantes, et qui n'ont que fort peu de branches qui les puissent arrêter, parce que ce sont apparemment les plus propres pour la fermentation du sang.

Je pourrais cependant assurer, sur le rapport de Sylvius[1], que l'air même le plus grossier passe de la trachée-artère dans le cœur, puisqu'il assure lui-même, qu'il y a vu passer par l'adresse de M. de Swammerdam[2]. Car il est plus raisonnable de croire un homme qui dit avoir vu, qu'un million d'autres qui parlent en l'air[3]. Il est donc certain que les parties les plus subtiles de l'air que nous respirons, entrent dans notre cœur, qu'elles y entretiennent, avec le sang et le chyle, la chaleur qui donne la vie et le mouvement à notre corps; et que selon leurs différentes qualités elles apportent de grands changements dans la fermentation du sang, et dans les esprits animaux.

On reconnaît tous les jours la vérité de ceci par les diverses humeurs et les différents caractères d'esprit des personnes de différents pays. Les Gascons, par exemple, ont l'imagination plus vive que les Normands. Ceux de Rouen et de Dieppe et les Picards diffèrent tous entre eux, et encore bien plus des Bas-Normands, quoiqu'ils soient assez proches les uns des autres. Mais si on considère les hommes qui vivent dans des pays plus éloignés, on y rencontrera des différences encore bien plus étranges, comme entre un Italien et un Flamand ou un Hollandais. Enfin il y a des lieux renommés de tout temps pour la sagesse de leurs habitants, comme Théman* et Athènes;

---

* *Numquid non ultra est sapientia in Theman?* (Jerem., ch. XLIX, v. 17.)

1. François de la Boë, connu sous le nom de Sylvius, médecin, né à Hanau (Hesse-Cassel), en 1614, mort en 1672.
2. Swammerdam, anatomiste, né à Amsterdam, en 1637, mort en 1680.
3. Dans les premières éditions : « croire un homme qui dit : J'ai vu... »

et d'autres pour leur stupidité, comme Thèbes, Abdère et quelques autres.

> Athenis tenue cœlum, ex quo acutiores etiam putantur Attici,
> [crassum Thebis.
> Cic., *De Fato.*

> Abderitanæ pectora plebis habes.
> Martial.

> Bœotum in crasso jurares aere natum.
> Horace[1].

CHAPITRE IV

I. — Du changement des esprits causé par les nerfs qui vont au cœur et aux poumons. — II. De celui qui est causé par les nerfs qui vont au foie, à la rate, et dans les viscères. — III. Que tout cela se fait contre notre volonté, mais que cela ne se peut faire sans une Providence.

La troisième cause des changements qui arrivent aux esprits animaux, est la plus ordinaire et la plus agissante de toutes ; parce que c'est celle qui produit, qui entretient et qui fortifie toutes les passions. Pour la bien comprendre, il faut savoir que la cinquième, la sixième, et la huitième paire des nerfs envoient la plupart de leurs rameaux dans la poitrine et dans le ventre, où ils ont des usages bien utiles pour la conservation du corps, mais extrêmement dangereux pour l'âme ; parce que ces nerfs ne dépendent point dans leur action de la volonté des hommes, comme ceux qui servent à remuer les bras, les jambes, et les autres parties extérieures du corps et qu'ils agissent beaucoup plus sur l'âme que l'âme n'agit sur eux.

I. Il faut donc savoir, que plusieurs branches de la huitième paire des nerfs se jettent entre les fibres du principal de tous les muscles, qui est le cœur ; qu'ils environnent ses ouvertures, ses oreillettes et ses artères ; qu'ils se répandent même dans la substance du poumon, et qu'ainsi par leurs différents mouvements ils produisent des chan-

---

1. Horace, *Ep.*, II, 1, 244.

gements fort considérables dans le sang. Car les nerfs qui sont répandus entre les fibres du cœur, le faisant quelquefois étendre et raccourcir avec trop de force et de promptitude, poussent avec une violence extraordinaire quantité de sang vers la tête et vers toutes les parties du corps. Quelquefois aussi ces mêmes nerfs font un effet tout contraire. Pour les nerfs qui environnent les ouvertures du cœur, ses oreillettes et ses artères, ils font à peu près le même effet que les registres avec lesquels les chimistes modèrent la chaleur de leurs fourneaux, et que les robinets dont on se sert dans les fontaines pour régler le cours de leurs eaux. Car l'usage de ces nerfs est de serrer et d'élargir diversement les ouvertures du cœur; de hâter et de retarder de cette manière l'entrée et la sortie du sang, et d'en augmenter ainsi et d'en diminuer la chaleur. Enfin les nerfs qui sont répandus dans le poumon, ont aussi le même usage; car le poumon n'étant composé que des branches de la trachée-artère, de la veine artérieuse et de l'artère veineuse entrelacées les unes dans les autres, il est visible que les nerfs qui sont répandus dans sa substance empêchent par leur contraction que l'air ne passe avec assez de liberté des branches de la trachée-artère, et le sang de celles de la veine artérieuse dans l'artère veineuse pour se rendre dans le cœur. Ainsi ces nerfs, selon leur différente agitation, augmentent ou diminuent encore la chaleur et le mouvement du sang.

Nous avons dans toutes nos passions des expériences fort sensibles de ces différents degrés de chaleur de notre cœur. Nous l'y sentons manifestement diminuer et s'augmenter quelquefois tout d'un coup; et comme nous jugeons faussement que nos sensations sont dans les parties de notre corps, à l'occasion desquelles elles s'excitent en notre âme, ainsi qu'il a été expliqué dans le premier Livre [1], presque tous les philosophes se sont imaginé, que le cœur était le siège principal des passions de l'âme; et c'est même encore aujourd'hui l'opinion la plus commune.

1. C'est au chap. xiii, § 2 et 3.

Or, parce que la faculté d'imaginer reçoit de grands changements par ceux qui arrivent aux esprits animaux, et que les esprits animaux sont fort différents selon la différente fermentation ou agitation du sang qui se fait dans le cœur, il est facile de reconnaître ce qui fait que les personnes passionnées imaginent les choses tout autrement, que ceux qui les considèrent de sang-froid.

II. L'autre cause, qui contribue fort à diminuer et à augmenter ces fermentations extraordinaires du sang, consiste dans l'action de plusieurs autres rameaux des nerfs, desquels nous venons de parler.

Ces rameaux se répandent dans le *foie*, qui contient la plus subtile partie du sang, ou ce qu'on appelle ordinairement la bile ; dans la *rate* qui contient la plus grossière, ou la mélancolie, dans le *pancréas*, qui contient un suc acide très propre, ce semble[1], pour la fermentation ; dans l'estomac, les boyaux, et les autres parties qui contiennent le chyle ; enfin ils se répandent dans tous les endroits qui peuvent contribuer[2] quelque chose pour varier la fermentation ou le mouvement du sang. Il n'y a pas même jusqu'aux artères et aux veines qui ne soient liées de ces nerfs, comme M. Willis l'a découvert du tronc inférieur de la grande artère, qui en est liée proche du cœur, de l'artère *axillaire* du côté droit, de la veine *émulgente*, et de quelques autres.

Ainsi l'usage des nerfs étant d'agiter diversement les parties auxquelles ils sont attachés, il est facile de concevoir comment, par exemple, le nerf qui environne le foie, peut en le serrant faire couler une grande quantité de bile dans les veines et dans le canal de la bile, laquelle s'étant mêlée avec le sang dans les veines, et avec le chyle par le canal de la bile, entre dans le cœur, et y produise[3] une chaleur bien plus ardente qu'à l'ordinaire. Ainsi lorsqu'on est ému de certaines passions, le sang bout dans les artères et dans les veines, l'ardeur se répand dans tout le corps, le feu monte à la tête, et elle se

---

1. *Ce semble.* Ces mots ne sont pas dans les premières éditions. Scrupule à noter.
2. *Contribuer*, très souvent actif au dix-septième siècle. C'est la forme latine et ancienne.
3. Négligence, ou peut-être latinisme, *laquelle* dépendant de *comment*.

remplit d'un si grand nombre d'esprits animaux trop vifs et trop agités, que par leur cours impétueux ils empêchent l'imagination de se représenter d'autres choses que celles dont ils forment des images dans le cerveau, c'est-à-dire, de penser à d'autres objets qu'à ceux de la passion qui domine.

Il en est de même des petits nerfs qui vont à la rate, ou d'autres parties qui contiennent une matière plus grossière et moins susceptible de chaleur et de mouvement : ils rendent l'imagination toute languissante et toute assoupie, en faisant couler dans le sang quelque matière grossière et difficile à mettre en mouvement.

Pour les nerfs qui environnent les artères et les veines, leur usage est d'empêcher le sang de passer, et de l'obliger en les serrant de s'écouler dans les lieux où il trouve le passage libre. Ainsi, la partie de la grande artère, qui fournit du sang à toutes les parties qui sont au-dessous du cœur, étant liée et serrée par ces nerfs, le sang doit nécessairement entrer dans la tête en plus grande abondance, et produire ainsi du changement dans les esprits animaux, et par conséquent dans l'imagination.

III. Or il faut bien remarquer que tout cela ne se fait que par machine, je veux dire, que tous les différents mouvements de ces nerfs dans toutes les passions différentes, n'arrivent point par le commandement de la volonté, mais se font au contraire sans ses ordres, et même contre ses ordres : de sorte qu'un corps sans âme, disposé comme celui d'un homme sain, serait capable de tous les mouvements qui accompagnent nos passions. Ainsi les bêtes même en peuvent avoir de semblables, quand elles ne seraient que de pures machines [1].

C'est ce qui nous doit faire admirer la sagesse incompréhensible de celui qui a si bien rangé tous ces ressorts, qu'il suffit qu'un objet remue légèrement le nerf optique d'une telle ou telle manière, pour produire tant de divers mouvements dans le cœur, dans les autres parties intérieures

---

1. Voilà qui est bien cartésien.

du corps, et même sur le visage. Car on a découvert depuis peu, que le même nerf qui répand quelques rameaux dans le cœur et dans les autres parties intérieures, communique aussi quelques-unes de ses branches aux yeux, à la bouche et aux autres parties du visage. De sorte qu'il ne peut s'élever aucune passion au dedans, qui ne paraisse au dehors, parce qu'il ne peut y avoir de mouvement dans les branches qui vont au cœur, qu'il n'en arrive quelqu'un dans celles qui sont répandues sur le visage.

Lorsqu'on est surpris de quelque passion violente, si l'on prend soin de faire réflexion sur ce que l'on sent dans les entrailles et dans les autres parties du corps où les nerfs s'insinuent, comme aussi aux changements de visage qui l'accompagnent; et si l'on considère que toutes ces diverses agitations de nos nerfs sont entièrement involontaires, et qu'elles arrivent même malgré toute la résistance que notre volonté y apporte, on n'aura pas grande peine à se laisser persuader de la simple exposition que l'on vient de faire de tous ces rapports entre les nerfs.

Mais si l'on examine les raisons et la fin de toutes ces choses, on y trouvera tant d'ordre et de sagesse, qu'une attention un peu sérieuse sera capable de convaincre les personnes les plus attachées à Épicure et à Lucrèce[1], qu'il y a une Providence qui régit le monde. Quand je vois une montre, j'ai raison de conclure qu'il y a une intelligence, puisqu'il est impossible que le hasard ait pu produire et arranger toutes ces roues. Comment donc serait-il possible que le hasard et la rencontre des atomes fût

---

1. Ce ne sont pas là des paroles en l'air. Si l'honnête Gassendi avait remis en honneur le système d'Épicure, sans renoncer à la notion de Dieu créateur ni de Dieu providence, la philosophie épicurienne avait trouvé, sous l'impulsion de Gassendi, ou en dehors de lui et même avant lui, bien des adeptes qui l'embrassaient tout entière. Citons le poète Théophile, mort en 1626, auteur d'un Hymne à la Nature, applaudi jusque dans la cour du Louvre; le poète Hesnault, mort en 1682, qui avait commencé une traduction de Lucrèce. On sait que le P. Mersenne, l'ami de Descartes, avait écrit deux volumes pour combattre « l'impiété des déistes, des athées et des plus subtils libertins de ce temps; » et, dans un autre ouvrage (*Quæst. in Benesim*), il attribuait à Vanini et à ses adeptes le dessein de propager l'athéisme dans le monde entier. La faveur où était tenu le poème de Lucrèce est encore attestée par la traduction qu'en avait faite Molière.

capable d'arranger dans tous les hommes et dans tous les animaux tant de ressorts divers, avec la justesse et la proportion que je viens d'expliquer, et que les hommes et les animaux en engendrassent d'autres qui leur fussent tout à fait semblables? Ainsi il est ridicule de penser ou de dire, comme Lucrèce, que le hasard a formé toutes les parties qui composent l'homme, que les yeux n'ont point été faits pour voir, mais qu'on s'est avisé de voir, parce qu'on avait des yeux, et ainsi des autres parties du corps. Voici ses paroles :

> Lumina ne facias oculorum clara creata
> Prospicere ut possimus, et ut proferre viaï
> Proceros passus, ideo fastigia posse
> Surarum ac feminum pedibus fundata plicari;
> Brachia tum porro validis exapta lacertis
> Esse, manusque datas utraque ex parte ministras,
> Ut facere ad vitam possimus, quæ foret usus.
> Cætera de genere hoc inter quæcumque pretantur,
> Omnia perversa præpostera sunt ratione.
> Nil ideo natum est in nostro corpore ut uti
> Possimus, sed quod natum est id procreat usum[1].

Ne faut-il pas avoir une étrange aversion d'une Providence pour s'aveugler ainsi volontairement de peur de la reconnaître, et pour tâcher de se rendre insensible à des preuves aussi fortes et aussi convaincantes que celle que la nature nous en fournit? Il est vrai que quand on affecte une fois de faire l'esprit fort [2], ou plutôt l'impie, ainsi que faisaient les Épicuriens, on se trouve incontinent tout couvert de ténèbres, et on ne voit plus que de fausses lueurs : on nie hardiment les choses les plus claires, et on assure fièrement et magistralement les plus fausses et les plus obscures.

Le poète que je viens de citer, peut servir de preuve de cet aveuglement des esprits forts; car il prononce hardiment, et contre toute apparence de vérité, sur les questions les plus difficiles et les plus obscures, et il semble qu'il

---

1. *De Natura rerum*, l. IV, 823.
2. *L'esprit fort*, au dix-septième siècle, est à peu près ce qu'est aujourd'hui le *libre penseur*. Même abus de mots excellents en eux-mêmes. On connaît le dernier chapitre des *Caractères* de la Bruyère, intitulé les *Esprits forts*.

n'aperçoive pas les idées même les plus claires et les plus évidentes. Si je m'arrêtais à rapporter des passages de cet auteur, pour justifier ce que je dis, je ferais une digression trop longue et trop ennuyeuse. S'il est permis de faire quelques réflexions qui arrêtent pour un moment l'esprit sur les vérités essentielles, il n'est jamais permis de faire des digressions qui détournent l'esprit pendant un temps considérable de l'attention à son principal sujet, pour l'appliquer à des choses de peu d'importance.

On[1] vient d'expliquer les causes générales, tant extérieures qu'intérieures, qui produisent du changement dans les esprits animaux, et par conséquent dans la faculté d'imaginer. On a fait voir que les extérieures sont les viandes dont on se nourrit, et l'air que l'on respire[2]; et que l'intérieure consiste dans l'agitation involontaire de certains nerfs. On ne sait point d'autres causes générales, et l'on assure même qu'il n'y en a point. De sorte que la faculté d'imaginer ne dépendant de la part du corps que de ces deux choses, savoir, des esprits animaux, et de la disposition du cerveau sur lequel ils agissent, il ne reste plus ici, pour donner quelque connaissance de l'imagination, que d'exposer les différents changements qui peuvent arriver dans la substance du cerveau. Mais, avant que d'examiner ces changements, il est à propos d'expliquer la liaison de nos pensées avec les traces du cerveau, et la liaison réciproque de ces traces. Il faudra aussi donner quelque idée de la mémoire et des habitudes, c'est-à-dire, de cette facilité que nous avons de penser à des choses auxquelles nous avons déjà pensé, et de faire des choses que nous avons déjà faites[3].

---

1. *On*, pour se désigner soi-même; tour fréquent au dix-septième siècle. Malebranche l'emploie volontiers.
2. *On*, dans cette phrase se rapporte à différentes personnes : le premier *on* désigne l'auteur; les deux suivants, les hommes en général. Négligence fréquente dans Malebranche. On en peut voir des exemples, notamment à la fin du chap. II, p. 62, et dans le présent chapitre, p. 69, lignes 17 et 18. Voir encore chapitre V, p. 85.
3. Dans les premières éditions, ce paragraphe forme le commencement du chapitre suivant. — Nous avons signalé dans notre Introduction, III, n° 2, ce rapport, si nettement aperçu par Malebranche, entre la liaison des idées de l'esprit (ou, comme nous disons maintenant, l'association des idées), la mémoire et l'habitude.

CHAPITRE V

I. — De la liaison des idées de l'esprit avec les traces du cerveau. — II. De la liaison réciproque qui est entre ces traces. — III. De la mémoire. — IV. Des habitudes[1].

De toutes les choses matérielles, il n'y en a point de plus digne de l'application des hommes que la structure de leur corps, et que la correspondance qui est entre toutes les parties qui le composent, et de toutes les choses spirituelles, il n'y en a point dont la connaissance leur soit plus nécessaire que celle de leur âme, et de tous les rapports qu'elle a indispensablement avec Dieu et naturellement avec le corps[2].

Il ne suffit pas de sentir ou de connaître confusément que les traces du cerveau sont liées les unes avec les autres, et qu'elles sont suivies du mouvement des esprits animaux, que les traces réveillées dans le cerveau réveillent des idées dans l'esprit, et que des mouvements excités dans les esprits animaux excitent des passions dans la volonté. Il faut, autant que l'on peut, savoir distinctement la cause de toutes ces liaisons différentes, et principalement les effets qu'elles sont capables de produire.

Il en faut connaître la cause, parce qu'il faut connaître celui qui seul est capable d'agir en nous, et de nous rendre heureux ou malheureux, et il en faut connaître les effets, parce qu'il faut nous connaître nous-mêmes autant que nous le pouvons, et les autres hommes avec qui nous

---

1. Sur ce chapitre, voir notre Introduction, III. — Dans les premières éditions, ce chapitre v avait comme préambule le paragraphe qui vient de terminer le chapitre IV, et il ne renfermait que les deux sections où il est parlé de la mémoire et des habitudes. Les longues et importantes sections : I, *De la liaison des idées de l'esprit avec les traces du cerveau*; II, *De la liaison réciproque qui est entre ces traces*, formaient le chapitre III de la deuxième partie. Et nous aurons à y noter des remaniements: la disposition des paragraphes que nous reproduisons d'après l'édition de 1712, n'est pas l'ordre primitif.

2. *Indispensablement*, parce qu'un esprit ne peut ni subsister ni se concevoir sans une essentielle dépendance à l'égard de Dieu qui l'éclaire et le meut comme il le fait être. *Naturellement*, c'est-à-dire en vertu des lois de l'union de l'âme et du corps, qui sont l'effet d'une volonté sage et constante, mais libre et arbitraire de Dieu.

devons vivre[1]. Alors nous saurons les moyens de nous conduire et de nous conserver nous-mêmes dans l'état le plus heureux et le plus parfait où l'on puisse parvenir, selon l'ordre de la nature et selon les règles de l'Évangile; et nous pourrons vivre avec les autres hommes, en connaissant exactement et les moyens de nous en servir dans nos besoins, et ceux de les aider dans leurs misères[2].

Je ne prétends pas expliquer, dans ce chapitre, un sujet si vaste et si étendu. Je ne prétends pas même le faire[3] entièrement dans tout cet ouvrage. Il y a beaucoup de choses que je ne connais pas encore, et que je n'espère pas de bien connaître; et il y en a quelques-unes que je crois savoir, et que je ne puis expliquer. Car il n'y a point d'esprit, si petit qu'il soit, qui ne puisse, en méditant, découvrir plus de vérités que l'homme du monde le plus éloquent n'en pourrait déduire[4].

1[5]. Il ne faut pas s'imaginer, comme la plupart des philosophes, que l'esprit devient corps, lorsqu'il s'unit au corps; et que le corps devient esprit, lorsqu'il s'unit à l'esprit. L'âme n'est point répandue dans toutes les parties du corps, afin de lui donner la vie et le mouvement, comme l'imagination se le figure; et le corps ne devient point capable de sentiment par l'union qu'il a avec l'esprit, comme nos sens faux et trompeurs semblent nous en convaincre. Chaque substance demeure ce qu'elle est; et,

---

1. Dans les premières éditions, il y avait : « ... il faut connaître celui qui nous conduit, celui de qui nous dépendons, celui qui seul est capable...; et .. il faut savoir de quoi nous et les autres sommes capables et à quoi nous et les autres sommes sujets. » — — Selon Malebranche, la seule cause véritable, la seule cause efficace, c'est Dieu : lui seul modifie l'âme, comme lui seul en est le créateur; lui seul peut la perfectionner; lui seul peut la rendre heureuse ou malheureuse. Mais si aucune créature ne peut agir sur nous ni nous sur aucune créature, il y a entre tous les êtres une liaison telle qu'ils ne peuvent se passer les uns des autres : les créatures sont causes occasionnelles, sinon causes efficaces.

2. Dans les premières éditions la phrase était moins nette : il y avait : « en connaissant exactement et les moyens de nous en servir et ceux de les aider dans leurs misères et dans les nôtres. »

3. Dans les premières éditions, il y a dans la seconde partie de la phrase : « je ne prétends pas même de le faire. » Les exemples de prétendre de sont nombreux, notamment dans Pascal, dans Pellisson, dans Mme de Sévigné.

4. Nous avons déjà rencontré cette remarque; nous la rencontrerons encore. — Déduire, développer, dérouler, dans un ordre qui reproduit l'enchaînement des choses.

5. Cette section 1 est intitulée en marge : De l'union de l'âme et du corps.

comme l'âme n'est point capable d'étendue et de mouvements, le corps n'est point capable de sentiment et d'inclinations. Toute l'alliance de l'esprit et du corps qui nous est connue, consiste dans une correspondance naturelle et mutuelle des pensées de l'âme avec les traces du cerveau, et des émotions de l'âme avec les mouvements des esprits animaux.

Dès que l'âme reçoit quelques nouvelles idées, il s'imprime dans le cerveau de nouvelles traces; et, dès que les objets produisent de nouvelles traces, l'âme reçoit de nouvelles idées. Ce n'est pas qu'elle considère ces traces, puisqu'elle n'en a aucune connaissance; ni que ces traces renferment ces idées, puisqu'elles n'y ont aucun rapport; ni enfin qu'elle reçoive ses idées de ces traces; car, comme nous expliquerons dans le troisième Livre[1], il n'est pas concevable que l'esprit reçoive quelque chose du corps, et qu'il devienne plus éclairé qu'il n'est, en se tournant vers lui, ainsi que les philosophes le prétendent, qui veulent que ce soit par *conversion* aux fantômes ou aux traces du cerveau, *per conversionem ad phantasmata*, que l'esprit aperçoive toutes choses[2]. Mais tout cela se fait en conséquence des lois générales de l'union de l'âme et du corps, ce que j'expliquerai au même endroit.

De même, dès que l'âme veut que le bras soit mû, le bras

---

1. L. III, II⁰ part., surtout ch. I, II, VI et VII.
2. *Fantômes*, φαντάσματα, les images des choses perçues par les sens. Aristote dit dans le *Traité de l'Âme*: « Jamais l'âme ne pense sans image, Οὐδέποτε νοεῖ ἄνευ φαντάσματος ἡ ψυχή (III, VII, 431a 16)... Le principe pensant pense les idées dans les images, Τὰ μὲν οὖν εἴδη τὸ νοητικὸν ἐν τοῖς φαντάσμασι νοεῖ (*Ib.*, 431b 2)... Sans la perception sensible, on ne pourrait rien apprendre, rien comprendre, et même dans la contemplation (l'acte intellectuel le plus élevé, le plus pur), c'est une nécessité de contempler en ayant encore dans l'esprit une image. Ὅτι μὴ αἰσθανόμενος μηθέν, οὐθὲν ἂν μάθοι, οὐδὲ ξυνίη, ὅταν τε θεωρῇ, ἀνάγκη ἅμα φαντάσματί τι θεωρεῖν (*Ib.*, VIII, 432a 6). Là est l'origine de la théorie scolastique à laquelle Malebranche fait allusion dans le présent passage. Cette théorie, bien entendue, ne prétend pas que « l'esprit devienne plus éclairé qu'il n'est en se tournant vers le corps. » D'ailleurs Malebranche admet qu'il n'y a pas de conception intellectuelle tellement pure que quelque image sensible ne s'y mêle; il le dit expressément dans la *Recherche de la Vérité*, livre V, *des Passions*, ch. II. Ce qu'il reproche à la théorie usuelle, c'est donc, non de reconnaître la dépendance de l'âme à l'égard du corps, mais d'admettre une action du corps sur l'âme. Autrement, il y a accord entre sa manière de voir et la théorie scolastique. Voir le résumé de cette théorie, Appendice III, extraits de Bossuet: *Conn. de Dieu et de soi-même*, III, XIV.

est mû, quoiqu'elle ne sache pas seulement ce qu'il faut faire pour le remuer; et dès que les esprits animaux sont agités, l'âme se trouve émue, quoiqu'elle ne sache pas seulement s'il y a dans son corps des esprits animaux.

Lorsque je traiterai des passions, je parlerai de la liaison qu'il y a entre les traces du cerveau et les mouvements des esprits, et de celle qui est entre les idées et les émotions de l'âme, car toutes les passions en dépendent. Je dois seulement parler ici de la liaison des idées avec les traces, et de la liaison des traces les unes avec les autres.

Il y a trois causes* de la liaison des idées avec les traces. La première, et que les autres supposent, est la nature, ou la volonté constante et immuable du Créateur[1]. Il y a, par exemple, une liaison naturelle et qui ne dépend point de notre volonté, entre les traces que produisent un

---

* Trois causes de la liaison des idées et des raisonnements.

1. « C'est Dieu et Dieu seul qui *fait et règle* tout. » *Médit. chrét.*, VII, 15. « Toutes les forces de la nature ne sont que la volonté de Dieu toujours efficace. » *Rech. de la Vér.*, l. VI, part. II, ch. III. De même toutes les lois de la nature ne sont que cette même volonté de Dieu toujours sage et toujours constante. Malebranche répète cela partout, et c'est au pied de la lettre qu'il entend que « Dieu seul agit. » Il ne redirait point ces belles paroles de saint Thomas d'Aquin : « Deus inferiora gubernat per superiora, non propter defectum suæ virtutis, sed propter abundantiam suæ bonitatis, *ut dignitatem causalitatis etiam creaturis communicet.* » *Summa theol.*, Iª, q. XXII, art. 3. Ni ces autres : « Omnes res creatæ viderentur quodammodo esse frustra si propria operatione destituerentur... Subtraheretur ordo causæ et causati a rebus creatis, quod pertinet ad impotentiam creantis... Sic intelligendum est Deum operari in rebus, quod tamen ipsæ res propriam habeant operationem. » *Ib.*, q. CIV, a. 5. Il ne se contente pas de dire que « Dieu est cause première et principale, et qu'il opère en tout ce qui opère, *Deus operatur in omni operante.* » *Ib.*, q. CV, a. 5. Il déclare que « Dieu ne communique point sa puissance aux créatures, » et que c'est là « le plus grand, le plus fécond et le plus nécessaire de tous les principes »(*Entr. mét.*, VII,10) ; que supposer dans la créature la moindre efficace, c'est la diviniser, puisque toute efficace, quelque petite qu'on la suppose, est quelque chose de divin et d'infini (*Méd. chrét.*, IX, 7); que toutes les créatures sont impuissantes (*Ib.*, VI, 22); « que l'erreur la plus dangereuse de la philosophie des anciens, » c'est « d'admettre des formes, des qualités, des facultés, des vertus ou des êtres réels capables de produire certains effets par la force de leur nature, » tandis qu'il n'y a qu'une vraie cause, parce qu'il n'y a qu'un vrai Dieu, que la nature ou la force de chaque chose n'est que la volonté de Dieu, et que les causes naturelles ne sont point de *véritables* causes, mais seulement des causes *occasionnelles* (*Rech. de la Vér.*, l. VI, part. II, ch. III). Voir encore dixième et quinzième *Éclaircissement à la Recherche*. Il déclare très dangereuse la philosophie d'Aristote, « ce misérable et pitoyable philosophe, » (*dix-neuvième Éclairc.*, rép. à la cinquième preuve), et conjure « les philosophes, et surtout les philosophes chrétiens, de combattre sans cesse des préjugés aussi dangereux que celui de l'efficace des causes secondes. » (*Ib.*, fin).

arbre ou une montagne que nous voyons, et les idées d'arbre ou de montagne; entre les traces que produisent dans notre cerveau le cri d'un homme ou d'un animal qui souffre et que nous entendons se plaindre, l'air du visage d'un homme qui nous menace ou qui nous craint, et les idées de douleur, de force, de faiblesse, et même entre les sentiments de compassion, de crainte et de courage qui se produisent en nous[1].

Ces liaisons naturelles sont les plus fortes de toutes; elles sont semblables généralement dans tous les hommes; elles sont absolument nécessaires à la conservation de la vie. C'est pourquoi elles ne dépendent point de notre volonté. Car, si la liaison des idées avec les sons et certains caractères est faible et fort différente dans différents pays, c'est qu'elle dépend de la volonté faible et changeante des hommes; et la raison pour laquelle elle en dépend, c'est parce que cette liaison n'est point absolument nécessaire pour vivre, mais seulement pour vivre comme des hommes qui doivent former entre eux une société raisonnable[2].

La seconde cause de la liaison des idées avec les traces, c'est l'*identité* du temps[3]. Car il suffit souvent que nous ayons eu certaines pensées dans le temps qu'il y avait dans notre cerveau quelques nouvelles traces, afin que ces traces ne puissent plus se produire sans que nous ayons de nouveau ces mêmes pensées. Si l'idée de Dieu s'est présentée à mon esprit dans le même temps que mon cerveau a été frappé de la vue de ces trois caractères *iah*, ou du son de ce même mot, il suffira que les traces que ces caractères, ou leur son, auront produites, se réveillent afin que je pense à Dieu; et je ne pourrai penser à Dieu, qu'il ne se produise dans mon cerveau quelques traces confuses des caractères ou des sons qui auront accompagné les pen-

---

1. Dans les éditions antérieures à 1712, la cause qui vient d'être signalée, « la nature ou la volonté constante du Créateur, » est indiquée en troisième lieu. Voir, sur ces changements dans l'ordre des trois causes, notre Introduction, III, n° 2, p. 47-48.

2. Avant 1712, la cause placée ici la seconde, « l'identité du temps », était signalée en premier lieu.

3. Cette cause « suppose les deux autres ». Voilà pourquoi Malebranche l'a mise définitivement la troisième, après lui avoir donné la seconde place dans les éditions antérieures à 1712. Ces remaniements sont instructifs.

sées que j'aurai eues de Dieu; car le cerveau n'étant jamais sans traces, il a toujours celles qui ont quelque rapport à ce que nous pensons, quoique souvent ces traces soient fort imparfaites et fort confuses.

La troisième cause de la liaison des idées avec les traces, et qui suppose toujours les deux autres, c'est la volonté des hommes. Cette volonté est nécessaire, afin que cette liaison des idées avec les traces soit réglée et accommodée à l'usage. Car si les hommes n'avaient pas naturellement de l'inclination à convenir entre eux pour attacher leurs idées à des signes sensibles, non seulement cette liaison des idées serait entièrement inutile pour la société, mais elle serait encore fort déréglée et fort imparfaite.

Premièrement, parce que les idées ne se lient fortement avec les traces que, lorsque les esprits étant agités, ils rendent ces traces profondes et durables. De sorte que les esprits n'étant agités que par les passions, si les hommes n'en avaient aucune pour communiquer leurs sentiments et pour entrer dans ceux des autres, il est évident que la liaison exacte de leurs idées à certaines traces serait bien faible, puisqu'ils ne s'assujettissent à ces liaisons exactes et régulières que pour se communiquer leurs pensées.

Secondement, la répétition de la rencontre des mêmes idées avec les mêmes traces étant nécessaire pour former une liaison qui se puisse conserver longtemps, puisqu'une première rencontre, si elle n'est accompagnée d'un mouvement violent d'esprits animaux, ne peut faire de fortes liaisons, il est clair que si les hommes ne voulaient pas convenir[1], ce serait le plus grand hasard du monde, s'il arrivait de ces rencontres des mêmes idées et des mêmes traces. Ainsi la volonté des hommes est nécessaire pour régler la liaison des mêmes idées avec les mêmes traces, quoique cette volonté de convenir ne soit pas tant un effet de leur choix et de leur raison, qu'une impression de l'Auteur de la nature, qui nous a tous faits les uns pour les autres, et avec une inclination très forte à nous unir

---

1. *Convenir*, s'accorder par convention. Un peu plus haut, il y a *convenir entre eux*.

par l'esprit, autant que nous le sommes par le corps[1].

Il faut bien remarquer ici, que la liaison des idées qui nous représentent des choses spirituelles distinguées de nous avec les traces de notre cerveau, n'est point naturelle et ne le peut être, et par conséquent qu'elle est, ou qu'elle peut être différente dans tous les hommes, puisqu'elle n'a point d'autre cause que leur volonté et l'identité du temps dont j'ai parlé auparavant. Au contraire, la liaison des idées de toutes les choses matérielles avec certaines traces particulières est naturelle, et par conséquent il y a certaines traces qui réveillent la même idée dans tous les hommes. On ne peut douter, par exemple, que tous les hommes n'aient l'idée d'un carré à la vue d'un carré, parce que cette liaison est naturelle. Mais ils n'ont pas tous l'idée d'un carré lorsqu'ils entendent prononcer ce mot *carré*, parce que cette liaison est entièrement volontaire. Il faut penser la même chose de toutes les traces qui sont liées avec les idées des choses spirituelles.

Mais, parce que les traces qui ont une liaison naturelle avec les idées, touchent et appliquent l'esprit, et le rendent par conséquent attentif, la plupart des hommes ont assez de facilité pour comprendre et retenir les vérités sensibles et palpables, c'est-à-dire, les rapports qui sont entre les corps. Et au contraire, parce que les traces qui n'ont point d'autre liaison avec les idées que celles que la volonté y a mises, ne frappent point vivement l'esprit, tous les hommes ont assez de peine à comprendre, et encore plus à retenir les vérités abstraites, c'est-à-dire les rapports qui sont entre les choses qui ne tombent point sous l'imagination. Mais lorsque ces rapports sont un peu composés, ils paraissent absolument incompréhensibles, principalement à ceux qui n'y sont point accoutumés, parce qu'ils n'ont point fortifié la liaison de ces idées abstraites avec leurs traces par une méditation continuelle. Et, quoique les autres les aient parfaitement comprises, ils les ou-

---

[1]. Malebranche nie l'action des créatures les unes sur les autres, mais il répète sans cesse qu'elles tiennent ensemble, qu'elles sont unies en vertu des lois établies par Dieu.

blient en peu de temps, parce que cette liaison n'est presque jamais aussi forte que les naturelles.

Il est si vrai que toute la difficulté que l'on a à comprendre et à retenir les choses spirituelles et abstraites, vient de la difficulté que l'on a à fortifier la liaison de leurs idées avec les traces du cerveau, que lorsqu'on trouve moyen d'expliquer, par les rapports des choses matérielles, ceux qui se trouvent entre les choses spirituelles, on les fait aisément comprendre; et on les imprime de telle sorte dans l'esprit, que non seulement on en est fortement persuadé, mais encore on les retient avec beaucoup de facilité. L'idée générale que l'on a donnée de l'esprit dans le premier chapitre de cet ouvrage, est peut-être une assez bonne preuve de ceci[1].

Au contraire, lorsqu'on exprime les rapports qui se trouvent entre les choses matérielles, de telle manière qu'il n'y a point de liaison nécessaire entre les idées de ces choses et les traces de leurs expressions, on a beaucoup de peine à les comprendre, et on les oublie facilement.

Ceux, par exemple, qui commencent l'étude de l'algèbre ou de l'analyse, ne peuvent comprendre les dé-

---

1. *Rech. de la Vér.*, 1, 1, 1. « L'esprit de l'homme n'étant point matériel ou étendu, est sans doute une substance simple, indivisible et sans aucune composition de parties; mais cependant on a coutume de distinguer en lui deux facultés, savoir : l'*entendement* et la *volonté*, lesquelles il est nécessaire d'expliquer d'abord pour attacher à ces deux mots une notion exacte, car il semble que les notions ou les idées qu'on a de ces deux facultés ne sont pas assez nettes ni assez distinctes. Mais parce que ces idées sont fort abstraites et qu'elles ne tombent point sous l'imagination, il semble à propos de les exprimer par rapport aux propriétés qui conviennent à la matière, lesquelles, se pouvant facilement imaginer, rendront les notions qu'il est bon d'attacher à ces deux mots, *entendement* et *volonté*, plus distinctes et même plus familières. Il faudra seulement prendre garde que ces rapports de l'esprit et de la matière ne sont pas entièrement justes, et qu'on ne compare ensemble ces deux choses que pour rendre l'esprit plus attentif et faire comme sentir aux autres ce que l'on veut dire. » Suit le développement qui remplit tout le chapitre et a six ou sept pages. — Ailleurs Malebranche dit que les choses que Dieu peut faire *expriment* plus ou moins ses excellentes qualités. (*Entr. mét.*, IX, 4.) Là est la raison profonde de l'espèce d'analogie que les corps et les esprits, malgré leur profonde et radicale différence, peuvent avoir entre eux. Il y a un endroit (*Entr. mét.*, XI, 13 jusqu'à la fin) où c'est l'analogie entre l'ordre de la nature et l'ordre de la grâce que Malebranche se plaît à développer, et il dit que les êtres de la nature sont comme autant « d'emblèmes » de Jésus-Christ, de l'Homme-Dieu, en vue de qui tout existe.

monstrations algébriques qu'avec beaucoup de peine, et, lorsqu'ils les ont une fois comprises, ils ne s'en souviennent pas longtemps, parce que les carrés, par exemple, les parallélogrammes, les cubes, les solides, etc., étant exprimés par *aa, ab, az, abc,* etc., dont les traces n'ont point de liaison naturelle avec des idées, l'esprit ne trouve point de prise pour s'en fixer les idées[1] et pour en examiner les rapports.

Mais ceux qui commencent la géométrie commune, conçoivent très clairement et très promptement les petites démonstrations qu'on leur explique, pourvu qu'ils entendent très distinctement les termes dont on se sert, parce que les idées de carré, de cercle, etc., sont liées naturellement avec les traces des figures qu'ils voient devant leurs yeux. Il arrive même souvent que la seule exposition de la figure qui sert à la démonstration, la leur fait plutôt comprendre que les discours qui l'expliquent. Parce que les mots n'étant liés aux idées que par une institution arbitraire[2], ils ne réveillent pas ces idées avec assez de promptitude et de netteté pour en reconnaître facilement les rapports, car c'est principalement à cause de cela qu'il y a de la difficulté à apprendre les sciences.

On peut en passant reconnaître, par ce que je viens de dire, que ces écrivains qui fabriquent un grand nombre de mots et de caractères nouveaux pour expliquer leurs sentiments, font souvent des ouvrages assez inutiles. Ils croient se rendre intelligibles, lorsqu'en effet ils se rendent incompréhensibles. Nous définissons tous nos termes et tous nos caractères, disent-ils, et les autres en doivent convenir. Il est vrai : les autres en conviennent de volonté ; mais leur nature y répugne. Leurs idées ne sont point attachées à ces termes nouveaux, parce qu'il faut pour cela de l'usage et un grand usage. Les auteurs ont peut-être cet usage, mais les lecteurs ne l'ont pas. Lorsqu'on prétend instruire l'esprit, il est nécessaire de le connaître, parce

---

1. *S'en fixer les idées,* en fixer en soi les idées.
2. *Arbitraire,* c'est-à-dire non naturelle, mais dépendant de la volonté de l'homme, de son arbitre, *ex arbitrio.*

qu'il faut suivre la nature, et ne pas l'irriter ni la choquer[1].

On ne doit pas cependant condamner le soin que prennent les mathématiciens de définir leurs termes ; car il est évident qu'il les faut définir pour ôter les équivoques. Mais autant qu'on le peut, il faut se servir de termes qui soient reçus, ou dont la signification ordinaire ne soit pas fort éloignée de celle qu'on prétend introduire, et c'est ce qu'on n'observe pas toujours dans les mathématiques.

On ne prétend pas aussi, par ce qu'on vient de dire, condamner l'algèbre, telle principalement que M. Descartes l'a rétablie ; car, encore que la nouveauté de quelques expressions de cette science fasse d'abord quelque peine à l'esprit, il y a si peu de variété et de confusion dans ces expressions, et le secours que l'esprit en reçoit surpasse si fort la difficulté qu'il y a trouvée, qu'on ne croit pas qu'il se puisse inventer une manière de raisonner et d'exprimer ses raisonnements, qui s'accommode mieux avec la nature de l'esprit, et qui puisse le porter plus avant dans la découverte des vérités inconnues[2]. Les expressions de cette science ne partagent point la capacité de l'esprit[3], elles ne chargent point la mémoire, elles abrègent d'une manière merveilleuse toutes nos idées et tous nos raisonnements, et elles les rendent même en quelque manière sensibles par l'usage. Enfin leur utilité est beaucoup plus grande que celle des expressions, quoique naturelles, des figures dessinées de triangles, de carrés et autres semblables, qui ne peuvent servir à la recherche et à l'exposition des vérités un peu cachées. Mais c'est assez parler de la liaison des idées avec les traces du cerveau : il est à propos de dire quelque chose de la liaison des traces les unes avec les

---

1. Critique charmante, et bonne à méditer. Qui vise-t-elle ? Au temps de Malebranche, je ne sais trop : mais en tout temps on trouve à l'appliquer et à en profiter.

2. Voir le livre VI de la *Recherche*, et comparer avec Pascal, *de l'Esprit géométrique*.

3. *Partager* signifie ici faire deux parts ou plusieurs, en sorte que l'esprit se morcelle, pour ainsi dire, entre plusieurs idées, ou entre une idée proprement dite et des images. Bossuet a dit : « Ces deux peuples jaloux partagèrent toute la Grèce. » *Hist. univ.*, I, 8.

autres, et par conséquent de celle qui est entre les idées qui répondent à ces traces.

II. Cette liaison consiste, en ce que les traces du cerveau se lient si bien les unes aux autres, qu'elles ne peuvent plus se réveiller sans toutes celles qui ont été imprimées dans le même temps. Si un homme, par exemple, se trouve dans quelque cérémonie publique, s'il en remarque toutes les circonstances et toutes les principales personnes qui y assistent, le temps, le lieu, le jour, et toutes les autres particularités, il suffira qu'il se souvienne du lieu, ou même d'une autre circonstance moins remarquable de la cérémonie, pour se représenter toutes les autres. C'est pour cela que, quand nous ne nous souvenons pas du nom principal d'une chose, nous la désignons suffisamment en nous servant d'un nom qui signifie quelque circonstance de cette chose : comme, ne pouvant pas nous souvenir du nom d'une église, nous pouvons nous servir d'un autre nom qui signifie une chose qui y a quelque rapport. Nous pouvons dire : c'est cette église où il y avait tant de presse, où Monsieur... prêchait, où nous allâmes dimanche. Et ne pouvant trouver le nom propre d'une personne, ou étant plus à propos de le désigner d'une autre manière [1], on le peut marquer par ce visage picoté de vérole, ce grand homme bien fait, ce petit bossu, selon les inclinations qu'on a pour lui, quoiqu'on ait tort de se servir de paroles de mépris [2].

Or la liaison mutuelle des traces, et par conséquent des idées les unes avec les autres, n'est pas seulement le fondement de toutes les figures de la rhétorique; mais encore d'une infinité d'autres choses de plus grande conséquence dans la morale, dans la politique, et généralement dans

---

1. Véritable participe absolu, *étant plus à propos...* Tour très usité au dix-septième siècle, plus court et plus vif que tout ce que nous y substituerions maintenant. Ce qu'il y a de particulier ici, c'est que le premier participe *ne pouvant trouver...*, se rapporterait à *on*, s'il était seul. En étant séparé, il est, peut-on dire, employé absolument, comme le second.

2. Nous mettons *de paroles de mépris*, comme dans les premières éditions. L'édition de 1712 met : *des paroles*. Cela paraît être, non pas une correction, mais une faute typographique.—Le caractère de Malebranche se peint bien dans ces spirituelles malices, et dans cette charitable réflexion, qui s'y ajoute.

toutes les sciences qui ont quelque rapport à l'homme, et par conséquent de beaucoup de choses dont nous parlerons dans la suite.

La cause de cette liaison de plusieurs traces, est l'*identité* du temps auquel elles ont été imprimées dans le cerveau ; car il suffit que plusieurs traces aient été produites dans le même temps, afin qu'elles ne puissent plus se réveiller que toutes ensemble, parce que les esprits animaux trouvant le chemin de toutes les traces qui se sont faites dans le même temps, entr'ouvert, ils y continuent leur chemin à cause qu'ils y passent plus facilement que par les autres endroits du cerveau. C'est là la cause de la mémoire et des habitudes corporelles qui nous sont communes avec les bêtes.

Ces liaisons des traces ne sont pas toujours jointes avec les émotions des esprits[1], parce que toutes les choses que nous voyons, ne nous paraissent pas toujours bonnes ou mauvaises. Ces liaisons peuvent aussi se changer et se rompre, parce que n'étant pas toujours nécessaires à la conservation de la vie, elles ne doivent pas toujours être les mêmes.

Mais il y a dans notre cerveau des traces qui sont liées naturellement les unes avec les autres, et encore avec certaines émotions des esprits, parce que cela est nécessaire à la conservation de la vie ; et leur liaison ne peut se rompre, ou ne peut se rompre facilement, parce qu'il est bon qu'elle soit toujours la même. Par exemple, la trace d'une grande hauteur que l'on voit au-dessous de soi, et de laquelle on est en danger de tomber, ou la trace de quelque grand corps qui est prêt à tomber sur nous et à nous écraser, est naturellement liée avec celle qui nous représente la mort, et avec une émotion des esprits qui nous dispose à la fuite et au désir de fuir. Cette liaison ne change jamais, parce qu'il est nécessaire qu'elle soit toujours la même, et elle consiste dans une disposition des fibres du cerveau, que nous avons dès notre naissance.

---

1. *Esprits*, esprits animaux, bien entendu, et ainsi dans les alinéas suivants.

Toutes les liaisons qui ne sont point naturelles se peuvent et se doivent rompre, parce que les différentes circonstances des temps et des lieux les doivent changer, afin qu'elles soient utiles à la conservation de la vie. Il est bon que les perdrix, par exemple, fuient les hommes qui ont des fusils, dans les lieux ou dans les temps où on leur fait la chasse; mais il n'est pas nécessaire qu'elles les fuient en d'autres lieux et en d'autres temps. Ainsi, pour la conservation de tous les animaux, il est nécessaire qu'il y ait de certaines liaisons de traces, qui se puissent former et détruire facilement, qu'il y en ait d'autres qui ne se puissent rompre que difficilement, et d'autres enfin qui ne se puissent jamais rompre.

Il est très utile de rechercher avec soin les différents effets que ces différentes liaisons sont capables de produire; car ces effets sont en très grand nombre, et de très grande conséquence, pour la connaissance de l'homme [1].

III. Pour l'explication de la mémoire, il suffit de bien comprendre cette vérité: Que toutes nos différentes perceptions sont attachées aux changements, qui arrivent aux fibres de la partie principale du cerveau dans laquelle l'âme réside plus particulièrement, parce que ce seul principe supposé, la nature de la mémoire est expliquée. Car, de même que les branches d'un arbre, qui ont demeuré quelque temps ployées d'une certaine façon, conservent quelque facilité pour être ployées de nouveau de la même manière, ainsi les fibres du cerveau ayant une fois reçu certaines impressions par le cours des esprits animaux et par l'action des objets, gardent assez longtemps quelque facilité pour recevoir ces mêmes dispositions. Or la mémoire ne consiste que dans cette facilité, puisque l'on

---

1. Quand dans les premières éditions tout ce qui se termine ici formait le chapitre III de la deuxième partie, la phrase continuait ainsi : « ... et de toutes les choses qui ont rapport à lui. On reconnaîtra dans la suite que ces choses sont la principale cause de nos erreurs. Mais il est temps de revenir à ce que nous avons promis de traiter, et d'expliquer les différents changements qui arrivent à l'imagination des hommes à cause de leur différente manière de vivre. » Le nouvel arrangement est plus naturel.

pense aux mêmes choses, lorsque le cerveau reçoit les mêmes impressions.

Comme les esprits animaux agissent tantôt plus et tantôt moins fort sur la substance du cerveau, et que les objets sensibles font des impressions bien plus grandes que l'imagination toute seule, il est facile de là de reconnaître pourquoi on ne se souvient pas également de toutes les choses que l'on a aperçues. Pourquoi, par exemple, ce que l'on a aperçu plusieurs fois se présente d'ordinaire à l'âme plus nettement que ce que l'on n'a aperçu qu'une ou deux fois. Pourquoi on se souvient plus distinctement des choses qu'on a vues, que de celles qu'on a seulement imaginées; et ainsi pourquoi on saura mieux, par exemple, la distribution des veines dans le foie, après l'avoir vue une seule fois dans la dissection de cette partie, qu'après l'avoir lue plusieurs fois dans un livre d'anatomie, et d'autres choses semblables.

Que si on veut faire réflexion sur ce qu'on a dit auparavant de l'imagination, et sur le peu qu'on vient de dire de la mémoire, et si l'on est délivré de ce préjugé, que notre cerveau est trop petit pour conserver des vestiges et des impressions en fort grand nombre; on aura le plaisir de découvrir la cause de tous ces effets surprenants de la mémoire dont parle saint Augustin avec tant d'admiration dans le dixième livre de ses *Confessions*. Et l'on ne veut pas expliquer ces choses plus au long, parce que l'on croit qu'il est plus à propos que chacun se les explique à soi-même par quelque effort d'esprit, à cause que les choses qu'on découvre par cette voie sont toujours plus agréables, et font davantage d'impression sur nous que celles qu'on apprend des autres.

IV. Pour l'explication des *habitudes*, il est nécessaire de savoir la manière dont on a sujet de penser[1] que l'âme remue les parties du corps auquel elle est unie : la voici. Selon toutes les apparences du monde, il y a toujours dans quelques endroits du cerveau, quels qu'ils soient, un assez

---

1. Dans les premières éditions : « ... il est nécessaire de savoir quelque manière dont l'âme puisse mouvoir... »

grand nombre d'esprits animaux très agités par la chaleur du cœur d'où ils sont sortis, et tout prêts de couler dans les lieux où ils trouvent le passage ouvert. Tous les nerfs aboutissent au réservoir de ces esprits, et l'âme a le pouvoir* de déterminer leur mouvement, et de les conduire par ces nerfs dans tous les muscles du corps. Ces esprits y étant entrés, ils les enflent et par conséquent ils les raccourcissent. Ainsi ils remuent les parties auxquelles ces muscles sont attachés.

On n'aura pas de peine à se persuader que l'âme remue le corps de la manière qu'on vient d'expliquer, si on prend garde que lorsqu'on a été longtemps sans manger, on a beau vouloir donner de certains mouvements à son corps, on n'en peut venir à bout, et même l'on a quelque peine à se soutenir sur ses pieds. Mais si on trouve moyen de faire couler dans son cœur quelque chose de fort spiritueux, comme du vin ou quelque autre pareille nourriture, on sent aussitôt que le corps obéit avec beaucoup plus de facilité, et l'on se remue en toutes les manières qu'on souhaite. Car cette seule expérience fait, ce me semble, assez voir que l'âme ne pouvait donner de mouvement à son corps faute d'esprits animaux, et que c'est par leur moyen qu'elle a recouvré son empire sur lui.

Or les enflures des muscles sont si visibles et si sensibles dans les agitations de nos bras et de toutes les parties de notre corps; et il est si raisonnable de croire que ces muscles ne se peuvent enfler, que parce qu'il y entre quelque corps, de même qu'un ballon ne peut se grossir, ni s'enfler, que parce qu'il y entre de l'air ou autre chose; qu'il semble qu'on ne puisse douter que les esprits animaux ne soient poussés du cerveau par les nerfs jusque dans les muscles pour les enfler, et pour y produire tous les mouvements que nous souhaitons. Car un muscle étant plein, il est nécessairement plus court que s'il était vide; ainsi il tire et remue la partie à laquelle il est attaché,

---

* J'expliquerai ailleurs en quoi consiste ce pouvoir. [Remarquons que Malebranche montrera que ce n'est pas un véritable pouvoir, Dieu étant la seule cause véritable et efficace.]

comme on le peut voir expliqué plus au long dans les livres des *Passions* et de *l'Homme*, de M. Descartes. On ne donne pas cependant cette explication comme parfaitement démontrée dans toutes ses parties. Pour la rendre entièrement évidente, il y a encore plusieurs choses à désirer, desquelles il est presque impossible de s'éclaircir. Mais il est aussi assez inutile de les savoir pour notre sujet; car, que cette explication soit vraie ou fausse, elle ne laisse pas d'être également utile pour faire connaître la nature des habitudes; parce que si l'âme ne remue point le corps de cette manière, elle le remue nécessairement de quelque autre qui est assez semblable, pour en tirer les conséquences que nous en tirons.

Mais, afin de suivre notre explication, il faut remarquer que les esprits ne trouvent pas toujours les chemins par où ils doivent passer, assez ouverts et assez libres; et que cela fait que nous avons, par exemple, de la difficulté à remuer les doigts avec la vitesse qui est nécessaire pour jouer des instruments de musique, ou les muscles qui servent à la prononciation, pour prononcer les mots d'une langue étrangère; mais que peu à peu les esprits animaux, par leur cours continuel, ouvrent et aplanissent ces chemins, en sorte qu'avec le temps ils n'y trouvent plus de résistance. Or c'est dans cette facilité que les esprits animaux ont de passer dans les membres de notre corps, que consistent les *habitudes*.

Il est très facile, selon cette explication, de résoudre une infinité de questions qui regardent les habitudes; comme, par exemple, pourquoi les enfants sont plus capables d'acquérir de nouvelles habitudes, que les personnes plus âgées; pourquoi il est très difficile de perdre de vieilles habitudes; pourquoi les hommes, à force de parler, ont acquis une si grande facilité à cela, qu'ils prononcent leurs paroles avec une vitesse incroyable, et même sans y penser : comme il n'arrive que trop souvent à ceux qui disent des prières qu'ils ont accoutumé de faire depuis plusieurs années. Cependant, pour prononcer un seul mot, il faut remuer dans un certain temps, et dans un certain ordre, plusieurs muscles à la fois, comme ceux de la langue, des lèvres, du gosier et du diaphragme. Mais on pourra, avec un peu de méditation, se satisfaire sur ces questions et sur plusieurs autres très curieuses et assez utiles, et il n'est pas nécessaire de s'y arrêter.

Il est visible, par ce que l'on vient de dire, qu'il y a beaucoup de rapport entre la *mémoire* et les *habitudes,* et qu'en un sens la mémoire peut passer pour une espèce d'habitude. Car, de même que les habitudes corporelles consistent dans la facilité que les esprits ont acquise de passer par certains endroits de notre corps, ainsi la mémoire consiste dans les traces que les mêmes esprits ont imprimées dans le cerveau, lesquelles sont cause de la facilité que nous avons de nous souvenir des choses. De sorte que, s'il n'y avait point de perceptions attachées aux cours des esprits animaux, ni à ces traces, il n'y aurait aucune différence entre la mémoire et les autres habitudes*. Il n'est pas aussi[1] plus difficile de concevoir que les bêtes, quoique sans âme et incapables d'aucune perception, se souviennent en leur manière des choses qui ont fait impression dans leur cerveau, que de concevoir qu'elles soient capables d'acquérir différentes habitudes. Et après ce que je viens de dire des habitudes, je ne vois pas qu'il y ait beaucoup plus de difficulté à se représenter comment les membres de leurs corps acquièrent peu à peu différentes habitudes, qu'à concevoir comment une machine nouvellement faite ne joue pas si facilement que lorsqu'on en a fait quelque usage[2].

---

* Voy. le VII° *éclaircissement sur la mémoire et les habitudes spirituelles*. [Ce renvoi n'existe pas dans les premières éditions. Les éclaircissements sont des additions postérieures.]

1. *Aussi.* Les meilleurs écrivains du dix-septième siècle emploient *aussi* avec la négation.
2. Malebranche soutenait sans hésitation la théorie de l'*animal-machine* ou de l'*automatisme des bêtes.* Il y revient surtout l. VI, part. II, ch. VII, et *Entr. mét.*, XII, 6, et *Traité de morale*, II, VIII, 10. Cf. Descartes, *Disc. de la méthode*, VI° part. et *Lettres* (surtout l. 26°, éd. Garnier); Bossuet, *Traité de la Connaissance de Dieu et de soi-même*, ch v; La Fontaine, *les deux Rats, le Renard et l'Œuf*, etc. La Bruyère applique plaisamment au *sot* la théorie dans ce spirituel passage de son chapitre *de l'Homme :* « Le sot est *automate,* il est machine, il est ressort; le poids l'emporte, le fait mouvoir, le fait tourner, et toujours, et dans le même sens, et avec la même égalité; il est uniforme, il ne se dé-

CHAPITRE VI

Les chapitres vi, vii et viii ne figurant pas au programme, nous n'en reproduisons ici que les parties vraiment intéressantes.

Le chapitre vi, qui est fort court, peut se résumer dans ces propositions, qui sont textuellement dans Malebranche :

Les différences les plus considérables qui se trouvent dans le cerveau d'un même homme pendant toute sa vie, sont dans l'enfance, dans l'âge d'un homme fait, et dans la vieillesse.

Or les différentes constitutions du cerveau dans les enfants, dans les hommes faits, et dans les vieillards, sont des causes fort considérables de la différence qui se remarque dans la faculté d'imaginer de ces trois âges desquels nous allons parler dans la suite.

CHAPITRE VII

Les chapitres vii et viii sont consacrés aux enfants.

Dans le chapitre vii, Malebranche commence par achever l'exposition de sa *psychologie physiologique*, s'il est permis de lui appliquer un terme de récente date.

Il rappelle d'abord « l'union naturelle des hommes entre eux »; puis il constate combien nous sommes naturellement portés à l'imitation et à la compassion.

Il est, ce me semble, assez évident que nous touchons à toutes choses, et que nous avons des rapports naturels à tout ce qui nous environne, lesquels nous sont très utiles pour la conservation et pour la commodité[1] de la vie. Mais tous ces rapports ne sont pas égaux. Nous tenons ment pas; qui l'a vu une fois l'a vu dans tous les instants et dans toutes les périodes de sa vie; c'est tout au plus le bœuf qui meugle et le merle qui siffle : il est fixé et déterminé par sa nature, et j'ose dire par son espèce. Ce qui paraît le moins en lui, c'est son âme; elle n'agit point, elle ne s'exerce point, elle se repose. »

1. *Commoditas vitæ*, tout ce qui rend la vie plus facile, tout ce qui augmente le bien-être, au sens le plus large du mot.

bien davantage à la France qu'à la Chine, au soleil qu'à quelque étoile, à notre propre maison qu'à celle de nos voisins. Il y a des liens invisibles qui nous attachent bien plus étroitement aux hommes qu'aux bêtes, à nos parents et à nos amis qu'à des étrangers, à ceux de qui nous dépendons pour la conservation de notre être, qu'à ceux de qui nous ne craignons et n'espérons rien[1].

Ce qu'il y a principalement à remarquer dans cette union naturelle qui est entre nous et les autres hommes, c'est qu'elle est d'autant plus grande, que nous avons davantage besoin d'eux. Les parents et les amis sont unis étroitement les uns aux autres; on peut dire que leurs douleurs et leurs misères sont communes, aussi bien que leurs plaisirs et leur félicité; car toutes les passions et tous les sentiments de nos amis se communiquent à nous par l'impression de leur manière et par l'air de leur visage.

Les liens invisibles par lesquels l'auteur de la nature unit tous ses ouvrages sont dignes de la sagesse de Dieu et de l'admiration des hommes; il n'y a rien de plus surprenant ni de plus instructif tout ensemble; mais nous n'y pensons pas. Nous nous laissons conduire sans considérer celui qui nous conduit; la nature nous est cachée aussi bien que son auteur, et nous sentons les mouvements qui se produisent en nous, sans en considérer les ressorts. Cependant il y a peu de choses qu'il nous soit plus nécessaire de connaître; car c'est de leur connaissance que dépend l'explication de toutes les choses qui ont rapport à l'homme.

Il y a certainement dans notre cerveau des ressorts qui nous portent naturellement à l'imitation, car cela est nécessaire à la société civile. Non seulement il est nécessaire que les enfants croient leurs pères; les disciples, leurs maîtres; et les inférieurs, ceux qui sont au-dessus d'eux; il faut encore que tous les hommes aient quelque disposition à prendre les mêmes manières, et à faire les mêmes

---

[1]. Sur l'importance pour Malebranche des *lois de l'union de l'âme et du corps*, voir *Introduction*, III, n° 2.

actions de ceux avec qui ils veulent vivre[1]. Car afin que les hommes se lient, il est nécessaire qu'ils se ressemblent et par le corps et par l'esprit. Ceci est le principe d'une infinité de choses dont nous parlerons dans la suite. Mais pour ce que nous avons à dire dans ce chapitre, il est encore nécessaire que l'on sache qu'il y a dans le cerveau des dispositions naturelles qui nous portent à la compassion aussi bien qu'à l'imitation.

Il faut donc savoir que non seulement les esprits animaux se portent naturellement dans les parties de notre corps pour faire les mêmes actions et les mêmes mouvements que nous voyons faire aux autres, mais encore pour recevoir en quelque manière leurs blessures et prendre part à leurs misères.. . . . .
. . . .
Ce transport des esprits dans les parties de notre corps, qui répondent à celles que l'on voit blesser dans les autres, se fait bien sentir dans les personnes délicates, qui ont l'imagination vive et les chairs fort tendres et fort molles. Car ils ressentent fort souvent comme une espèce de frémissement dans leurs jambes : par exemple, s'ils regardent attentivement quelqu'un qui y ait un ulcère, ou qui y reçoive actuellement quelque coup. Voici ce qu'un de mes amis m'écrit, qui pourra confirmer ma pensée : « Un homme d'âge, qui demeure chez une de mes sœurs, étant malade, une jeune servante de la maison tenait la chandelle comme on le saignait au pied. Quand elle lui vit donner le coup de lancette, elle fut saisie d'une telle appréhension qu'elle sentit, trois ou quatre jours ensuite, une douleur si vive au même endroit du pied, qu'elle fut obligée de garder le lit pendant ce temps. » La raison de cet accident est donc,

---

1. *Les mêmes manières et les mêmes actions de ceux avec qui ils veulent vivre.* Le même de, pour le même que. Cette tournure n'est plus guère usitée. et, selon la remarque du Dictionnaire de Littré, c'est à tort qu'on la laisse tomber en désuétude, car elle est quelquefois plus vive que le *que* dont elle est l'équivalent. « Je ne suis plus le même d'hier au soir. » Molière, *Festin de Pierre*, V, 1. « Tout est encore du même vert du mois de mai. » Mᵐᵉ de Sévigné, 20 oct. 1675. « Langlade a pensé mourir à Fresnes de la même maladie de Mᵐᵉ de Coulanges. » *Ibid.*, 3 oct. 1676. « Il a suivi les mêmes errements des autres. » J.-J. Rousseau, *Lettre à Moultou*, 12 déc. 1768.

selon mon principe, que les esprits se répandent avec force dans les parties de notre corps, qui répondent à celles que nous voyons blesser dans les autres; et cela, afin que les tenant plus bandées, ils les rendent plus sensibles à notre âme, et qu'elle soit sur ses gardes pour éviter les maux que nous voyons arriver aux autres.

Cette compassion dans les corps[1] produit la compassion dans les esprits. Elle nous excite à soulager les autres, parce qu'en cela nous nous soulageons nous-mêmes. Enfin elle arrête notre malice et notre cruauté. Car l'horreur du sang, la frayeur de la mort, en un mot l'impression sensible de la compassion empêche souvent de massacrer des bêtes, les personnes même les plus persuadées que ce ne sont que des machines; parce que la plupart des hommes ne les peuvent tuer sans se blesser par le contre-coup de la compassion.

Ce qu'il faut principalement remarquer ici, c'est que la vue sensible de la blessure qu'une personne reçoit, produit dans ceux qui le voient une autre blessure d'autant plus grande qu'ils sont plus faibles et plus délicats. Parce que cette vue sensible poussant avec effort les esprits animaux dans les parties du corps qui répondent à celles que l'on voit blesser, ils font une plus grande impression dans les fibres d'un corps délicat que dans celles d'un corps fort et robuste.

Ainsi les hommes qui sont pleins de force et de vigueur, ne sont point blessés par la vue de quelque massacre, et ils ne sont pas tant portés à la compassion, à cause que cette vue ne choque leur corps que parce qu'elle choque leur raison. Ces personnes n'ont point de compassion pour les criminels; ils sont inflexibles et inexorables. Mais pour les femmes et les enfants, ils souffrent beaucoup de peine par les blessures qu'ils voient recevoir à d'autres. Ils ont machinalement beaucoup de compassion des misérables, et ils ne peuvent même voir battre ni entendre crier une bête sans quelque inquiétude d'esprit[2].

---

1. *Compassion*, au sens littéral, συμπάθεια, συμπάσχω, souffrir avec. | *Compatior* a ce sens dans Tertullien.
2. Tout cela est profondément car-

Une fois ces principes posés, Malebranche explique par là les anomalies biologiques que l'on nomme proprement des *monstres*. A ces théories physiologiques il mêle des réflexions métaphysiques. Les monstruosités se produisant en vertu des « lois générales de l'union de l'âme et du corps », il dit que « la connaissance que Dieu a eue de ces inconvénients ne l'a pas dû empêcher d'exécuter son dessein »; et il fait appel au « principe de la simplicité des voies. » Écoutons-le lui-même :

On peut dire en un sens, que Dieu n'a pas eu dessein de faire des monstres; car il me paraît évident que si Dieu ne faisait qu'un animal, il ne le ferait jamais monstrueux. Mais ayant eu dessein de produire un ouvrage admirable par les voies les plus simples, et de lier toutes ses créatures les unes avec les autres, il a prévu certains effets qui suivraient nécessairement de l'ordre et de la nature des choses, et cela ne l'a pas détourné de son dessein. Car enfin, quoiqu'un monstre tout seul soit un ouvrage imparfait, toutefois lorsqu'il est joint avec le reste des créatures, il ne rend point le monde imparfait, ou indigne de la sagesse du Créateur, en comparant l'ouvrage avec la simplicité des voies par lesquelles il est produit[1].

Nous avons indiqué, *Introduction*, III, n° 2, l'importance aux yeux de Malebranche, du « principe de la simplicité des voies. » Ajoutons que Malebranche, dans un passage qui précède un peu la citation que nous venons de faire, avait dit avec beaucoup de sagesse : « Nous ne devons pas mesurer la puissance de Dieu par notre faible imagination, et nous ne savons point les raisons qu'il a pu avoir dans la construction de son ouvrage. » C'est un précepte qu'il répète souvent, mais qu'il ne suit pas toujours. Bien résolu, en principe, à « ne faire agir Dieu qu'en Dieu », il lui arrive trop souvent de « l'humaniser », quand il veut entrer dans le détail des voies de la Providence, et qu'avec une confiance imperturbable il expose la conduite de Dieu. Il est vrai qu'alors il prétend juger de ce que Dieu peut faire, non par ce que Dieu a fait, mais par ce que Dieu *doit* faire. Que de choses décidées avec cette assurance au nom du principe de la *simplicité des voies!*

tésien, mais avec la nuance propre à Malebranche : explication mécanique, finesse d'observation, insensibilité et dureté causées par le désir de se conduire par raison. Nous avons là certainement un développement fort propre à bien faire connaître la philosophie de Malebranche. Et, un peu plus haut, cette expérience familière, exposée si simplement, c'était encore un trait à noter.

1. *En comparant*, si l'on compare.

C'est ici que se trouvent les considérations théologiques dont nous parlons dans notre Introduction. Malebranche veut expliquer physiologiquement le péché originel; et, non content de ce qu'il dit dans ce chapitre VII, il y ajoute un *Eclaircissement*, le VIII°, dans lequel il reprend son hypothèse sous ce titre : *Réduction des preuves et des explications que j'ai données du péché originel, avec les réponses aux objections qui m'ont paru les plus fortes*. Nous l'avons dit, Malebranche, en unissant les dogmes chrétiens aux théories cartésiennes, se jette souvent dans une théologie très hasardée. Sans doute, répétons-le aussi, on ne peut qu'admirer avec quelle aisance et quelle simplicité d'allure il passe des considérations purement rationnelles à ces considérations d'ordre théologique, ne voulant pas philosopher en homme purement homme, comme disait Descartes, mais embrassant les questions en homme raisonnable et chrétien. Mais des explications comme celle-ci ne sont propres à satisfaire ni les philosophes ni les théologiens. Au point de vue théologique, rien de plus illusoire que l'hypothèse de Malebranche. Elle incline à confondre la concupiscence avec le péché, et la concupiscence n'est pas le péché, ni le péché actuel, ni le péché originel : le baptême détruit le péché originel, il ne détruit pas la concupiscence. La concupiscence est une source de tentation, une matière de combat, et, si nous voulons, une occasion de victoire. Le péché originel, distinct de l'impression des images sensibles, du mouvement vers le bien particulier que ces images nous montrent, et de la concupiscence elle-même, est la privation de l'état de grâce. Or, l'état de grâce est l'élévation toute gratuite de l'âme à une vie surnaturelle qui ne peut être l'effet que de l'action toute personnelle de Dieu. Cela suffit pour montrer qu'il est impossible d'expliquer la transmission du péché par des influences naturelles ou des impressions physiologiques qui passeraient d'une personne dans une autre au moyen de la génération. — Rappelons ici la fameuse lettre de Bossuet à un disciple de Malebranche (le marquis d'Allemans), en 1667, où il dit : « Il s'introduit sous ce prétexte [qu'il ne faut admettre que ce qu'on entend clairement, ce qui, réduit à certaines bornes, est très véritable], une liberté de juger qui fait que, sans égard à la tradition, on avance témérairement tout ce qu'on pense, et jamais cet excès n'a paru, à mon avis, davantage que dans le nouveau système, car j'y trouve à la fois les inconvénients de toutes les sectes et particulièrement du pélagianisme. » Le *Traité de la nature et de la grâce* attire à Malebranche, et avec raison, ces reproches de nouveauté qu'il a tant condamné en autrui, comme nous le verrons plus loin.

CHAPITRE VIII

Le chapitre VIII est beaucoup plus intéressant : aussi en donnerons-nous la plus grande partie.

Malebranche, conformément au dessein annoncé dans le chapitre VI, « étudie les changements qui arrivent à l'imagination de l'enfant » dès sa naissance, et il montre quelle influence exerce sur lui « la conversation qu'il a avec sa nourrice, sa mère, et d'autres personnes. » C'est l'objet de la première section du chapitre. De là, Malebranche tire des règles d'éducation, et c'est l'objet de la seconde section, sous ce titre : *Avis pour bien élever les enfants.*

Malebranche considère l'enfant au moment de sa naissance, « alors qu'il voit pour la première fois la lumière, que le froid de l'air extérieur le saisit, que les embrassements les plus caressants offensent ses membres délicats, que tous les objets extérieurs le surprennent. »

I. Pour bien concevoir l'embarras où se trouve son esprit en cet état, il faut se souvenir que les fibres de son cerveau sont très molles et très délicates, et par conséquent que tous les objets de dehors font sur elles des impressions très profondes. Car, puisque les plus petites choses se trouvent quelquefois capables de blesser une imagination faible, un si grand nombre d'objets surprenants ne peut manquer de blesser et de brouiller celles d'un enfant.

Mais, afin d'imaginer encore plus vivement les agitations et les peines où sont les enfants dans le temps qu'ils viennent au monde, et les blessures que leur imagination doit recevoir, représentons-nous quel serait l'étonnement des hommes, s'ils voyaient devant leurs yeux des géants cinq ou six fois plus hauts qu'eux, qui s'approcheraient sans leur rien faire connaître de leur dessein; ou s'ils voyaient quelque nouvelle espèce d'animaux, qui n'eussent aucun rapport avec ceux qu'ils ont déjà vus; ou seulement si un cheval ailé, ou quelque autre chimère de nos poètes, descendait subitement des nues sur la terre. Que ces prodiges feraient de profondes traces dans les esprits, et que de cervelles se brouilleraient pour les avoir vus seulement une fois!

Tous les jours il arrive qu'un événement inopiné et qui a quelque chose de terrible, fait perdre l'esprit à des hommes faits, dont le cerveau n'est pas fort susceptible de nouvelles impressions, qui ont de l'expérience, qui peuvent se défendre, ou au moins qui peuvent prendre quelque résolution. Les enfants en venant au monde souffrent quelque chose de tous les objets qui frappent leurs sens, auxquels ils ne sont pas accoutumés. Tous les animaux qu'ils voient sont des animaux d'une nouvelle espèce pour eux, puisqu'ils n'ont rien vu au dehors de tout ce qu'ils voient pour lors; ils n'ont ni force, ni expérience; les fibres de leur cerveau sont très délicates et très flexibles. Comment donc se pourrait-il faire que leur imagination ne demeurât point blessée par tant d'objets différents?

Si les hommes faisaient de fortes réflexions sur ce qui se passe au dedans d'eux-mêmes et sur leurs propres pensées, ils ne manqueraient pas d'expériences qui prouvent ce que l'on vient de dire. Ils reconnaîtraient ordinairement en eux-mêmes des inclinations et des aversions secrètes, que les autres n'ont pas, desquelles il semble qu'on ne puisse donner d'autre cause, que ces traces de nos premiers jours. Car, puisque les causes de ces inclinations et aversions nous sont particulières, elles ne sont point fondées dans la nature de l'homme; et puisqu'elles nous sont inconnues, il faut qu'elles aient agi en un temps où notre mémoire n'était pas encore capable de retenir les circonstances des choses qui auraient pu nous en faire souvenir, et ce temps ne peut être que celui de notre plus tendre enfance.

Descartes[1] a écrit dans une de ses lettres, qu'il avait une amitié particulière pour toutes les personnes louches, et qu'en ayant recherché la cause avec soin, il avait enfin

---

1. C'est ainsi dans l'édition de 1712, mais dans les premières éditions, par exemple dans la troisième, qui est de 1678, il y a ici comme partout ailleurs, M. Descartes (ainsi écrit Monsieur Descartes).

reconnu que ce défaut se rencontrait en une jeune fille qu'il aimait, lorsqu'il était encore enfant, l'affection qu'il avait pour elle se répandant à toutes les personnes[1] qui lui ressemblaient en quelque chose.

Mais ce ne sont pas ces petits dérèglements de nos inclinations lesquels nous jettent le plus dans l'erreur; c'est que nous avons tous, ou presque tous, l'esprit faux en quelque chose, et que nous sommes presque tous sujets à quelque espèce de folie, quoique nous ne le pensions pas. Quand on examine avec soin le génie[2] de ceux avec lesquels on converse, on se persuade facilement de ceci; et quoiqu'on soit peut-être original soi-même, et que les autres en jugent ainsi, on trouve que tous les autres sont aussi des originaux, et qu'il n'y a de différence entre eux que du plus et du moins[3]. Voilà donc une source assez ordinaire des erreurs des hommes, que ce bouleversement causé par l'impression des objets extérieurs dans le temps qu'ils viennent au monde; mais cette cause ne cesse pas sitôt qu'on pourrait s'imaginer.

La conversation ordinaire que les enfants sont obligés d'avoir avec leurs nourrices, ou même avec leurs mères, lesquelles n'ont souvent aucune éducation, achève de leur perdre et de leur corrompre entièrement l'esprit. Ces femmes ne les entretiennent que de niaiseries, que de contes ridicules, ou capables de leur faire peur. Elles ne leur parlent que de choses sensibles, et d'une manière propre à les confirmer dans les faux jugements des sens. En un mot, elles jettent dans leurs esprits les semences de toutes les faiblesses qu'elles ont elles-mêmes, comme de leurs appréhensions extravagantes, de leurs superstitions ridicules, et d'autres semblables faiblesses. Ce qui fait que n'étant pas accoutumés à rechercher la vérité, ni à la goûter, ils deviennent enfin incapables de la discerner,

---

1. A avait au dix-septième siècle un emploi beaucoup plus étendu qu'aujourd'hui : ici il signifie *sur* avec une nuance, *jusque sur*.
2. *Génie*, nature d'esprit, caractère.
3. Pascal a dit aussi, mais sans nuance défavorable : « A mesure qu'on a plus d'esprit, on trouve qu'il y a plus d'hommes originaux. Les gens du commun ne trouvent pas de différence entre les hommes. » *Pensées*.

et de faire quelque usage de leur raison. De là leur vient une certaine timidité et bassesse d'esprit qui leur demeure fort longtemps ; car il y en a beaucoup qui, à l'âge de quinze et de vingt ans, ont encore tout l'esprit de leur nourrice.

Il est vrai que les enfants ne paraissent pas fort propres pour la méditation de la vérité et pour les sciences abstraites et relevées, parce que les fibres de leur cerveau étant très délicates, elles sont très facilement agitées par les objets mêmes les plus faibles et les moins sensibles ; et leur âme ayant nécessairement des sensations proportionnées à l'agitation de ces fibres, elle laisse là les pensées métaphysiques et de pure intellection, pour s'appliquer uniquement à ses sensations. Ainsi il semble que les enfants ne peuvent pas considérer avec assez d'attention les idées pures de la vérité, étant si souvent et si facilement distraits par les idées confuses des sens.

Cependant on peut répondre, premièrement, qu'il est plus facile à un enfant de sept ans de se délivrer des erreurs, où les sens le portent, qu'à une personne de soixante, qui a suivi toute sa vie les préjugés de l'enfance. Secondement, que si un enfant n'est pas capable des idées claires et distinctes de la vérité, il est du moins capable d'être averti que ses sens le trompent en toutes sortes d'occasions ; et si on ne lui apprend pas la vérité, du moins ne doit-on pas l'entretenir ni le fortifier dans ses erreurs. Enfin, les plus jeunes enfants, tout accablés qu'ils sont des sentiments [1] agréables et pénibles, ne laissent pas d'apprendre en peu de temps ce que des personnes avancées en âge ne peuvent faire en beaucoup davantage, comme la connaissance de l'ordre et des rapports qui se trouvent entre tous les mots et toutes les choses qu'ils voient et qu'ils entendent. Car, quoique ces choses ne dépendent guère que de la mémoire, cependant il paraît assez qu'ils font beaucoup d'usage de leur raison, dans la manière dont ils apprennent leur langue.

---

1. *Sentiments*, modifications de l'âme, manières dont l'âme est touchée des objets.

II. Mais, puisque la facilité qu'ont les fibres du cerveau des enfants pour recevoir les impressions touchantes des objets sensibles, est la cause pour laquelle on les juge incapables des sciences abstraites, il est facile d'y remédier. Car il faut qu'on avoue, que si on tenait les enfants sans crainte, sans désirs et sans espérances, si on ne leur faisait point souffrir de douleur, si on les éloignait autant qu'il se peut de leurs petits plaisirs, on pourrait leur apprendre, dès qu'ils sauraient parler, les choses les plus difficiles et les plus abstraites, ou tout au moins les mathématiques sensibles, la mécanique, et d'autres choses semblables, qui sont nécessaires dans la suite de la vie. Mais ils n'ont garde d'appliquer leur esprit à des sciences abstraites, lorsqu'on les agite par des désirs, et qu'on les trouble par des frayeurs, ce qu'il est très nécessaire de bien considérer[1].

Car, comme un homme ambitieux qui viendrait de perdre son bien et son honneur, ou qui aurait été élevé tout d'un coup à une grande dignité qu'il n'espérait pas, ne serait point en état de résoudre des questions de métaphysique ou des *équations* d'algèbre, mais seulement de faire les choses que la passion présente lui inspirerait : ainsi les enfants, dans le cerveau desquels une pomme et des dragées font des impressions aussi profondes, que les charges et les grandeurs en font dans celui d'un homme de quarante ans, ne sont pas en état d'écouter des vérités abstraites qu'on leur enseigne. De sorte qu'on peut dire, qu'il n'y a rien de si contraire à l'avancement des enfants dans les sciences, que les divertissements continuels dont on les récompense, et que les peines dont on les punit et dont on les menace sans cesse.

Mais ce qui est infiniment plus considérable, c'est que

---

1. Malebranche méconnaît le vrai caractère de l'enfance : ni elle n'est capable de connaissances abstraites, ni ces connaissances ne conviennent à la première éducation : n'entrant pas bien dans l'esprit, elles le faussent, et en se déformant elles-mêmes, elles peuvent le rendre impropre à concevoir les notions vraiment scientifiques comme à juger sainement des choses de la vie. Ce qui demeure vrai dans la remarque de Malebranche, c'est que les enfants sont beaucoup plus capables qu'on ne croit de comprendre les raisons des choses, et qu'il faut leur en donner de bonnes et les habituer à se servir de leur esprit pour en trouver eux-mêmes, mais cela sans considérations abstraites. L'alinéa qui suit exprime d'une manière vive le tort de ne parler qu'aux sens.

ces craintes de châtiments, et ces désirs de récompenses sensibles, dont on remplit l'esprit des enfants, les éloignent entièrement de la piété. La dévotion est encore plus abstraite[1] que la science, elle est encore moins du goût de la nature corrompue. L'esprit de l'homme est assez porté à l'étude, mais il n'est point porté à la piété. Si donc les grandes agitations ne nous permettent pas d'étudier, quoiqu'il y ait naturellement du plaisir, comment se pourrait-il faire que des enfants, qui sont tout occupés des plaisirs sensibles dont on les récompense, et des peines dont on les effraye, se conservassent encore assez de liberté d'esprit pour goûter les choses de piété ?

La capacité de l'esprit est fort limitée, il ne faut pas beaucoup de choses pour la remplir; et dans le temps que l'esprit est plein, il est incapable de nouvelles pensées, s'il ne se vide auparavant. Mais lorsque l'esprit est rempli des idées sensibles, il ne se vide pas comme il lui plaît.

. . . .

Les plus petits enfants ont de la raison aussi bien que les hommes faits, quoiqu'ils n'aient pas d'expérience; ils ont aussi les mêmes inclinations naturelles, quoiqu'ils

---

[1]. Cette pensée peut étonner : il semble que parler ainsi ce soit considérer la dévotion d'une manière bien spéculative, et, de fait, la piété chez Malebranche, très lumineuse, est un peu froide. Néanmoins, la pensée ici exprimée paraîtra juste, si l'on songe d'une part qu'*abstrait* ici signifie surtout *éloigné des sens et de l'imagination*, et d'autre part que les vérités de la religion, en soi, sont d'ordre éminemment spirituel, encore qu'elles s'accommodent à notre faiblesse, comme le Verbe incarné, et que la pratique même est avant tout affaire d'âme, encore que l'extérieur soit à sa manière indispensable. Saint François de Sales, dont la piété, certes, n'a rien de froid ni de dur, dit excellemment : « Beaucoup de personnes se couvrent de certaines actions extérieures appartenant à la sainte dévotion, et le monde croit que ce sont gens vraiment dévots et spirituels ; mais, en vérité, ce ne sont que des statues et des fantômes de dévotion. La vraie et vivante dévotion présuppose l'amour de Dieu : elle n'est même autre chose qu'un véritable amour de Dieu, mais non pas toutefois un amour tel quel ; car, en tant que l'amour divin embellit notre âme, il s'appelle grâce, nous rendant agréables à sa divine majesté ; en tant qu'il nous donne la force de bien faire, il s'appelle charité ; mais quand il est parvenu jusqu'au degré de perfection auquel il ne nous fait pas seulement bien faire, mais nous fait opérer soigneusement, fréquemment et promptement, alors il s'appelle dévotion... Bref, la dévotion n'est autre chose qu'une agilité, une vivacité spirituelle par le moyen de laquelle la charité fait ses actions en nous, et nous les faisons par elle, promptement et avec affection ; et comme il appartient à la charité de nous faire généralement et universellement pratiquer tous les commandements de Dieu, il appartient aussi à la dévotion de nous les faire pratiquer vite et avec empressement. » *Introduction à la vie dévote*, Ire partie, ch. 1.

se portent à des objets bien différents[1]. Il faut donc les accoutumer à se conduire par la raison, puisqu'ils en ont; et il faut les exciter à leur devoir en ménageant adroitement leurs bonnes inclinations. C'est éteindre leur raison et corrompre leurs meilleures inclinations, que de les tenir dans leur devoir par des impressions sensibles. Ils paraissent alors être dans leur devoir; mais ils n'y sont qu'en apparence[2]. La vertu n'est pas dans le fond de leur esprit, ni dans le fond de leur cœur; ils ne la connaissent presque pas, et ils l'aiment encore beaucoup moins. Leur esprit n'est plein que de frayeurs et de désirs, d'aversions et d'amitiés sensibles, desquelles il ne se peut dégager pour se mettre en liberté et pour faire usage de sa raison. Ainsi les enfants qui sont élevés de cette manière basse et servile s'accoutument peu à peu à une certaine insensibilité pour tous les sentiments d'un honnête homme[3] et

---

1. Voir Appendice V. Fénelon, *De l'Éducation des filles*. Citons ici un beau passage de la Bruyère : « Les enfants ont déjà dans leur âme l'imagination et la mémoire, c'est-à-dire ce que les vieillards n'ont plus, et ils en tirent un merveilleux usage pour leurs petits jeux et pour tous leurs amusements; c'est par elles qu'ils répètent ce qu'ils ont entendu dire, qu'ils contrefont ce qu'ils ont vu faire, qu'ils sont de tous les métiers, soit qu'ils s'occupent en effet à mille petits ouvrages, soit qu'ils imitent les divers artisans par le mouvement et par le geste; qu'ils se trouvent à un grand festin, et y font bonne chère; qu'ils se transportent dans des palais et des lieux enchantés; que, bien que seuls, ils se voient un riche équipage et un grand cortège; qu'ils conduisent des armées, livrent bataille, et jouissent du plaisir de la victoire; qu'ils parlent aux rois et aux plus grands princes; qu'ils sont eux-mêmes, ont des sujets, possèdent des trésors qu'ils peuvent faire de feuilles d'arbre ou de grains de sable; et, ce qu'ils ignorent dans la suite de leur vie, savent, à cet âge, être les arbitres de leur fortune et les maîtres de leur propre félicité. » Et un peu plus loin : « Qui doute que les enfants ne conçoivent, qu'ils ne jugent, qu'ils ne raisonnent conséquemment? Si c'est seulement sur de petites choses, c'est qu'ils sont enfants, et sans une longue expérience; et si c'est en mauvais termes, c'est moins leur faute que celle de leurs parents ou de leurs maîtres. » *Caractères*, ch. xi, *De l'homme*.

2. Malebranche, dans le *Traité de morale*, Ire part., ch. ii, distingue la *vertu* et les *devoirs* (au sens de devoirs extérieurs, *fonctions, officia*, ce que l'on a à faire, ce dont l'on s'acquitte), et il dit : « Il est visible que la vertu doit rendre vertueux celui qui la possède, et cependant un homme peut s'acquitter de ses devoirs, faire avec facilité des actions d'humilité, de générosité, de libéralité, sans avoir aucune de ces vertus. La disposition de s'acquitter de tel de ces devoirs n'est donc pas proprement vertu sans l'amour de l'ordre... » Or « l'amour de l'ordre n'est pas seulement la principale des vertus morales, c'est l'unique vertu : c'est la vertu mère, fondamentale, universelle; vertu qui seule rend vertueuses les habitudes ou les dispositions de l'esprit. » La distinction que Kant établit entre la *moralité* et ce qu'il nomme la *légalité*, a à peu près le même sens.

3. *Honnête homme*. Ces mots ont-ils ici la signification moderne? Il le semble, mais ce n'est pas sans que la

d'un chrétien, laquelle leur demeure toute leur vie, et quand ils espèrent se mettre à couvert des châtiments par leur autorité ou par leur adresse, ils s'abandonnent à tout ce qui flatte la concupiscence et les sens, parce qu'en effet ils ne connaissent point d'autres biens que les biens sensibles.

Il est vrai qu'il y a des rencontres où il est nécessaire d'instruire les enfants par leurs sens; mais il ne le faut faire que lorsque la raison ne suffit pas. Il faut d'abord les persuader par la raison de ce qu'ils doivent faire, et s'ils n'ont pas assez de lumière pour reconnaître leurs obligations, il semble qu'il faille les laisser en repos pour quelque temps. Car ce ne serait pas les instruire que de les forcer de faire extérieurement ce qu'ils ne croient pas devoir faire, puisque c'est l'esprit qu'il faut instruire et non pas le corps. Mais s'ils refusent de faire ce que la raison leur montre qu'ils doivent faire, il ne le faut jamais souffrir, et il faut plutôt en venir à quelque sorte d'excès; car, en ces rencontres, celui qui épargne son fils, a pour lui, selon le Sage*, plus de haine que d'amour.

Si les châtiments n'instruisent pas l'esprit, et s'ils ne font point aimer la vertu, ils instruisent au moins en quelque manière le corps, et ils empêchent que l'on ne goûte le vice, et par conséquent qu'on ne s'en rende esclave. Mais ce qu'il faut principalement remarquer, c'est que les peines ne remplissent pas la capacité de l'esprit, comme les plaisirs. On cesse facilement d'y penser, dès qu'on cesse de les souffrir, et qu'il n'y a plus de sujet de les craindre. Car alors elles ne sollicitent point l'imagination, elles n'excitent point les passions, elles n'irritent point la concupiscence; enfin elles laissent à l'esprit toute la liberté de penser à ce qu'il lui plaît. Ainsi on peut s'en servir envers les enfants pour les retenir dans leur devoir, ou dans l'apparence de leur devoir.

* *Qui parcit virgæ odit filium suum.* (*Prov.*, XIII. 24.)

signification la plus commune au dix-septième siècle persiste encore; il suffit, pour s'en convaincre, de considérer les mots qui précèdent : « manière basse et servile. » L'honnête homme est donc celui qui, touché de la beauté et de la noblesse de la vertu, pense et agit noblement.

Mais s'il est quelquefois utile d'effrayer et de punir, il ne faut pas conclure qu'on doive les attirer par des récompenses sensibles : il ne faut se servir de ce qui touche les sens avec quelque force que dans la dernière nécessité. Or il n'y en a aucune de leur donner des récompenses sensibles, et de leur représenter ces récompenses comme la fin de leurs occupations. Ce serait au contraire corrompre toutes leurs meilleures actions, et les porter plutôt à la sensualité qu'à la vertu. Les traces des plaisirs qu'on a une fois goûtés, demeurent fortement imprimées dans l'imagination ; elles réveillent continuellement les idées des biens sensibles ; elles excitent toujours des désirs importuns, qui troublent la paix de l'esprit ; enfin elles irritent la concupiscence en toutes rencontres, et c'est un levain qui corrompt tout : mais ce n'est pas ici le lieu d'expliquer ces choses comme elles le méritent [1].

---

[1]. Voir à l'Appendice II, des extraits du *Traité de morale* de Malebranche, où les mêmes idées sont développées, et, à l'Appendice V, quelques belles pages du traité de *l'Éducation des filles*, de Fénelon. Citons ici ce passage de la Bruyère (*Caractères*, ch. xi, *De l'homme*) : « C'est perdre toute confiance dans l'esprit des enfants et leur devenir inutile, que de les punir des fautes qu'ils n'ont point faites, ou même sévèrement de celles qui sont légères. Ils savent précisément et mieux que personne ce qu'ils méritent, et ils ne méritent guère que ce qu'ils craignent ; ils connaissent si c'est à tort ou avec raison qu'on les châtie, et ne se gâtent pas moins par des peines mal ordonnées que par l'impunité. »

SECONDE PARTIE

CHAPITRE PREMIER

I. De l'imagination des femmes. — II. De celle des hommes. — III. De celle des vieillards.

Nous avons donné quelque idée des causes physiques du dérèglement de l'imagination des hommes dans l'autre Partie : nous tâcherons dans celle-ci de faire quelque application de ces causes aux erreurs les plus générales, et nous parlerons encore des causes de nos erreurs que l'on peut appeler morales.

On a pu voir, par les choses qu'on a dites dans le chapitre précédent, que la délicatesse des fibres du cerveau est une des principales causes qui nous empêchent de pouvoir apporter assez d'application pour découvrir les vérités un peu cachées.

I. Cette délicatesse des fibres se rencontre ordinairement dans les femmes, et c'est ce qui leur donne cette grande intelligence pour tout ce qui frappe les sens. C'est aux femmes à décider des modes, à juger de la langue, à discerner le bon air[1] et les belles manières. Elles ont plus de science, d'habileté et de finesse que les hommes sur ces choses : tout ce qui dépend du goût est de leur ressort ; mais pour l'ordinaire elles sont incapables de pénétrer les vérités un peu difficiles à découvrir. Tout ce qui est abstrait leur est incompréhensible. Elles ne peuvent se servir de leur imagination pour développer des questions composées et embarrassées. Elles ne considèrent que l'écorce des choses ; et leur imagination n'a point assez de force et

---

1. C'est à peu près ce que nous nommerions plutôt maintenant le *bon ton*.

d'étendue pour en percer le fond, et pour en comparer toutes les parties sans se distraire[1]. Une bagatelle est capable de les détourner : le moindre cri les effraye : le plus petit mouvement les occupe. Enfin la manière, et non la réalité des choses, suffit pour remplir toute la capacité de leur esprit ; parce que les moindres objets produisant de grands mouvements dans les fibres délicates de leur cerveau, elles excitent par une suite nécessaire dans leur âme, des sentiments assez vifs et assez grands pour l'occuper toute entière[2].

S'il est certain que cette délicatesse des fibres du cerveau est la principale cause de tous ces effets, il n'est pas de même certain qu'elle se rencontre généralement dans toutes les femmes. Ou si elle s'y rencontre, leurs esprits animaux ont quelquefois une telle proportion avec les fibres du cerveau, qu'il se trouve des femmes qui ont plus de solidité d'esprit que quelques hommes[3]. C'est dans un certain tempérament[4] de la grosseur et de l'agitation des esprits animaux avec les fibres du cerveau, que consiste la force de l'esprit, et les femmes ont quelquefois ce juste tempérament. Il y a des femmes fortes et constantes, et il y a des hommes faibles et inconstants. Il y a des femmes savantes, des femmes courageuses, des femmes capables de tout ; et il se trouve au contraire des hommes mous et efféminés incapables de rien pénétrer et de rien exécuter. Enfin quand nous attribuons quelques défauts à un sexe, à certains âges, à certaines conditions, nous ne l'entendons que pour l'ordinaire[5], en supposant toujours qu'il n'y a point de règle générale sans exception.

Car il ne faut pas s'imaginer que tous les hommes, ou toutes les femmes de même âge, ou de même pays, ou

---

1. *Sans se distraire*, sans que leur attention soit distraite.
2. *Toute entière*. On écrirait maintenant *tout entière*. Voir plus haut, p. 61.
3. Mlle de Wailly, chez qui se tenaient des conférences malebranchistes, en est un exemple. On est en droit de penser aussi que Malebranche s'est ici souvenu de sa mère.
4. Au sens du latin *temperamentum*, combinaison, avec une nuance : les éléments unis sont bien arrangés, il y a de la *mesure*.
5. *Pour l'ordinaire*, pour ce qui arrive ordinairement, le plus souvent. Plus bas, nous retrouverons deux fois ces mots *pour l'ordinaire* employés absolument au même sens que *d'ordinaire*.

de même famille, aient le cerveau de même constitution. Il est plus à propos de croire que, comme on ne peut trouver deux visages qui se ressemblent entièrement, on ne peut trouver deux imaginations tout à fait semblables, et que tous les hommes, les femmes et les enfants ne diffèrent entre eux que du plus et du moins dans la délicatesse des fibres de leur cerveau. Car, de même qu'il ne faut pas supposer trop vite une *identité* essentielle entre des choses entre lesquelles on ne voit point de différence, il ne faut pas mettre aussi [1] des différences essentielles, où on ne trouve pas de parfaite *identité*. Car ce sont là des défauts où l'on tombe ordinairement.

Ce qu'on peut donc dire des fibres du cerveau, c'est que d'ordinaire elles sont très molles et très délicates dans les enfants; qu'avec l'âge elles se durcissent et se fortifient; que cependant la plupart des femmes, et quelques hommes les ont toute leur vie extrêmement délicates : on ne saurait rien déterminer davantage. Mais c'est assez parler des femmes et des enfants : ils ne se mêlent pas de rechercher la vérit... ...on instruire les autres : ainsi leurs erreurs ne porte... ... beaucoup de préjudice, car on ne les croit guère dans les choses qu'ils avancent [2]. Parlons des hommes faits, de ceux dont l'esprit est dans sa force et dans sa vigueur, et que l'on pourrait croire capables de trouver la vérité et de l'enseigner aux autres.

II [3]. Le temps ordinaire de la plus grande perfection de l'esprit est depuis trente jusqu'à cinquante ans. Les fibres du cerveau en cet âge ont acquis pour l'ordinaire une consistance médiocre [4]. Les plaisirs et les douleurs des sens ne font plus sur nous tant d'impression. De sorte qu'on

---

1. *Aussi*. On dirait maintenant *non plus*. Voir plus haut, p. 88.

2. C'est bien dédaigneux. Du moins notons bien que Malebranche dit ceci en considérant les recherches spéculatives; car il a montré lui-même dans ce livre la grande importance de l'éducation première où les mères peuvent tant. Il est intéressant de rapprocher de ces pages de Malebranche le premier chapitre de l'*Éducation des filles*, de Fénelon, intitulé : *De l'importance de l'éducation des filles*. Nous en reproduisons la plus grande partie dans l'Appendice V.

3. Ici il y a en marge comme titre de cette section II : *De l'imagination de l'homme dans la perfection de son âge*.

4. *Médiocre*, c'est-à-dire qui est entre le grand et le petit.

n'a plus à se défendre que des passions violentes qui arrivent rarement, et desquelles on peut se mettre à couvert, si on en évite avec soin toutes les occasions. Ainsi l'âme n'étant plus divertie[1] par les choses sensibles, elle peut contempler facilement la vérité.

Un homme dans cet état, et qui ne serait point rempli des préjugés de l'enfance, qui dès sa jeunesse aurait acquis de la facilité pour la méditation, qui ne voudrait s'arrêter qu'aux notions claires et distinctes de l'esprit, qui rejetterait soigneusement toutes les idées confuses des sens, et qui aurait le temps et la volonté de méditer, ne tomberait sans doute que difficilement dans l'erreur. Mais ce n'est pas de cet homme dont[2] il faut parler ; c'est des hommes du commun, qui n'ont pour l'ordinaire rien de celui-ci.

Je dis donc que la solidité et la consistance qui se rencontrent avec l'âge dans les fibres du cerveau des hommes, fait la solidité et la consistance de leurs erreurs, s'il est permis de parler ainsi. C'est le sceau qui scelle leurs préjugés et toutes leurs fausses opinions, et qui les met à couvert de la force de la raison. Enfin, autant que cette constitution des fibres du cerveau est avantageuse aux personnes bien élevées, autant est-elle désavantageuse à la plus grande partie des hommes, puisqu'elle confirme les uns et les autres dans les pensées où ils sont.

Mais les hommes ne sont pas seulement confirmés dans leurs erreurs, quand ils sont venus à l'âge de quarante ou cinquante ans. Ils sont encore plus sujets à tomber dans de nouvelles : parce que, se croyant alors capables de juger de tout, comme en effet ils le devraient être, ils décident avec présomption, et ne consultent que leurs préjugés ; car les hommes ne raisonnent des choses, que par rapport aux idées qui leur sont les plus familières. Quand un chimiste veut raisonner de quelques corps naturels, ses trois principes lui viennent d'abord en l'esprit. Un péripatéticien pense d'abord aux quatre éléments, et aux quatre

---

1. *Divertir*, détourner de son objet.
2. *Ce n'est pas de cet homme dont* il faut parler. Pléonasme condamné aujourd'hui, très fréquent au dix-septième siècle.

premières qualités[1] ; et un autre philosophe rapporte tout à d'autres principes. Ainsi il ne peut entrer dans l'esprit d'un homme rien qui ne soit incontinent infecté des erreurs auxquelles il est sujet, et qui n'en augmente le nombre.

Cette consistance des fibres du cerveau a encore un très mauvais effet, principalement dans les personnes plus âgées, qui est de les rendre incapables de méditation. Ils ne peuvent apporter d'attention à la plupart des choses qu'ils veulent savoir, et ainsi ils ne peuvent pénétrer les vérités un peu cachées. Ils ne peuvent goûter les sentiments les plus raisonnables, lorsqu'ils sont appuyés sur des principes qui leur paraissent nouveaux, quoiqu'ils soient d'ailleurs fort intelligents dans les choses dont l'âge leur a donné beaucoup d'expérience. Mais tout ce que je dis ici, ne s'entend que de ceux qui ont passé leur jeunesse sans faire usage de leur esprit et sans s'appliquer.

Pour éclaircir ces choses, il faut savoir que nous ne pouvons apprendre quoi que ce soit, si nous n'y apportons de l'attention ; et que nous ne saurions guère être attentifs à quelque chose[2], si nous ne l'imaginons, et nous ne nous la représentons vivement dans notre cerveau. Or, afin que nous puissions imaginer quelques objets, il est nécessaire que nous fassions plier quelque partie de notre cerveau, ou que nous lui imprimions quelque autre mouvement, pour pouvoir former les traces auxquelles sont attachées les idées qui nous représentent ces objets. De sorte que, si les fibres du cerveau se sont un peu durcies, elles ne seront capables que de l'inclination et des mou-

---

1. *Les trois principes*, à savoir le sel, le mercure et le soufre, considérés comme les principes des mixtes par B. Valentin, par exemple ; et Paracelse (1493-1541) les oppose aux quatre éléments des péripatéticiens, et voit une harmonie mystérieuse entre le sel et le corps et la terre, entre le mercure et l'âme et l'eau, entre le soufre et l'esprit et l'air. — *Les quatre éléments*, à savoir : la terre, l'eau, l'air et le feu. — *Les quatre qualités*, à savoir : le sec et l'humide, le chaud et le froid. Malebranche parle tout au long des *éléments* et des *qualités* d'Aristote, dans un fort injuste mais piquant chapitre de la *Recherche*, l. VI, II⁰ p., ch. v.

2. *Quelque chose*, une chose. Au dix-septième siècle, le nom *chose* garde sa valeur, et, par conséquent, est du genre féminin dans des cas où maintenant la locution *quelque chose* est une sorte de pronom neutre.

vements qu'elles auront eus autrefois. Et ainsi l'âme ne pourra imaginer, ni par conséquent être attentive à ce qu'elle voulait, mais seulement aux choses qui lui sont familières.

De là il faut conclure, qu'il est très avantageux de s'exercer à méditer sur toutes sortes de sujets, afin d'acquérir une certaine facilité de penser à ce qu'on veut. Car, de même que nous acquérons une grande facilité de remuer les doigts de nos mains en toutes manières et avec une très grande vitesse par le fréquent usage que nous en faisons en jouant des instruments; ainsi les parties de notre cerveau dont le mouvement est nécessaire pour imaginer ce que nous voulons, acquièrent par l'usage une certaine facilité à se plier, qui fait que l'on imagine les choses que l'on veut avec beaucoup de facilité, de promptitude, et même de netteté.

Or, le meilleur moyen d'acquérir cette habitude, qui fait la principale différence d'un homme d'esprit d'avec un autre, c'est de s'accoutumer dès sa jeunesse à chercher la vérité des choses même fort difficiles, parce qu'en cet âge les fibres du cerveau sont capables de toutes sortes d'inflexions.

Je ne prétends pas néanmoins que cette facilité se puisse acquérir par ceux qu'on appelle les gens d'étude[1], qui ne s'appliquent qu'à lire sans méditer[2], et sans rechercher par eux-mêmes la résolution des questions avant que de la lire dans les auteurs[3]. Il est assez visible que par cette

---

1. *Gens* ou *personnes d'étude*. Malebranche emploie fréquemment cette expression. Elle ne lui est pas particulière : Baillet, dans sa *Vie de Descartes*, racontant cette conférence qui eut lieu, en 1629, chez le nonce M. de Bagné, en présence du cardinal de Bérulle, et où Descartes exposa sa méthode, dit que les principes du jeune philosophe furent regardés par tous les assistants comme « mieux établis, plus véritables et plus naturels qu'aucun de ceux déjà reçus parmi les gens d'étude. »

2. *Méditer.* Remarquons ce mot que nous retrouverons souvent ; c'est un des termes qu'affectionne Malebranche. Employé ainsi absolument, *méditer* signifie *réfléchir, penser sérieusement, user de son esprit, s'appliquer pour comprendre*.

3. Conseil excellent déjà donné par Descartes. Malebranche y reviendra encore. — *Résolution des questions*. Décision d'une question, d'une difficulté. « Il y a de certains cas dont la résolution serait encore difficile... » Pascal, *Provinc.*, vii. « C'est là que la princesse Palatine a trouvé la résolution de ses anciens doutes : Dieu a aimé, c'est tout dire. » Bossuet, *Or. fun. d'Anne de Gonzague.*

voie l'on n'acquiert que la facilité de se souvenir des choses qu'on a lues. On remarque tous les jours que ceux qui ont beaucoup de lecture ne peuvent apporter d'attention aux choses nouvelles dont on leur parle, et que la vanité de leur érudition les portant à en vouloir juger avant que de les concevoir, les fait tomber dans des erreurs grossières, dont les autres hommes ne sont pas capables.

Mais, quoique le défaut d'attention soit la principale cause de leurs erreurs, il y en a encore une qui leur est particulière. C'est que, trouvant toujours dans leur mémoire une infinité d'espèces confuses[1], ils en prennent d'abord quelqu'une qu'ils considèrent comme celle dont il est question ; et, parce que les choses qu'on dit ne lui conviennent point, ils jugent ridiculement qu'on se trompe. Quand on veut leur représenter qu'ils se trompent eux-mêmes, et qu'ils ne savent pas seulement l'état de la question, ils s'irritent ; et, ne pouvant concevoir ce qu'on leur dit, ils continuent de s'attacher à cette fausse espèce que leur mémoire leur a présentée. Si on leur en montre trop manifestement la fausseté, ils en substituent une seconde et une troisième, qu'ils défendent quelquefois contre toute apparence de vérité, et même contre leur propre conscience, parce qu'ils n'ont guère de respect ni d'amour pour la vérité, et qu'ils ont beaucoup de confusion et de honte à reconnaître qu'il y a des choses qu'on sait mieux qu'eux.

III. Tout ce qu'on a dit des personnes de quarante et de cinquante ans, se doit encore entendre avec plus de raison des vieillards, parce que les fibres de leur cerveau sont encore plus inflexibles, et que, manquant d'esprits

---

1. *Une infinité d'espèces confuses.* Ce mot *espèces* semble mis ici par une demi-plaisanterie comme à peu près synonyme d'*idée* (*espèce*, terme scolastique désignant les images représentatives, nous l'avons vu au chapitre 1er de la 1re partie), mais avec une nuance : ces *espèces* font penser à une chose qu'on prendrait toute préparée, toute faite, comme dans une case ou un tiroir de droguiste, par exemple. Y aurait-il allusion aussi à l'*espèce*, en jurisprudence, où c'est un *cas particulier*, et Malebranche voudrait-il, pour se moquer de ces gens d'étude, nous montrer comme une collection de cas enfermés dans leur esprit et en sortant dans l'occasion ?

animaux pour y tracer de nouveaux vestiges, leur imagination est toute languissante. Et, comme d'ordinaire les fibres de leur cerveau sont mêlées avec beaucoup d'humeurs[1] superflues, ils perdent peu à peu la mémoire des choses passées, et tombent dans des faiblesses ordinaires aux enfants. Ainsi, dans l'âge décrépit, ils ont les défauts qui dépendent de la constitution des fibres du cerveau, lesquels se rencontrent dans les enfants et dans les hommes faits, quoique l'on puisse dire qu'ils sont plus sages que les uns et les autres, à cause qu'ils ne sont plus si sujets à leurs passions, qui viennent de l'émotion des esprits animaux.

On n'expliquera pas ces choses davantage, parce qu'il est facile de juger de cet âge par les autres dont on a parlé auparavant, et de conclure que les vieillards ont encore plus de difficulté que tous les autres à concevoir ce qu'on leur dit, qu'ils sont plus attachés à leurs préjugés et à leurs anciennes opinions; et par conséquent, qu'ils sont encore plus confirmés dans leurs erreurs et dans leurs mauvaises habitudes, et autres choses semblables. On avertit seulement, que l'état de vieillard n'arrive pas précisément à soixante ou à soixante et dix ans; que tous les vieillards ne radotent pas; que tous ceux qui ont passé soixante ans ne sont pas toujours délivrés des passions des jeunes gens, et qu'il ne faut pas tirer des conséquences trop générales des principes que l'on a établis.

CHAPITRE II

Que les esprits animaux vont d'ordinaire dans les traces des idées qui nous sont les plus familières, ce qui fait qu'on ne juge point sainement des choses.

Je crois avoir suffisamment expliqué dans les chapitres précédents les divers changements qui se rencontrent dans les esprits animaux et dans la constitution des fibres

---

1. *Humeurs*, au sens littéral, au sens des physiologistes et des médecins.

du cerveau, selon les différents âges. Ainsi, pourvu qu'on médite un peu ce que j'en ai dit, on aura bientôt une connaissance assez distincte de l'imagination et des causes physiques les plus ordinaires des différences que l'on remarque entre les esprits, puisque tous les changements qui arrivent à l'imagination et à l'esprit, ne sont que des suites de ceux qui se rencontrent dans les esprits animaux et dans les fibres dont le cerveau est composé.

Mais il y a plusieurs causes particulières, et qu'on pourrait appeler morales, des changements qui arrivent à l'imagination des hommes : savoir, leurs différentes conditions, leurs différents emplois, en un mot leurs différentes manières de vivre, à la considération desquelles il faut s'attacher, parce que ces sortes de changements sont cause d'un nombre presque infini d'erreurs, chaque personne jugeant des choses par rapport à sa condition. On ne croit pas devoir s'arrêter à expliquer les effets de quelques causes moins ordinaires, comme des grandes maladies, des malheurs surprenants, et des autres accidents inopinés, qui font des impressions très violentes dans le cerveau, et même qui le bouleversent entièrement, parce que ces choses arrivent rarement, et que les erreurs où tombent ces sortes de personnes sont si grossières, qu'elles ne sont point contagieuses, puisque tout le monde les reconnaît sans peine.

Afin de comprendre parfaitement tous les changements que les différentes conditions produisent dans l'imagination, il est absolument nécessaire de se souvenir que nous n'imaginons les objets qu'en nous en formant des images, et que ces images ne sont autres choses que les traces que les esprits animaux font dans le cerveau ; que nous imaginons les choses d'autant plus fortement, que ces traces sont plus profondes et mieux gravées, et que les esprits animaux y ont passé plus souvent et avec plus de violence ; et que, lorsque les esprits y ont passé plusieurs fois, ils y entrent avec plus de facilité que dans d'autres endroits tout proches, par lesquels ils n'ont jamais passé, ou par lesquels ils n'ont point passé si souvent. Ceci est la cause la plus ordinaire de la confusion et de la fausseté de nos idées. Car les esprits animaux qui ont été dirigés par l'action des objets extérieurs, ou même par les ordres de l'âme, pour produire dans le cerveau de certaines traces, en produisent souvent d'autres, qui, à la vérité, leur ressemblent en quelque chose, mais qui ne sont point tout à fait les traces de ces mêmes objets, ni celles que désirait l'âme de se représenter, parce que les esprits animaux trouvant quelque résistance dans les endroits du cerveau par où il fallait passer, ils se détournent facilement pour entrer en foule dans les traces profondes des idées qui nous sont plus familières. Voici des exemples fort grossiers et très sensibles de tout ceci.

Lorsque ceux qui ont la vue un peu courte regardent la lune, ils y voient ordinairement deux yeux, un nez, une bouche; en un mot, il leur semble qu'ils y voient un visage. Cependant il n'y a rien dans la lune de ce qu'ils pensent y voir. Plusieurs personnes y voient tout autre chose, et ceux qui croient que la lune est telle qu'elle leur paraît, se détromperont facilement, s'ils la regardent avec des lunettes d'approche, si petites qu'elles soient, ou s'ils consultent les descriptions qu'Hevelius[1], Riccioli[2] et d'autres en ont données au public. Or, la raison pour laquelle on voit ordinairement un visage dans la lune, et non pas les taches irrégulières qui y sont, c'est que les traces du visage qui sont dans notre cerveau sont très profondes, à cause que nous regardons souvent des visages, et avec beaucoup d'attention. De sorte que les esprits animaux trouvant de la résistance dans les autres endroits du cerveau, ils se détournent facilement de la direction que la lumière de la lune leur imprime quand on la regarde, pour entrer dans ces traces auxquelles les idées de visage sont attachées par la nature. Outre que la grandeur apparente de la lune n'étant pas fort différente de celle d'une tête ordinaire dans une certaine distance, elle forme par son impression des traces qui ont beaucoup de

---

1. Hevelius, astronome, né à Dantzick, 1611-1687.

2. Riccioli, savant jésuite italien, astronome, 1598-1661.

liaison avec celles qui représentent un nez, une bouche et des yeux, et ainsi elle détermine les esprits à prendre leurs cours dans les traces d'un visage. Il y en a qui voient dans la lune un homme à cheval, ou quelqu'autre chose qu'un visage, parce que leur imagination ayant été vivement frappée de certains objets, les traces de ces objets se rouvrent par la moindre chose qui y a rapport.

C'est aussi pour cette même raison que nous nous imaginons voir des chariots, des hommes, des lions ou d'autres animaux dans les nues, quand il y a quelque peu de rapport entre leurs figures et ces animaux ; et que tout le monde, et principalement ceux qui ont coutume de dessiner, voient quelquefois des têtes d'hommes sur des murailles où il y a plusieurs taches irrégulières.

C'est encore pour cette raison que les esprits de vin entrant sans direction de la volonté dans les traces les plus familières, font découvrir les secrets de la plus grande importance[1] ; et que, quand on dort, on songe ordinairement aux objets que l'on a vus pendant le jour, qui ont formé de plus grandes traces dans le cerveau, parce que l'âme se représente toujours les choses dont elle a des traces plus grandes et plus profondes. Voici d'autres exemples plus composés[2].

Une maladie est nouvelle ; elle fait des ravages qui surprennent le monde. Cela imprime des traces si profondes dans le cerveau, que cette maladie est toujours présente à l'esprit. Si cette maladie est appelée, par exemple, le scorbut, toutes les maladies seront le scorbut. Le scorbut est nouveau, toutes les nouvelles maladies seront le scorbut. Le scorbut est accompagné d'une douzaine de symptômes, dont il y en aura beaucoup de communs à d'autres maladies : cela n'importe. S'il arrive qu'un malade ait quelqu'un de ces symptômes, il sera malade du scorbut, et on ne pensera pas seulement aux autres maladies qui ont les mêmes symptômes. On s'attendra que tous

---

1. Voir plus haut, Ire part., ch. II, 1, ce qui a été dit du vin et des « esprits tout formés » qui s'y trouvent.

2. *Plus composés*, c'est-à-dire moins simples, plus complexes, où plus d'éléments s'entrecroisent.

les accidents qui sont arrivés à ceux qu'on a vus malades du scorbut, lui arriveront aussi. On lui donnera les mêmes médecines, et on sera surpris de ce qu'elles n'ont pas le même effet qu'on a vu dans les autres.

Un auteur s'applique à un genre d'étude; les traces du sujet de son occupation s'impriment si profondément et rayonnent si vivement dans tout son cerveau, qu'elles confondent et qu'elles effacent quelquefois les traces des choses même fort différentes. Il y en a un, par exemple, qui a fait plusieurs volumes sur la Croix : cela lui a fait voir des croix partout; et c'est avec raison que le Père Morin[1] le raille de ce qu'il croyait qu'une médaille représentait une croix, quoiqu'elle représentât toute autre chose. C'est par un semblable tour d'imagination que Gilbert[2] et plusieurs autres, après avoir étudié l'aimant et admiré ses propriétés, ont voulu rapporter à des qualités *magnétiques* un très grand nombre d'effets naturels qui n'y ont pas le moindre rapport.

Les exemples qu'on vient d'apporter suffisent pour prouver que cette grande facilité qu'a l'imagination à se représenter les objets qui lui sont familiers, et la difficulté qu'elle éprouve à imaginer ceux qui lui sont nouveaux, fait que les hommes se forment presque toujours des idées qu'on peut appeler mixtes et impures[3], et que l'esprit ne juge des choses que par rapport à soi-même et à ses premières pensées[4]. Ainsi les différentes passions des hommes, leurs inclinations, leurs conditions, leurs emplois, leurs qualités, leurs études, enfin toutes les différentes manières de vivre, mettant de fort grandes différences dans leurs

---

1. Le Père Morin, de l'Oratoire, né en 1591, mort en 1659, très versé dans la théologie et dans les langues orientales. C'est lui qui, dans la *Polyglotte* de Paris, publia la traduction du Pentateuque samaritain, dont l'Oratoire possédait un exemplaire rapporté d'Orient par le P. Achille de Harlay Sancy, ancien ambassadeur de France à Constantinople.

2. Guillaume Gilbert, très remarquable médecin et physicien anglais, né en 1540, mort en 1603, auteur d'un ouvrage sur l'aimant : *De magnete magneticisque corporibus, physiologia nova, plurimis argumentis et experimentis demonstrata*, Londres, 1600, in-4°.

3. C'est-à-dire des idées telles que des images venant de perceptions primitives se mêlent aux idées présentes et les altèrent par ce mélange.

4. Remarque profonde, que Malebranche fait sans croire donner pour cela des armes au scepticisme, au *subjectivisme*, dirions-nous maintenant : il a raison.

idées, cela les fait tomber dans un nombre infini d'erreurs, que nous expliquerons dans la suite. Et c'est ce qui a fait dire au chancelier Bacon ces paroles fort judicieuses : *Omnes perceptiones tam sensus quam mentis sunt ex analogia hominis, non ex analogia universi : estque intellectus humanus instar speculi inæqualis ad radios rerum qui suam naturam naturæ rerum immiscet, eamque distorquet et inficit*[1].

CHAPITRE III[2]

I. Que les personnes d'étude sont les plus sujettes à l'erreur. — II. Raisons pour lesquelles on aime mieux suivre l'autorité que de faire usage de son esprit.

Les différences qui se trouvent dans les manières de vivre des hommes, sont presque infinies. Il y a un très grand nombre de différentes conditions, de différents emplois, de différentes charges, de différentes communautés. Ces différences font que presque tous les hommes agissent pour des desseins tout différents, et qu'ils raisonnent sur de différents principes. Il serait même assez difficile de trouver plusieurs personnes qui eussent entièrement les mêmes vues dans une même communauté, dans laquelle les particuliers ne doivent avoir qu'un même esprit et que les mêmes desseins. Leurs différents emplois et leurs différentes liaisons mettent nécessairement quelque différence dans le tour et la manière qu'ils veulent prendre pour exécuter les choses même dont ils conviennent[3]. Cela fait bien voir que ce serait entreprendre l'impossible, que de vouloir expliquer en détail les causes morales de l'erreur; mais aussi il serait assez inutile de le faire ici. On veut seulement parler des manières de vivre qui portent à un plus grand nombre d'erreurs, et à des erreurs

---

1. *Novum Organum*, l. Ier, aphor. 41.
2. Dans les premières éditions, ce chapitre était le quatrième, et l'on trouvait ici, sous le nom de chap. III, les deux premières sections du chap. v de la première partie. Voir plus haut, p. 72.
3. Sur lesquelles ils sont d'accord.

de plus grande importance. Quand on les aura expliquées, on aura donné assez d'ouverture à l'esprit pour aller plus loin, et chacun pourra voir tout d'une vue, et avec grande facilité, les causes très cachées de plusieurs erreurs particulières, qu'on ne pourrait expliquer qu'avec beaucoup de temps et de peine. Quand l'esprit voit clair, il se plaît à courir à la vérité, et il y court d'une vitesse qui ne se peut exprimer.

I. L'emploi duquel il semble le plus nécessaire de parler ici, à cause qu'il produit dans l'imagination des hommes des changements plus considérables, et qui conduisent davantage à l'erreur, c'est l'emploi des personnes d'étude, qui font plus d'usage de leur mémoire que de leur esprit. Car l'expérience a toujours fait connaître, que ceux qui se sont appliqués avec plus d'ardeur à la lecture des livres et à la recherche de la vérité, sont ceux-là mêmes qui nous ont jetés dans un plus grand nombre d'erreurs.

Il en est de même de ceux qui étudient que de ceux qui voyagent. Quand un voyageur a pris, par malheur, un chemin pour un autre, plus il avance, plus il s'éloigne du lieu où il veut aller ; il s'égare d'autant plus, qu'il est plus diligent, et qu'il se hâte davantage d'arriver au lieu qu'il souhaite. Ainsi ces désirs ardents qu'ont les hommes pour la vérité, font qu'ils se jettent dans la lecture des livres où ils croient la trouver ; ou bien ils se forment un système chimérique des choses qu'ils souhaitent de savoir, duquel ils s'entêtent[1], et qu'ils tâchent même par de vains efforts d'esprit de faire goûter aux autres, afin de recevoir l'honneur qu'on rend d'ordinaire aux inventeurs des systèmes. Expliquons ces deux défauts.

Il est assez difficile de comprendre comment il se peut faire que des gens qui ont de l'esprit, aiment mieux se servir de l'esprit des autres dans la recherche de la vérité,

---

1. *S'entêtent.* Mot que nous allons retrouver souvent, ainsi que le substantif *entêtement.* La chose dont on s'entête est celle que l'on se met tellement dans la tête qu'elle enivre et trouble l'esprit, comme un parfum, qui, disons-nous, monte à la tête. Le sens d'*obstination*, qui prévaut aujourd'hui, est un sens dérivé. A force de ne songer qu'à une chose, on s'y attache avec obstination.

que de celui que Dieu leur a donné[1]. Il y a sans doute infiniment bien plus de plaisir et plus d'honneur à se conduire par ses propres yeux, que par ceux des autres; et un homme qui a de bons yeux ne s'avisa jamais de se les fermer ou de se les arracher, dans l'espérance d'avoir un conducteur. *Sapientis oculi in capite ejus, stultus in tenebris ambulat*[*]. Pourquoi le fou marche-t-il dans les ténèbres? C'est qu'il ne voit que par les yeux d'autrui, et que ne voir que de cette manière, à proprement parler, c'est ne rien voir. L'usage de l'esprit est à l'usage des yeux, ce que l'esprit est aux yeux; et de même que l'esprit est infiniment au-dessus des yeux, l'usage de l'esprit est accompagné de satisfactions bien plus solides, et qui le contentent bien autrement que la lumière et les couleurs ne contentent la vue. Les hommes toutefois se servent toujours de leurs yeux pour se conduire, et ils ne se servent presque jamais de leur esprit pour découvrir la vérité.

II. Mais il y a plusieurs causes qui contribuent à ce renversement d'esprit[2]. Premièrement, la paresse naturelle

---

[*] *Eccles.*, II, 14.

1. Bossuet, *Connaissance de Dieu et de soi-même*, I, XVI, dit aussi : « La paresse, toujours impatiente quand il faut penser tant soit peu, fait qu'on aime mieux croire que d'examiner, parce que le premier est bientôt fait et que le second demande une recherche plus longue et plus pénible. Les conseils [c'est-à-dire les décisions réfléchies] semblent toujours trop longs au paresseux; c'est pourquoi il abandonne tout et s'accoutume à croire quelqu'un qui le mène comme un enfant et comme un aveugle, pour ne pas dire comme une bête. »

2. Bossuet, *ibid*. « La cause de mal juger est l'inconsidération, qu'on appelle autrement précipitation. Précipiter son jugement, c'est croire ou juger avant que d'avoir connu. Cela nous arrive, ou par orgueil, ou par impatience, ou par prévention qu'on appelle autrement préoccupation.

» Par orgueil, parce que l'orgueil nous fait présumer que nous connaissons aisément les choses les plus difficiles et presque sans examen : ainsi, nous jugeons trop vite, et nous nous attachons à notre sens, sans vouloir jamais revenir, de peur d'être forcés à reconnaître que nous nous sommes trompés;

» Par impatience, lorsqu'étant las de considérer, nous jugeons avant que d'avoir tout vu;

» Par prévention, en deux manières, ou par le dehors, ou par le dedans;

» Par le dehors, quand nous croyons trop facilement sur le rapport d'autrui, sans songer qu'il peut nous tromper ou être trompé lui-même;

» Par le dedans, quand nous nous trouvons portés, sans raison, à croire une chose plutôt qu'une autre.

» Le plus grand dérèglement de l'esprit, c'est de croire les choses parce qu'on veut qu'elles soient, et non parce qu'on a vu qu'elles sont en effet.

» C'est la faute où nos passions nous font tomber...

» Nous voyons aussi clairement, par les choses qui ont été dites, que la paresse, qui craint la peine de considérer, est le plus grand obstacle à bien juger. »

C'est à la suite de ceci que se trouve

des hommes, qui ne veulent pas se donner la peine de méditer.

Secondement, l'incapacité de méditer, dans laquelle on est tombé, pour ne s'être pas appliqué dès la jeunesse, lorsque les fibres du cerveau étaient capables de toutes sortes d'inflexions.

En troisième lieu, le peu d'amour qu'on a pour les vérités abstraites, qui sont le fondement de tout ce que l'on peut connaître ici-bas.

En quatrième lieu, la satisfaction qu'on reçoit dans la connaissance des vraisemblances, qui sont fort agréables et fort touchantes [1], parce qu'elles sont appuyées sur les notions sensibles.

En cinquième lieu, la sotte vanité qui nous fait souhaiter d'être estimés savants; car on appelle savants ceux qui ont le plus de lecture. La connaissance des opinions est bien plus d'usage pour la conversation, et pour étourdir les esprits du commun, que la connaissance de la véritable philosophie qu'on apprend en méditant.

En sixième lieu, parce qu'on s'imagine sans raison, que les anciens ont été plus éclairés que nous ne pouvons l'être [2], et qu'il n'y a rien à faire où ils n'ont pas réussi.

En septième lieu, parce qu'un respect mêlé d'une sotte curiosité fait qu'on admire davantage les choses les plus éloignées de nous, les choses les plus vieilles, celles qui viennent de plus loin, ou de pays plus inconnus, et même les livres les plus obscurs. Ainsi on estimait autrefois Héraclite pour son obscurité.* On recherche les médailles anciennes, quoique rongées de la rouille, et on garde avec grand soin la lanterne et la pantoufle de quelque ancien, quoique mangées des vers : leur antiquité fait leur prix [3]. Des

* *Clarus ob obscuram linguam.* Lucrèce. [*De Nat. rer.*, I, 110.]

le passage rapporté dans la note précédente.

1. *Touchantes,* c'est-à-dire qui frappent, et non pas qui attendrissent. Cf. plus haut, p. 99 : « Les impressions touchantes des objets sensibles. » Ainsi Bossuet, disant de deux oraisons funèbres qu'il envoie à Rancé (lettre du 30 oct. 1682) « que ce sont choses qui peuvent avoir place parmi les livres d'un solitaire, et qu'en tout cas il peut regarder comme deux têtes de mort assez *touchantes.* »

2. Dans les premières éditions : Les plus anciens sont les plus éclairés. »

3. Dans les premières éditions : « parce qu'il y a longtemps que ces choses ont été faites. »

gens s'appliquent à la lecture des rabbins, parce qu'ils ont écrit dans une langue étrangère, très corrompue et très obscure. On estime davantage les opinions les plus vieilles, parce qu'elles sont les plus éloignées de nous. Et sans doute, si Nembrod avait écrit l'histoire de son règne, toute la politique la plus fine, et même toutes les autres sciences y seraient contenues, de même que quelques-uns trouvent qu'Homère et Virgile avaient une connaissance parfaite de la nature. Il faut respecter l'antiquité, dit-on : quoi ! Aristote, Platon, Épicure, ces grands hommes se seraient trompés ! On ne considère pas qu'Aristote, Platon, Épicure étaient hommes comme nous, et de même espèce que nous ; et de plus, qu'au temps où nous sommes, le monde est plus âgé de deux mille ans, qu'il a plus d'expérience*, qu'il doit être plus éclairé, et que c'est la vieillesse du monde et l'expérience qui font découvrir la vérité [1].

* *Veritas filia temporis, non auctoritatis.* [*Nov. Org.*, I, 84.]

1. Citons ici Bacon, Descartes et Pascal. Bacon dit (*Nov. Organ.*, l. 1er, aph. 84) : « De antiquitate opinio, quam homines de ipsa fovent, negligens omnino est, et vix verbo ipsi congrua. Mundi enim senium et grandævitas pro antiquitate vere habenda sunt ; quæ temporibus nostris tribui debent, non juniori ætati mundi, qualis apud antiquos fuit. Illa enim ætas, respectu nostri, antiqua et major ; respectu mundi ipsius, nova et minor fuit. Atque revera, quemadmodum majorem rerum humanarum notitiam et maturius judicium ab homine sene exspectamus quam a juvene, propter experientiam et rerum quas vidit, et audivit, et cogitavit, varietatem et copiam ; eodem modo, et a nostra ætate (si vires suas nosset, et experiri et intendere vellet) majora multo quam a priscis temporibus exspectari par est, utpote ætate mundi grandiore, et infinitis experimentis et observationibus aucta et cumulata... Auctores vero quod attinet, summæ pusillanimitatis est auctoribus infinita tribuere, auctori autem auctorum atque adeo omnis auctoritatis, Tempori, jus suum denegare. Recte enim Veritas Temporis filia, non auctoritatis. » Voir encore *De Augmentis*, l. 1, 36 et 38. « Magnis auctoribus suus sic constet honos ut auctori auctorum et veritatis parenti, Tempori, non derogetur... *Antiquitas sæculi, juventus mundi.* Nostra profecto sunt antiqua tempora, quum mundus jam senuerit, non ea quæ computantur ordine retrogrado, initium sumendo a sæculo nostro. »
Descartes (fragments manuscrits cités par Baillet, *Vie de Descartes*, VIII, 10) dit de même : « Non est quod antiquis multum tribuamus propter antiquitatem, sed nos potius iis antiquiores dicendi. Jam enim senior est mundus quam tunc, majoremque habemus rerum experientiam. » C'est ce que Pascal développe, avec une dialectique si éloquente, dans la Préface du *Traité du Vide*. Il faut relire ces belles pages : « Partageons avec plus de justice notre crédulité et notre défiance, et bornons ce respect que nous avons pour les anciens. Comme la raison le fait naître, elle doit aussi le mesurer ; et considérons que s'ils fussent demeurés dans cette retenue de n'oser rien ajouter aux connaissances qu'ils avaient reçues, ou que ceux de leur temps eussent fait la même difficulté de recevoir les nouveautés qu'ils leur offraient, ils se seraient privés eux-mêmes et leur postérité du fruit de leurs inventions... » Puis Pascal montre comment « les premières con-

En huitième lieu, parce que, lorsqu'on estime une opinion nouvelle et un auteur du temps, il semble que leur gloire efface la nôtre, à cause qu'elle en est trop proche; mais on ne craint rien de pareil de l'honneur qu'on rend aux anciens.

En neuvième lieu, parce que la vérité et la nouveauté ne peuvent pas se trouver ensemble dans les choses de la foi. Car les hommes, ne voulant pas faire de discernement entre les vérités qui dépendent de la raison et celles qui dépendent de la tradition, ne considèrent pas qu'on doit les apprendre d'une manière toute différente[1]. Ils confondent la nouveauté avec l'erreur, et l'antiquité avec la vérité. Luther, Calvin et les autres ont innové, et ils ont erré : donc Galilée, Harvey, Descartes[2] se trompent dans ce qu'ils disent de nouveau. L'impanation de Luther est nouvelle, et elle est fausse : donc la circulation d'Harvey est fausse, puisqu'elle est nouvelle. C'est pour cela aussi qu'ils appellent indifféremment du nom odieux de novateur, les hérétiques et les nouveaux philosophes. Les idées et les mots de *vérité* et d'*antiquité*, de *fausseté* et de *nouveauté* ont été liés les uns avec les autres : c'en est fait, le

---

naissances qu'ils nous ont données ont servi de degrés aux nôtres, et, dans nos avantages, nous leur sommes redevables de l'ascendant que nous avons sur eux... Notre vue a plus d'étendue. Nous voyons plus qu'eux. » Alors arrive le magnifique développement sur la raison humaine, qui ne demeure pas, comme l'instinct, dans un état toujours égal; l'homme s'instruit sans cesse dans son progrès... « De sorte que les hommes sont aujourd'hui en quelque sorte dans le même état où se trouveraient ces anciens philosophes, s'ils pouvaient avoir vieilli jusques à présent, en ajoutant aux connaissances qu'ils avaient celles que leurs études auraient pu leur acquérir à la faveur de tant de siècles... De sorte que toute la suite des hommes, pendant le cours de tant de siècles, doit être considérée comme un même homme qui subsiste toujours et qui apprend continuellement : d'où l'on voit avec combien d'injustice nous respectons l'antiquité dans ses philosophes; car, comme la vieillesse est l'âge le plus distant de l'enfance, qui ne voit que la vieillesse dans cet homme universel ne doit pas être cherchée dans les temps proches de sa naissance, mais dans ceux qui en sont les plus éloignés ? Ceux que nous appelons anciens étaient véritablement nouveaux en toutes choses, et formaient l'enfance des hommes proprement; et comme nous avons joint à leurs connaissances l'expérience des siècles qui les ont suivis, c'est en nous que l'on peut trouver cette antiquité que nous révérons dans les autres. »

1. Comparer Pascal (*Fragment d'un Traité du vide*).

2. *Sic*, en 1678 comme en 1712, et non pas comme ailleurs, M. Descartes. C'est traiter Descartes avec plus d'honneur, comme un grand homme reconnu. — Galilée : le mouvement de la terre. — Harvey : la circulation du sang. Malebranche écrit *Harvée*.

commun des hommes ne les sépare plus, et les gens d'esprit[1] sentent même quelque peine à les bien séparer.

En dixième lieu, parce qu'on est dans un temps auquel la science des opinions anciennes est encore en vogue, et qu'il n'y a que ceux qui font usage de leur esprit qui puissent par la force de leur raison se mettre au-dessus des méchantes coutumes. Quand on est dans la presse et dans la foule, il est difficile de ne pas céder au torrent qui nous emporte.

En dernier lieu, parce que les hommes n'agissent que par intérêt; et c'est ce qui fait que ceux mêmes qui se détrompent et qui reconnaissent la vanité de ces sortes d'études, ne laissent pas de s'y appliquer; parce que les honneurs, les dignités, et même les bénéfices[2] y sont attachés[3], et que ceux qui y excellent, les ont toujours plutôt que ceux qui les ignorent.

Toutes ces raisons font, ce me semble, assez comprendre pourquoi les hommes suivent aveuglément les opinions anciennes comme vraies, et pourquoi ils rejettent sans discernement toutes les nouvelles comme fausses; enfin, pourquoi ils ne font point ou presque point d'usage de leur esprit. Il y a sans doute un fort grand nombre d'autres raisons plus particulières qui contribuent à cela; mais si l'on considère avec attention celles que nous avons rapportées, on n'aura pas sujet d'être surpris de voir l'entêtement de certaines gens pour l'autorité des anciens.

---

1. *Les gens d'esprit.* Ainsi Pascal, dans le célèbre et si admirable morceau sur les *trois ordres de grandeur*, désigne par ces mots « *les gens d'esprit* » ceux qui s'occupent des choses de l'esprit.

2. *Bénéfices.* Dans la langue ecclésiastique, un *bénéfice* est une charge spirituelle, accompagnée d'un certain revenu, charge qui ne peut être donnée qu'à celui qui est dans les ordres ou du moins tonsuré. On trouve souvent, dans l'ancien régime, le titre et le revenu accordés par la faveur des souverains à des personnes, même laïques, qui, ne s'acquittant pas de la charge, tenaient le bénéfice en *commende*, c'est-à-dire confiaient l'exercice de la fonction à un ecclésiastique, lequel les représentait et suppléait, sans avoir les grands avantages attachés au titre. De saints personnages, plusieurs conciles, plusieurs papes ont lutté contre cet abus déplorable, qui n'a complètement disparu qu'avec l'ancien régime.

3. Dans les premières éditions il y a : « *en sorte que* ceux qui y excellent... »

CHAPITRE IV

Deux mauvais effets de la lecture sur l'imagination.

Ce faux et lâche respect que les hommes portent aux anciens*, produit un très grand nombre d'effets très pernicieux qu'il est à propos de remarquer.

Le premier est, que les accoutumant à ne pas faire usage de leur esprit, il les met peu à peu dans une véritable impuissance d'en faire usage. Car il ne faut pas s'imaginer, que ceux qui vieillissent sur les livres d'Aristote et de Platon, fassent beaucoup d'usage de leur esprit. Ils n'emploient ordinairement tant de temps à la lecture de ces livres, que pour tâcher d'entrer dans les sentiments de leurs auteurs ; et leur but principal est de savoir au vrai les opinions qu'ils ont tenues, sans se mettre beaucoup en peine de ce qu'il en faut tenir, comme on le prouvera dans le chapitre suivant. Ainsi la science et la philosophie qu'ils apprennent est proprement une science de mémoire, et non pas une science d'esprit. Ils ne savent que des histoires et des faits, et non pas des vérités évidentes ; et ce sont plutôt des historiens que de véritables philosophes, des hommes qui ne pensent point, mais qui peuvent raconter les pensées des autres[1].

Le second effet que produit dans l'imagination la lecture des anciens, c'est qu'elle met une étrange confusion dans toutes les idées de la plupart de ceux qui s'y appliquent. Il y a deux différentes manières de lire les auteurs : l'une très bonne et utile, et l'autre fort inutile, et même dangereuse. Il est très utile de lire, quand on médite ce qu'on lit : quand on tâche de trouver par quelque effort d'esprit la résolution des questions que l'on voit dans les titres des chapitres, avant même que de commencer à les

* Voyez le premier article du chapitre précédent.

1. Remarque excellente, exprimée d'une façon singulièrement heureuse. Notre temps en peut faire son profit.

lire : quand on arrange et quand on confère les idées des choses les unes avec les autres : en un mot, quand on use de sa raison¹. Au contraire, il est inutile de lire, quand on n'entend pas ce qu'on lit : mais il est dangereux de lire, et de concevoir ce qu'on lit, quand on ne l'examine pas assez pour en bien juger, principalement si l'on a assez de mémoire pour retenir ce qu'on a conçu, et assez d'imprudence pour y consentir. La première manière éclaire l'esprit : elle le fortifie, et elle en augmente l'étendue. La seconde en diminue l'étendue, et elle le rend peu à peu faible, obscur et confus.

Or la plupart de ceux qui font gloire de savoir les opinions des autres, n'étudient que de la seconde manière. Ainsi, plus ils ont de lecture, plus leur esprit devient faible et confus. La raison en est que les traces de leur cerveau se confondent les unes les autres, parce qu'elles sont en très grand nombre, et que la raison ne les a pas rangées par ordre ; ce qui empêche l'esprit d'imaginer et de se représenter nettement les choses dont il a besoin. Quand l'esprit veut ouvrir certaines traces, d'autres plus familières se rencontrant à la traverse, il prend le change. Car la capacité du cerveau n'étant pas infinie, il est presque impossible que ce grand nombre de traces formées sans ordre ne se brouillent, et n'apportent de la confusion dans les idées. C'est pour cette même raison, que les personnes de grande mémoire ne sont pas ordinairement capables de bien juger des choses où il faut apporter beaucoup d'attention.

Mais ce qu'il faut principalement remarquer, c'est que les connaissances qu'acquièrent ceux qui lisent sans méditer, et seulement pour retenir les opinions des autres, en un mot, toutes les sciences qui dépendent de la mémoire, sont proprement de ces sciences qui *enflent**, à cause

---

* *Scientia inflat.* (II Cor., viii, 1.) [Cette note n'est pas dans les premières éditions. Elle est d'ailleurs inexacte ; ce n'est pas dans la deuxième épître aux Corinthiens, mais dans la première : Ἡ γνῶσις φυσιοῖ, ἡ δὲ ἀγάπη οἰκοδομεῖ.]

1. Conseil précieux, déjà donné plus haut, repris ici avec une précision nouvelle.

qu'elles ont de l'éclat, et qu'elles donnent beaucoup de vanité à ceux qui les possèdent. Ainsi ceux qui sont savants en cette manière, étant d'ordinaire remplis d'orgueil et de présomption, prétendent avoir droit de juger de tout, quoiqu'ils en soient très peu capables; ce qui les fait tomber dans un très grand nombre d'erreurs.

Mais cette fausse science fait encore un plus grand mal. Car ces personnes ne tombent pas seules dans l'erreur, elles y entraînent avec elles presque tous les esprits du commun, et un fort grand nombre de jeunes gens, qui croient comme des articles de foi toutes leurs décisions. Ces faux savants, les ayant souvent accablés par le poids de leur profonde érudition, et étourdis tant par des opinions extraordinaires que par des noms d'auteurs anciens et inconnus, se sont acquis une autorité si puissante sur leurs esprits, qu'ils respectent et qu'ils admirent comme des oracles tout ce qui sort de leur bouche, et qu'ils entrent aveuglément dans tous leurs sentiments[1]. Des personnes même beaucoup plus spirituelles[2] et plus judicieuses, qui ne les auraient jamais connus, et qui ne sauraient point d'autre part ce qu'ils sont, les voyant parler d'une manière si décisive, et d'un air si fier, si impérieux et si grave, auraient quelque peine à manquer de respect et d'estime pour ce qu'ils disent, parce qu'il est très difficile de ne rien donner à l'air et aux manières. Car, de même qu'il arrive souvent qu'un homme fier et hardi en maltraite d'autres

---

1. Phrase remaniée. Il est assez curieux de comparer les deux rédactions. (Malebranche, il faut l'avouer, nous reprocherait cette comparaison comme une minutie et une perte de temps.) La phrase, dans les premières éditions, était plus coupée, mais elle était moins nette, les pronoms *ils*, *les*, *leur* se rapportant tour à tour aux savants et aux jeunes gens leurs victimes. La phrase précédente se terminait par : « croient comme articles de foi *tous les jugements qu'ils leur entendent faire des choses.* » Ce qui ne valait pas : « *toutes leurs décisions.* » Puis il y avait ceci, que l'amour de la netteté a fait corriger :

« Ces faux savants ont acquis, par *leur* grande lecture, une autorité si puissante sur *leurs* esprits ; ils *les* ont si souvent accablés par le poids de *leur* profonde érudition ; et les choses extraordinaires et inouïes qu'*ils* avancent, les noms d'auteurs anciens et inconnus *les* ont si fort étourdis, qu'ils respectent et qu'ils admirent tout ce qui sort de *leur* bouche, et qu'*ils* suivent avec assurance toutes *leurs* décisions. »

2. *Plus spirituelles*, c'est-à-dire vivant davantage de la vie de l'esprit, plus dégagées des sens et de l'imagination, se conduisant davantage par raison.

plus forts, mais plus judicieux et plus retenus que lui, ainsi ceux qui soutiennent des opinions qui ne sont ni vraies, ni même vraisemblables, font souvent perdre la parole à leurs adversaires, en leur parlant d'une manière impérieuse, fière ou grave qui les surprend [1].

Or ceux de qui nous parlons ont assez d'estime d'eux-mêmes, et de mépris des autres, pour s'être fortifiés dans un certain air de fierté [2], mêlé de gravité et d'une feinte modestie, qui préoccupe [3] et qui gagne ceux qui les écoutent.

Car il faut remarquer, que tous les différents airs des personnes de différentes conditions, ne sont que des suites naturelles de l'estime que chacun a de soi-même par rapport aux autres, comme il est facile de le reconnaître si l'on y fait un peu de réflexion [4]. Ainsi l'air de fierté et de brutalité, est l'air d'un homme qui s'estime beaucoup, et qui néglige assez l'estime des autres. L'air modeste est l'air d'un homme qui s'estime peu, et qui estime assez les autres. L'air grave est l'air d'un homme qui s'estime beaucoup, et qui désire fort d'être estimé ; et l'air simple, celui d'un homme qui ne s'occupe guère de soi ni des autres. Ainsi tous les différents airs, qui sont presque infinis, ne sont que des effets que les différents degrés d'estime que l'on a de soi et de ceux avec qui l'on converse, produisent naturellement sur notre visage et sur toutes les parties extérieures de notre corps. Nous avons

---

1. Comparer *Recherche de la Vérité*, I, XVIII, 2. Nous citons dans l'Introduction cette page piquante, digne de la Bruyère. Introduction, II, p. 31.

2. *Fierté*. Nous allons retrouver plusieurs fois ces mots *fier* et *fierté*. On est *fier* (du latin *ferus*, et avec quelque chose aussi, ce semble, du sens du latin *ferox*) quand on porte la tête haute, avec assurance, même avec un certain air de défi, comme si l'on était armé de toutes pièces et que l'on fût non seulement très ferme, mais menaçant : on se prise si fort, on se juge tellement supérieur à tout, que non seulement on ne redoute ni même on ne révère personne, mais on brave tout le monde.

3. *Qui préoccupe*. Qui s'empare de l'attention et produit une prévention favorable par quelque chose d'imposant et de séduisant tout ensemble. Voir plus loin la note sur *préoccupation*, ch. VI.

4. Étude fine et pénétrante des différents airs. Comparer un chapitre du *Traité de morale*, que nous donnons à l'Appendice II, où Malebranche étudie aussi les différents airs, « tous composés de ces quatre : l'air modeste et respectueux, l'air simple et négligé, l'air grave, l'air fier et brutal. »

déjà parlé, dans le chapitre IV, de cette correspondance qui est entre les nerfs qui excitent les passions au dedans de nous, et ceux qui les témoignent au dehors par l'air qu'ils impriment sur le visage.

CHAPITRE V

Que les personnes d'étude s'entêtent ordinairement de quelque auteur; de sorte que leur but principal est de savoir ce qu'il a cru, sans se soucier de ce qu'il faut croire.

Il y a encore un défaut de très grande conséquence, dans lequel les gens d'étude tombent ordinairement, c'est qu'ils s'entêtent de quelque auteur. S'il y a quelque chose de vrai et de bon dans un livre, ils se jettent aussitôt dans l'excès : tout en est vrai, tout en est bon, tout en est admirable. Ils se plaisent même à admirer ce qu'ils n'entendent pas, et ils veulent que tout le monde l'admire avec eux. Ils tirent leur gloire des louanges qu'ils donnent à ces auteurs obscurs, parce qu'ils persuadent par là aux autres qu'ils les entendent parfaitement, et cela leur est un sujet de vanité. Ils s'estiment au-dessus des autres hommes, à cause qu'ils croient entendre une impertinence[1] d'un ancien auteur, ou d'un homme qui ne s'entendait peut-être pas lui-même. Combien de savants ont sué pour éclaircir des passages obscurs des philosophes, et même de quelques poëtes de l'antiquité! et combien y a-t-il encore de beaux esprits qui font leurs délices de la critique d'un mot et du sentiment d'un auteur! Mais il est à propos d'apporter quelque preuve de ce que je dis.

La question de l'immortalité de l'âme est sans doute

---

2. *Impertinence.* Nous retrouverons plusieurs fois ces mots *impertinence, impertinent.* Ce qui est *impertinent,* c'est ce qui n'appartient pas, ne se rapporte pas, ne convient pas à une personne ou à une chose, ce qui est déplacé, ce qui est hors de propos, inconvenant, étrange, choquant, et même contre la raison et le bon sens; c'est à peu près comme le grec ἄτοπος (si volontiers employé par Platon), qui se dit aussi des personnes et des choses. Ici *impertinence* désigne une parole sans justesse, dépourvue de sens.

une question très importante. On ne peut trouver à redire que des philosophes fassent tous leurs efforts pour la résoudre; et quoiqu'ils composent de gros volumes pour prouver d'une manière assez faible une vérité qu'on peut démontrer en peu de mots, ou en peu de pages [1], cependant ils sont excusables. Mais ils sont bien plaisants de se mettre fort en peine pour décider ce qu'Aristote en a cru. Il est, ce me semble, assez inutile à ceux qui vivent présentement, de savoir s'il y a jamais eu un homme qui s'appelât Aristote; si cet homme a écrit les livres qui portent son nom; s'il entend une telle chose ou une autre dans un tel endroit de ses ouvrages : cela ne peut faire un homme ni plus sage ni plus heureux; mais il est très important de savoir si ce qu'il dit est vrai ou faux en soi [2].

Il est donc très inutile de savoir ce qu'Aristote a cru de l'immortalité de l'âme, quoiqu'il soit très utile de savoir que l'âme est immortelle. Cependant on ne craint point d'assurer, qu'il y a plusieurs savants qui se sont mis plus en peine de savoir le sentiment d'Aristote sur ce sujet, que la vérité de la chose en soi, puisqu'il y en a qui ont fait des ouvrages exprès pour expliquer ce que ce philosophe en a cru, et qu'ils n'en ont pas tant fait pour savoir ce qu'il en fallait croire.

Mais quoiqu'un très grand nombre de gens se soient

---

1. Remarque bien cartésienne : Descartes veut donner des vérités essentielles, des démonstrations très simples. Ici, c'est la vue nette de la différence entre le corps et l'âme, qui est nécessaire et qui suffit.

2. La réflexion finale est très judicieuse et bonne à méditer. Quant à l'alinéa tout entier, c'est un morceau d'une ironie achevée, mais on voit tout de suite à quelles exagérations l'horreur de l'*inutile* entraîne Malebranche. Ce sera le caractère de tout ce chapitre et de plusieurs autres : un sentiment profond de la valeur de la vie pour l'homme raisonnable et chrétien, un respect *consciencieux* (au plus haut sens du mot) pour ce noble emploi de la pensée qui est la philosophie, la métaphysique; avec cela, de l'ironie, de la finesse, de l'esprit; mais un mépris plus que cartésien pour toute histoire, pour toute érudition, mépris fondé sur la plus complète méconnaissance de la valeur de ces sortes de recherches. En ce qui touche Aristote, remarquons que Malebranche, qui ne le connaît guère, le traite avec une souveraine injustice. Il dépasse dans ses préventions Descartes et Port-Royal. Les exemples de ces jugements abondent. Les plus curieux peut-être sont au l. III, de la *Recherche*, 1re part., ch. III, 2, et au l. VI, IIe part., ch. v tout entier. Aristote a asservi les esprits, Descartes les a affranchis; Aristote n'a que des idées confuses et vides, Descartes a des idées claires et solides : voilà ce que Malebranche développe avec une verve intarissable.

fort fatigué l'esprit pour résoudre quel a été le sentiment d'Aristote, ils se le sont fatigué inutilement, puisqu'on n'est point encore d'accord sur cette question ridicule; ce qui fait voir que les sectateurs d'Aristote sont bien malheureux d'avoir un homme si obscur pour les éclairer, et qui même affecte l'obscurité, comme il le témoigne dans une lettre qu'il a écrite à Alexandre [1].

Le sentiment d'Aristote sur l'immortalité de l'âme a donc été en divers temps une fort grande question, et fort considérable entre les personnes d'étude. Mais, afin qu'on ne s'imagine pas que je le dise en l'air et sans fondement, je suis obligé de rapporter ici un passage de La Cerda [2], un peu long et un peu ennuyeux, dans lequel cet auteur a ramassé différentes autorités sur ce sujet, comme sur une question bien importante. Voici ses paroles sur le second chapitre *de Resurrectione carnis*, de Tertullien.

» Quæstio hæc in scholis utrimque validis suspicionibus agitatur, num animam immortalem, mortalemve fecerit Aristoteles. Et quidem philosophi haud ignobiles asseveraverunt Aristotelem posuisse nostros animos ab interitu alienos. Hi sunt e Græcis et Latinis interpretibus, Ammonius uterque, Olympiodorus, Philoponus, Simplicius, Avicenna, uti memorat Mirandula l. 4, *de Examine vanitatis*, cap. 9. Theodorus, Metochytes, Themistius, S. Thomas 2. *contra Gentes*, cap. 79. et *Phys. lect.* 12. et præterea 12. *Metaph.* lect. 3. et *quodlib.* 10 quæst. 5. art. 1. Albertus, tract. 2. *de Anima,* cap. 20. et tract. 3, cap. 13. Ægidius lib. 3. *de Anima,* ad cap. 4. Durandus, in 2. dist. 18. quæst. 3. Ferrarius, loco citato contra gentes, et late Eugubinus, l. 9. *de perenni Philosophia,* cap. 18. et quod pluris est, discipulus Aristotelis Theophrastus, magistri mentem et ore et calamo novisse penitus qui poterat.

» In contrariam factionem abiere nonnulli Patres, nec infirmi Philosophi : Justinius in sua *Parænesi*, Origenes

---

[1]. Fragment de lettre, cité par Aulu-Gelle, *Nuits attiques*, xx, 5. L'authenticité en est plus que douteuse.

[2]. La Cerda (Léon-Louis de), jésuite espagnol (1560-1613), théologien et fort lettré, est connu surtout par un commentaire de Virgile. Il avait publié une grande édition avec notes de Tertullien (Paris, 1624-1630).

in φιλοσοφουμένῳ et ut fertur Nazianz. in disp. contra Eunom. et Nyssenus p. 2. *de Anima* cap. 4. Theodoretus *de curandis Græcorum affectibus* l. 3. Galenus, in *historia philosophica*, Pomponatius, l. *de immortalitate animæ*, Simon Portius, l. *de Mente humana*, Cajetanus, 3. *de Anima*, cap. 2. In eum sensum, ut caducum animum nostrum putaret Aristoteles, sunt partim adducti ab Alexandro Aphodis auditore, qui sic solitus erat interpretari Aristotelicam mentem : quamvis Eugubinus, cap. 21, et 22 eum excuset. Et quidem unde collegisse videtur Alexander mortalitatem, nempe ex 12. *Metaph.*, inde S. Thomas, Theodorus, Metochytes immortalitatem collegerunt.

» Porro Tertullianum neutram hanc opinionem amplexum credo ; sed putasse in hac parte ambiguum Aristotelem ; itaque ita citat illum pro utraque. Nam cum hic adscribat Aristoteli mortalitatem animæ, tamen l. *de anima*, cap. 6. pro contraria opinione immortalitatis citat. Eadem mente fuit Plutarchus, pro utraque opinione advocans eumdem philosophum in l. 5. *de placitis philosoph.* Nam cap. 1, mortalitatem tribuit, et cap. 25, immortalitatem. Ex Scholasticis etiam, qui in neutram partem Aristotelem constantem judicant, sed dubium et ancipitem, sunt Scotus in 4. dist. 43. qu. 2. art. 2. Harveus *quodlib.* qu. 11 et 1. *senten.* dist. 1. qu. 1. Niphus in *Opusculo de immortalitate animæ*, cap. 1. et recentes alii interpretes : quam mediam existimationem credo veriorem, sed scholii lex vetat, ut auctoritatem pondere librato illud suadeam. »

On donne toutes ces citations pour vraies sur la foi de ce commentateur, parce qu'on croirait perdre son temps à les vérifier, et qu'on n'a pas tous ces beaux livres d'où elles sont tirées. On n'en ajoute point aussi de nouvelles, parce qu'on ne lui envie point la gloire de les avoir bien recueillies, et que l'on perdrait encore bien plus de temps, si on le voulait faire, quand on ne feuilletterait pour cela que les tables de ceux qui ont commenté Aristote[1].

---

1. Quel superbe dédain dans ce petit alinéa placé à la suite de cette longue citation, reproduite avec complaisance ! Et comme l'on sent que

On voit donc dans ce passage de La Cerda, que des personnes d'étude qui passent pour habiles, se sont bien donné de la peine pour savoir ce qu'Aristote croyait de l'immortalité de l'âme, et qu'il y en a qui ont été capables de faire des livres exprès sur ce sujet, comme Pomponace[1] : car le principal but de cet auteur dans son livre, est de montrer qu'Aristote a cru que l'âme était mortelle. Et peut-être y a-t-il des gens qui ne se mettent pas seulement en peine de savoir ce qu'Aristote a cru sur ce sujet,

cette ironie n'est nullement un artifice de style! Nous n'avons pas affaire à un ingénieux amusement : si Malebranche veut piquer l'attention, c'est pour rendre plus vive et plus sensible une vérité qui lui tient au cœur, et ce qui l'arme de ces traits sanglants, c'est une sorte de sainte colère. Quand il dit « perdre son temps, » c'est avec un sentiment profond de la faute et du malheur qu'il y a à cela. Et comme tout ce développement met en un saisissant contraste de si grands labeurs pour un si mince objet, et l'inestimable prix de ce temps si inutilement dépensé !

1. Répétons-le, Malebranche a bien raison de se railler de certains commentateurs, et admirons encore avec quelle verve naturelle il procède à ces justes exécutions. Mais comment ne pas redire ici qu'il exagère ? Tout commentaire n'est pas inutile, et tout commentateur n'est pas un petit esprit. Alexandre, par exemple, qui figurait tout à l'heure sur la longue liste de La Cerda, a donné d'Aristote une interprétation qui a fait école : les péripatéticiens qui se rattachent à lui dans leurs explications de la *Métaphysique*, le nomment volontiers le Commentateur tout court, τὸν ἐξηγητήν. Ce commentaire n'a pas perdu tout son prix. De plus, Alexandre a su philosopher pour son propre compte. En même temps qu'en enseignant la philosophie d'Aristote il s'efforçait de la maintenir pure de tout alliage, il s'intéressait aux grandes questions : son *De Fato* en est la preuve ; il y combat vigoureusement le fatalisme et s'attache à montrer que c'est une doctrine inconciliable avec l'ordre moral. Alexandre (nommé d'Aphrodisias, de la ville de Cilicie où il est né, et contemporain de Septime Sévère et de Caracalla) n'est certainement pas un esprit de premier ordre, mais ce n'est pas non plus un esprit vulgaire. De même, au quinzième siècle, Pomponace, ou Pomponat que Malebranche prend ici à partie. Quand Pietro Pomponazzi, philosophe et médecin, né à Mantoue en 1462, mort en 1526, professeur à Padoue, à Ferrare, à Bologne, oppose, avec plus ou moins de raison, à l'Aristote de l'École un Aristote nouveau, étudié dans des textes jusque-là inconnus ou négligés, ce sont ses propres idées, peut-être son matérialisme ou son scepticisme, qu'il prétend abriter sous l'autorité du philosophe révéré de tous. Pour ce qui est de l'immortalité de l'âme, Aristote l'a bien en effet rejetée au sens du moins où nous l'entendons et où elle importe : Pomponace ne se trompe pas en cela. Pomponace la rejette-t-il lui-même ? Peut-être. En tout cas, sa tactique est de mettre entre la philosophie et la foi une opposition profonde, et il déclare plus ou moins sincèrement qu'il adore comme chrétien ce qu'il brûle comme philosophe et péripatéticien. C'est cette école de médecins et de philosophes, esprits forts, que Leibniz a en vue dans ce passage des *Nouveaux Essais*, l. IV, ch. XVII, 23. « C'est pourquoi quelques philosophes aristotéliciens des quinzième et seizième siècles, ayant voulu soutenir deux vérités opposées, l'une philosophique et l'autre théologique, le dernier concile de Latran, sous Léon X, eut raison de s'y opposer. » Doctrine mauvaise, en effet, et fausse. Mais celui qui la propose, n'est-il pas autre chose qu'un commentateur ?... Quelle longue note ! Qu'importe Pomponace, nous dirait Malebranche. Aussi bien pourquoi Malebranche en a-t-il parlé lui-même, et légèrement ?

mais regardent même comme une question qu'il est très important de savoir, si, par exemple, Tertullien, Plutarque, ou d'autres ont cru, ou non, que le sentiment d'Aristote fût que l'âme était mortelle ; comme on a grand sujet de le croire de La Cerda même, si on fait réflexion sur la dernière partie du passage qu'on vient de citer : *Porro Tertullianum*, et le reste.

S'il n'est pas fort utile de savoir ce qu'Aristote a cru de l'immortalité de l'âme, ni ce que Tertullien et Plutarque ont pensé qu'Aristote en croyait, le fond de la question, l'immortalité de l'âme, est au moins une vérité qu'il est nécessaire de savoir. Mais il y a une infinité de choses qu'il est inutile de connaître, et desquelles par conséquent il est encore plus inutile de savoir ce que les anciens en ont pensé ; et cependant on se met fort en peine pour deviner les sentiments des philosophes sur de semblables sujets. On trouve des livres pleins de ces examens ridicules, et ce sont ces bagatelles qui ont excité tant de guerres d'érudition. Ces questions vaines et impertinentes[1], ces généalogies ridicules d'opinions inutiles[2], sont des sujets importants de critique aux savants[3]. Ils croient avoir droit de mépriser ceux qui méprisent ces sottises, et de traiter d'ignorants ceux qui font gloire de les ignorer. Ils s'imaginent posséder parfaitement l'histoire généalogique des formes substantielles[4], et le siècle est ingrat s'il ne recon-

---

1. *Questions impertinentes.* Sans intérêt, sans valeur, presque dépourvues de sens, parce qu'elles ne se rapportent pas à ce dont il s'agit, par suite, contraires au bon sens.

2. *Généalogies.* Malebranche aime ce mot. *Rech.*, VI, II° part., ch. v, il dit à propos de la question de savoir si les livres d'Aristote sont de lui ou non : « On ne doit pas se mettre fort en peine de savoir la généalogie véritable des choses dont on n'a pas grande estime. »

3. *Sont des sujets importants de critique aux savants.* Nous dirions *pour* les savants. Emploi de *à, au, aux*, très fréquent au dix-septième siècle. Les exemples abondent notamment dans Bossuet. Le *Discours sur l'Histoire universelle* en offre presque à chaque page.

4. *Formes substantielles.* Dans la théorie aristotélicienne et scolastique, la *forme* est ce qui détermine la *matière* à être ceci ou cela ; elle est dans les choses le principe actif, déterminant, positif, tandis que la *matière* est le principe passif et potentiel. Malebranche se moque sans cesse de ces *formes*, surtout *Rech.*, I, III, ch. VIII et *Éclaire.*, X, comme font tous les cartésiens. Leibniz est plus juste. Sans doute il rejette ces qualités occultes, ces facultés occultes, ces facultés de toutes sortes, forgées par la mauvaise scolastique :

« *Et quidquid schola finxit otiosa*, lutins secourables, qui viennent paraître comme les dieux de théâtre ou

naît leur mérite. Que ces choses font bien voir la faiblesse et la vanité de l'esprit de l'homme, et que, lorsque ce n'est point la raison qui règle les études, non seulement les études ne perfectionnent point la raison, mais même qu'elles l'obscurcissent, la corrompent et la pervertissent entièrement !

Il est à propos de remarquer ici que dans les questions de la foi, ce n'est pas un défaut de chercher ce qu'en a cru, par exemple, saint Augustin, ou un autre Père de l'Église, ni même de rechercher si saint Augustin a cru ce que croyaient ceux qui l'ont précédé, parce que les choses de la foi ne s'apprennent que par la tradition, et que la raison ne peut pas les découvrir. La croyance la plus ancienne étant la plus vraie, il faut tâcher de savoir quelle était celle des anciens, et cela ne se peut qu'en examinant le sentiment de plusieurs personnes qui se sont suivies en plusieurs temps. Mais les choses qui dépendent de la raison leur sont toutes opposées, et il ne faut pas se mettre en peine de ce qu'en ont cru les anciens, pour savoir ce qu'il en faut croire. Cependant je ne sais par quel renversement d'esprit, certaines gens s'effarouchent si l'on parle en philosophie autrement qu'Aristote, et ne se mettent point en peine, si l'on parle en théologie autrement que l'Évangile, les Pères et les Conciles. Il me semble que ce sont d'ordinaire ceux qui crient le plus contre les nou-

---

comme les fées de l'Amadis, et qui feront au besoin tout ce que voudra un philosophe, sans façon et sans outils. » (*Nouv. Ess.*, IV, III.) Mais il dit aussi : « Il semble que depuis peu le nom de formes substantielles est devenu infâme auprès de certaines gens, et qu'on a honte d'en parler. Cependant, il y a peut-être en cela plus de mode que de raison. Les scolastiques employaient mal à propos une notion générale, quand il s'agissait d'expliquer des phénomènes particuliers ; mais cet abus ne détruit point la chose... » Et il ajoute : « Quand il s'agit de l'arrangement des espèces, il est inutile de disputer des formes substantielles, quoiqu'il soit bon pour d'autres raisons de connaître s'il y en a et comment ; car sans cela, on sera étranger dans le monde intellectuel... Si le vulgaire n'en parle point, il ne parle pas non plus ni d'algèbre ni d'incommensurable. » (*Nouv. Ess.*, l. III, ch. VI.) Voir encore *Système nouveau de la nature et de la communication des substances* : « Il faut rappeler et comme *réhabiliter* les *formes substantielles* si décriées aujourd'hui, mais d'une manière qui les rendît intelligibles et qui séparât l'usage qu'on en doit faire de l'abus qu'on en fait... » Il y a des théories qui font rire à cause de leur nom. On est sans pitié pour les vieux mots démodés. Que dira-t-on dans cent ans de beaucoup de choses et de beaucoup de mots qui nous plaisent fort !

veautés de philosophie (qu'on doit estimer) qui favorisent et qui défendent même, avec plus d'opiniâtreté, certaines nouveautés de théologie qu'on doit détester. Car ce n'est point leur langage que l'on n'approuve pas; tout inconnu qu'il ait été à l'antiquité, l'usage l'autorise; ce sont les erreurs qu'ils répandent, ou qu'ils soutiennent à la faveur de ce langage équivoque et confus[1].

---

1. Ce passage est une allusion aux disputes courantes sur la grâce à l'époque où Malebranche écrivait la *Recherche*; et les théologiens qu'il a en vue, ce sont les Scolastiques de son temps, jésuites ou autres, surtout peut-être les sorbonistes : leur esprit lui était antipathique : ce sont eux qui maintenaient avec le zèle que l'on sait l'autorité d'Aristote en philosophie, tandis qu'en théologie ils admettaient des théories nouvelles, comme la *Science moyenne* ou la *Prémotion physique*. Sur quoi il y a lieu de remarquer que Malebranche, souvent si hardi, est sur certains points conservateur à l'excès, et qu'il s'irrite à tort qu'avec les siècles le langage théologique reçoive quelques modifications. Ce n'est nullement introduire des dogmes nouveaux que de tenter des explications nouvelles de problèmes très anciens et d'introduire des mots nouveaux : cela n'altère en rien la substance même des choses. Les théologiens blâmés par Malebranche ne soutenaient donc pas à proprement parler des « nouveautés », c'est-à-dire des *choses* nouvelles. Il serait plus juste de dire que la nouveauté se trouvait chez les Jansénistes : eux qui parlaient sans cesse de la « sainte antiquité », c'était plus qu'une théorie libre, c'étaient des propositions suspectes d'hérésie qu'ils abritaient sous des mots anciens. Il arrivait ainsi que les partisans d'une doctrine nouvelle se réclamaient des anciens Pères et surtout de saint Augustin, et que les champions de la doctrine orthodoxe avaient à se défendre d'innover. De là tant d'écrits où saint Augustin était expliqué dans le sens catholique : un des efforts les plus remarquables pour l'enlever tout à fait aux jansénistes se produisait au moment même où Malebranche achevait les trois premiers livres de la *Recherche*, je veux dire les ouvrages de Tricassin (1673), dont il eût pu dire ce qu'il devait dire plus tard, en 1682, d'un livre du P. Le Porcq, de l'Oratoire : « Que c'est un livre à voir pour savoir les sentiments de saint Augustin sur la grâce, et que Jansénius n'a pas raison. » Mais en 1673, Malebranche, sans donner dans les erreurs jansénistes pour lesquelles il eut toujours de l'horreur, ce sont ses propres expressions, ne s'était pourtant pas préoccupé du danger qu'elles faisaient courir à la foi : il n'avait encore eu de démêlé ni avec Arnauld ni avec personne; il n'avait pas fait sur ces questions théologiques les réflexions plus particulières qui devaient aboutir au *Traité de la nature et de la grâce*; il regardait les choses comme du dehors, en homme soumis à l'autorité de l'Église, mais étranger aux querelles des partis, admirant sans doute beaucoup les vertus de Port-Royal, goûtant fort la vénération que l'on y professait pour la « sainte antiquité », comme aimait à dire aussi le cardinal de Bérulle; et avec ses habitudes d'esprit, avec ses façons de penser où l'esprit de l'Oratoire s'unissait à celui des vieilles familles parlementaires, j'imagine que ce qui le frappait davantage à cette date, c'était le danger signalé d'une manière discrète et néanmoins très décidée dans la présente note. — Bien que ce commentaire soit déjà bien long, je ne puis cependant me dispenser d'y ajouter le passage du *Traité du vide*, où Pascal exprime les mêmes idées : après avoir distingué les matières où l'on recherche de savoir ce que les auteurs ont écrit et dont l'autorité seule nous peut éclaircir, et celles qui tombent sous le sens ou le raisonnement, et où l'autorité est inutile, la raison seule ayant lieu d'en connaître, il se plaint de l'aveuglement de ceux qui apportent la seule autorité pour preuve dans les matières physiques, au lieu du raisonnement et des expériences; et exprime son horreur pour la malice des autres qui emploient le

En matière de théologie, on doit aimer l'antiquité, parce qu'on doit aimer la vérité, et que la vérité se trouve dans l'antiquité. Il faut que toute curiosité cesse, lorsqu'on tient une fois la vérité. Mais en matière de philosophie, on doit au contraire aimer la nouveauté, par la même raison qu'il faut toujours aimer la vérité [1], qu'il faut la rechercher, et qu'il faut avoir sans cesse de la curiosité pour elle. Si l'on croyait qu'Aristote et Platon fussent infaillibles, il ne faudrait peut-être s'appliquer qu'à les entendre ; mais la raison ne permet pas qu'on le croie. La raison veut au contraire que nous les jugions plus ignorants que les nouveaux philosophes, puisque dans le temps où nous vivons, le monde est plus vieux de deux mille ans, et qu'il a plus d'expérience que dans le temps d'Aristote et de Platon, comme l'on a déjà dit, et que les nouveaux philosophes peuvent savoir toutes les vérités que les anciens nous ont laissées, et en trouver encore plusieurs autres. Toutefois la raison ne veut pas qu'on croie encore ces nouveaux philosophes sur leur parole plutôt que les anciens. Elle veut

---

raisonnement seul dans la théologie au lieu de l'autorité de l'Ecriture et des Pères. « Il faut relever le courage de ces gens timides qui n'osent rien inventer en physique, et confondre l'insolence de ces téméraires qui produisent des nouveautés en théologie. Cependant le malheur du siècle est tel qu'on voit beaucoup d'opinions nouvelles en théologie, inconnues à toute l'antiquité, soutenues avec obstination et reçues avec applaudissement ; au lieu que celles qu'on produit dans la physique, quoiqu'en petit nombre, semblent devoir être convaincues de fausseté dès qu'elles choquent tant soit peu les opinions reçues : comme si le respect qu'on a pour les anciens philosophes était de devoir, et que celui que l'on porte aux plus anciens des Pères était seulement de bienséance ! »

1. C'est assurément l'esprit de l'Eglise de se rattacher sans cesse à la « sainte antiquité », et la « perpétuité de la foi », la continuité de la « tradition », selon le mot consacré, qu'affectionne Bossuet, c'est bien un des caractères de la doctrine catholique. Seulement il n'est pas exact de dire rigoureusement que « toute curiosité cesse, lorsqu'on tient une fois la vérité » : cela pris au pied de la lettre, ce serait l'engourdissement, et bientôt l'immobilité de la mort. Le propre de l'Eglise catholique, c'est d'avoir, avec des dogmes fixes et immuables en soi, une sorte de mobilité, qui est celle de la vie : ce n'est point changement, c'est progrès dans le même sens, ἐπίδοσις εἰς ἑαυτό, selon une des plus belles formules d'Aristote dans le περὶ ψυχῆς, c'est « développement, » et, de nos jours, un savant et éloquent écrivain anglais, John-Henry Newman, anglican converti, puis oratorien, et maintenant Cardinal, a montré dans un livre célèbre commencé avant sa conversion et terminé peu après, An Essay on the development of christian doctrine (2ᵉ éd., Londres, 1846), en quoi consiste, au point de vue dogmatique même, ce développement qui se concilie avec l'unité et la perpétuité de la foi : contraste et conciliation qui sont certainement une des choses les plus merveilleuses qu'on trouve dans le catholicisme et les plus dignes de l'attention d'un penseur sérieux.

au contraire qu'on examine avec attention leurs pensées, et qu'on ne s'y rende que lorsqu'on ne pourra plus s'empêcher d'en douter, sans se préoccuper ridiculement de leur grande science, ni des autres qualités de leur esprit [1].

CHAPITRE VI

De la préoccupation des commentateurs [2].

Cet excès de préoccupation paraît bien plus étrange dans ceux qui commentent quelque auteur, parce que ceux qui

---

1. C'est excellent, mais qu'il est difficile, surtout aux esprits médiocres de ne pas s'asservir à un nouveau maître au moment même où ils se proclament libres parce qu'ils ont rejeté l'ancien! — Descartes veut de même que l'on préfère l'évidence à toutes les opinions des philosophes les plus autorisés, et, ne se croyant pas lui-même plus infaillible qu'un autre, il recommande qu'on n'ajoute pas du tout foi à ce qu'il a écrit, et qu'on n'en reçoive que ce que la force et l'évidence de la raison pourra contraindre d'en croire (*Principes*, à la fin). Malebranche approuve le sentiment de Descartes, et le cite avec éloge. « M. Descartes se souvient qu'il est homme, dit-il (*Recherche de la Vérité*, conclusion des trois derniers livres), et que, ne répandant la lumière que par réflexion, il doit tourner les esprits de ceux qui veulent être éclairés comme lui vers la raison souveraine, qui seule peut les rendre plus parfaits par le don de l'intelligence. » On le voit, pour Malebranche, se rendre partisan de quelque secte que ce soit, se laisser préoccuper en faveur d'un philosophe, de Descartes aussi bien que des autres, et se contenter de lire et de retenir ses opinions sans se soucier d'être éclairé de la lumière de la vérité, c'est faire injure à Dieu même, c'est préférer l'homme à Dieu, le consulter à la place de Dieu, et se contenter des réponses obscures d'un philosophe qui ne nous éclaire point, pour éviter la peine qu'il y a d'interroger par la méditation celui qui nous éclaire et nous répond tout ensemble. (Voir *Recherche*, III, Ire partie, ch. III et IV.) Citons ici ce curieux jugement sur Descartes, à la fin de la VIIe *Conversation chrétienne* : « Si M. Descartes est devenu si savant dans la géométrie, dans la physique et dans les autres parties de la philosophie, c'est qu'il a passé vingt-cinq ans dans la retraite, c'est qu'il a parfaitement reconnu les erreurs des sens, c'est qu'il en a évité avec soin l'impression, c'est qu'il a fait plus de méditations que de lectures ; en un mot, c'est que, tenant à peu de choses, il a pu s'unir à Dieu d'une manière assez étroite pour en recevoir toutes les lumières. Voilà ce qui l'a rendu véritablement savant. Que s'il se fût encore davantage détaché de ses sens ; que s'il eût encore été moins agité de ses passions ; que s'il eût encore été moins engagé dans le monde, et qu'il se fût autant appliqué à la recherche de la vérité, il est certain qu'il eût poussé bien plus avant les sciences qu'il a traitées, et que sa métaphysique ne serait pas telle qu'il nous l'a laissée dans ses écrits. »

2. *Préoccupation*. C'est le lieu d'expliquer ce mot qui va revenir si souvent. Aujourd'hui nous appelons *préoccupation* l'état d'un esprit trop occupé d'un objet pour faire attention à un autre ; et en ce sens nous disons absolument un homme *préoccupé, je suis préoccupé*. C'est un sens dérivé. La signification usuelle au dix-septième siècle est plus rapprochée du sens étymologique. *Préoccupation*, c'est proprement action d'occuper antérieurement à un autre. Appliqué à l'esprit, ce mot désigne l'état d'un esprit

entreprennent ce travail, qui semble de soi peu digne d'un homme d'esprit, s'imaginent que leurs auteurs méritent l'admiration de tous les hommes. Ils se regardent aussi comme ne faisant avec eux qu'une même personne ; et dans cette vue l'amour-propre joue admirablement bien son jeu. Ils donnent adroitement des louanges avec profusion à leurs auteurs, ils les environnent de clartés et de lumières, ils les comblent de gloire, sachant bien que cette gloire rejaillira sur eux-mêmes. Cette idée de grandeur n'élève pas seulement Aristote ou Platon dans l'esprit de beaucoup de gens, elle imprime aussi du respect pour tous ceux qui les ont commentés, et tel n'aurait pas fait l'apothéose de son auteur, s'il ne s'était imaginé[1] comme enveloppé dans la même gloire.

Je ne prétends pas toutefois que tous les commentateurs donnent des louanges à leurs auteurs dans l'espérance du retour ; plusieurs en auraient quelque horreur s'ils y faisaient réflexion ; ils les louent de bonne foi, et sans y entendre finesse, ils n'y pensent pas : mais l'amour-propre y pense pour eux, et sans qu'ils s'en aperçoivent. Les hommes ne sentent pas la chaleur qui est dans leur cœur, quoiqu'elle donne la vie et le mouvement à toutes les autres parties de leur corps ; il faut qu'ils se touchent et qu'ils se manient, pour s'en convaincre, parce que cette chaleur est naturelle. Il en est de même de la vanité, elle est si naturelle à l'homme qu'il ne la sent pas ; et quoique ce soit elle qui donne, pour ainsi dire, la vie et le mouvement à la plupart de ses pensées et de ses desseins, elle le fait souvent d'une manière qui lui est imperceptible. Il faut se tâter, se manier, se sonder, pour savoir qu'on est

tout entier occupé par une opinion, et avec cette nuance que c'est une opinion préconçue favorable ou défavorable. On voit qu'il y a là deux idées : ce qui est dans l'esprit s'en est emparé par avance, et le possède tout entier. *Se préoccuper* ou *être préoccupé* d'une chose, c'est en être possédé ou s'en laisser posséder de la sorte. *Préoccupation* est donc presque synonyme de *prévention*: Bossuet (*Conn. de Dieu et de soi-même*, I, XVI) dit : « Précipiter son jugement, c'est croire ou juger avant que d'avoir connu. Cela arrive... par prévention, qu'on appelle autrement préoccupation. » Et ailleurs : « La prévention est une espèce de folie qui empêche de raisonner. »

1. *S'il ne s'était imaginé comme enveloppé dans la même gloire.* S'il ne s'était représenté lui-même à lui-même comme enveloppé.

vain. On ne connaît point assez que c'est la vanité qui donne le branle à la plupart des actions; et quoique l'amour-propre le sache, il ne le sait que pour le déguiser au reste de l'homme[1].

Un commentateur ayant donc quelque rapport et quelque liaison avec l'auteur qu'il commente, son amour-propre ne manque pas de lui découvrir de grands sujets de louange en cet auteur, afin d'en profiter lui-même. Et cela se fait d'une manière si adroite, si fine et si délicate, qu'on ne s'en aperçoit point. Mais ce n'est pas ici le lieu de découvrir les souplesses de l'amour-propre.

Les commentateurs ne louent pas seulement leurs auteurs, parce qu'ils sont prévenus d'estime pour eux, et qu'ils se font honneur à eux-mêmes en les louant; mais encore parce que c'est la coutume, et qu'il semble qu'il en faille ainsi user. Il se trouve des personnes qui n'ayant pas beaucoup d'estime pour certaines sciences, ni pour certains auteurs, ne laissent pas de commenter ces auteurs et de s'appliquer à ces sciences parce que leur emploi, le hasard, ou même leur caprice les a engagés à ce travail; et ceux-ci se croient obligés de louer d'une manière hyperbolique les sciences et les auteurs sur lesquels ils travaillent, quand même ce seraient des auteurs impertinents et des sciences très basses et très inutiles.

En effet, il serait assez ridicule qu'un homme entreprît de commenter un auteur qu'il croirait être impertinent, et qu'il s'appliquât sérieusement à écrire d'une manière qu'il penserait être inutile. Il faut donc pour conserver sa réputation, louer son auteur et le sujet de son livre, quand l'un et l'autre seraient méprisables; et que la faute qu'on a faite d'entreprendre un méchant ouvrage, soit réparée par

---

1. Ceci est digne de Pascal, qui a si admirablement parlé de la *vanité* et de *l'amour-propre*. La vanité, ainsi entendue, consiste à mettre du prix à ce qui est sans valeur, léger, creux, vide : d'où, orgueil qui se contente de peu, ce qui nous ramène au sens usuel du mot. La Rochefoucauld avait dit : « La vertu n'irait pas loin si la vanité ne lui tenait compagnie. » Maxime que Malebranche lui-même cite, *Recherche*, l. IV. ch. vi, 1, en disant : « comme dit agréablement l'auteur des *Réflexions morales*. » — La Bruyère dit à son tour (chap. *De l'Homme*) : « Nous faisons par vanité ou par bienséance les mêmes choses et avec les mêmes dehors que nous les ferions par inclination ou par devoir. »

une autre faute. C'est ce qui fait que des personnes doctes, qui commentent différents auteurs, disent souvent des choses qui se contredisent.

C'est aussi pour cela que presque toutes les préfaces ne sont point conformes à la vérité ni au bon sens. Si l'on commente Aristote, c'est le *génie de la nature.* Si l'on écrit sur Platon, c'est le *divin Platon.* On ne commente guère les ouvrages des hommes tout court; ce sont toujours les ouvrages d'hommes tout divins, d'hommes qui ont été l'admiration de leur siècle, et qui ont reçu de Dieu des lumières toutes particulières. Il en est de même de la matière que l'on traite; c'est toujours la plus belle, la plus relevée, celle qu'il est nécessaire de savoir[1].

Mais afin qu'on ne me croie pas sur ma parole, voici la manière dont un commentateur fameux entre les savants parle de l'auteur qu'il commente. C'est Averroës[2] qui parle d'Aristote. Il dit dans sa préface sur la *Physique* de ce philosophe, qu'il a été l'inventeur de la logique, de la morale et de la métaphysique, et qu'il les a mises dans leur perfection. « Complevit, dit-il, quia nullus corum, qui secuti sunt eum usque ad hoc tempus, quod est mille et quingentorum annorum, quidquam addidit, nec invenies in ejus verbis errorem alicujus quantitatis, et talem esse virtutem in individuo uno miraculosum et extraneum existit, et hæc dispositio cum in uno homine reperitur, dignus est esse divinus magis quam humanus. » En d'autres endroits il lui donne des louanges bien plus pompeuses et bien plus magnifiques, comme I. *de Generatione animalium :* « Laudemus Deum qui separavit hunc virum ab aliis in perfectione, appropriavitque ei ultimam dignitatem humanam, quam non omnis homo potest in quacumque ætate attingere. » Le même dit aussi l. I. *destruc. disp.* 3 : « Aristotelis doctrina SUMMA VERITAS, quo-

---

1. Excellent et charmant.
2. Averroës, *Ibn Roschd,* célèbre philosophe arabe, né à Cordoue au commencement du douzième siècle, mort à Maroc en 1198, nommé par les scolastiques le *Commentateur.* Son interprétation d'Aristote, en un sens panthéistique, a donné naissance à une doctrine, dite l'averroïsme, vigoureusement combattue par saint Thomas d'Aquin, et plusieurs fois condamnée par les papes et les conciles au moyen âge.

niam ejus intellectus fuit finis humani intellectus : quare bene dicitur de illo, quod ipse fuit creatus et datus nobis divina Providentia, ut non ignoremus possibilia sciri. »

En vérité, ne faut-il pas être fou pour parler ainsi, et ne faut-il pas que l'entêtement[1] de cet auteur soit dégénéré en extravagance et en folie? La doctrine d'Aristote est la SOUVERAINE VÉRITÉ. Personne ne peut avoir de science qui égale, ni même qui approche de la sienne. C'est lui qui nous est donné de Dieu pour apprendre tout ce qui ne peut être connu. C'est lui qui rend tous les hommes sages, et ils sont d'autant plus savants qu'ils entrent mieux dans sa pensée, comme il le dit en un autre endroit : « Aristoteles fuit princeps, per quem perficiuntur omnes sapientes, qui fuerunt post eum : licet differant inter se in intelligendo verba ejus, et in eo quod sequitur ex eis. » Cependant les ouvrages de ce commentateur se sont répandus dans toute l'Europe, et même en d'autres pays plus éloignés. Ils ont été traduits d'arabe en hébreu, d'hébreu en latin, et peut-être encore en bien d'autres langues, ce qui montre assez l'estime que les savants en ont faite ; de sorte qu'on n'a pu donner d'exemple plus sensible que celui-ci, de la préoccupation des personnes d'étude. Car il fait assez voir que non seulement ils s'entêtent souvent de quelque auteur, mais aussi que leur entêtement se communique à d'autres à proportion de l'estime qu'ils ont dans le monde; et qu'ainsi les fausses louanges que les commentateurs lui donnent, sont souvent cause que des personnes peu éclairées, qui s'adonnent à la lecture, se préoccupent et tombent dans une infinité d'erreurs. Voici un autre exemple.

Un illustre entre les savants[2], qui a fondé des chaires

---

1. Toujours au sens expliqué plus haut, p. 117.
2. J'avoue que j'ai eu quelque peine à découvrir cet « illustre entre les savants. » L'obligeance de mon savant camarade d'École, M. Désiré André, m'a tiré d'embarras. C'est Sir Henry Savile. Cet érudit anglais, né à Bradley (Yorkshire), en 1549, mort à Eton en 1622, fut successivement agrégé au collège de Mertons, dépendant de l'Université d'Oxford, professeur de grec et de mathématiques et principal du même collège, procureur d'Oxford; il fut désigné pour enseigner la langue grecque à la reine Élisabeth. En 1596, il fut nommé prévôt du collège d'Eton, reçut de Jacques Ier le titre de chevalier en 1604 ; puis, à la mort de son fils unique, il consacra une partie

de géométrie et d'astronomie dans l'Université d'Oxford, commence un livre qu'il s'est avisé de faire sur les huit premières propositions d'Euclide, par ces paroles*. « Consilium meum, auditores, si vires et valetudo suffecerint, explicare definitiones, petitiones, communes sententias et octo priores propositiones primi libri elementorum, cætera post me venientibus relinquere; » et il le finit par celles-ci : « Exsolvi per Dei gratiam, Domini auditores, promissum, liberavi fidem meam, explicavi pro modulo meo definitiones, petitiones, communes sententias, et octo priores propositiones elementorum Euclidis. Hic annis fessus cyclos artemque repono. Succedent in hoc munus alii fortasse magis vegeto corpore, vivido ingenio, etc. » Il ne faut pas une heure à un esprit médiocre, pour apprendre par lui-même, ou par le secours du plus petit géomètre qu'il y ait, les définitions, les demandes, les axiomes et les huit premières propositions d'Euclide : à peine ont-ils besoin de quelque explication; et cependant voici un auteur qui parle de cette entreprise, comme si elle était fort grande et fort difficile. Il a peur que les forces lui manquent, *si vires, et valetudo suffecerint.* Il laisse à ses successeurs à pousser ces choses : *Cætera post me venientibus relinquere.* Il remercie Dieu de ce que par une grâce particulière, il a exécuté ce qu'il avait promis : *Exsolvi per Dei gratiam promissum; liberavi fidem meam; explicavi pro modulo meo.* Quoi? la quadrature du cercle ? la duplication du cube ? ce grand

---

* *Prælectiones* 13, *in principium Elementorum Euclidis.*

de sa fortune à la fondation de deux chaires, l'une de géométrie et l'autre d'astronomie, à l'Université d'Oxford. On lui doit, entre autres ouvrages : *Rerum anglicarum scriptores post Bedam præcipui* (Londres, 1596, in-folio); *View of certain military matters* (Londres, 1598, in-folio); *Prælectiones XIII in principium Elementorum Euclidis* (1621, in-4°). Savile, en outre, donna une fort belle édition des Œuvres de saint Chrysostome, une édition du Traité *De causa Dei contra Pelagium*, etc... Certes ce que Malebranche cite est ridicule; mais ce langage, fort commun parmi les érudits au seizième siècle et au commencement du dix-septième, ne doit pas faire oublier que Savile ne fut point du tout un personnage digne de raillerie et que ses travaux ont rendu de vrais services. Quant à l'idée de commenter Euclide, ce n'était point une idée vaine. Le commentaire peut être long et indigeste, mais commenter n'était point inutile. Les savants contemporains discutent encore sur les premières propositions d'Euclide.

homme a expliqué *pro modulo suo*, les définitions, les demandes, les axiomes et les huit premières propositions du premier livre des Éléments d'Euclide. Peut-être qu'entre ceux qui lui succéderont, il s'en trouvera qui auront plus de santé et plus de force que lui pour continuer ce bel ouvrage. *Succedent in hoc munus alii FORTASSE, magis vegeto corpore, et vivido ingenio.* Mais pour lui, il est temps qu'il se repose, *hic annis fessus cyclos artemque repono*[1].

Euclide ne pensait pas être si obscur, ou dire des choses si extraordinaires en composant ses Éléments, qu'il fût nécessaire de faire un livre de près de trois cents pages[*] pour expliquer ses définitions, ses axiomes, ses demandes et ses huit premières propositions. Mais ce savant anglais sait bien relever la science d'Euclide; et si l'âge le lui eût permis, et qu'il eût continué de la même force, nous aurions présentement douze ou quinze gros volumes sur les seuls éléments de géométrie, qui seraient fort utiles à tous ceux qui veulent apprendre cette science et qui feraient bien de l'honneur à Euclide.

Voilà les desseins bizarres dont la fausse érudition nous rend capables. Cet homme savait du grec, car nous lui avons l'obligation de nous avoir donné en grec les ouvrages de saint Chrysostome. Il avait peut-être lu les anciens géomètres. Il savait historiquement leurs propositions, aussi bien que leur généalogie. Il avait pour l'antiquité tout le respect que l'on doit avoir pour la vérité. Et que produit cette disposition d'esprit? Un commentaire des définitions de noms, des demandes, des axiomes et des huit premières propositions d'Euclide, beaucoup plus difficile à entendre et à retenir, je ne dis pas que ces propositions qu'il commente, mais que tout ce qu'Euclide a écrit de géométrie.

Il y a bien des gens que la vanité fait parler grec et

[*] *In quarto.*

1. Ces derniers mots sont une réminiscence de Virgile. *Énéide*, V, 483-484.

Hanc tibi, Eryx, meliorem animam pro [morte Paretis Persolvo : hic victor cæstus artemque [repono.

même quelquefois d'une langue[1] qu'ils n'entendent pas ; car les dictionnaires aussi bien que les tables et les lieux communs, sont d'un grand secours à bien des auteurs ; mais il y a peu de gens qui s'avisent d'entasser leur grec sur un sujet, où il est si mal à propos de s'en servir ; et c'est ce qui me fait croire que c'est la préoccupation et une estime déréglée pour Euclide qui a formé le dessein de ce livre dans l'imagination de son auteur.

Si cet homme eût fait autant d'usage de sa raison que de sa mémoire, dans une matière où la seule raison doit être employée ; ou s'il eût eu autant de respect et d'amour pour la vérité, que de vénération pour l'auteur qu'il a commenté, il y a grande apparence qu'ayant employé tant de temps sur un sujet si petit, il serait tombé d'accord que les définitions que donne Euclide de l'angle plan et des lignes parallèles sont défectueuses, et qu'elles n'en expliquent point assez la nature, et que la seconde proposition est impertinente[2], puisqu'elle ne se peut prouver que par la troisième demande, laquelle on ne devrait pas sitôt accorder que cette seconde proposition, puisqu'en accordant la troisième demande, qui est que l'on puisse décrire de chaque point un cercle de l'intervalle qu'on voudra, on n'accorde pas seulement que l'on tire d'un point une ligne égale à une autre, ce qu'Euclide exécute par de grands détours dans cette seconde proposition ; mais on accorde que l'on tire de chaque point un nombre infini de lignes de la longueur que l'on veut.

Mais le dessein de la plupart des commentateurs, n'est pas d'éclaircir leurs auteurs et de chercher la vérité ; c'est de faire montre de leur érudition, et de défendre aveuglément les défauts mêmes de ceux qu'ils commentent. Ils ne parlent pas tant pour se faire entendre ni

---

1. *Sic*, dans toutes les éditions. Est-ce une négligence? Oui, si Malebranche veut dire non qu'on parle d'une langue, *touchant* une langue, mais qu'on s'exprime en une langue. Mais peut-être veut-il dire précisément qu'on parle *touchant* une langue qu'on n'entend pas, et alors *parler grec* signifierait *parler de grec* comme *parler musique, peinture, géométrie* signifie *parler de musique, de peinture, de géométrie*. Savile, « entassant son grec », ne parle pas grec, il parle de choses écrites en grec, et il fait des citations, « il remplit son livre de passages grecs. »

2. *Impertinente*, contraire à la logique.

pour entendre leur auteur, que pour le faire admirer et pour se faire admirer eux-mêmes avec lui. Si celui dont nous parlons n'avait rempli son livre de passages grecs, de plusieurs noms d'auteurs peu connus, et de semblables remarques assez inutiles pour entendre des notions communes, des définitions de nom, et des demandes de géométrie, qui aurait lu son livre, qui l'aurait admiré, et qui aurait donné à son auteur la qualité de savant homme, et d'homme d'esprit?

Je ne crois pas que l'on puisse douter, après ce que l'on a dit, que la lecture indiscrète[1] des auteurs ne préoccupe souvent l'esprit. Or, aussitôt qu'un esprit est préoccupé, il n'a plus tout à fait ce qu'on appelle le sens commun. Il ne peut plus juger sainement de tout ce qui a quelque rapport au sujet de sa préoccupation; il en infecte tout ce qu'il pense. Il ne peut même guère s'appliquer à des sujets entièrement éloignés de ceux dont il est préoccupé. Ainsi un homme entêté d'Aristote ne peut goûter qu'Aristote; il veut juger de tout par rapport à Aristote, ce qui est contraire à ce philosophe lui paraît faux : il aura toujours quelque passage d'Aristote à la bouche : il le citera en toutes sortes d'occasions, et pour toutes sortes de sujets; pour prouver des choses obscures et que personne ne conçoit, pour prouver aussi des choses très évidentes, et desquelles des enfants même ne pourraient pas douter; parce qu'Aristote lui est ce que la raison et l'évidence sont aux autres.

De même si un homme est entêté d'Euclide et de géométrie, il voudra rapporter à des lignes et à des propositions de son auteur tout ce que vous lui direz. Il ne vous parlera que par rapport à sa science. Le tout ne sera plus grand que sa partie que parce qu'Euclide l'a dit, et il n'aura point de honte de le citer pour le prouver, comme je l'ai remarqué quelquefois[2]. Mais cela est encore bien plus ordinaire à ceux qui suivent d'autres auteurs que ceux de géométrie; et on trouve très fréquemment dans

---

1. *Indiscrète,* faite sans discernement et sans mesure.

2. Négligence : ces trois *le* désignent des objets différents.

leurs livres de grands passages grecs, hébreux, arabes, pour prouver des choses qui sont dans la dernière évidence.

Tout cela leur arrive, à cause que les traces que les objets de leur préoccupation ont imprimées dans les fibres de leur cerveau, sont si profondes qu'elles demeurent toujours entr'ouvertes, et que les esprits animaux y passant continuellement, les entretiennent toujours sans leur permettre de se fermer. De sorte que l'âme étant contrainte d'avoir toujours les pensées qui sont liées avec ces traces, elle en devient comme esclave; et elle en est toujours troublée et inquiétée, lors même que connaissant son égarement, elle veut tâcher d'y remédier. Ainsi elle est continuellement en danger de tomber dans un très grand nombre d'erreurs, si elle ne demeure toujours en garde, et dans une résolution inébranlable d'observer la règle dont on a parlé au commencement de cet ouvrage, c'est-à-dire de ne donner un consentement entier qu'à des choses entièrement évidentes [1].

---

1. *Recherche*, I, II, 3 et 4. C'est la règle de Descartes, mais avec quelque chose de moral et même de religieux. Voici le passage : « La liberté nous est donnée de Dieu, afin que nous nous empêchions de tomber dans l'erreur et dans tous les maux qui suivent nos erreurs, en ne nous reposant jamais pleinement dans les vraisemblances, mais seulement dans la vérité, c'est-à-dire en ne cessant jamais d'appliquer l'esprit et de lui commander qu'il examine jusqu'à ce qu'il ait éclairci et développé tout ce qu'il y a à examiner. Car la vérité ne se trouve presque jamais qu'avec l'évidence, et l'évidence ne consiste que dans la vue claire et distincte de toutes les parties et de tous les rapports de l'objet qui sont nécessaires pour porter un jugement assuré. L'usage donc que nous devons faire de notre liberté, c'est DE NOUS EN SERVIR AUTANT QUE NOUS LE POUVONS; c'est-à-dire de ne consentir jamais à quoi que ce soit, jusqu'à ce que nous y soyons comme forcés par des reproches intérieurs de notre raison. C'est se faire esclave contre la volonté de Dieu que de se soumettre aux fausses apparences de la vérité; mais c'est obéir à la voix de la vérité éternelle qui nous parle intérieurement, que de nous soumettre de bonne foi à ces reproches secrets de notre raison qui accompagnent le refus que l'on fait de se rendre à l'évidence. Voici donc deux règles établies sur ce que je viens de dire, lesquelles sont les plus nécessaires de toutes pour les sciences spéculatives et pour la morale, et que l'on peut regarder comme le fondement de toutes les sciences humaines. Voici la première, qui regarde les sciences : *On ne doit jamais donner de consentement entier qu'aux propositions qui paraissent si évidemment vraies qu'on ne puisse le leur refuser sans sentir une peine intérieure et des reproches secrets de la raison*, c'est-à-dire sans que l'on connaisse clairement qu'on ferait mauvais usage de sa liberté, si l'on ne voulait pas consentir, ou si l'on voulait étendre son pouvoir sur des choses sur lesquelles elle n'en a plus. La seconde, pour la morale, est telle : *On ne doit jamais aimer absolument un bien, si l'on peut sans remords ne le point aimer*. D'où il s'ensuit qu'on ne doit rien aimer que Dieu absolument

Je ne parle point ici du mauvais choix que font la plupart du genre d'étude auquel ils s'appliquent. Cela se doit traiter dans la morale, quoique cela se puisse aussi rapporter à ce qu'on vient de dire de la préoccupation. Car lorsqu'un homme se jette à corps perdu dans la lecture des Rabbins et des livres de toutes sortes de langues les plus inconnues, et par conséquent les plus inutiles, et qu'il y consume toute sa vie, il le fait sans doute par préoccupation et sur une espérance imaginaire de devenir savant, quoiqu'il ne puisse jamais acquérir par cette voie aucune véritable science. Mais comme cette application à une étude inutile ne nous jette pas tant dans l'erreur, qu'elle nous fait perdre notre temps, le plus précieux de nos biens, pour nous remplir d'une sotte vanité, on ne parlera point ici de ceux qui se mettent en tête de devenir savants dans toutes ces sortes de sciences basses ou inutiles, desquelles le nombre est fort grand, et que l'on étudie d'ordinaire avec trop de passion.

CHAPITRE VII

I. Des inventeurs de nouveaux systèmes. — II. Dernière erreur des personnes d'étude.

I. Nous venons de faire voir l'état de l'imagination des personnes d'étude, qui donnent tout à l'autorité de certains auteurs; il y en a encore d'autres qui leur sont bien opposées. Ceux-ci ne respectent jamais les auteurs, quelque estime qu'ils aient parmi les savants. S'ils les ont

---

et sans rapport; car il n'y a que lui seul qu'on ne puisse s'abstenir d'aimer de cette sorte sans remords, c'est-à-dire sans qu'on sache évidemment qu'on fait mal, supposé qu'on le connaisse par la raison ou par la foi. » Malebranche dit de même, *Traité de morale*, I, ch. VI, 2 : « *Faire usage de sa liberté autant qu'on le peut*, c'est le précepte essentiel de la logique et de la morale. » Et dans tous ses écrits, il répète la même règle, indiquant partout aussi et très souvent marquant d'une manière expresse que ce qui rend ce devoir si pressant, ou plutôt ce qui le fonde, c'est précisément le respect, la soumission, la docilité auxquels nous sommes tenus envers le seul maître véritable, Sagesse éternelle, Verbe incarné, nous instruisant au dedans par l'évidence, au dehors par la foi.

estimés, ils ont bien changé depuis; ils s'érigent eux-mêmes en auteurs. Ils veulent être les inventeurs de quelque opinion nouvelle, afin d'acquérir par là quelque réputation dans le monde; et ils s'assurent qu'en disant quelque chose qui n'ait point encore été dite, ils ne manqueront pas d'admirateurs.

Ces sortes de gens ont d'ordinaire l'imagination assez forte; les fibres de leur cerveau sont de telle nature, qu'elles conservent longtemps les traces qui leur ont été imprimées. Ainsi lorsqu'ils ont une fois imaginé un système qui a quelque vraisemblance, on ne peut plus les en détromper. Ils retiennent et conservent très chèrement toutes les choses qui peuvent servir en quelque manière à le confirmer; et au contraire ils n'aperçoivent presque pas toutes les objections qui lui sont opposées, ou bien ils s'en défont par quelque distinction frivole. Ils se plaisent intérieurement dans la vue de leur ouvrage et de l'estime qu'ils espèrent en recevoir. Ils ne s'appliquent qu'à considérer l'image de la vérité que portent leurs opinions vraisemblables; ils arrêtent cette image fixe devant leurs yeux, mais ils ne regardent jamais d'une vue arrêtée les autres faces de leurs sentiments, lesquelles leur en découvriraient la fausseté[1].

Il faut de grandes qualités pour trouver quelque véritable système; car il ne suffit pas d'avoir beaucoup de vivacité et de pénétration, il faut outre cela une certaine grandeur et une certaine étendue d'esprit qui puisse envisager un très grand nombre de choses à la fois. Les petits esprits, avec toute leur vivacité et toute leur délicatesse, ont la vue trop courte pour voir tout ce qui est nécessaire à l'établissement de quelque système. Ils s'arrêtent à de petites difficultés qui les rebutent, ou à quelques lueurs

---

[1]. Malebranche a-t-il fait quelque retour sur lui-même en écrivant ces lignes, où la *psychologie* du philosophe inventeur de système est faite avec tant de finesse et de pénétration? Je ne le crois pas; il a pu, dans ses méditations, se représenter cet état comme un état dangereux et coupable dont il fallait se garder avec une attentive et humble sévérité, mais sans que sa conscience lui reprochât d'y tomber lui-même. Sa philosophie lui semblait faite avec les réponses du Maître intérieur.

qui les éblouissent; ils n'ont pas la vue assez étendue pour voir tout le corps d'un grand sujet en même temps.

Mais quelque étendue et quelque pénétration qu'ait l'esprit, si avec cela il n'est exempt de passion et de préjugés, il n'y a rien à espérer. Les préjugés occupent une partie de l'esprit et en infectent tout le reste. Les passions confondent toutes les idées en mille manières, et nous font presque toujours voir dans les objets tout ce que nous désirons d'y trouver[1]. La passion même que nous avons pour la vérité nous trompe quelquefois, lorsqu'elle est trop ardente; mais le désir de paraître savant est ce qui nous empêche le plus d'acquérir une science véritable.

Il n'y a donc rien de plus rare, que de trouver des personnes capables de faire de nouveaux systèmes[2]; cependant il n'est pas fort rare de trouver des gens qui s'en soient formé quelqu'un à leur fantaisie. On ne voit que fort peu de ceux qui étudient beaucoup, raisonner selon les notions communes; il y a toujours quelque irrégularité dans leurs idées; et cela marque assez qu'ils ont quelque système particulier qui ne nous est pas connu. Il est vrai que tous les livres qu'ils composent ne s'en sentent pas; car, quand il est question d'écrire pour le public, on prend garde de plus près à ce qu'on dit, et l'attention toute seule suffit assez souvent pour nous détromper[3]. On voit toute-

---

1. Bossuet, *Conn. de Dieu et de soi-même*, I, XVI. « Nous sommes portés à croire ce que nous désirons et ce que nous espérons, soit qu'il soit vrai, soit qu'il ne le soit pas. » Sur le désir de paraître savant, voir Malebranche, *Recherche*, l. IV, ch. VIII. Sur l'insensible séduction des passions, voir *Recherche*, l. V, ch. XI, et encore Bossuet, *loco citato*. « Cette séduction des passions s'étend bien loin dans la vie, tant à cause que les objets qui se présentent sans cesse nous en causent toujours quelques-unes, qu'à cause que notre humeur même nous attache naturellement à de certaines passions particulières, que nous trouverions partout dans notre conduite si nous savions nous observer. Et comme nous voulons toujours plier la raison à nos désirs, nous appelons raison ce qui est conforme à notre humeur naturelle, c'est-à-dire à une passion secrète qui se fait d'autant moins sentir qu'elle fait comme le fond de notre nature. »

2. Le mot *système* est fort employé au dix-septième siècle, mais on s'en sert, moins peut-être pour désigner historiquement en quelque sorte les inventions des autres, que pour dénommer ses propres inventions; il est alors employé comme l'est maintenant le mot *théorie*. Ainsi Leibniz intitule un de ses écrits : *Système nouveau de la nature et de la communication des substances*; et il dit souvent: « mon nouveau système », « mon système de l'harmonie préétablie. »

3. Remarque singulièrement juste et fine.

fois de temps en temps quelques livres qui prouvent assez ce que l'on vient de dire; car il y a même des personnes qui font gloire de marquer dès le commencement de leurs livres qu'ils ont inventé quelque nouveau système.

Le nombre des inventeurs de nouveaux systèmes s'augmente encore beaucoup par ceux qui s'étaient préoccupés de quelque auteur, parce qu'il arrive souvent que n'ayant rencontré rien de vrai ni de solide dans les opinions des auteurs qu'ils ont lus, ils entrent premièrement dans un grand dégoût et un grand mépris de toutes sortes de livres; et ensuite ils imaginent une opinion vraisemblable qu'ils embrassent de tout leur cœur, et dans laquelle ils se fortifient de la manière qu'on vient d'expliquer.

Mais lorsque cette grande ardeur qu'ils ont eue pour leur opinion s'est ralentie, ou que le dessein de la faire paraître en public les a obligés à l'examiner avec une attention plus exacte et plus sérieuse, ils en découvrent la fausseté et ils la quittent, mais avec cette condition, qu'ils n'en prendront jamais d'autres, et qu'ils condamneront absolument tous ceux qui prétendront avoir découvert quelque vérité.

II. De sorte que la dernière et la plus dangereuse erreur où tombent plusieurs personnes d'étude, c'est qu'ils prétendent qu'on ne peut rien savoir. Ils ont lu beaucoup de livres anciens et nouveaux, où ils n'ont point trouvé la vérité; ils ont eu plusieurs belles pensées qu'ils ont trouvées fausses, après les avoir examinées avec plus d'attention. De là ils concluent que tous les hommes leur ressemblent, et que si ceux qui croient avoir découvert quelques vérités y faisaient une réflexion plus sérieuse, ils se détromperaient aussi bien qu'eux. Cela leur suffit pour les condamner sans entrer dans un examen plus particulier : parce que s'ils ne les condamnaient pas, ce serait en quelque manière tomber d'accord qu'ils ont plus d'esprit qu'eux, et cela ne leur paraît pas vraisemblable [1].

---

[1]. Montaigne avait trouvé beaucoup d'adeptes parmi les *honnêtes gens*. Pascal, qui a combattu son insouciance, s'accorde avec lui pour ne priser

Ils regardent donc comme opiniâtres tous ceux qui assurent quelque chose comme certain; et ils ne veulent pas qu'on parle des sciences, comme des vérités évidentes, desquelles on ne peut pas raisonnablement douter, mais seulement comme des opinions qu'il est bon de ne pas ignorer[1]. Cependant ces personnes devraient considérer que, s'ils ont lu un fort grand nombre de livres, ils ne les ont pas néanmoins lus tous, ou qu'ils ne les ont pas lus avec toute l'attention nécessaire pour les bien comprendre; et que, s'ils ont eu beaucoup de belles pensées qu'ils ont trouvées fausses dans la suite, néanmoins ils n'ont pas eu toutes celles qu'on peut avoir; et qu'ainsi il se peut bien faire que d'autres auront mieux rencontré qu'eux.

que peu la sagesse de l'homme, « de l'homme purement homme », comme dit Descartes. Mais il ne semble pas que ce soit aux *Pensées* de Pascal que songe Malebranche; il y voyait plutôt sans doute un livre édifiant, et d'ailleurs le pyrrhonisme, si pyrrhonisme il y a, en était bien adouci dans l'édition qu'en faisait Port-Royal. Ce sont les sceptiques légers, et en même temps faisant profession de scepticisme, que Malebranche a en vue. Désigne-t-il quelqu'un en particulier? Le morceau est dans les premières éditions. Huet est encore cartésien, et la *Censura philosophiæ cartesianæ* ne paraîtra qu'en 1689. Bayle n'a encore rien publié de sceptique. Il y a dans le *Voyage du monde de Descartes* du P. Daniel, jésuite, des choses auxquelles s'appliqueraient bien les paroles de Malebranche, mais je ne les cite que comme curiosités, car l'ouvrage est de 1690 seulement. « Gassendi, écrit le P. Daniel, paraît être un peu pyrrhonien en métaphysique, ce qui, à mon avis, ne sied pas mal à un philosophe. » Et, comme conclusion de l'ouvrage, le P. Daniel cite un propos qu'il attribue à Colbert, se consultant sur la philosophie qu'il fera enseigner à son fils : « On m'a dit qu'il y a bien des fadaises et des chimères dans la nouvelle; aussi, folie nouvelle, folie ancienne, je crois qu'ayant à choisir, il faut préférer l'ancienne à la nouvelle. » — Je ne vois que le chanoine Foucher, de Dijon, à qui Malebranche ait pu penser. C'est un des correspondants de Leibniz, il n'est guère plus connu qu'à ce titre. On le considérait comme le restaurateur de la philosophie académique. Son but était peut-être d'être le ressusciteur des académiciens, dit Leibniz, dans une lettre à l'abbé Nicaise, à la nouvelle de sa mort en 1693. Or, c'est en 1673 qu'avait paru sa *Dissertation sur la philosophie académique*. En 1675, il publiait une *Critique de la Recherche de la vérité*, quand un volume de la *Recherche* seulement (contenant ces trois premiers livres) avait paru. Malebranche y répondait vivement dans la *Préface* du deuxième volume, préface supprimée dans la 1ᵉ édition de la *Recherche*. — Quoi qu'il en soit, il se peut que Malebranche n'ait désigné personne en particulier. Il y avait, du temps de Descartes, et encore après, une école de *pyrrhoniens* ou d'*académiciens*, ou une sorte de société, ou du moins un esprit persistant en certaines régions: Saint-Évremond, La Mothe Le Vayer, et beaucoup d'autres. Cela suffit pour justifier les réflexions de Malebranche. Et tout ce morceau est excellent, écrit d'une manière vive, pressante, forte. Notre temps, si amoureux d'une *critique* qui a peur de conclure, trouverait bien à profiter dans ces pages judicieuses et piquantes tout ensemble.

1. Ils ne veulent pas qu'on parle des sciences comme l'on parle des vérités évidentes... mais seulement comme l'on parle des opinions.

Et il n'est pas nécessaire, absolument parlant, que ces autres aient plus d'esprit qu'eux, si cela les choque, car il suffit qu'ils aient été plus heureux. On ne leur fait point de tort, quand on dit qu'on sait avec évidence ce qu'ils ignorent, puisqu'on dit en même temps que plusieurs siècles ont ignoré les mêmes vérités, non pas faute de bons esprits, mais parce que ces bons esprits n'ont pas bien rencontré d'abord[1].

Qu'ils ne se choquent donc point si on voit clair, et si on parle comme l'on voit. Qu'ils s'appliquent à ce qu'on leur dit, si leur esprit est encore capable d'application après tous leurs égarements, et qu'ils jugent ensuite, il leur est permis; mais qu'ils se taisent, s'ils ne veulent rien examiner. Qu'ils fassent un peu quelque réflexion, si cette réponse qu'ils font d'ordinaire sur la plupart des choses qu'on leur demande : On ne sait pas cela; Personne ne sait comment cela se fait, n'est pas une réponse peu judicieuse, puisque, pour la faire, il faut de nécessité qu'ils croient savoir tout ce que les hommes savent, ou tout ce que les hommes peuvent savoir. Car, s'ils n'avaient pas cette pensée-là d'eux-mêmes, leur réponse serait encore plus impertinente. Et pourquoi trouvent-ils tant de difficulté à dire : Je n'en sais rien, puisqu'en certaines rencontres, ils tombent d'accord qu'ils ne savent rien? et pourquoi faut-il conclure que tous les hommes sont des ignorants, à cause qu'ils sont intérieurement convaincus qu'ils sont eux-mêmes des ignorants?

Il y a donc de trois sortes de personnes qui s'appliquent à l'étude. Les uns s'entêtent mal à propos de quelque auteur, ou de quelque science inutile ou fausse. Les autres se préoccupent[2] de leurs propres fantaisies. Enfin les derniers, qui viennent d'ordinaire des deux autres, sont ceux qui s'imaginent connaître tout ce qui peut être connu; et qui, persuadés qu'ils ne savent rien avec certi-

---

1. Ceci rappelle le début du *Discours de la méthode* : « Je pense avoir eu beaucoup d'heur, de m'être rencontré dès ma jeunesse en certains chemins qui m'ont conduit à des considérations... »

2. *Se préoccupent* de leurs propres fantaisies. Leurs fantaisies occupent par avance leur esprit et l'occupent tout entier.

tude, concluent généralement qu'on ne peut rien savoir avec évidence, et regardent toutes les choses qu'on leur dit comme de simples opinions.

Il est facile de voir que tous les défauts de ces trois sortes de personnes dépendent des propriétés de l'imagination, qu'on a expliquées dans les chapitres précédents, et que tout cela ne leur arrive que par des préjugés qui leur bouchent l'esprit, et qui ne leur permettent pas d'apercevoir d'autres objets que ceux de leur préoccupation. On peut dire que leurs préjugés sont dans leur esprit, ce que les ministres des princes sont à l'égard de leurs maîtres. Car, de même que ces personnes ne permettent, autant qu'ils peuvent, qu'à ceux qui sont dans leurs intérêts, ou qui ne peuvent les déposséder de leur faveur, de parler à leurs maîtres; ainsi les préjugés de ceux-ci ne permettent pas que leur esprit regarde fixément les idées des objets toutes pures et sans mélange : mais ils les déguisent; ils les couvrent de leurs livrées; et ils les lui présentent ainsi toutes masquées; de sorte qu'il est très difficile qu'il se détrompe et reconnaisse ses erreurs [1].

CHAPITRE VIII

I. Des esprits efféminés. — II. Des esprits superficiels. — III. Des personnes d'autorité. — IV. De ceux qui font des expériences.

Ce que nous venons de dire suffit, ce me semble, pour reconnaître en général quels sont les défauts d'imagination des personnes d'étude, et les erreurs auxquelles ils sont le plus sujets. Or comme il n'y a guère que ces personnes-là qui se mettent en peine de chercher la vérité, et même que tout le monde s'en rapporte à eux, il semble qu'on pourrait finir ici cette seconde Partie. Cependant il est à

[1.] Comme cette comparaison sent bien son dix-septième siècle! On trouvera dans l'Appendice II un extrait de la *Recherche de la Vérité*, l. I, part. I, ch. III, où il y a aussi une fort ingénieuse comparaison empruntée aux gens de cour.

propos de dire encore quelque chose des erreurs des autres hommes, parce qu'il ne sera pas inutile d'en être averti.

I. Tout ce qui flatte les sens nous touche extrêmement, et tout ce qui nous touche, nous applique à proportion qu'il nous touche. Ainsi ceux qui s'abandonnent à toutes sortes de divertissements très sensibles et très agréables, ne sont pas capables de pénétrer des vérités qui renferment quelque difficulté considérable; parce que la capacité de leur esprit qui n'est pas infinie est toute remplie de leurs plaisirs, ou du moins elle en est fort partagée[1].

La plupart des grands, des gens de cour, des personnes riches, des jeunes gens, et de ceux qu'on appelle beaux esprits, étant dans des divertissements continuels, et n'étudiant que l'art de plaire par tout ce qui flatte la concupiscence[2] et les sens, ils acquièrent peu à peu une telle délicatesse dans ces choses, ou une telle mollesse, qu'on peut dire fort souvent que ce sont plutôt des esprits efféminés que des esprits fins, comme ils le prétendent. Car il y a bien de la différence entre la véritable finesse de l'esprit et la mollesse, quoique l'on confonde ordinairement ces deux choses[3].

Les esprits fins sont ceux qui remarquent par la raison jusqu'aux moindres différences des choses, qui prévoient les effets qui dépendent des choses cachées, peu ordinaires et peu visibles; enfin ce sont ceux qui pénètrent davantage les sujets qu'ils considèrent. Mais les esprits mous n'ont qu'une fausse délicatesse; ils ne sont ni vifs ni perçants, ils ne voient pas les effets des causes même les plus grossières et les plus palpables; enfin ils ne peuvent rien embrasser ni rien pénétrer, mais ils sont extrêmement délicats

---

1. Nous avons déjà expliqué ce mot, p. 81, note 3.

2. *La concupiscence*, ici la concupiscence de la chair, c'est-à-dire l'amour des plaisirs des sens, ou le penchant à la sensualité, τὸ ἐπιθυμητικόν de Platon, déréglé, révolté depuis le péché. Voir le *Traité de la concupiscence*, de Bossuet, et comparer le beau chapitre intitulé *Les deux foyers* dans la *Connaissance de l'âme*, du P. Gratry.

3. *Véritable esprit de finesse.* Malebranche pense-t-il à Pascal qui a si finement décrit et analysé l'esprit de finesse? Il y a dans le développement des traits qui semblent des réminiscences de Pascal. Ce qui est propre à Malebranche, c'est la comparaison entre les esprits *fins* et les esprits *mous*.

7.

pour les manières[1]. Un mauvais mot, un accent de province, une petite grimace les irrite infiniment plus qu'un amas confus de méchantes raisons. Ils ne peuvent reconnaître le défaut d'un raisonnement, mais ils sentent parfaitement bien une fausse mesure et un geste mal réglé. En un mot, ils ont une parfaite intelligence des choses sensibles, parce qu'ils ont fait un usage continuel de leurs sens; mais ils n'ont point la véritable intelligence des choses qui dépendent de la raison, parce qu'ils n'ont presque jamais fait usage de la leur.

Cependant ce sont ces sortes de gens, qui ont le plus d'estime dans le monde[2], et qui acquièrent plus facilement la réputation de bel esprit. Car lorsqu'un homme parle avec un air libre et dégagé, que ses expressions sont pures, et bien choisies; qu'il se sert de figures qui flattent les sens, et qui excitent les passions d'une manière imperceptible, quoiqu'il ne dise que des sottises, et qu'il n'y ait rien de bon ni rien de vrai sous ces belles paroles[3], c'est suivant l'opinion commune un bel esprit, c'est un esprit fin, c'est un esprit délié. On ne s'aperçoit pas que c'est seulement un esprit mou et efféminé, qui ne brille que par de fausses lueurs, et qui n'éclaire jamais, qui ne persuade que parce que nous avons des oreilles et des yeux, et non point parce que nous avons de la raison.

Au reste, l'on ne nie pas que tous les hommes ne se sentent de cette faiblesse, que l'on vient de remarquer en quelques-uns d'entre eux. Il n'y en a point dont l'esprit ne soit touché par les impressions de leurs sens et de leurs passions, et par conséquent qui ne s'arrête quelque peu aux manières. Tous les hommes ne diffèrent en cela que du plus ou du moins. Mais la raison pour laquelle on a attribué ce défaut à quelques-uns en particulier, c'est

---

1. *Manières*, absolument, désigne ici toutes les manières d'être et de faire, la manière de prononcer, par exemple, et non pas seulement la tenue et les gestes.

2. *Avoir*, a fréquemment au dix-septième siècle ce sens fort, *tenir*, *posséder*.

3. Dans les premières éditions, il y a ici: « Et que si l'écorce sensible en était ôtée, on n'y trouverait aucune substance ni aucune solidité. » Est-ce l'espèce d'incorrection de ce conditionnel *trouverait* (moins choquante ou dix-septième siècle que maintenant), qui a fait supprimer ceci?

qu'il y en a qui voient bien que c'est un défaut, et qui s'appliquent à s'en corriger. Au lieu que ceux dont on vient de parler, le regardent comme une qualité fort avantageuse. Bien loin de reconnaître que cette fausse délicatesse est l'effet d'une mollesse efféminée, et l'origine d'un nombre infini de maladies d'esprit, ils s'imaginent que c'est un effet et une marque de beauté de leur génie[1].

II. On peut joindre à ceux dont on vient de parler, un fort grand nombre d'esprits superficiels qui n'approfondissent jamais rien, et qui n'aperçoivent que confusément les différences des choses, non par leur faute, comme ceux dont on vient de parler; car ce ne sont point les divertissements qui leur rendent l'esprit petit, mais parce qu'ils l'ont naturellement petit. Cette petitesse d'esprit ne vient pas de la nature de l'âme, comme on pourrait se l'imaginer; elle est causée quelquefois par une grande disette ou par une grande lenteur des esprits animaux, quelquefois par l'inflexibilité des fibres du cerveau, quelquefois aussi par une abondance immodérée des esprits et du sang, ou par quelque autre cause qu'il n'est pas nécessaire de savoir.

Il y a donc des esprits de deux sortes. Les uns remarquent aisément les différences des choses, et ce sont les bons esprits. Les autres imaginent et supposent de la ressemblance entre elles, et ce sont les esprits superficiels. Les premiers ont le cerveau propre à recevoir des traces nettes et distinctes des objets qu'ils considèrent; et parce

---

1. Dans les premières éditions, ce paragraphe est ainsi conçu :

« Au reste, on ne nie pas que tous les hommes ne participent à ce défaut qu'on attribue à quelques personnes en particulier. Tous les hommes, sans doute, sont sensibles et sensuels, puisqu'ils sont hommes ; il n'y en a point qui soient entièrement au-dessus de l'impression de leurs sens et de leurs passions, et par conséquent il n'y en a point qui ne s'arrêtent quelque peu aux manières. Tous les hommes ne diffèrent que du plus ou du moins dans ce défaut, quoiqu'il y en ait quelques-uns qui reconnaissent que c'est véritablement un défaut. Mais on l'a attribué ici à quelques particuliers, parce qu'ils y sont le plus fortement engagés, qu'ils regardent comme un avantage ce qui est la source d'un nombre infini d'erreurs, de vices et d'autres maux qui les accablent; et qu'ils croient que c'est parce qu'ils ont de l'esprit qu'ils ont cette fausse délicatesse, et que c'est parce qu'ils sont voluptueux et efféminés, ou qu'ils ne savent pas faire usage de leur esprit sur des matières qui le méritent. » Cette rédaction était lourde, embarrassée et même obscure. Il est curieux de voir Malebranche se corriger par des raisons presque purement littéraires; ces sortes de corrections sont rares.

qu'ils sont fort attentifs aux idées de ces traces, ils voient ces objets comme de près, et rien ne leur échappe. Mais les esprits superficiels n'en reçoivent que des traces faibles ou confuses. Ils ne les voient que comme en passant, de loin et fort confusément; de sorte qu'elles leur paraissent semblables, comme les visages de ceux que l'on regarde de trop loin, parce que l'esprit suppose toujours de la ressemblance et de l'égalité, où il n'est pas obligé de reconnaître de différence et d'inégalité pour les raisons que je dirai dans le troisième Livre [1].

La plupart de ceux qui parlent en public, tous ceux qu'on appelle grands parleurs, et beaucoup même de ceux qui s'énoncent avec beaucoup de facilité, quoiqu'ils parlent fort peu, sont de ce genre. Car il est extrêmement rare que ceux qui méditent sérieusement, puissent bien expliquer les choses qu'ils ont méditées. D'ordinaire ils hésitent quand ils entreprennent d'en parler, parce qu'ils ont quelque scrupule de se servir de termes qui réveillent dans les autres une fausse idée. Ayant honte de parler simplement pour parler, comme font beaucoup de gens qui parlent cavalièrement de toutes choses, ils ont beaucoup de peine à trouver des paroles qui expriment bien des pensées qui ne sont pas ordinaires [2].

---

1. *Recherche*, III, 1re part., ch. III, 1. « Les philosophes se dissipent l'esprit en s'appliquant à des sujets qui renferment trop de rapports et qui dépendent de trop de choses, sans garder aucun ordre dans leurs études. »

2. Remarque déjà faite deux ou trois fois. Malebranche insiste. Est-ce qu'il n'admet pas que

Ce que l'on conçoit bien s'énonce clairement ?

En tout cas, il ne semble pas accorder que

... Les mots pour le dire arrivent aisément.

Il faut distinguer. Plus haut, ce qu'il déclarait difficile à expliquer, c'est ce que l'on *sent;* or, il admet qu'on n'a de l'âme et de ses modifications aucune *idée claire;* on *sent,* on ne *voit* pas. Ici, c'est bien des idées qu'il s'agit; mais ce qui en rend difficile l'expression, c'est le respect même qu'on a pour la vérité. Les idées se tiennent, des sentiments s'y mêlent. On craint « de se servir de termes qui réveillent dans les autres une fausse idée. » De là une noble timidité, c'était un des traits du caractère de Malebranche. Il se peint ici sans y penser. Il n'est pas de ceux qui parlent *cavalièrement,* d'une façon leste et dégagée. Autre trait : « Des pensées qui ne sont pas ordinaires. » Vif sentiment de la valeur de ce que l'on dit, mais sans orgueil : on médite, on use de son esprit pour faire honneur à la vérité, au Maître intérieur; on écrit, non pour répéter des choses connues ou sans valeur, *vaines,* mais pour instruire en communiquant aux autres, à la façon d'un moniteur, les réponses du Maître

III. Quoiqu'on honore infiniment les personnes de piété, les théologiens, les vieillards, et généralement tous ceux qui ont acquis avec justice beaucoup d'autorité sur les autres hommes, cependant on croit être obligé de dire d'eux qu'il arrive souvent qu'ils se croient infaillibles, à cause que le monde les écoute avec respect, qu'ils font peu d'usage de leur esprit pour découvrir les vérités spéculatives, et qu'ils condamnent trop librement tout ce qu'il leur plaît de condamner, sans l'avoir considéré avec assez d'attention. Ce n'est pas qu'on trouve à redire qu'ils ne s'appliquent pas à beaucoup de sciences qui ne sont pas fort nécessaires : il leur est permis de ne s'y point appliquer, et même de les mépriser; mais ils n'en doivent pas juger par fantaisie, et sur des soupçons mal fondés. Car ils doivent considérer que la gravité avec laquelle ils parlent, l'autorité qu'ils ont acquise sur l'esprit des autres, et la coutume qu'ils ont de confirmer ce qu'ils disent par quelque passage de la Sainte Ecriture, jetteront infailliblement dans l'erreur ceux qui les écoutent avec respect, et qui n'étant pas capables d'examiner les choses à fond, se laissent surprendre aux manières et aux apparences [1].

Lorsque l'erreur porte les livrées de la vérité, elle est souvent plus respectée que la vérité même, et ce faux respect a des suites très dangereuses[*]. *Pessima res est errorum apotheosis, et pro peste intellectus habenda est, si*

---

[*] Le chancelier Bacon. [Cette indication n'est pas dans les premières éditions.]

consulté dans le travail de l'attention qui est une sorte de prière naturelle. — Cf. La Bruyère (*Des ouvrages de l'esprit*) ; « Un bon auteur, et qui écrit avec soin, éprouve souvent que l'expression qu'il cherchait depuis longtemps sans la connaître, et qu'il a enfin trouvée, est celle qui était la plus simple, la plus naturelle, qui semblait devoir se présenter d'abord et sans effort. »

1. Alihéa excellent, d'une justesse et d'une mesure parfaite, encore qu'on y sente quelque ironie, mais bien vite contenue par un sincère respect. On ne peut mieux caractériser le défaut qui consiste à étendre à ce qui n'est pas de foi l'infaillibilité doctrinale. Aujourd'hui plus que jamais il importe de discerner nettement ce qui est de foi et ce qui ne l'est pas. Une « exposition de la doctrine catholique » qui serait pour notre siècle, en présence des savants du jour, ce que fut celle de Bossuet en face des protestants, rendrait à tous les esprits un signalé service. Il y a des essais très estimables ; l'œuvre magistrale n'existe pas encore. — Ce qu'il est piquant de noter en outre, c'est qu'aujourd'hui il y a une autre infaillibilité dont se couvrent beaucoup de gens, c'est celle de la science que les savants, non d'ordinaire les plus grands, sont

vanis accedat veneratio[1]. Ainsi lorsque certaines personnes, ou par un faux zèle, ou par l'amour qu'ils ont eu pour leurs propres pensées se sont servis de l'Ecriture Sainte pour établir de faux principes de physique ou de métaphysique, ils ont été souvent écoutés comme des oracles par des gens qui les ont crus sur leur parole, à cause du respect qu'ils devaient à l'autorité sainte; mais il est aussi arrivé que quelques esprits mal faits ont pris sujet de là de mépriser la Religion. De sorte que par un renversement étrange l'Ecriture Sainte a été cause de l'erreur de quelques-uns; et la vérité a été le motif et l'origine de l'impiété de quelques autres[2]. Il faut donc bien prendre garde, dit l'auteur que nous venons de citer, de ne pas chercher les choses mortes avec les vivantes, et de ne pas prétendre, par son propre esprit, découvrir dans la Sainte Ecriture ce que le Saint-Esprit n'a pas voulu déclarer[3]. « *Ex divinorum et humanorum male sana admixtione,* continue-t-il, *non solum educitur Philosophia phantastica, sed etiam Religio hæretica. Itaque salutare admodum est si mente sobria fidei tantum dentur, quæ fidei sunt.* » Toutes les personnes donc qui ont autorité sur les autres, ne doivent rien décider qu'après y avoir d'autant plus pensé, que leurs décisions sont plus suivies; et les théologiens principalement doivent bien prendre garde à ne point faire mépriser la Religion par un faux zèle, ou pour se faire estimer eux-mêmes et donner cours à leurs opinions. Mais, parce que ce n'est pas à moi à leur dire ce qu'ils doivent faire, qu'ils écoutent saint Thomas leur maître[*], qui, étant

---

[*] Opusc. 9.

fort enclins à étendre à toutes leurs productions et assertions. Comme la page de Malebranche, que nous venons de lire, s'appliquerait bien à eux! La façon dédaigneuse et intolérante dont ces théologiens d'un nouveau genre condamnent tout ce qui ne pense pas comme eux; l'assurance avec laquelle ils donnent leurs idées pour articles de science; leur empressement à dénoncer dans les doctrines philosophiques ou dans les dogmes de foi, des contradictions flagrantes avec les vérités scientifiques : tout cela se trouverait peint ici d'une manière singulièrement vraie et charmante.

1. *Nov. Organ.*, l. 1er, aph. 65.

2. Remarque profonde et salutairement effrayante. De bons esprits s'appliquent sérieusement à prévenir ce malheur, en précisant les exigences de la foi, de la raison, de la science.

3. Dans les premières éditions, on lit : « ... n'y a pas voulu déclarer. »

interrogé par son Général pour savoir son sentiment sur quelques articles, lui répond par saint Augustin en ces termes :

Il est bien dangereux de parler décisivement sur des matières qui ne sont point de la foi, comme si elles en étaient. Saint Augustin nous l'apprend dans le cinquième livre de ses *Confessions*. Lorsque je vois, dit-il, un Chrétien qui ne sait pas le sentiment des philosophes touchant les cieux, les étoiles, et les mouvements du soleil et de la lune, et qui prend une chose pour une autre, je le laisse dans ses opinions et dans ses doutes; car je ne vois pas que l'ignorance où il est de la situation des corps, et des différents arrangements de la matière lui puisse nuire, pourvu qu'il n'ait pas des sentiments indignes de vous, ô Seigneur, qui nous avez tous créés. Mais il se fait tort, s'il se persuade que ces choses touchent la Religion, et s'il est assez hardi pour assurer avec opiniâtreté ce qu'il ne sait point. Le même saint explique encore plus clairement sa pensée sur ce sujet, dans le premier livre de l'explication littérale de la Genèse, en ces termes. Un Chrétien doit bien prendre garde à ne point parler de ces choses, comme si elles étaient de la Sainte Écriture; car un infidèle, qui lui entendrait dire des extravagances, qui n'auraient aucune apparence de vérité, ne pourrait pas s'empêcher d'en rire. Ainsi le Chrétien n'en recevrait que de la confusion, et l'infidèle en serait mal édifié. Toutefois ce qu'il y a de plus fâcheux dans ces rencontres, n'est pas que l'on voie qu'un homme s'est trompé : mais c'est que les infidèles que nous tâchons de convertir, s'imaginent faussement et pour leur perte inévitable, que nos auteurs ont des sentiments aussi extravagants, de sorte qu'ils les condamnent, et les méprisent comme

Multum autem nocet talia quæ ad pietatis doctrinam non spectant, vel asserere vel negare, quasi pertinentia ad sacram doctrinam, dicit enim Aug. in 5. *Confess.* cum audio Christianum aliquem fratrem ista, quæ Philosophi de cœlo, aut stellis, et de solis et lunæ motibus dixerunt, nescientem, et aliud pro alio sentientem, patienter intueor opinantem hominem; nec illi obesse video, cum de te, Domine, Creator omnium nostrum, non credat indigna, si forte situs et habitus creaturæ corporalis ignoret. Obest autem, si hæc ad ipsam doctrinam pietatis pertinere arbitretur, et pertinacius affirmare audeat quod ignorat. Quod autem obsit, manifestat Aug. in 1. *super Genes. ad litteram*. Turpe est, inquit, nimis, et perniciosum, ac maxime cavendum ut Christianum de his rebus quasi secundum christianas litteras loquentem, ita delirare quilibet infidelis audiat, ut quemadmodum dicitur toto cœlo errare conspiciens, risum tenere vix possit. Et non tamen molestum est, quod errans homo videatur; sed quod Auctores nostri ab eis qui foris sunt, talia sensisse creduntur, et cum magno eorum exitio, de quorum salute satagimus, tanquam indocti reprehenduntur atque respuuntur. Unde mihi videtur tutius esse, ut hæc quæ Philosophi communes senserunt, et nostræ fidei non repugnant, neque esse sic asserenda, ut dogmata fidei, licet aliquando sub nomine Philosophorum introducantur, neque sic esse neganda tanquam fidei contraria, ne sapientibus hujus mundi contemnendi doctrinam fidei occasio præbeatur.

des ignorants. Il est donc, ce me semble, bien plus à propos de ne point assurer comme des dogmes de la foi des opinions communément reçues des philosophes, lesquelles ne sont point contraires à notre foi, quoiqu'on puisse se servir quelquefois de l'autorité des philosophes pour les faire recevoir. Il ne faut pas aussi[1] rejeter ces opinions, comme étant contraires à notre foi, pour ne point donner de sujet aux sages de ce monde de mépriser les vérités saintes de la Religion chrétienne[2].

La plupart des hommes sont si négligents et si déraisonnables, qu'ils ne font point de discernement entre la parole de Dieu et celle des hommes, lorsqu'elles sont jointes ensemble ; de sorte qu'ils tombent dans l'erreur en les approuvant toutes deux, ou dans l'impiété en les méprisant indifféremment. Il est encore bien facile de voir la cause de ces dernières erreurs, et qu'elles dépendent de la liaison des idées expliquée dans le chapitre v, et il n'est pas nécessaire de s'arrêter à l'expliquer davantage.

IV. Il semble à propos de dire ici quelque chose des chimistes, et généralement de tous ceux qui emploient leur temps à faire des expériences. Ce sont des gens qui cherchent la vérité : on suit ordinairement leurs opinions sans les examiner. Ainsi leurs erreurs sont d'autant plus dangereuses, qu'ils les communiquent aux autres avec plus de facilité.

Il vaut mieux sans doute étudier la nature que les livres ; les expériences visibles et sensibles prouvent certainement beaucoup plus que les raisonnements des hommes ; et on ne peut trouver à redire que ceux qui sont engagés par leur condition à l'étude de la physique, tâchent de s'y rendre habiles par des expériences continuelles, pourvu qu'ils s'appliquent encore davantage aux sciences qui leur sont

---

1. *Aussi.* On dirait maintenant *non plus.* Voir p. 88, note 1.

2. Ces textes admirables de saint Thomas et de saint Augustin, fort bien traduits par Malebranche, sont bons à rappeler et à méditer dans le temps présent. L'excellent P. de Valroger, de l'Oratoire, l'a fait avec une particulière autorité dans son livre *De la Genèse des espèces*, si simple et si modeste, et d'une science et d'un sens si sûrs. Plusieurs apologistes les répètent et les commentent. On ne peut mieux condamner ces craintes indiscrètes ou ces enthousiasmes non moins indiscrets qui voient dans une théorie scientifique la ruine ou le salut des doctrines spiritualistes et chrétiennes. Cf. Duilhé de Saint-Projet, *Apologie scientifique de la foi chrétienne*, Paris, 1885 ; le Père Carbonelle, *Les confins de la science et de la philosophie*, Palmé, Paris et Bruxelles ; les *Annales de la Société scientifique de Bruxelles*, et la *Revue des questions scientifiques*, fondée en 1877 aussi chez Palmé.

encore plus nécessaires. On ne blâme donc point la philosophie expérimentale, ni ceux qui la cultivent, mais seulement leurs défauts[1].

Le premier est, que pour l'ordinaire ce n'est point la lumière de la raison qui les conduit dans l'ordre de leurs expériences, ce n'est que le hasard : ce qui fait qu'ils n'en deviennent guère plus éclairés, ni plus savants, après y avoir employé beaucoup de temps et de bien.

Le second est, qu'ils s'arrêtent plutôt à des expériences curieuses et extraordinaires, qu'à celles qui sont les plus communes. Cependant il est visible que les plus communes étant les plus simples, il faut s'y arrêter d'abord avant que de s'appliquer à celles qui sont plus composées et qui dépendent d'un plus grand nombre de causes.

Le troisième est, qu'ils cherchent avec ardeur et avec assez de soin les expériences qui apportent du profit, et qu'ils négligent celles qui ne servent qu'à éclairer l'esprit.

Le quatrième est, qu'ils ne remarquent pas avec assez d'exactitude toutes les circonstances particulières, comme du temps, du lieu, de la qualité des drogues dont ils se servent, quoique la moindre de ces circonstances soit quelquefois capable d'empêcher l'effet qu'on espère. Car il faut observer que tous les termes dont les physiciens se servent sont équivoques, et que le mot de vin, par exemple, signifie autant de choses différentes qu'il y a de différents terroirs, de différentes saisons, de différentes manières de faire le vin et de le garder. De sorte qu'on peut même dire en général, qu'il n'y en a pas deux tonneaux tout à fait semblables, et qu'ainsi quand un physicien dit : Pour faire telle expérience, prenez du vin, on ne sait que très confusément ce qu'il veut dire. C'est pourquoi il faut user d'une très grande circonspection dans les expériences, et ne descendre point aux composées, que lorsqu'on a bien connu la raison des plus simples et des plus ordinaires.

Le cinquième est, que d'une seule expérience ils en tirent

---

[1]. Voir à l'Appendice II, le ch. vii du livre IV, sur le désir de la science et les jugements des faux savants.

trop de conséquences. Il faut au contraire presque toujours plusieurs expériences pour bien conclure une seule chose, quoiqu'une seule expérience puisse aider à tirer plusieurs conclusions [1].

Enfin la plupart des physiciens et des chimistes ne considèrent que les effets particuliers de la nature : ils ne remontent jamais aux premières notions des choses qui composent les corps. Cependant il est indubitable, qu'on ne peut connaître clairement et distinctement les choses particulières de la physique, si on ne possède bien ce qu'il y a de plus général, et si on ne s'élève même jusqu'au métaphysique [2]. Enfin, ils manquent souvent de courage et de confiance, ils se lassent à cause de la fatigue et de la dépense. Il y a encore beaucoup d'autres défauts dans les personnes dont nous venons de parler; mais on ne prétend pas tout dire.

Les causes des fautes qu'on a remarquées, sont le peu d'application, les propriétés de l'imagination expliquées dans le chapitre v de la première partie de ce Livre, et dans le chapitre II de celle-ci, et surtout [3] de ce qu'on ne juge de la différence des corps et du changement qui leur arrive, que par les sensations qu'on en a, selon ce qu'on a expliqué dans le premier Livre.

---

1. En critiquant les physiciens, Malebranche donne d'excellentes règles pour ce que nous nommons la *méthode expérimentale*. — Voir les textes curieux rapportés dans l'Introduction, II. On y trouve développé et appliqué à l'astronomie ce qui est dit plus haut de la physique : « On ne peut trouver à redire que ceux qui *sont engagés par leur condition* dans l'étude de la physique tâchent de s'y rendre habiles. »

2. Les *Principes* de Descartes sont composés dans ce dessein, et Descartes, dans la Préface, compare la philosophie à un arbre dont les racines sont la métaphysique, et le tronc, la physique; les branches, la mécanique, la médecine et la morale.

3. *Surtout.* Le mot n'est pas dans les premières éditions. — *De ce qu'on ne juge...* signifie *le fait qu'on ne juge.* Voir plus loin. p. 165, note 2.

TROISIÈME PARTIE

DE LA COMMUNICATION CONTAGIEUSE

DES IMAGINATIONS FORTES

CHAPITRE PREMIER

I. De la disposition que nous avons à imiter les autres, en toutes choses, laquelle est l'origine de la communication des erreurs qui dépendent de la puissance de l'imagination. — II. Deux causes principales qui augmentent cette disposition. — III. Ce que c'est qu'imagination forte. — IV. Qu'il y en a de plusieurs sortes. Des fous et de ceux qui ont l'imagination forte dans le sens qu'on l'entend ici. — V. Deux défauts considérables de ceux qui ont l'imagination forte. — VI. De la puissance qu'ils ont de persuader et d'imposer.

I. Après avoir expliqué la nature de l'imagination, les défauts auxquels elle est sujette, et comment notre propre imagination nous jette dans l'erreur, il ne reste plus à parler dans ce second Livre que de la communication contagieuse des imaginations fortes, je veux dire de la force que certains esprits ont sur les autres pour les engager dans leurs erreurs.

Les imaginations fortes sont extrêmement contagieuses : elles dominent sur celles qui sont faibles : elles leur donnent peu à peu leurs mêmes tours, et leur impriment leurs mêmes caractères[1]. Ainsi ceux qui ont l'imagination forte et vigoureuse, étant tout à fait déraisonnables[2], il y a très peu de causes plus générales des erreurs des hommes, que cette communication dangereuse de l'imagination.

---

1. Les tours et les caractères qu'elles ont elles-mêmes.

2. Dans les premières éditions, il n'y a qu'un point-virgule après caractères, et puis : *Et parce que les hommes d'idées et d'une imagination forte et vigoureuse sont tout à fait déraisonnables...* La nouvelle rédaction vaut mieux.

Pour concevoir ce que c'est que cette contagion, et comment elle se transmet de l'un à l'autre, il faut savoir que les hommes ont besoin les uns des autres, et qu'ils sont faits pour composer ensemble plusieurs corps, dont toutes les parties aient entre elles une mutuelle correspondance. C'est pour entretenir cette union que Dieu leur a commandé d'avoir de la charité les uns pour les autres. Mais parce que l'amour-propre pouvait peu à peu éteindre la charité et rompre ainsi le nœud de la société civile, il a été à propos, pour la conserver, que Dieu unît encore les hommes par des liens naturels, qui subsistassent au défaut de la charité, et qui intéressassent l'amour-propre.

Ces liens naturels, qui nous sont communs avec les bêtes, consistent dans une certaine disposition du cerveau qu'ont tous les hommes, pour imiter quelques-uns de ceux avec lesquels ils conversent, pour former les mêmes jugements qu'ils font, et pour entrer dans les mêmes passions dont ils sont agités. Et cette disposition lie d'ordinaire les hommes les uns avec les autres beaucoup plus étroitement qu'une charité fondée sur la raison, laquelle charité est assez rare.

Lorsqu'un homme n'a pas cette disposition du cerveau pour entrer dans nos sentiments et dans nos passions, il est incapable par sa nature de se lier avec nous et de faire un même corps; il ressemble à ces pierres irrégulières, qui ne peuvent trouver leur place dans un bâtiment, parce qu'on ne les peut joindre avec les autres.

Oderunt hilarem tristes, tristemque jocosi,
Sedatum celeres, agilem gnavumque remissi[1].

Il faut plus de vertu qu'on ne pense pour ne pas rompre avec ceux qui n'ont point d'égard à nos passions, et qui ont des sentiments contraires aux nôtres. Et ce n'est pas tout à fait sans raison; car lorsqu'un homme a sujet d'être dans la tristesse ou dans la joie, c'est lui insulter en quelque manière que de ne pas entrer dans ses sentiments.

---

1. Horace, *Épîtres*, I, xviii.

S'il est triste, on ne doit pas se présenter devant lui avec un air gai et enjoué, qui marque de la joie et qui en imprime les mouvements avec effort dans son imagination, parce que c'est le vouloir ôter de l'état qui lui est le plus convenable et le plus agréable, la tristesse même étant la plus agréable de toutes les passions à un homme qui souffre quelque misère [1].

II. Tous les hommes ont donc une certaine disposition de cerveau, qui les porte naturellement à se composer [2] de la même manière que quelques-uns de ceux avec qui ils vivent. Or cette disposition a deux causes principales qui l'entretiennent et qui l'augmentent. L'une est dans l'âme, et l'autre dans le corps. La première consiste principalement dans l'inclination qu'ont tous les hommes pour la grandeur et pour l'élévation, pour obtenir dans l'esprit des autres une place honorable [3]. Car c'est cette inclination qui nous excite secrètement à parler, à marcher, à nous habiller [4], et à prendre l'air des personnes de qualité [5]. C'est la source des modes nouvelles, de l'instabilité des langues vivantes, et même de certaines corruptions générales des mœurs. Enfin, c'est la principale origine de toutes les nouveautés extravagantes et bizarres, qui ne sont point appuyées sur la raison, mais seulement sur la fantaisie des hommes.

L'autre cause qui augmente la disposition que nous avons à imiter les autres, de laquelle nous devons principalement parler ici, consiste dans une certaine impression que les personnes d'une imagination forte font sur les esprits faibles et sur les cerveaux tendres et délicats.

III. J'entends par imagination forte et vigoureuse cette

---

1. Remarque juste et fine.
2. *Se composer.* Arranger leurs sentiments et leur air, les ramenant comme les plis d'un vêtement, de manière à prendre une forme déterminée.
3. Pascal, *Pensées*, 1, 5. « Nous avons une si grande idée de l'âme de l'homme, que nous ne pouvons souffrir d'en être méprisés et de n'être pas dans l'estime d'une âme. ... Il (l'homme) n'est pas satisfait s'il n'est dans l'estime des hommes. Il estime si grande la raison de l'homme que, quelque avantage qu'il ait sur la terre, s'il n'est placé aussi avantageusement dans la raison de l'homme, il n'est pas content. C'est la plus belle place du monde. »
4. Comme les personnes de qualité.
5. *En toutes choses*, disent les premières éditions.

constitution du cerveau, qui le rend capable de vestiges et de traces extrêmement profondes, et qui remplissent tellement la capacité de l'âme, qu'elles l'empêchent d'apporter quelque attention à d'autres choses qu'à celles que ces images représentent.

IV. Il y a deux sortes de personnes, qui ont l'imagination forte dans ce sens. Les premières reçoivent ces profondes traces par l'impression involontaire et déréglée des esprits animaux; et les autres, desquelles on veut principalement parler, les reçoivent par la disposition qui se trouve dans la substance de leur cerveau.

Il est visible que les premiers sont entièrement fous, puisqu'ils sont contraints par l'union naturelle qui est entre leurs idées et ces traces, de penser à des choses auxquelles les autres avec qui ils conversent ne pensent pas, ce qui les rend incapables de parler à propos et de répondre juste aux demandes qu'on leur fait.

Il y en a d'une infinité de sortes qui ne diffèrent que du plus et du moins; et l'on peut dire que tous ceux qui sont agités de quelque passion violente sont de leur nombre, puisque dans le temps de leur émotion, les esprits animaux impriment avec tant de force les traces et les images de leur passion, qu'ils ne sont pas capables de penser à autre chose.

Mais il faut remarquer que toutes ces sortes de personnes ne sont pas capables de corrompre l'imagination des esprits même les plus faibles, et des cerveaux les plus mous et les plus délicats, pour deux raisons principales. La première, parce que ne pouvant répondre conformément aux idées des autres, ils ne peuvent leur rien persuader; et la seconde, parce que le dérèglement de leur esprit étant tout à fait sensible, on n'écoute qu'avec mépris tous leurs discours.

Il est vrai néanmoins que les personnes passionnées nous passionnent, et qu'elles font dans notre imagination des impressions qui ressemblent à celles dont elles sont touchées; mais comme leur emportement est tout à fait visible, on résiste à ces impressions, et l'on s'en défait d'ordinaire quelque temps après. Elles s'effacent d'elles-mêmes, lorsqu'elles ne sont point entretenues par la cause qui les avait produites; c'est-à-dire, lorsque ces emportés ne sont plus en notre présence, et que la vue sensible des traits que la passion formait sur leur visage, ne produit plus aucun changement dans les fibres de notre cerveau, ni aucune agitation dans nos esprits animaux.

Je n'examine ici que cette sorte d'imagination forte et vigoureuse, qui consiste dans une disposition du cerveau propre pour[1] recevoir des traces fort profondes des objets les plus faibles et les moins agissants.

Ce n'est pas un défaut que d'avoir le cerveau propre pour imaginer fortement les choses et recevoir des images très distinctes et très vives des objets les moins considérables, pourvu que l'âme demeure toujours la maîtresse de l'imagination, que ces images s'impriment par ses ordres, et qu'elles s'effacent quand il lui plaît; c'est au contraire l'origine de la finesse et de la force de l'esprit[2]. Mais lorsque l'imagination domine sur l'âme, et que sans attendre les ordres de la volonté, ces traces se forment par la disposition du cerveau et par l'action des objets et des esprits, il est visible que c'est une très mauvaise qualité et une espèce de folie. Nous allons tâcher de faire connaître le caractère de ceux qui ont l'imagination de cette sorte.

Il faut pour cela se souvenir que la capacité de l'esprit est très bornée; qu'il n'y a rien qui remplisse si fort sa capacité que les sensations de l'âme, et généralement toutes les perceptions des objets qui nous touchent beaucoup; et que les traces profondes du cerveau sont toujours accompagnées de sensations, ou de ces autres perceptions qui nous appliquent fortement. Car par là il est facile de reconnaître les véritables caractères de l'esprit de ceux qui ont l'imagination forte.

---

1. *Propre pour.* Nous disons maintenant *propre à.*

2. C'est ici un des rares endroits où Malebranche rend justice à l'imagination. Lui-même, tout en méprisant les artifices du style, a eu le soin de « rendre la vérité sensible, agréable, touchante, » ce sont là des mots qu'il emploie souvent; et, dans une très belle prière, au début des *Méditations chrétiennes*, il demande au Verbe incarné « des expressions claires et véritables, vives et animées. »

V. Le premier, c'est que ces personnes ne sont pas capables de juger sainement des choses qui sont un peu difficiles et embarrassées, parce que la capacité de leur esprit étant remplie des idées qui sont liées par la nature à ces traces trop profondes, ils n'ont pas la liberté de penser à plusieurs choses en même temps[1]. Or, dans les questions composées il faut que l'esprit parcoure par un mouvement prompt et subit les idées de beaucoup de choses, et qu'il en reconnaisse d'une simple vue tous les rapports et toutes les liaisons qui sont nécessaires pour résoudre ces questions.

Tout le monde sait, par sa propre expérience, qu'on n'est pas capable de s'appliquer à quelque vérité, dans le temps que l'on est agité de quelque passion, ou que l'on sent quelque douleur un peu forte, parce qu'alors il y a dans le cerveau de ces traces profondes qui occupent la capacité de l'esprit[2]. Ainsi ceux de qui nous parlons ayant des traces plus profondes des mêmes objets que les autres, comme nous le supposons, ils ne peuvent pas avoir autant d'étendue d'esprit, ni embrasser autant de choses qu'eux. Le premier défaut de ces personnes est donc d'avoir l'esprit petit, et d'autant plus petit, que leur cerveau reçoit des traces plus profondes des objets les moins considérables.

Le second défaut, c'est qu'ils sont visionnaires[3], mais d'une manière délicate et assez difficile à reconnaître. Le commun des hommes ne les estime pas visionnaires, il n'y a que les esprits justes et éclairés qui s'aperçoivent de leurs visions et de l'égarement de leur imagination.

Pour concevoir l'origine de ce défaut, il faut encore se souvenir de ce que nous avons dit dès le commencement de ce second Livre, qu'à l'égard de ce qui se passe dans le cerveau, les sens et l'imagination ne diffèrent que du plus

---

1. Le chapitre vi de la 1ʳᵉ partie du *Traité de morale* est consacré à ce que Malebranche nomme la *liberté de l'esprit*.

2. *Entret. mét.*, iv, 16. Il parle de « son âme appliquée à son doigt offensé et toute pénétrée de douleur. »

3. Mot singulièrement juste et expressif.

et du moins; et que c'est la grandeur et la profondeur des traces qui font que l'âme sent les objets, qu'elle les juge comme présents et capables de la toucher, et enfin assez proches d'elle pour lui faire sentir du plaisir et de la douleur. Car, lorsque les traces d'un objet sont petites, l'âme imagine seulement cet objet; elle ne juge pas qu'il soit présent, et même elle ne le regarde pas comme fort grand et fort considérable. Mais à mesure que ces traces deviennent plus grandes et plus profondes, l'âme juge aussi que l'objet devient plus grand et plus considérable, qu'il s'approche davantage de nous, et enfin qu'il est capable de nous toucher et de nous blesser.

Les visionnaires dont je parle ne sont pas dans cet excès de folie, de croire voir devant leurs yeux des objets qui sont absents : les traces de leur cerveau ne sont pas encore assez profondes; ils ne sont fous qu'à demi, et s'ils l'étaient tout à fait, on n'aurait que faire de parler d'eux ici, puisque tout le monde sentant leur égarement, on ne pourrait pas s'y laisser tromper. Ils ne sont pas visionnaires des sens, mais seulement visionnaires d'imagination. Les fous sont visionnaires des sens, puisqu'ils ne voient pas les choses comme elles sont, et qu'ils en voient souvent qui ne sont point; mais ceux dont je parle ici, sont visionnaires d'imagination, puisqu'ils s'imaginent les choses tout autrement qu'elles ne sont, et qu'ils en imaginent même qui ne sont point. Cependant il est évident que les visionnaires des sens et les visionnaires d'imagination ne diffèrent entre eux que du plus et du moins, et que l'on passe souvent de l'état des uns à celui des autres. Ce qui fait qu'on se doit représenter la maladie de l'esprit des derniers par comparaison à celle des premiers, laquelle est plus sensible et fait davantage d'impression sur l'esprit, puisque, dans des choses qui ne diffèrent que du plus et du moins, il faut toujours expliquer les moins sensibles par les plus sensibles.

Le second défaut de ceux qui ont l'imagination forte et vigoureuse, est donc d'être visionnaires d'imagination, ou simplement visionnaires; car on appelle du terme de fou ceux qui sont visionnaires des sens. Voici donc les mauvaises qualités des esprits visionnaires[1].

Ces esprits sont excessifs en toutes rencontres : ils relèvent les choses basses, ils agrandissent les petites, ils approchent les éloignées. Rien ne leur paraît tel qu'il est. Ils admirent tout, ils se récrient sur tout sans jugement et sans discernement. S'ils sont disposés à la crainte par leur complexion naturelle, je veux dire, si les fibres de leur cerveau étant extrêmement délicates, leurs esprits animaux sont en petite quantité, sans force et sans agitation, de sorte qu'ils ne puissent communiquer au reste du corps les mouvements nécessaires; ils s'effraient à la moindre chose, et ils tremblent à la chute d'une feuille. Mais s'ils ont abondance d'esprits et de sang, ce qui est plus ordinaire, ils se repaissent de vaines espérances; et s'abandonnant à leur imagination féconde en idées, ils bâtissent, comme l'on dit, des châteaux en Espagne avec beaucoup de satisfaction et de joie. Ils sont véhéments dans leurs passions, entêtés dans leurs opinions, toujours pleins et très satisfaits d'eux-mêmes. Quand ils se mettent dans la tête de passer pour beaux esprits, et qu'ils s'érigent en auteurs; car il y a des auteurs de toutes espèces, visionnaires et autres : que d'extravagances, que d'emportements, que de mouvements irréguliers! Ils n'imitent jamais la nature, tout est affecté, tout est forcé, tout est guindé. Ils ne vont que par bonds; ils ne marchent qu'en cadence; ce ne sont que figures et qu'hyperboles[2]. Lorsqu'ils se veulent mettre dans la piété, et s'y conduire par leur fantaisie, ils entrent entièrement dans l'esprit juif et pharisien. Ils s'arrêtent d'ordinaire à l'écorce, à des cérémonies extérieures et à de

---

1. Ici commence un développement qu'on ne saurait trop méditer. Quelle vive peinture de ces esprits auxquels rien ne paraît tel qu'il est !

2. *Beaux esprits*, c'est-à-dire capables d'inventer, de produire, et d'une manière qui charme. En quelques mots, Malebranche rappelle les vrais principes de l'art d'écrire; il en fait consister l'excellence dans le naturel. Ainsi Pascal : « La vraie éloquence se moque de l'éloquence. » Et encore : « Il faut de l'agréable et du réel ; mais il faut que cet agréable soit lui-même pris du vrai. » Puis : « Quand on voit le style naturel, on est tout étonné et saisi, car on s'attendait de voir un auteur et on trouve un homme. » Et, dans l'*Esprit géométrique* : « Il ne faut pas guinder l'esprit... Je hais ces mots d'enflure. »

petites pratiques, ils s'en occupent tout entiers. Ils deviennent scrupuleux, timides, superstitieux. Tout est de foi, tout est essentiel chez eux, hormis ce qui est véritablement de foi et ce qui est essentiel, car assez souvent ils négligent ce qu'il y a de plus important dans l'Evangile, la justice, la miséricorde et la foi, leur esprit étant occupé par des devoirs moins essentiels[1]. Mais il y aurait trop de choses à dire. Il suffit pour se persuader de leurs défauts, et pour en remarquer plusieurs autres, de faire quelque réflexion sur ce qui se passe dans les conversations ordinaires[2].

Les personnes d'une imagination forte et vigoureuse ont encore d'autres qualités qu'il est très nécessaire de bien expliquer. Nous n'avons parlé jusqu'à présent que de leurs défauts, il est très juste maintenant de parler de leurs avantages. Ils en ont un entre autres qui regarde principalement ce sujet, parce que c'est par cet avantage qu'ils dominent sur les esprits ordinaires, qu'ils les font entrer

---

1. C'est de la vraie éloquence. « Ils s'arrêtent à l'écorce... » Et ceci qui est superbe : « Tout est de foi, tout est essentiel chez eux, hormis ce qui est véritablement de foi et ce qui est essentiel. » Précision et vigueur, qui font penser à Bossuet. Et aucune déclamation dans cette indignation éloquente; une parfaite mesure : « Leur esprit étant occupé par des *devoirs* moins essentiels. »

2. Les *conversations*. Du latin *conversari*, vivre avec. Ce ne sont pas seulement les échanges de paroles dans les entretiens ou causeries, ce sont les relations sociales et tout ce qui constitue le commerce de la vie. Ainsi La Fontaine dit :

Nous ne conversons plus qu'avec des [jours affreux.

Dans saint Paul, *Philip.*, III, 20, nous lisons : « Nostra autem *conversatio* est in cœlis. » L'original grec porte : « ἡμῶν γὰρ τὸ πολίτευμα ἐν οὐρανοῖς ὑπάρχει. » Le même mot *conversatio* se trouve plusieurs fois dans les épîtres de saint Pierre ; il y est toujours la traduction du grec ἀναστροφή. Ainsi, I, II, 12 : τὴν ἀναστροφὴν ὑμῶν ἐν τοῖς ἔθνεσιν ἔχοντες καλήν. Cf. III, 2 et 16. Le français *conversation* retient souvent au dix-septième siècle le sens étymologique latin : vivre ensemble. — Pascal, *Pensées*, louant la manière d'écrire d'Epictète, de Montaigne et de Salomon de Tultie (Louis de Montalte, Pascal lui-même), dit « qu'elle est toute composée de pensées nées sur les entretiens ordinaires de la vie. » Il dit encore ailleurs : « On se forme l'esprit et le sentiment par les conversations. On se gâte l'esprit et le sentiment par les conversations. » C'est ce que Montaigne, III, 8 (*De l'art de conférer*) appelle *communication, commerce* et *fréquentation*. « Comme notre esprit se fortifie par la communication des esprits vigoureux et réglés, il ne se peut dire combien il perd et s'abastardit par le continuel commerce et fréquentation que nous avons avecques les esprits bas et maladifs; il n'est contagion qui s'espande comme celle-là. » La Bruyère semble prendre plutôt le mot au sens qui est devenu pour nous le seul : dans un de ses chapitres intitulé, *De la société et de la conversation* : « L'on voit des gens, dit-il, qui dans les conversations ou dans le peu de commerce que l'on a avec eux, vous dégoûtent par leurs ridicules expressions... »

dans leurs idées et qu'ils leur communiquent toutes les fausses impressions dont ils sont touchés.

VI. Cet avantage consiste dans une facilité de s'exprimer d'une manière forte et vive [1], quoiqu'elle ne soit pas naturelle. Ceux qui imaginent fortement les choses, les expriment avec beaucoup de force et persuadent tous ceux qui se convainquent plutôt par l'air et par l'impression sensible, que par la force des raisons. Car le cerveau de ceux qui ont l'imagination forte recevant, comme l'on a dit, des traces profondes des sujets qu'ils imaginent, ces traces sont naturellement suivies d'une grande émotion d'esprits, qui dispose d'une manière prompte et vive tout leur corps pour exprimer leurs pensées. Ainsi l'air de leur visage, le ton de leur voix et le tour de leurs paroles animant leurs expressions, préparent ceux qui les écoutent et qui les regardent, à se rendre attentifs et à recevoir machinalement l'impression de l'image qui les agite [2]. Car enfin un homme qui est pénétré de ce qu'il dit, en pénètre ordinairement les autres, un passionné émeut toujours ; et quoique sa rhétorique soit souvent irrégulière, elle ne laisse pas d'être très persuasive, parce que l'air et la ma-

---

1. La Bruyère (*Des ouvrages de l'esprit*) : « Le peuple appelle éloquence la faculté que quelques-uns ont de parler seuls et longtemps... Les pédants ne la distinguent pas de l'entassement des figures, de l'usage des grands mots et de la rondeur des périodes. »

2. Buffon. *Discours sur le style.* « La véritable éloquence... est bien différente de cette facilité naturelle de parler, qui n'est qu'un talent, une qualité accordée à tous ceux dont les passions sont fortes, les organes souples, l'imagination prompte. Ces hommes sentent vivement, s'affectent de même, le marquent fortement au dehors ; et, par une impression purement mécanique, ils transmettent aux autres leur enthousiasme et leurs affections. C'est le corps qui parle au corps ; tous les mouvements, tous les signes concourent et servent également. Que faut-il pour émouvoir la multitude et l'entraîner ? Que faut-il pour ébranler la plupart même des autres hommes et les persuader ? Un ton véhément et pathétique, des gestes expressifs et fréquents, des paroles rapides et sonnantes. Mais pour le petit nombre de ceux dont la tête est ferme, le goût délicat et le sens exquis, et, qui, comme vous, messieurs, comptent pour peu le ton, les gestes et le vain son des mots, il faut des choses, des pensées, des raisons ; il faut savoir les présenter, les nuancer, les ordonner ; il ne suffit pas de frapper l'oreille et d'occuper les yeux, il faut agir sur l'âme et toucher le cœur en parlant à l'esprit. » Cf. La Bruyère (*Des ouvrages de l'esprit*) : « L'éloquence est un don de l'âme, lequel nous rend maîtres du cœur et de l'esprit des autres, qui fait que nous leur inspirons ou que nous leur persuadons tout ce qui nous plaît. » Et ensuite : « L'éloquence peut se trouver dans les entretiens et dans tout le genre d'écrire. Elle est rarement où on la cherche, et elle est quelquefois où on ne la cherche point. »

nière se font sentir et agissent ainsi dans l'imagination des hommes plus vivement que les discours les plus forts, qui sont prononcés de sang-froid, à cause que ces discours ne flattent point leurs sens et ne frappent point leur imagination.

Les personnes d'imagination ont donc l'avantage de plaire, de toucher et de persuader, à cause qu'ils forment des images très vives et très sensibles de leurs pensées. Mais il y a encore d'autres causes qui contribuent à cette facilité qu'ils ont de gagner l'esprit. Car ils ne parlent d'ordinaire que sur des sujets faciles et qui sont de la portée des esprits du commun. Ils ne se servent que d'expressions et de termes qui ne réveillent que les notions confuses des sens, lesquelles sont toujours très fortes et très touchantes; ils ne traitent des matières grandes et difficiles que d'une manière vague et par lieux communs, sans se hasarder d'entrer dans le détail, et sans s'attacher aux principes; soit parce qu'ils n'entendent pas ces matières; soit parce qu'ils appréhendent de manquer de termes, de s'embarrasser, et de fatiguer l'esprit de ceux qui ne sont pas capables d'une forte attention [1].

Il est maintenant facile de juger par les choses que nous

---

1. Ici nous avons, en peu de mots justes et précis, toute une rhétorique excellente. Malebranche montre parfaitement pourquoi et comment les lieux communs sont le refuge et la ressource des esprits du commun. Ces deux remarques, « sans se hasarder d'entrer dans le détail, et sans s'attacher aux principes », sont d'une vérité frappante et contiennent la plus salutaire leçon. C'est le « détail » qui instruit; ce sont « les principes » qui donnent au discours de la lumière et de la fermeté. Malebranche, dans le traité que nous étudions, ne craint ni les détails physiologiques qui pourraient paraître rebutants, ni les analyses morales développées à l'aide d'exemples qu'une fausse délicatesse pourrait trouver bas et familiers. Et il a des vues générales, des principes. C'est ce qui rend ces pages si intéressantes. Buffon, dans le discours que nous venons de citer, recommande de « ne nommer les choses que par les termes les plus généraux. » C'est tout le contraire que prescrit Malebranche; Pascal (*Pensées*) et Fénelon (2e *Dialogue sur l'éloquence*) se moquent de cette fausse politesse, et veulent, comme Malebranche, que l'on sache appeler les choses par leur nom. Plus loin, Buffon conseille à l'orateur de « toujours agrandir les objets. » C'était bien la peine de condamner si dédaigneusement la puissance oratoire, l'éloquence communicative et populaire, pour prôner maintenant ce qui ne saurait être que de la mauvaise rhétorique, habile à faire paraître les choses plus grandes qu'elles ne sont! Les préceptes que Malebranche nous donne sont bien autrement sûrs. Et quelle piquante justesse dans cette peinture de gens médiocres, beaux parleurs, « appréhendant de manquer de termes! »

venons de dire, que les dérèglements d'imagination sont extrêmement contagieux, et qu'ils se glissent et se répandent dans la plupart des esprits avec beaucoup de facilité. Mais ceux qui ont l'imagination forte, étant d'ordinaire ennemis de la raison et du bon sens, à cause de la petitesse de leur esprit, et des visions auxquelles ils sont sujets, on peut aussi reconnaître qu'il y a très peu de causes plus générales de nos erreurs, que la communication contagieuse des dérèglements et des maladies de l'imagination[1]. Mais il faut encore prouver ces vérités par des exemples et des expériences connues de tout le monde.

CHAPITRE II

Exemples généraux de la force de l'imagination.

Il se trouve des exemples fort ordinaires de cette communication d'imagination dans les enfants à l'égard de leurs pères, et encore plus dans les filles à l'égard de leurs mères, dans les serviteurs à l'égard de leurs maîtres, et dans les servantes à l'égard de leurs maîtresses, dans les écoliers à l'égard de leurs précepteurs, dans les courtisans à l'égard des rois, et généralement dans tous les inférieurs à l'égard de leurs supérieurs, pourvu toutefois que les pères, les maîtres et les autres supérieurs aient quelque force d'imagination ; car sans cela il pourrait arriver, que des enfants et des serviteurs ne recevraient aucune impression considérable de l'imagination faible de leurs pères ou de leurs maîtres.

Il se trouve encore des effets de cette communication dans les personnes d'une condition égale ; mais cela n'est pas si ordinaire, à cause qu'il ne se rencontre pas entre

---

1. La Bruyère a dit aussi (*De la société et de la conversation*) : « Il ne faut pas qu'il y ait trop d'imagination dans nos conversations ni dans nos écrits ; elle ne produit souvent que des idées vaines et puériles, qui ne servent point à perfectionner le goût et à nous rendre meilleurs : nos pensées doivent être prises dans le bon sens et la droite raison, et doivent être un effet de notre jugement. »

elles un certain respect, qui dispose les esprits à recevoir sans examen les impressions des images fortes. Enfin il se trouve de ces effets dans les supérieurs à l'égard même de leurs inférieurs, et ceux-ci ont quelquefois une imagination si vive et si dominante, qu'ils tournent l'esprit de leurs maîtres et de leurs supérieurs comme il leur plaît.

Il ne sera pas malaisé de comprendre comment les pères et les mères font des impressions très fortes sur l'imagination de leurs enfants, si l'on considère que ces dispositions naturelles de notre cerveau, qui nous portent à imiter ceux avec qui nous vivons, et à entrer dans leurs sentiments et dans leurs passions, sont encore bien plus fortes dans les enfants à l'égard de leurs parents, que dans tous les autres hommes. L'on en peut donner plusieurs raisons. La première, c'est qu'ils sont de même sang. Car, de même que les parents transmettent très souvent dans leurs enfants des dispositions à certaines maladies héréditaires, telles que la goutte, la pierre, la folie, et généralement toutes celles qui ne leur sont point survenues par accident, ou qui n'ont point pour cause seule et unique quelque fermentation extraordinaire des humeurs, comme les fièvres et quelques autres; car il est visible que celles-ci ne se peuvent communiquer. Ainsi ils impriment les dispositions de leur cerveau dans celui de leurs enfants, et ils donnent à leur imagination un certain tour qui les rend tout à fait susceptibles des mêmes sentiments.

La seconde raison, c'est que d'ordinaire les enfants n'ont que très peu de commerce avec le reste des hommes, qui pourraient quelquefois tracer d'autres vestiges dans leur cerveau, et rompre en quelque façon l'effort continuel de l'impression paternelle. Car de même qu'un homme qui n'est jamais sorti de son pays s'imagine ordinairement que les mœurs et les coutumes des étrangers sont tout à fait contraires à la raison, parce qu'elles sont contraires à la coutume de sa ville, au torrent de laquelle il se laisse emporter; ainsi un enfant qui n'est jamais sorti de la maison paternelle, s'imagine que les sentiments et les manières de ses parents sont la raison universelle; ou plutôt il ne pense pas qu'il puisse y avoir quelques autres principes[1] de raison ou de vertu que leur imitation. Il croit donc tout ce qu'il leur entend dire, et il fait tout ce qu'il leur voit faire.

Mais cette impression des parents est si forte, qu'elle n'agit pas seulement sur l'imagination des enfants, elle agit même sur les autres parties de leur corps. Un jeune garçon marche, parle et fait les mêmes gestes que son père. Une fille de même s'habille comme sa mère, marche comme elle, parle comme elle; si la mère grasseye, la fille grasseye; si la mère a quelque tour de tête irrégulier, la fille le prend. Enfin les enfants imitent les parents en toutes choses, jusque dans leurs défauts et dans leurs grimaces, aussi bien que dans leurs erreurs et dans leurs vices.

Il y a encore plusieurs autres causes qui augmentent l'effet de cette impression. Les principales sont l'autorité des parents, la dépendance des enfants, et l'amour mutuel des uns et des autres, mais ces causes sont communes aux courtisans, aux serviteurs, et généralement à tous les inférieurs aussi bien qu'aux enfants. Nous les allons expliquer par l'exemple des gens de cour.

Il y a des hommes qui jugent de ce qui ne paraît point par ce qui paraît, de la grandeur, de la force et de la capacité de l'esprit qui leur sont cachées, par la noblesse, les dignités et les richesses qui leur sont connues. On mesure souvent l'un par l'autre, et la dépendance où l'on est des grands, le désir de participer à leur grandeur, et l'éclat sensible qui les environne, porte souvent les hommes à rendre à des hommes des honneurs divins, s'il m'est permis de parler ainsi. Car, si Dieu donne aux princes l'autorité, les hommes leur donnent l'infaillibilité; mais une infaillibilité qui n'est point limitée dans quelques sujets ni dans quelques rencontres, et qui n'est point attachée à quelques cérémonies[2]. Les grands savent naturellement

---

1. Il y a dans les éditions de 1678 et de 1712, *quelqu'autres principes*.

2. Cette infaillibilité, c'est celle de l'Église « limitée dans quelques sujets », puisqu'elle n'a lieu qu'en matière de foi et de mœurs; limitée aussi « dans quelques rencontres », puisqu'elle n'appartient qu'à certains actes

toutes choses ; ils ont toujours raison, quoiqu'ils décident des questions desquelles ils n'ont aucune connaissance. C'est ne savoir pas vivre que d'examiner ce qu'ils avancent; c'est perdre le respect que d'en douter. C'est se révolter, ou pour le moins, c'est se déclarer sot, extravagant et ridicule que de les condamner [1].

Mais lorsque les grands nous font l'honneur de nous aimer, ce n'est plus alors simplement opiniâtreté, entêtement [2], rébellion, c'est encore ingratitude et perfidie que de ne se rendre pas aveuglément à toutes leurs opinions ; c'est une faute irréparable qui nous rend pour toujours indignes de leurs bonnes grâces. Ce qui fait que les gens de cour, et par une suite nécessaire presque tous les peuples s'engagent sans délibérer dans tous les sentiments de leur souverain, jusque-là même que dans les vérités de la religion ils se rendent très souvent à leur fantaisie et à leur caprice.

L'Angleterre et l'Allemagne ne nous fournissent que trop d'exemples de ces soumissions déréglées des peuples aux volontés impies de leurs princes. Les histoires de ces derniers temps en sont toutes remplies; et l'on a vu quelquefois des personnes avancées en âge, avoir changé quatre ou cinq fois de religion à cause des divers changements de leurs princes.

Les rois et même les reines ont dans l'Angleterre[*] « le gouvernement de tous les États [3] de leurs royaumes, soit ecclésiastiques ou civils en toutes causes ».

Ce sont eux qui approuvent les liturgies, les offices des fêtes, et la manière dont on doit administrer et recevoir les sacrements. Ils ordonnent, par exemple, que l'on

---

[*] Art. 37 de la religion de l'église anglicane.

solennels, et enfin « attachée à quelques cérémonies », puisqu'il y a des conditions précises et déterminées, hors desquelles ni un Concile même général, ni le Pape ne sont infaillibles : par exemple, si le Concile n'est point en communion avec le Pape, ou si le Pape n'enseigne point *ex cathedra*.

1. Ici Malebranche atteint presque par ces réflexions sobres et fortes l'effet que produit La Bruyère en mettant les choses en scène dans les admirables portraits de Giton et de Phédon.

2. *Entêtement* est ici le contraire d'*engouement*; c'est donc à peu près la même chose qu'*obstination*.

3. *États*, au sens où nous disons les *États généraux*, le *tiers État*.

n'adore point Jésus-Christ lorsque l'on communie, quoiqu'ils obligent encore de le recevoir à genoux selon l'ancienne coutume. En un mot, ils changent toutes choses dans leurs liturgies pour les conformer aux nouveaux articles de leur foi, et ils ont aussi le droit de juger de ces articles avec leur Parlement, comme le Pape avec le Concile, ainsi que l'on peut voir dans les statuts d'Angleterre et d'Irlande faits au commencement du règne de la reine Elisabeth. Enfin on peut dire que les rois d'Angleterre ont même plus de pouvoir sur le spirituel que sur le temporel de leurs sujets : parce que ces misérables peuples et ces enfants de la terre, se souciant bien moins de la conservation de la foi, que de la conservation de leurs biens, ils entrent facilement dans tous les sentiments de leurs princes, pourvu que leur intérêt temporel n'y soit point contraire.

Les révolutions qui sont arrivées dans la religion en Suède et en Danemarck, nous pourraient encore servir de preuve de la force que quelques esprits ont sur les autres ; mais toutes ces révolutions ont encore eu plusieurs autres causes très considérables. Ces changements surprenants sont bien des preuves de la communication contagieuse de l'imagination ; mais des preuves trop grandes et trop vastes. Elles étonnent et elles éblouissent plutôt les esprits qu'elles ne les éclairent, parce qu'il y a trop de causes qui concourent à la production de ces grands événements.

Si les courtisans et tous les autres hommes abandonnent souvent des vérités certaines, des vérités essentielles, des vérités qu'il est nécessaire de soutenir, ou de se perdre pour une éternité[1] ; il est visible qu'ils ne se hasarderont pas de défendre les vérités abstraites, peu certaines et peu utiles[2]. Si la religion du prince fait la religion de ses sujets, la raison du prince fera aussi la raison de ses sujets. Et ainsi les sentiments du prince seront toujours à la mode : ses plaisirs, ses passions, ses jeux, ses paroles,

---

1. Tour abrégé, vif, négligé aussi, si l'on veut, et même incorrect, mais vif et saisissant. Il y a dans Bossuet des tours analogues.
2. *Se hasarder de.* Affronter le risque de.

ses habits, et généralement toutes ses actions seront à la mode ; car le prince est lui-même comme la mode essentielle [1], et il ne se rencontre presque jamais qu'il fasse quelque chose qui ne devienne pas [2] à la mode. Et, comme toutes les irrégularités de la mode ne sont que des agréments et des beautés, il ne faut pas s'étonner si les princes agissent si fortement sur l'imagination des autres hommes.

Si Alexandre penche la tête, ses courtisans penchent la tête. Si Denis le Tyran s'applique à la géométrie à l'arrivée de Platon dans Syracuse, la géométrie devient aussitôt à la mode, et le palais de ce roi, dit Plutarque, se remplit incontinent de poussière par le grand nombre de ceux qui tracent des figures. Mais dès que Platon se met en colère contre lui, et que ce prince se dégoûte de l'étude, et s'abandonne de nouveau à ses plaisirs, ses courtisans en font aussitôt de même. Il semble, continue cet auteur[*], qu'ils soient enchantés, et qu'une Circé les transforme en d'autres hommes [3]. Ils passent de l'inclination pour la philosophie à l'inclination pour la débauche, et de l'horreur de la débauche à l'horreur de la philosophie [4]. C'est ainsi que les princes peuvent changer les vices en vertus, et les vertus en vices, et qu'une seule de leurs paroles est capable d'en changer toutes les idées. Il ne faut d'eux qu'un mot, qu'un geste, qu'un mouvement des yeux ou des lèvres pour faire passer la science et l'érudition pour une basse pédanterie, la témérité, la brutalité, la cruauté, pour grandeur de courage, et l'impiété et le libertinage, pour force et pour liberté d'esprit.

---

[*] *Œuvres morales. Comment on peut distinguer le flatteur de l'ami.*

1. Ce tour heureux est inspiré à Malebranche par le contraste vivement senti entre ce renversement d'esprit et l'état régulier où c'est Dieu qui est la raison essentielle, c'est-à-dire vraiment raison, essentiellement raison, et raison substantielle.

2. Les premières éditions portent « qui ne soit pas. »

3. *En d'autres hommes.* Ces mots ne sont pas dans les premières éditions.

4. C'est ainsi qu'on verra la cour affecter la dévotion quand Louis XIV sera devenu pieux. Cf. La Bruyère (*De la Mode*) : « C'est une chose délicate à un prince religieux de réformer la cour, et de la rendre pieuse : instruit jusques où le courtisan veut lui plaire, et aux dépens de quoi il ferait sa fortune, il le ménage avec prudence, il tolère, il dissimule, de peur de le jeter dans l'hypocrisie ou le sacrilège ; il attend plus de Dieu et du temps que de son zèle et de son industrie. »

Mais cela, aussi bien que tout ce que je viens de dire, suppose que ces princes aient l'imagination forte et vive : car s'ils avaient l'imagination faible et languissante, ils ne pourraient pas animer leurs discours, ni leur donner ce tour et cette force qui soumet et qui abat invinciblement les esprits faibles.

Si la force de l'imagination toute seule et sans aucun secours de la raison peut produire des effets si surprenants, il n'y a rien de si bizarre ni de si extravagant qu'elle ne persuade, lorsqu'elle est soutenue par quelques raisons apparentes. En voici des preuves.

Un ancien auteur* rapporte qu'en Éthiopie les gens de cour se rendaient boiteux et difformes, qu'ils se coupaient quelques membres, et qu'ils se donnaient même la mort pour se rendre semblables à leurs princes. On avait honte de paraître avec deux yeux, et de marcher droit à la suite d'un roi borgne et boiteux ; de même qu'on n'oserait à présent paraître à la cour avec la fraise et la toque, ou avec des bottines blanches et des éperons dorés. Cette mode des Éthiopiens était fort bizarre et fort incommode ; mais cependant c'était la mode. On la suivait avec joie, et on ne songeait pas tant à la peine qu'il fallait souffrir, qu'à l'honneur qu'on se faisait de paraître plein de générosité et d'affection pour son roi. Enfin cette fausse raison d'amitié soutenant l'extravagance de la mode, l'a fait passer en coutume et en loi qui a été observée fort longtemps.

Les relations de ceux qui ont voyagé dans le Levant, nous apprennent que cette coutume se garde dans plusieurs pays, et encore quelques autres aussi contraires au bon sens et à la raison. Mais il n'est pas nécessaire de passer deux fois la ligne [1], pour voir observer religieusement des lois et des coutumes déraisonnables, ou pour trouver

---

* Diodore de Sicile, *Bibl. hist.*, l. III.

1. La ligne équinoxiale de l'équateur. — La Bruyère (*Des Jugements*) : « Si nous entendions dire des Orientaux qu'ils boivent ordinairement d'une liqueur qui leur monte à la tête, leur fait perdre la raison, et les fait vomir ; nous dirions : cela est bien barbare. »

des gens qui suivent des modes incommodes et bizarres : il ne faut pas sortir de la France pour cela. Partout où il y a des hommes sensibles aux passions et où l'imagination est maîtresse de la raison, il y a de la bizarrerie, et une bizarrerie incompréhensible. Si l'on ne souffre pas tant de douleur à tenir son sein découvert pendant les rudes gelées de l'hiver, et à se serrer le corps durant les chaleurs excessives de l'été, qu'à se crever un œil ou à se couper un bras, on devrait souffrir davantage de confusion. La peine n'est pas si grande, mais la raison qu'on a de l'endurer n'est pas si apparente : ainsi il y a pour le moins une égale bizarrerie. Un Ethiopien peut dire que c'est par générosité qu'il se crève un œil; mais que peut dire une dame chrétienne, qui fait parade de ce que la pudeur naturelle et la religion l'obligent de cacher? Que c'est la mode, et rien davantage. Mais cette mode est bizarre, incommode, malhonnête, indigne en toutes manières : elle n'a point d'autre source qu'une manifeste corruption de la raison, et qu'une secrète corruption du cœur; on ne la peut suivre sans scandale, c'est prendre ouvertement le parti du dérèglement de l'imagination contre la raison, de l'impureté contre la pureté, de l'esprit du monde contre l'esprit de Dieu : en un mot, c'est violer les lois de la raison et les lois de l'Evangile que de suivre cette mode. N'importe, c'est la mode : c'est-à-dire une loi plus sainte et plus inviolable que celle que Dieu avait écrite de sa main sur les tables de Moïse, et que celle qu'il grave avec son esprit dans le cœur des Chrétiens.

En vérité, je ne sais si les Français ont tout à fait droit de se moquer des Ethiopiens et des sauvages. Il est vrai que, si on voyait pour la première fois un roi borgne et boiteux, n'avoir à sa suite que des boiteux et des borgnes, on aurait peine à s'empêcher de rire. Mais avec le temps on n'en rirait plus; et l'on admirerait peut-être davantage la grandeur de leur courage et de leur amitié, qu'on ne se raillerait de la faiblesse de leur esprit. Il n'en est pas de même des modes de France. Leur bizarrerie n'est point soutenue de quelque raison apparente; et, si elles ont l'avantage de n'être pas si fâcheuses, elles n'ont pas toujours celui d'être aussi raisonnables. En un mot, elles portent le caractère d'un siècle encore plus corrompu, dans lequel rien n'est assez puissant pour modérer le dérèglement de l'imagination.

Ce qu'on vient de dire des gens de cour, se doit aussi entendre de la plus grande partie des serviteurs à l'égard de leurs maîtres, des servantes à l'égard de leurs maîtresses ; et, pour ne pas faire un dénombrement assez inutile, cela se doit entendre de tous les inférieurs à l'égard de leurs supérieurs, mais principalement des enfants à l'égard de leurs parents, parce que les enfants sont dans une dépendance toute particulière de leurs parents ; que leurs parents ont pour eux une amitié et une tendresse qui ne se rencontre pas dans les autres ; et enfin, parce que la raison porte les enfants à des soumissions et à des respects que la même raison ne règle pas toujours.

Il n'est pas absolument nécessaire, pour agir dans l'imagination des autres, d'avoir quelque autorité sur eux, et qu'ils dépendent de nous en quelque manière : la seule force d'imagination suffit quelquefois pour cela. Il arrive souvent que des inconnus, qui n'ont aucune réputation, et pour lesquels nous ne sommes prévenus d'aucune estime, ont une telle force d'imagination, et par conséquent des expressions si vives et si touchantes[1], qu'ils nous persuadent sans que nous sachions ni pourquoi, ni même de quoi nous sommes persuadés. Il est vrai que cela semble fort extraordinaire, mais cependant il n'y a rien de plus commun.

Or cette persuasion imaginaire ne peut venir que de la force d'un esprit visionnaire, qui parle vivement sans savoir ce qu'il dit, et qui tourne ainsi les esprits de ceux qui l'écoutent, à croire fortement sans savoir ce qu'ils croient. Car la plupart des hommes se laissent aller à l'effort de l'impression sensible qui les étourdit et les éblouit, et qui les pousse à juger par passion de ce qu'ils ne conçoivent

---

1. *Touchantes*, au sens que nous avons remarqué, p. 110, et trouvé en plusieurs autres endroits.

que fort confusément. On prie ceux qui liront cet ouvrage, de penser à ceci, d'en remarquer des exemples dans les conversations où ils se trouveront, et de faire quelque réflexion sur ce qui se passe dans leur esprit en ces occasions. Cela leur sera beaucoup plus utile qu'ils ne peuvent se l'imaginer.

Mais il faut bien considérer qu'il y a deux choses qui contribuent merveilleusement à la force de l'imagination des autres sur nous. La première est un air de piété et de gravité, l'autre est un air de libertinage et de fierté[1]. Car selon notre disposition à la piété ou au libertinage, les personnes qui parlent d'un air grave et pieux, ou d'un air fier et libertin, agissent fort diversement sur nous.

Il est vrai que les uns sont bien plus dangereux que les autres ; mais il ne faut jamais se laisser persuader par les manières ni des uns ni des autres ; mais seulement par la force de leurs raisons. On peut dire gravement et modestement des sottises, et d'une manière dévote des impiétés et des blasphèmes. Il faut donc examiner, si les esprits sont de Dieu, selon le conseil de saint Jean*, et ne pas se fier à toutes sortes d'esprits. Les démons se transforment quelquefois en anges de lumière ; et l'on trouve des personnes à qui l'air de piété est comme naturel, et par conséquent dont la réputation est d'ordinaire fortement établie, qui dispensent les hommes de leurs obligations essentielles, et même de celle d'aimer Dieu et le prochain, pour les rendre esclaves de quelque pratique, et de quelque cérémonie pharisienne[2].

* *I Ep.*, ch. iv. [Le renvoi n'est pas dans les premières éditions.]

1. *Libertinage.* Licence que l'on prend de mépriser ou de rejeter les croyances religieuses. *Fierté.* Voir n. 2, p. 120.

2. On peut appliquer ces paroles à certains casuistes dont l'Église a condamné la morale relâchée, parce qu'ils hésitaient à regarder comme coupable l'homme qui négligerait pendant des années de faire un acte parfait d'amour de Dieu (propositions condamnées notamment par Alexandre VII et Innocent XI). Mais Malebranche paraît bien se ressouvenir ici de la dixième *Provinciale;* il est dans les dispositions d'esprit que nous avons indiquées plus haut, page 134, note 1 ; il incline vers le rigorisme janséniste : dès lors, ne peut-on pas penser que ces paroles visent en général toutes les règles et les distinctions destinées à déterminer la gra-

Mais les imaginations fortes desquelles il faut éviter avec soin l'impression et la contagion, sont certains esprits par le monde, qui affectent la qualité d'esprits forts; ce qui ne leur est pas difficile d'acquérir. Car il n'y a maintenant qu'à nier d'un certain air le péché originel, l'immortalité de l'âme, ou se railler de quelque sentiment reçu dans l'Église, pour acquérir la rare qualité d'esprit fort parmi le commun des hommes.

Ces petits esprits ont d'ordinaire beaucoup de feu, et un certain air libre et fier qui domine, et qui dispose les imaginations faibles à se rendre à des paroles vives et spécieuses, mais qui ne signifient rien à des esprits attentifs.

---

vité des fautes positives et directes contre le grand commandement de l'amour de Dieu? S'il en est ainsi, le reproche est injuste : car, sans insister sur ce point que les théologiens, dans ces sortes d'essais, s'adressent non pas aux fidèles, mais aux confesseurs, pour qui ils cherchent des règles de jugement et de conduite, en quoi est-ce « dispenser d'aimer Dieu » que de distinguer entre le *précepte négatif* et le *précepte affirmatif?* L'un oblige, en toute circonstance, à ne rien faire de contraire à l'amour de Dieu et à observer fidèlement la loi dans la disposition de tout sacrifier plutôt que de désobéir en matière grave à la volonté de Dieu, source de toute justice; l'autre oblige à produire des actes formels de *charité*. C'est de ce dernier seul que l'on dispute, et non pour en contester l'obligation, mais pour déterminer l'étendue de cette obligation. Bossuet, se servant de cette distinction théologique (préface sur une *Instruction pastorale* de M. de Cambrai, édition de Versailles, tome XXVIII, page 584), dit excellemment : « Je n'ai pas observé en vain qu'il s'agit ici du précepte affirmatif, puisque c'est le seul dont l'obligation n'est pas perpétuelle, et à laquelle même, hors des cas fort rares, on ne peut jamais assigner des moments certains. Qu'on m'entende bien : je ne dis pas que l'obligation de pratiquer les préceptes affirmatifs soit rare, à Dieu ne plaise! je parle des moments certains et précis de l'obligation : car, qui peut déterminer l'heure précise à laquelle il faille satisfaire au précepte intérieur de croire, d'espérer, d'aimer? » L'exagération rigoriste consiste précisément à étendre à toutes les circonstances et à tous les instants de la vie ce précepte affirmatif; et c'est vraiment faire de la loi de l'amour une loi tyrannique et absurde : ces docteurs qui veulent que tout acte, pour n'être pas damnable, procède de la pure *charité*, « tiennent les consciences captives sous des rigueurs très injustes : ils ne peuvent supporter aucune faiblesse ; ils traînent toujours l'enfer après eux, et ne fulminent que des anathèmes. » (J'emprunte à Bossuet, *Oraison funèbre* de Nicolas Cornet, ces fortes expressions.) Aussi on en vient à regarder tous les actes indifférents et même vertueux dont la pure charité n'est pas le principe comme autant de péchés dignes de damnation et les vertus des anciens philosophes comme autant de vices. Entre les extrêmes d'une morale relâchée et d'une morale rigoriste, combien l'Église n'est-elle pas admirable, se contenant et contenant tout dans une parfaite mesure et une parfaite justesse? Elle condamne tout excès, et puis, sans rien déterminer inutilement, elle exhorte, de toutes les façons les plus vives et les plus touchantes, à aimer Dieu sans marchander, avec générosité, libéralement, s'il est permis de parler ainsi, sachant bien que, sans doute, on n'aimera jamais Dieu assez, et que la seule mesure de l'aimer, selon le mot de saint Bernard, c'est de l'aimer sans mesure, mais qu'aussi l'amour a besoin de se donner avec effusion et comme par delà les limites de ce qui est strictement requis.

Ils sont tout à fait heureux en expressions, quoique très malheureux en raisons. Mais parce que les hommes, tout raisonnables qu'ils sont, aiment beaucoup mieux se laisser toucher par le plaisir sensible de l'air et des expressions, que de se fatiguer dans l'examen des raisons; il est visible que ces esprits doivent l'emporter sur les autres, et communiquer ainsi leurs erreurs et leur malignité, par la puissance qu'ils ont sur l'imagination des autres hommes.

CHAPITRE III

I. De la force de l'imagination de certains auteurs. — II. De Tertullien.

I. Une des plus grandes et des plus remarquables preuves de la puissance que les imaginations ont les unes sur les autres, c'est le pouvoir qu'ont certains auteurs de persuader sans aucunes raisons. Par exemple, le tour des paroles de Tertullien, de Sénèque, de Montagne, et de quelques autres, a tant de charmes, et tant d'éclat, qu'il éblouit l'esprit de la plupart des gens, quoique ce ne soit qu'une faible peinture, et comme l'ombre de l'imagination de ces auteurs. Leurs paroles, toutes mortes qu'elles sont, ont plus de vigueur que la raison de certaines gens. Elles entrent, elles pénètrent, elles dominent dans l'âme d'une manière si impérieuse, qu'elles se font obéir sans se faire entendre, et qu'on se rend à leurs ordres sans les savoir. On veut croire : mais on ne sait que croire ; car, lorsqu'on veut savoir précisément ce qu'on croit, ou ce qu'on veut croire, et qu'on s'approche, pour ainsi dire, de ces fantômes pour les reconnaître, ils s'en vont souvent en fumée avec tout leur appareil et tout leur éclat.

Quoique les livres des auteurs que je viens de nommer, soient très propres pour faire remarquer la puissance que les imaginations ont les unes sur les autres, et que je les propose pour exemple, je ne prétends pas toutefois les

condamner en toutes choses. Je ne puis pas m'empêcher
d'avoir de l'estime pour certaines beautés qui s'y rencontrent, et de la déférence pour l'approbation universelle
qu'ils ont eue pendant plusieurs siècles*. Je proteste enfin
que j'ai beaucoup de respect pour quelques ouvrages de
Tertullien, principalement pour son Apologie contre les
Gentils, et pour son livre des Prescriptions contre les hérétiques, et pour quelques endroits des livres de Sénèque,
quoique je n'aie pas beaucoup d'estime pour tout le livre
de Montagne.

II. Tertullien était à la vérité un homme d'une profonde
érudition, mais il avait plus de mémoire que de jugement,
plus de pénétration et plus d'étendue d'imagination, que
de pénétration et d'étendue d'esprit. On ne peut douter
enfin, qu'il ne fût visionnaire dans le sens que j'ai expliqué auparavant, et qu'il n'eût presque toutes les qualités
que j'ai attribuées aux esprits visionnaires. Le respect
qu'il eut pour les visions de Montanus et pour ses Prophétesses, est une preuve incontestable de la faiblesse de son
jugement. Ce feu, ces emportements, ces enthousiasmes
sur de petits sujets, marquent sensiblement le dérèglement
de son imagination. Combien de mouvements irréguliers
dans ses hyperboles et dans ses figures? Combien de raisons
pompeuses et magnifiques, qui ne prouvent que par leur
éclat sensible, et qui ne persuadent qu'en éblouissant
l'esprit?

A quoi sert, par exemple, à cet auteur qui veut se justifier d'avoir pris le manteau de philosophe, au lieu de la
robe ordinaire, de dire que ce manteau avait autrefois été
en usage dans la ville de Carthage? Est-il permis présentement de prendre la toque et la fraise, à cause que nos
pères s'en sont servis? Et les femmes peuvent-elles porter
des vertugadins et des chaperons ¹, si ce n'est au carnaval,
lorsqu'elles veulent se déguiser en masque?

---

* Voyez l'éclaircissement.

1. *Vertugadin*. Gros bourrelet que les femmes portaient au-dessous de leurs corps de robes. *Chaperon*. Coiffure à bourrelet et à queue.

Que peut-il conclure de ces descriptions pompeuses et magnifiques des changements qui arrivent dans le monde, et que peuvent-elles contribuer à sa justification? La lune est différente dans ses phases, l'année dans ses saisons, les campagnes changent de face l'hiver et l'été. Il arrive des débordements d'eaux qui noyent des provinces entières, et des tremblements de terre qui les engloutissent. On a bâti de nouvelles villes, on a établi de nouvelles colonies, on a vu des inondations de peuples qui ont ravagé des pays entiers; enfin toute la nature est sujette au changement. Donc il a eu raison de quitter la robe pour prendre le manteau. Quel rapport entre ce qu'il doit prouver, et entre tous ces changements, et plusieurs autres qu'il recherche avec grand soin, et qu'il décrit avec des expressions forcées, obscures et guindées*? Le paon se change à chaque pas qu'il fait; le serpent, entrant dans quelque trou étroit, sort de sa propre peau, et se renouvelle : donc il a raison de changer d'habit. Peut-on de sang-froid, et de sens rassis[1] tirer de pareilles conclusions, et pourrait-on les voir tirer sans en rire, si cet auteur n'étourdissait et ne troublait l'esprit de ceux qui le lisent?

Presque tout le reste de ce petit livre *de Pallio*, est plein de raisons aussi éloignées de son sujet que celles-ci, lesquelles certainement ne prouvent qu'en étourdissant, lorsqu'on est capable de se laisser étourdir; mais il serait assez inutile de s'y arrêter davantage. Il suffit de dire ici que, si la justesse de l'esprit, aussi bien que la clarté et la netteté dans le discours, doivent toujours paraître en tout ce qu'on écrit, puisqu'on ne doit écrire que pour faire connaître la vérité, il n'est pas possible d'excuser cet auteur, qui, au rapport même de Saumaise**, le plus grand critique

---

* Ch. II et III *De Pallio*.

** Multos etiam vidi postquam bene æstuassent ut eum assequerentur, nihil præter sudorem et inanem animi fatigationem lucratos ab ejus lectione discessisse. Sic qui Scotinus haberi viderique dignus, qui hoc cognomentum haberet, voluit, adeo quod voluit a semetipso impetravit, et efficere id quod optabat valuit, ut liquido jurare ausim neminem ad hoc tempus exstitisse, qui possit jurare hunc libellum a capite ad calcem usque totum a se non minus bene intellectum quam lectum. *Salm. in Epist. ded. Comm. in Tert.*

1. *De sens rassis.* Sans être ému ou troublé.

de nos jours, a fait tous ses efforts pour se rendre obscur, et qui a si bien réussi dans son dessein, que ce commentateur était prêt de jurer, qu'il n'y avait personne qui l'entendît parfaitement¹. Mais, quand le génie de la nation, la fantaisie de la mode qui régnait en ce temps-là, et enfin la nature de la satire ou de la raillerie seraient capables de justifier en quelque manière ce beau dessein de se rendre obscur et incompréhensible, tout cela ne pourrait excuser les méchantes raisons et l'égarement d'un auteur, qui, dans plusieurs autres de ses ouvrages, aussi bien que dans celui-ci, dit tout ce qui lui vient dans l'esprit, pourvu que ce soit quelque pensée extraordinaire, et qu'il ait quelque expression hardie par laquelle il espère faire parade de la force, ou pour mieux dire, du dérèglement de son imagination².

CHAPITRE IV

De l'imagination de Sénèque.

L'imagination de Sénèque n'est quelquefois pas mieux réglée que celle de Tertullien. Ses mouvements impétueux l'emportent souvent dans des pays qui lui sont inconnus, où néanmoins il marche avec la même assurance que s'il savait où il est et où il va. Pourvu qu'il fasse de grands pas, des pas figurés et dans une juste cadence, il s'imagine qu'il avance beaucoup; mais il ressemble à ceux qui

---

1. Claude de Saumaise (Salmasius), né à Semur, 1588-1653, surnommé le *prince des doctes* et le *Varron de son siècle*, versé dans toutes les sciences, sachant à fond le grec, le latin, et les langues orientales, érudit, philologue, critique d'une grande sagacité, mais d'une intolérance extrême, fort prodigue d'injures quand on n'acceptait pas ses décisions.

2. Un des plus violents ennemis de la philosophie de Malebranche, et aussi des moins sérieux, Faydit, imagina dans ses *Nouvelles Remarques sur Virgile*, en 1710, un singulier dialogue entre Tertullien et Malebranche, où Tertullien déclare que, s'il est lui-même visionnaire, Malebranche ne l'est pas moins.

dansent, qui finissent toujours où ils ont commencé[1].

Il faut bien distinguer la force et la beauté des paroles, de la force et de l'évidence des raisons. Il y a sans doute beaucoup de force et quelque beauté dans les paroles de Sénèque; mais il y a très peu de force et d'évidence dans ses raisons. Il donne par la force de son imagination un certain tour à ses paroles, qui touche, qui agite et qui persuade par impression; mais il ne leur donne pas cette netteté et cette lumière pure qui éclaire et qui persuade par évidence. Il convainc[2], parce qu'il émeut et parce qu'il plaît; mais je ne crois pas qu'il lui arrive de persuader ceux qui le peuvent lire de sang-froid, qui prennent garde à la surprise, et qui ont coutume de ne se rendre qu'à la clarté et à l'évidence des raisons. En un mot, pourvu qu'il parle et qu'il parle bien, il se met peu en peine de ce qu'il dit, comme si on pouvait bien parler sans savoir ce qu'on dit; et ainsi il persuade sans que l'on sache souvent ni de quoi, ni comment on est persuadé, comme si on devait jamais se laisser persuader de quelque chose sans la concevoir distinctement et sans avoir examiné les preuves qui la démontrent.

Qu'y a-t-il de plus pompeux et de plus magnifique que l'idée qu'il nous donne de son Sage; mais qu'y a-t-il au fond de plus vain et de plus imaginaire? Le portrait qu'il fait de Caton est trop beau pour être naturel; ce n'est que du fard et que du plâtre qui ne donne dans la vue[3] que de ceux qui n'étudient et qui ne connaissent point la nature. Caton était un homme sujet à la misère des hommes; il n'était point invulnérable, c'est une idée[4]; ceux qui le frappaient le blessaient. Il n'avait ni la dureté du diamant, que le fer ne peut briser, ni la fermeté des rochers, que les flots ne peuvent ébranler, comme Sénèque le prétend. En un mot, il n'était point insensible; et le même Sénèque

---

1. Charmante critique, et bien souvent justifiée par les écrits de Sénèque.
2. *Convaincre* ici signifie seulement vaincre, subjuguer.
3. *Donner dans la vue.* Eblouir, ou plaire. Ici éblouir.
4. *Idée*, par opposition à *réalité*, comme on dit *en idée*. La Bruyère (ch. *De l'Homme*) : « Le stoïcisme est un jeu d'esprit et une idée semblable à la République de Platon. »

se trouve obligé d'en tomber d'accord, lorsque son imagination s'est un peu refroidie, et qu'il fait davantage de réflexion à ce qu'il dit*.

Mais quoi donc ! n'accordera-t-il pas que son Sage peut devenir misérable, puisqu'il accorde qu'il n'est pas insensible à la douleur? Non sans doute, la douleur ne touche pas son Sage : la crainte de la douleur ne l'inquiète pas : son Sage est au-dessus de la fortune et de la malice des hommes : ils ne sont pas capables de l'inquiéter.

Il n'y a point de murailles et de tours dans les plus fortes places, que les béliers et les autres machines ne fassent trembler, et ne renversent avec le temps. Mais il n'y a point de machines assez puissantes pour ébranler l'esprit de son Sage. Ne lui comparez pas les murs de Babylone, qu'Alexandre a forcés, ni ceux de Carthage et de Numance, qu'un même bras a renversés, ni enfin le Capitole et la citadelle qui gardent encore à présent des marques, que les ennemis s'en sont rendus les maîtres. Les flèches que l'on tire contre le soleil ne montent pas jusqu'à lui. Les sacrilèges que l'on commet, lorsque l'on renverse les temples, et qu'on en brise les images, ne nuisent pas à la divinité. Les dieux mêmes peuvent être accablés sous les ruines de leurs temples : mais son Sage n'en sera pas accablé : ou plutôt s'il en est accablé, il n'est pas possible qu'il en soit blessé**.

---

* Itaque non refert, quam multa in illum tela conjiciantur, cum sit nulli penetrabilis. Quomodo quorumdam lapidum inexpugnabilis ferro duritia est, nec secari adamas, aut cædi vel teri potest, sed incurrentia ultro retundit ; quemadmodum projecti in altum scopuli mare frangunt, nec ipsi ulla sævitiæ vestigia tot verberati sæculis ostentant. Ita sapientis animus solidus est, et id roboris collegit, ut tam tutus sit ab injuria quam illa quæ extuli. *Sen.*, cap. v, Tract. *Quod in sapientem non cadit injuria.*

** Adsum hoc vobis probaturus sub isto tot civitatum eversore munimenta incursu arietis labefieri, et turrium altitudinem cuniculis ac latentibus fossis repente residere, et æquaturam editissimas arces aggerem crescere. At nulla machinamenta posse reperiri, quæ bene fundatum animum agitent.

Et plus bas :

Non Babylonis muros illi contuleris, quos Alexander intravit : non Carthaginis, aut Numantiæ mœnia una manu capta : non Capitolium arcemve: habent ista hostile vestigium. Ch. vi.

Quid tu putas cum stolidus ille Rex multitudine telorum diem obscurasset, ullam sagittam in solem incidisse. Ut cœlestia humanas manus effugiunt, et ab his qui templa diruunt, aut simulachra conflant, nihil divinitati nocetur, ita quidquid sit in sapientem, proterve, petulanter, superbe, frustra tentatur. Ch. iv.

Mais ne croyez pas, dit Sénèque, que ce Sage que je vous dépeins ne se trouve nulle part. Ce n'est pas une fiction pour élever sottement l'esprit de l'homme. Ce n'est pas une grande idée sans réalité et sans vérité ; peut-être même que Caton passe cette idée.

Mais il me semble, continue-t-il, que je vois que votre esprit s'agite et s'échauffe. Vous voulez dire peut-être, que c'est se rendre méprisable que de promettre des choses qu'on ne peut ni croire, ni espérer, et que les Stoïciens ne font que changer le nom des choses, afin de dire les mêmes vérités d'une manière plus grande et plus magnifique. Mais vous vous trompez : je ne prétends pas élever le Sage par ces paroles magnifiques et spécieuses : je prétends seulement qu'il est dans un lieu inaccessible et dans lequel on ne peut le blesser.

Voilà jusqu'où l'imagination vigoureuse de Sénèque emporte sa raison. Mais se peut-il faire que des hommes, qui sentent continuellement leurs misères et leurs faiblesses, puissent tomber dans des sentiments si fiers et si vains[1] ? Un homme raisonnable peut-il jamais se persuader que sa douleur ne le touche et ne le blesse ? et Caton, tout sage et tout fort qu'il était, pouvait-il souffrir sans quelque inquiétude, ou au moins sans quelque distraction, je ne dis pas les injures atroces d'un peuple enragé qui le traîne,

---

Inter fragorem templorum super Deos suos cadentium uni homini pax fuit. Ch. v.
Non est ut dicas ita ut soles, hunc sapientem nostrum nusquam inveniri. Non fingimus istud humani ingenii vanum decus, nec ingentem imaginem rei falsæ concipimus : sed qualem confirmamus, exhibuimus, et exhibebimus. Cæterum hic ipse M. Cato vereor ne supra nostrum exemplar sit. Ch. vii.
Videor mihi intueri animum tuum incensum, et effervescentem : paras acclamare. Hæc sunt, quæ auctoritatem præceptis vestris detrahant. Magna promittitis, et quæ ne optari quidem, nedum credi, possunt.
Et plus bas :
Ita sublato alto supercilio in eadem, quæ cæteri, descenditis mutatis rerum nominibus : tale itaque aliquid et in hoc esse suspicor, quod prima specie pulchrum atque magnificum est, nec injuriam, nec contumeliam accepturum esse sapientem.
Et plus bas :
Ego vero sapientem non imaginario honore verborum exornare constitui, sed eo loco ponere, quo nulla perveniat injuria.

1. *Fiers*, car ce sont des défis, des bravades. *Vains*, car tout cela est peu solide, léger, creux.

qui le dépouille et qui le maltraite de coups, mais les piqûres d'une simple mouche? Qu'y a-t-il de plus faible contre des preuves aussi fortes et aussi convaincantes que sont celles de notre propre expérience, que cette belle raison de Sénèque, laquelle est cependant une de ses principales preuves?

Celui qui blesse, dit-il*, doit être plus fort que celui qui est blessé. Le vice n'est pas plus fort que la vertu. Donc le Sage ne peut être blessé. Car il n'y a qu'à répondre ou que tous les hommes sont pécheurs, et par conséquent dignes de la misère qu'ils souffrent, ce que la religion nous apprend, ou que si le vice n'est pas plus fort que la vertu, les vicieux peuvent avoir quelquefois plus de force que les gens de bien, comme l'expérience nous le fait connaître.

Épicure** avait raison de dire, *que les offenses étaient supportables à un homme sage;* mais Sénèque a tort de dire, *que les sages ne peuvent pas même être offensés.* La vertu des Stoïques[1] ne pouvait pas les rendre invulnérables, puisque la véritable vertu n'empêche pas qu'on ne soit misérable et digne de compassion dans le temps qu'on souffre quelque mal. Saint Paul et les premiers Chrétiens avaient plus de vertu que Caton et que les Stoïciens. Ils avouaient néanmoins qu'ils étaient misérables par les peines qu'ils enduraient, quoiqu'ils fussent heureux dans l'espérance d'une récompense éternelle. *Si tantum in hac vita sperantes sumus, miserabiliores sumus omnibus hominibus,* dit saint Paul[2].

Comme il n'y a que Dieu qui nous puisse donner par sa grâce une véritable et solide vertu, il n'y a aussi que lui qui nous puisse faire jouir d'un bonheur solide et véri-

---

* Validius debet esse quod lædit, eo quod læditur. Non est autem fortior nequitia virtute. Non potest ergo lædi sapiens. Injuria in bonos non tentatur nisi a malis, bonis inter se pax est. Quod si lædi nisi infirmior non potest, malus autem bono infirmior est, nec injuria bonis nisi a dispari verenda est, injuria in sapientem virum non cadit. Ch. VII, ibidem. [Remarquons avec quelle simplicité et quelle force Malebranche traduit le latin.]

** Epicurus ait injurias tolerabiles esse sapienti, nos injurias non esse, cap. XV.

1. *Stoïque* ne s'emploie plus que comme adjectif. André Chénier a dit encore (*La jeune Captive*) : Qu'un stoïque aux yeux secs vole embrasser la mort.

2. *Ep. ad Corinth.*, I, xv, 19.

table; mais il ne le promet et ne le donne pas en cette vie. C'est dans l'autre qu'il faut l'espérer de sa justice, comme la récompense des misères qu'on a souffertes pour l'amour de lui. Nous ne sommes pas à présent dans la possession de cette paix et de ce repos que rien ne peut troubler. La grâce même de Jésus-Christ ne nous donne pas une force invincible; elle nous laisse d'ordinaire sentir notre propre faiblesse, pour nous faire connaître qu'il n'y a rien au monde qui ne nous puisse blesser, et pour nous faire souffrir avec une patience humble et modeste toutes les injures que nous recevons, et non pas avec une patience fière et orgueilleuse semblable à la constance du superbe Caton.

Lorsqu'on frappa Caton* au visage, il ne se fâcha point; il ne se vengea point; il ne pardonna point aussi[1]; mais il nia fièrement qu'on lui eût fait quelque injure. Il voulait qu'on le crût infiniment au-dessus de ceux qui l'avaient frappé. Sa patience n'était qu'orgueil et que fierté. Elle était choquante et injurieuse pour ceux qui l'avaient maltraité; et Caton marquait, par cette patience de Stoïque, qu'il regardait ses ennemis comme des bêtes contre lesquelles il est honteux de se mettre en colère. C'est ce mépris de ses ennemis et cette grande estime de soi-même que Sénèque appelle grandeur de courage. *Majori animo*, dit-il, parlant de l'injure qu'on fit à Caton, *non agnovit quam ignovisset.* Quel excès de confondre la grandeur de courage avec l'orgueil, et de séparer la patience d'avec l'humilité pour la joindre avec une fierté insupportable. Mais que ces excès flattent agréablement la vanité de l'homme, qui ne veut jamais s'abaisser, et qu'il est dangereux principalement à des Chrétiens de s'instruire de la morale dans un auteur aussi peu judicieux que Sénèque; mais dont l'imagination est si forte, si vive et si impétueuse, qu'elle éblouit, qu'elle étourdit, et qu'elle entraîne tous ceux qui ont peu de fer-

---

* Sénèque, ch. xiv du même traité.

1. On dirait maintenant *non plus*. Cf. plus haut, p. 88, 106, etc.

moté d'esprit, et beaucoup de sensibilité pour tout ce qui flatte la concupiscence de l'orgueil[1] !

Que les Chrétiens apprennent plutôt de leur Maître, que des impies sont capables de les blesser, et que les gens de bien sont quelquefois assujettis à ces impies par l'ordre de la Providence. Lorsqu'un des officiers du grand-prêtre donna un soufflet à Jésus-Christ, ce Sage des Chrétiens, infiniment sage, et même aussi puissant qu'il est sage, confesse que ce valet a été capable de le blesser. Il ne se fâche pas ; il ne se venge pas comme Caton ; mais il pardonne comme ayant été véritablement offensé. Il pouvait se venger et perdre ses ennemis ; mais il souffre avec une patience humble et modeste, qui n'est injurieuse à personne, ni même à ce valet qui l'avait offensé[2]. Caton, au contraire, ne pouvant ou n'osant tirer de vengeance réelle de l'offense

---

1. Nous avons vu plus haut la « concupiscence » toute seule désignant la concupiscence de la chair, ou sensualité. Il y a trois sortes de concupiscence : la concupiscence de la chair, la concupiscence des yeux, et l'orgueil de la vie. Saint Jean, I, II, 15, 16, 17. « *Omne quod est in mundo, concupiscentia carnis* (ἡ ἐπιθυμία τῆς σαρκὸς) *est, et concupiscentia oculorum* (ἡ ἐπιθυμία τῶν ὀφθαλμῶν), *et superbia vitæ* (ἡ ἀλαζονεία τοῦ βίου); *quæ non est ex Patre, sed ex mundo est.* » Le *Traité de la Concupiscence* de Bossuet est l'exposition et le commentaire de ces paroles. Pascal les résume par trois mots empruntés à Jansénius : *Libido sentiendi, libido sciendi, libido dominandi* (il y a dans Jansénius *excellendi*).

2. C'est l'*humilité* qui est le caractère propre de la patience chrétienne opposée à la patience stoïque. Pascal l'a montré admirablement dans son *Entretien avec M. de Saci sur Epictète et Montaigne*. Dacier, comme le remarque Sainte-Beuve, accuse Pascal d'avoir calomnié Epictète en parlant de sa « superbe diabolique », et il parle de l'*humilité* d'Epictète. Mais est-ce l'humilité chrétienne ? Non. « Otez Epictète, et mettez à la place le Jean-Jacques de l'*Emile* ? Le reproche reste évident. » *Port-Royal*, t. II, p. 377. D'ailleurs voyons ce que dit Pascal lui-même, *Pensées*.

« Un mot de David, un de Moïse, comme : que Dieu circoncira les cœurs, fait juger de leur esprit. Que tous les autres discours soient équivoques, et douteux d'être philosophes ou chrétiens : enfin un mot de cette nature détermine tous les autres, comme un mot d'Epictète détermine tout le reste au contraire. » Réflexion à peine rédigée, mais bien importante. On peut se demander en lisant Epictète, si c'est un philosophe ou un chrétien qu'on lit. Mais de même qu'un mot où éclatent le sentiment de la misère de l'homme et le besoin qu'il a du secours réparateur de Dieu, *détermine* tous les autres dans l'Ancien Testament, quand les écrivains sacrés semblent parler en hommes, en philosophes, de même un mot d'Epictète où éclatent la confiance en soi et l'orgueil, détermine tout le reste en sens contraire, c'est-à-dire fait bien voir que ce n'est pas un chrétien qui parle. Malebranche, opposant comme Pascal l'humilité de Jésus-Christ à l'orgueil du stoïcien, a moins de vigueur et moins d'éclat, mais quelle pénétrante douceur ! Pascal l'a eue aussi, cette douceur, dans un autre passage (*les trois ordres de grandeur*) : « Jésus-Christ… est dans son ordre de sainteté. Il n'a point donné d'invention, il n'a point régné ; mais il a été humble, patient… »

qu'il avait reçue, tâche d'en tirer une imaginaire et qui flatte sa vanité et son orgueil. Il s'élève en esprit jusque dans les nues; il voit de là les hommes d'ici-bas petits comme des mouches, et il les méprise comme des insectes incapables de l'avoir offensé, et indignes de sa colère. Cette vision est une pensée digne du sage Caton. C'est elle qui lui donne cette grandeur d'âme et cette fermeté de courage qui le rend semblable aux dieux. C'est elle qui le rend invulnérable, puisque c'est elle qui le met au-dessus de toute la force et de toute la malignité des autres hommes. Pauvre Caton! tu t'imagines que ta vertu t'élève au-dessus de toutes choses : ta sagesse n'est que folie, et ta grandeur qu'abomination devant Dieu, quoi qu'en pensent les sages du monde*.

Il y a des visionnaires de plusieurs espèces : les uns s'imaginent qu'ils sont transformés en coqs et en poules; d'autres croient qu'ils sont devenus rois ou empereurs; d'autres enfin se persuadent qu'ils sont indépendants et comme des dieux. Mais, si les hommes regardent toujours comme des fous ceux qui assurent qu'ils sont devenus coqs, ou rois, ils ne pensent pas toujours que ceux qui disent que leur vertu les rend indépendants et égaux à Dieu, soient véritablement visionnaires. La raison en est que, pour être estimé fou, il ne suffit pas d'avoir de folles pensées, il faut outre cela que les autres hommes prennent les pensées que l'on a pour des visions et pour des folies. Car les fous ne passent pas pour ce qu'ils sont parmi les fous qui leur ressemblent, mais seulement parmi les hommes raisonnables, de même que les sages ne passent pas pour ce qu'ils sont parmi des fous. Les hommes reconnaissent donc pour fous ceux qui s'imaginent être devenus coqs ou rois, parce que tous les hommes ont raison de ne pas croire qu'on puisse si facilement devenir coq ou roi. Mais ce n'est pas d'aujourd'hui que les hommes croient pouvoir devenir comme

---

* *Sapientia hujus mundi stultitia est apud Deum. Quod hominibus altum est, abominatio ante Deum.* Luc. 16. [Indication incomplète. *Quod hominibus altum est...* se trouve bien dans saint Luc, XVI, 15; mais *Sapientia hujus mundi...* est dans saint Paul, *I Ep. ad Cor.*, III, 19.]

des dieux : ils l'ont cru de tout temps, et peut-être plus qu'ils ne le croient aujourd'hui. La vanité leur a toujours rendu cette pensée assez vraisemblable. Ils la tiennent de leurs premiers parents ; car sans doute nos premiers parents étaient dans ce sentiment, lorsqu'ils obéirent au démon qui les tenta par la promesse qu'il leur fit qu'ils deviendraient semblables à Dieu : *Eritis sicut Dii.* Les intelligences mêmes les plus pures et les plus éclairées ont été si fort aveuglées par leur propre orgueil, qu'ils ont désiré et peut-être cru pouvoir devenir indépendants, et même formé le dessein de monter sur le trône de Dieu[1]. Ainsi il ne faut point s'étonner si les hommes, qui n'ont ni la pureté ni la lumière des anges, s'abandonnent aux mouvements de leur vanité qui les aveugle et qui les séduit.

Si la tentation pour la grandeur et l'indépendance est la plus forte de toutes, c'est qu'elle nous paraît, comme à nos premiers parents, assez conforme à notre raison aussi bien qu'à notre inclination, à cause que nous ne sentons pas toujours toute notre dépendance. Si le serpent eût menacé nos premiers parents, en leur disant : Si vous ne mangez du fruit dont Dieu vous a défendu de manger, vous serez transformés, vous en coq, et vous en poule ; on ne craint point d'assurer qu'ils se fussent raillés d'une tentation si grossière : car nous nous en raillerions nous-mêmes. Mais le démon, jugeant des autres par lui-même, savait bien que le désir de l'indépendance était le faible par où il les fallait prendre. Au reste, comme Dieu nous a créés à son image et à sa ressemblance, et que notre bonheur est d'être semblables à Dieu, on peut dire que la magnifique et intéressante promesse[*] du démon[2], est la même que celle que la religion nous propose ; et qu'elle s'accomplira en nous, non comme le disait le menteur et

---

[*] *I Ep. Saint Jean,* ch. III. [Ce renvoi n'est pas dans les premières éditions.]

1. *Sic.* Les intelligences *mêmes* les plus pures... Et puis *ils,* et non pas *elles* : c'est des Anges que Malebranche parle.

2. *Intéressante.* Ayant pour nous de l'intérêt, de l'importance. — Voir *Genèse,* I, 1. « *Eritis sicut dii.* » Saint Jean, I *Ep.,* III, 2. « *Similes et (Deo) erimus.* »

l'orgueilleux tentateur, en désobéissant à Dieu, mais en suivant exactement ses ordres.

La seconde raison qui fait qu'on regarde comme fous ceux qui assurent qu'ils sont devenus coqs ou rois, et qu'on n'a pas la même pensée de ceux qui assurent que personne ne les peut blesser, parce qu'ils sont au-dessus de la douleur, c'est qu'il est visible que les hypocondriaques se trompent, et qu'il ne faut qu'ouvrir les yeux pour avoir des preuves sensibles de leur égarement. Mais lorsque Caton assure que ceux qui l'ont frappé ne l'ont point blessé, et qu'il est au-dessus de toutes les injures qu'on lui peut faire, il l'assure, ou il peut l'assurer avec tant de fierté et de gravité, qu'on ne peut reconnaître s'il est effectivement tel au dedans qu'il paraît être au dehors. On est même porté à croire que son âme n'est point ébranlée, à cause que son corps demeure immobile, parce que l'air extérieur de notre corps est une marque naturelle de ce qui se passe dans le fond de notre âme. Ainsi, quand un hardi menteur ment avec beaucoup d'assurance, il fait souvent croire les choses les plus incroyables ; parce que cette assurance avec laquelle il parle, est une preuve qui touche les sens, et qui par conséquent est très forte et très persuasive pour la plupart des hommes. Il y a donc peu de personnes qui regardent les Stoïciens comme des visionnaires, ou comme de hardis menteurs, parce qu'on n'a pas de preuve sensible de ce qui se passe dans le fond de leur cœur, et que l'air de leur visage est une preuve sensible qui impose facilement[1], outre que la vanité nous porte à croire que l'esprit de l'homme est capable de cette grandeur et de cette indépendance dont ils se vantent.

Tout cela fait voir qu'il y a peu d'erreurs plus dangereuses, et qui se communiquent aussi facilement que

---

1. *Qui impose facilement. Imposer* signifie *inspirer le respect, la soumission, la crainte*, comme *en imposer*. Ainsi dans La Bruyère (*Du Mérite personnel*) : « De fort près, c'est moins que rien ; de loin, ils imposent. » C'est aussi *faire illusion* : ainsi dans Molière, *Tart.*, V, vi :

Le fourbe qui longtemps a pu vous im-
[poser.

Ici le contexte doit faire donner à ces mots « qui impose facilement » le sens de « qui fait illusion facilement. »

celles dont les livres de Sénèque sont remplis, parce que ces erreurs sont délicates, proportionnées à la vanité de l'homme, et semblables à celle dans laquelle le démon engagea nos premiers parents. Elles sont revêtues dans ces livres d'ornements pompeux et magnifiques, qui leur ouvrent le passage dans la plupart des esprits. Elles y entrent, elles s'en emparent, elles les étourdissent et les aveuglent. Mais elles les aveuglent d'un aveuglement superbe, d'un aveuglement éblouissant, d'un aveuglement accompagné de lueurs, et non pas d'un aveuglement humiliant et plein de ténèbres, qui fait sentir qu'on est aveugle, et qui le fait reconnaître aux autres. Quand on est frappé de cet aveuglement d'orgueil, on se met au nombre des beaux esprits et des esprits forts [1]. Les autres mêmes nous y mettent et nous admirent. Ainsi il n'y a rien de plus contagieux que cet aveuglement, parce que la vanité et la sensibilité des hommes, la corruption de leurs sens et de leurs passions, les dispose à rechercher d'en être frappés, et les excite à en frapper les autres.

Je ne crois donc pas qu'on puisse trouver d'auteur plus propre que Sénèque, pour faire connaître quelle est la contagion d'une infinité de gens, qu'on appelle beaux esprits et esprits forts, et comment les imaginations fortes et vigoureuses dominent sur les esprits faibles et peu éclairés, non par la force ni l'évidence des raisons, qui sont des productions de l'esprit; mais par le tour et la manière vive de l'expression, qui dépend de la force de l'imagination. Je sais bien que cet auteur a beaucoup d'estime dans le monde [2], et qu'on prendra pour une espèce

---

1. Le mot *Esprits forts* ici semble désigner seulement ceux qui ont de la force, mais qui bientôt, par cela même, se mettront même au-dessus de la religion et de Dieu.

2. *Cet auteur a beaucoup d'estime dans le monde.* L'ouvrage latin de Juste-Lipse sur le stoïcisme est de 1605. Sénèque était prisé ailleurs que chez les érudits. Montaigne le cite volontiers, Corneille emprunte au *De clementia* sa tragédie de *Cinna*. Les lettres de Descartes à la princesse Élisabeth attestent en quel honneur était le *De vita beata*. Descartes (lettre du 15 mai 1645) dit qu'il en a recommandé la lecture à la princesse, parce qu'« il a eu égard à la réputation de l'auteur. » Examinant lui-même le traité de près, il y trouve beaucoup à critiquer. Mais son premier choix est une preuve sensible de la grande autorité de Sénèque comme moraliste au dix-septième siècle.

de témérité de ce que j'en parle[1], comme d'un homme fort imaginatif et peu judicieux. Mais c'est principalement à cause de cette estime que j'ai entrepris d'en parler, non par une espèce d'envie[2] ou par humeur, mais parce que l'estime qu'on fait de lui touchera davantage les esprits, et leur fera faire attention aux erreurs que j'ai combattues. Il faut, autant qu'on peut, apporter des exemples illustres des choses qu'on dit, lorsqu'elles sont de conséquence, et c'est quelquefois faire honneur à un livre que de le critiquer. Mais enfin je ne suis pas le seul qui trouve à redire dans les écrits de Sénèque ; car, sans parler de quelques illustres de ce siècle[3], il y a près de seize cents ans qu'un auteur très judicieux a remarqué*, qu'il y avait peu d'exactitude dans sa philosophie (a), peu de discernement et de justesse dans son élocution (b), et que sa réputation était plutôt l'effet d'une ferveur et d'une inclination indiscrète de jeunes gens, que d'un consentement de personnes savantes et bien sensées (c).

* (a) *In philosophia parum diligens.*
(b) *Velles eum suo ingenio dixisse, alieno judicio.*
(c) *Si aliqua contempsisset, et consensu potius eruditorum quam puerorum amore comprobaretur.* Quintilien, l. X, ch. 1.

1. *De ce que...* signifiant *le fait de*, ou *l'action de* et jouant le rôle de complément direct. Voir plus haut, II⁰ partie, ch. VIII, fin, la même forme avec le rôle d'attribut au verbe être.
2. *Une sorte d'envie.* Envie, non pas jalousie, mais disposition malveillante, sorte de malignité qui fait qu'on refuse à une personne ou à une chose l'estime ou l'honneur qui lui est dû. C'est le latin *invidia*.
3. On voit de plus en plus combien Sénèque était considérable au temps de Malebranche, et quelle autorité avaient ses écrits. « C'est quelquefois faire honneur à un livre que de le critiquer. » Puis Malebranche, comme pour se rassurer, remarque qu'il n'est pas seul. Mais qui sont ces « quelques illustres de ce siècle »? Pascal a jugé sévèrement le stoïcisme, mais en parlant d'Épictète, non de Sénèque. Il ne cite Sénèque que dans sa *Lettre sur la mort de son père*, où il dit que « Socrate et Sénèque n'ont rien de persuasif » pour consoler de la mort. C'est plutôt à Descartes que Malebranche doit songer. Descartes avait dit (*Disc. de la Méthode*, I) : « Je comparais les écrits des anciens païens qui traitent des mœurs à des palais fort superbes et fort magnifiques qui n'étaient bâtis que sur du sable et de la boue : ils élèvent fort haut les vertus, et les font paraître estimables par dessus toutes les choses qui sont au monde; mais ils n'enseignent pas assez à les connaître, et souvent ce qu'ils appellent d'un si beau nom n'est qu'une insensibilité ou un orgueil, ou un désespoir, ou un parricide. » Dans les *Lettres à la princesse Élisabeth*, Descartes, nous l'avons vu, ayant conseillé à la princesse la lecture du traité *De vita beata* de Sénèque, dit (lettre du 15 mai 1645) : « Mais pendant que Sénèque s'étudie ici à orner son élocution, il n'est pas toujours assez exact en l'expression de sa pensée. » Il remarque plus loin

Il est inutile de combattre par des écrits publics des erreurs grossières, parce qu'elles ne sont point contagieuses. Il est ridicule d'avertir les hommes, que les hypocondriaques se trompent, ils le savent assez. Mais, si ceux dont ils font beaucoup d'estime se trompent, il est toujours utile de les en avertir, de peur qu'ils ne suivent leurs erreurs. Or il est visible que l'esprit de Sénèque est un esprit d'orgueil et de vanité. Ainsi, puisque l'orgueil, selon l'Ecriture, est la source du péché, *initium peccati superbia*[1], l'esprit de Sénèque ne peut être l'esprit de l'Evangile, ni sa morale s'allier avec la morale de Jésus-Christ, laquelle seule est solide et véritable.

Il est vrai que toutes les pensées de Sénèque ne sont pas fausses ni dangereuses[2]. Cet auteur se peut lire avec profit par ceux qui ont l'esprit juste, et qui savent le fond de la morale chrétienne. De grands hommes s'en sont servis utilement, et je n'ai garde de condamner ceux qui, pour s'accommoder à la faiblesse des autres hommes qui avaient trop d'estime pour lui, ont tiré des ouvrages de cet auteur, des preuves pour défendre la morale de Jésus-Christ, et pour combattre ainsi les ennemis de l'Evangile par leurs propres armes[3].

---

que Sénèque voulant définir le souverain bien « n'a pas clairement entendu ce qu'il voulait dire. » Dans une autre lettre (le 15 juin), il félicite la princesse d'avoir « remarqué exactement toutes les causes qui ont empêché Sénèque de nous exposer clairement son opinion touchant le souverain bien »; et il ajoute : « Sans m'arrêter maintenant à suivre Sénèque, je tâcherai seulement d'expliquer mon opinion touchant cette matière. » Les lettres de Descartes ont paru de 1657 à 1667.

1. *Initium omnis peccati est superbia*. (*Ecclés.*, x, 15.)

2. Il est arrivé parfois à Malebranche lui-même de citer Sénèque avec éloge. De même Pascal « trouve dans Epictète un art incomparable pour troubler le repos de ceux qui le cherchent dans les choses extérieures, et pour les forcer à reconnaître qu'ils sont de véritables esclaves et de misérables aveugles, qu'il est impossible qu'ils trouvent autre chose que l'erreur et la douleur qu'ils fuient, s'ils ne se donnent sans réserve à Dieu seul. » Puis il ajoute : « Mais si Epictète combat la paresse, il mène à l'orgueil, de sorte qu'il peut être très nuisible à ceux qui ne sont pas persuadés de la corruption de la plus parfaite justice qui n'est pas de la foi. »

3. Le P. Senault, né en 1595 ou 1601, mort en 1672, prédicateur, quatrième supérieur général de l'Oratoire, auteur de plusieurs ouvrages, et notamment d'un traité *De l'usage des passions*, 1611. Epris de Sénèque, qu'il avait fort étudié, il prétendait le faire servir à l'instruction des chrétiens. C'est sans doute au P. Senault que Malebranche fait ici allusion. Ajoutons que le cardinal de Bérulle, le fondateur de l'Oratoire de France, cite avec éloge Sénèque dans son livre *Des grandeurs de Jésus*, et le déclare « un des plus grands maîtres en la doctrine des mœurs. »

Il y a de bonnes choses dans l'Alcoran, et l'on trouve des prophéties véritables dans les Centuries de Nostradamus; on se sert de l'Alcoran pour combattre la religion des Turcs, et l'on peut se servir des prophéties de Nostradamus pour convaincre quelques esprits bizarres et visionnaires. Mais ce qu'il y a de bon dans l'Alcoran, ne fait pas que l'Alcoran soit un bon livre, et quelques véritables explications des Centuries de Nostradamus ne feront jamais passer Nostradamus pour un prophète; et l'on ne peut pas dire que ceux qui se servent de ces auteurs les approuvent, ou qu'ils aient pour eux une estime véritable[1].

On ne doit pas prétendre combattre ce que j'ai avancé de Sénèque, en rapportant un grand nombre de passages de cet auteur, qui ne contiennent que des vérités solides et conformes à l'Evangile : je tombe d'accord qu'il y en a, mais il y en a aussi dans l'Alcoran et dans les autres méchants livres. On aurait tort de même de m'accabler de l'autorité d'une infinité de gens qui se sont servis de Sénèque[2], parce qu'on peut quelquefois se servir d'un livre que l'on croit impertinent, pourvu que ceux à qui l'on parle n'en portent pas le même jugement que nous.

Pour ruiner toute la sagesse des Stoïques, il ne faut savoir qu'une seule chose, qui est assez prouvée par l'expérience et par ce que l'on a déjà dit : c'est que nous tenons à notre corps, à nos parents, à nos amis, à notre prince, à notre patrie par des liens que nous ne pouvons rompre, et que même nous aurions honte de tâcher de rompre. Notre âme est unie à notre corps, et par notre corps à toutes les choses visibles par une main si puissante, qu'il est impossible qu'on pique notre corps, sans que l'on nous pique, et que l'on nous blesse nous-mêmes, parce que dans l'état où nous sommes, cette correspondance de nous avec le corps qui est à nous, est absolument nécessaire. De même, il est impossible qu'on nous dise des in-

---

1. On dirait que Malebranche se repent de la concession qu'il vient de faire. Le ton devient bien ironique.

2. Maintenant c'est une infinité de gens. On sent ici quelque impatience.

jures et qu'on nous méprise, sans que nous en sentions du chagrin, parce que Dieu nous ayant faits pour être en société avec les autres hommes, il nous a donné une inclination pour tout ce qui est capable de nous lier avec eux, laquelle nous ne pouvons vaincre par nous-mêmes. Il est chimérique de dire que la douleur ne nous blesse pas, et que les paroles de mépris ne sont pas capables de nous offenser, parce qu'on est au-dessus de tout cela. On n'est jamais au-dessus de la nature, si ce n'est par la grâce ; et jamais Stoïque ne méprisa la gloire et l'estime des hommes, par les seules forces de son esprit[1].

---

1. Il faut bien comprendre en quoi la morale de Malebranche diffère de la morale des stoïciens. Le stoïcien met sa confiance en lui-même, il prétend se suffire à lui-même, il est à lui-même son Dieu. Malebranche a horreur de cet orgueil. Aussi, quand il recommande une sorte d'indifférence pour toutes les choses de ce monde, c'est par des principes tout autres que ceux des stoïciens : c'est à Dieu qu'il veut qu'on sacrifie tout, non à soi. Il ne prétend pas d'ailleurs arriver à l'insensibilité, et se faire en lui-même comme un retranchement où rien ne puisse l'atteindre ; il ne croit pas qu'on puisse s'isoler ainsi, rompre les liens qui nous unissent et même nous assujettissent à tout ce qui nous entoure, enfin se rendre indépendant par un superbe dédain pour tout ce qui ne dépend pas de la volonté, plaisirs et douleurs, coups imprévus de la fortune, afflictions de famille, biens et maux de la vie. Il combat à plusieurs reprises ce qu'il nomme la chimère du stoïcisme. (*Rech. de la Vér.*, l. I, ch. XVII, et l. V, ch. II et IV.) Quoi qu'en puisse dire « la secte la plus honorable des philosophes, » nous ne pouvons pas prétendre en cette vie à l'indépendance. Nous ne pouvons pas nous empêcher de ressentir du plaisir ou de la douleur quand nous possédons les biens sensibles ou que nous en sommes privés. « Il est ridicule de philosopher contre l'expérience, » et « toute la nature résiste sans cesse à l'opinion ou à l'orgueil des stoïques. « On aura beau faire : « le bon sens et l'expérience nous assurent que le meilleur moyen pour n'être pas blessé par la douleur d'une piqûre, c'est qu'il ne faut point se piquer. Mais les stoïciens disent : Piquez, et je vais, par la force de mon esprit et par le secours de ma philosophie, me séparer de mon corps, de telle sorte que je ne m'inquiéterai point de ce qui s'y passe. J'ai des preuves démonstratives que mon bonheur n'en dépend point, que la douleur n'est point un mal ; et vous verrez, par l'air de mon visage et par la contenance ferme de tout le reste de mon corps, que ma philosophie me rend invulnérable. » Vains efforts. Les stoïciens ne pouvaient trouver dans leur vertu imaginaire qu'une joie peu solide, qui n'était pas assez forte pour résister à la douleur et pour vaincre le plaisir. S'ils paraissaient se soutenir quelquefois, c'était l'orgueil secret, et non pas la joie, qui faisait bonne mine. » (*Rech. de la Vér.*, l. V, ch. II.) L'homme vraiment vertueux ne nie donc pas la dépendance et l'assujettissement où il se trouve : il reconnaît que le plaisir sensible fait impression sur lui ; et comment en pourrait-il être autrement puisque le plaisir étant le caractère du bien (*Rech.*, l. IV, ch. X ; l. V, ch. IV ; *Médit. chrét.*, X), le plaisir sensible est l'indice d'un bon état du corps, lequel ne peut pas ne pas nous toucher ? De même il reconnaît que la douleur le rend misérable ; blessé, il avoue sa blessure ; accablé de maux, il ressent de la peine, il souffre et confesse qu'il souffre. Mais il sait aussi que Dieu seul est le vrai bien des esprits ; il sait que Dieu seul donne par sa grâce des joies solides, et en même temps fort

Les hommes peuvent bien vaincre leurs passions par des passions contraires. Ils peuvent vaincre la peur ou la douleur, par vanité ; je veux dire seulement, qu'ils peuvent ne pas fuir ou ne pas se plaindre, lorsque se sentant en vue à bien du monde, le désir de la gloire les soutient, et arrête dans leur corps les mouvements qui les portent à la fuite. Ils peuvent vaincre de cette sorte ; mais ce n'est pas là vaincre, ce n'est pas là se délivrer de la servitude ; c'est peut-être changer de maître pour quelque temps, ou plutôt c'est étendre son esclavage ; c'est devenir sage, heureux, et libre seulement en apparence, et souffrir en effet une dure et cruelle servitude. On peut résister à l'union naturelle que l'on a avec son corps, par l'union que l'on a avec les hommes, parce qu'on peut résister à la nature par les forces de la nature ; on peut résister à Dieu par les forces que Dieu nous donne. Mais on ne peut résister par les forces de son esprit. On ne peut entièrement vaincre la nature que par la grâce, parce qu'on ne peut, s'il est permis de parler ainsi, vaincre Dieu que par un secours particulier de Dieu[1].

---

vives, qui dépassent beaucoup les plaisirs sensibles et rendent supportables et même aimables les plus grandes souffrances. Il sait enfin que « Dieu blesse les hommes dans le fond de leur cœur lorsqu'ils aiment autre chose que lui, et que c'est cette blessure qui fait la véritable misère ; mais qu'il répand une joie excessive dans leurs esprits lorsqu'ils s'attachent uniquement à lui, et que c'est cette joie qui fait la solide félicité. » (*Rech.*, l. V, ch. IV) Sachant tout cela, l'homme vraiment vertueux assure sa paix et sa liberté, en travaillant à se priver de toutes les choses dont on ne peut jouir sans plaisir, ni être privé sans douleur. En un mot, il pratique le détachement et la mortification (*Traité de morale*, I, ch. XI).

[1]. Cette forte expression se retrouve plusieurs fois dans les écrits de Malebranche. La *nature* étant la *volonté de Dieu*, faisant et réglant toutes choses selon un certain ordre ; la *grâce*, c'est un autre ordre établi par Dieu pour compléter, dépasser, réparer le premier. Il est intéressant de citer ici une belle page où Montaigne (que Malebranche jugera sévèrement au chapitre suivant) dit, sur le stoïcisme, des choses bien dignes d'être rapprochées des paroles de Malebranche (*Essais*, l. II, ch. II). Montaigne vient de citer ce mot de Sénèque : *O la vile chose et abjecte que l'homme, s'il ne s'élève au-dessus de l'humanité* : « Voilà un bon mot, dit-il, et un utile désir, mais pareillement absurde ; car de faire la poignée plus grande que le poing, la brassée plus grande que le bras, et d'espérer enjamber plus que de l'estendue de nos jambes, cela est impossible et monstrueux ; et l'est encore que l'homme se monte au-dessus de soy et de l'humanité ; car il ne peut voir que de ses yeux, ni saisir que de ses prinses. Il s'eslevera si Dieu lui preste *extraordinairement* la main ; il s'eslevera, abandonnant et renonçant à ses propres moyens, et se laissant hausser et souslever par les moyens purement célestes. C'est à nostre foi chrétienne, non à sa vertu stoïque, de prétendre à cette divine et miraculeuse métamorphose. »

Ainsi cette division magnifique de toutes les choses qui ne dépendent point de nous et desquelles nous ne devons point dépendre, est une division qui semble conforme à la raison, mais qui n'est point conforme à l'état déréglé auquel le péché nous a réduits. Nous sommes unis à toutes les créatures par l'ordre de Dieu, et nous en dépendons absolument par le désordre du péché. De sorte que nous ne pouvons être heureux, lorsque nous sommes dans la douleur et dans l'inquiétude; nous ne devons point espérer d'être heureux en cette vie, en nous imaginant que nous ne dépendons point de toutes les choses desquelles nous sommes naturellement esclaves. Nous ne pouvons être heureux que par une foi vive et par une forte espérance qui nous fasse jouir par avance des biens futurs; et nous ne pouvons vivre selon les règles de la vertu, et vaincre la nature, si nous ne sommes soutenus par la grâce que Jésus-Christ nous a méritée.

CHAPITRE V

Du livre de Montagne.

Les *Essais* de Montagne nous peuvent aussi servir de preuve de la force que les imaginations ont les unes sur les autres : car cet auteur a un certain air libre, et il donne un tour si naturel et si vif à ses pensées, qu'il est malaisé de le lire sans se laisser préoccuper. La négligence qu'il affecte lui sied assez bien, et le rend aimable à la plupart du monde sans le faire mépriser; et sa fierté est une certaine fierté d'honnête homme, si cela se peut dire ainsi, qui le fait respecter sans le faire haïr. L'air du monde et l'air cavalier soutenus par quelque érudition, font un effet si prodigieux sur l'esprit, qu'on l'admire souvent et qu'on se rend presque toujours à ce qu'il décide, sans oser l'examiner, et quelquefois même sans l'entendre[1]. Ce ne sont nullement ses raisons qui persuadent; il n'en apporte presque jamais des choses qu'il avance, ou pour le moins il n'en apporte presque jamais qui aient quelque solidité. En effet, il n'a point de principes sur lesquels il fonde ses raisonnements, et il n'a point d'ordre pour faire les déduc-

---

[1]. Nous avons vu que la critique de Sénèque avait de l'opportunité et, comme on dirait maintenant, une sorte d'intérêt actuel. A plus forte raison celle de Montaigne, dont l'influence était encore puissante au moment où Malebranche écrivait. Nous rappelons les jugements de Pascal, de Nicole dans l'*Art de penser*, de Bossuet. Montaigne est le représentant, ou plutôt pour employer un mot de Sainte-Beuve, « le sergent de bande des sceptiques et de tous ceux qui infirment l'homme. » Il a, dit encore Sainte-Beuve, « le rire de l'homme déchu et ses ironiques ricanements. » Cela fait horreur à Pascal. A la vue de nos misères, « Montaigne se gaudit et gausse : ce sont misères d'animal. — Misères de grand seigneur, misères de roi dépossédé, nous crie Pascal. Courage et prière ! Il faut reconquérir son royaume. » L'indignation de Pascal est aussi celle de Nicole, celle de Bossuet, celle de Malebranche. Chacun exprime à sa manière l'horreur que cette basse manière de philosopher lui cause, et chacun à sa manière aussi, nous crie : Courage et prière ! Il faut reconquérir son royaume. Le Christ est venu, le Christ sauveur. Malebranche est singulièrement remarquable dans sa critique et dans sa protestation. On peut trouver qu'il n'a pas assez tenu compte de tant de vérités de bon sens, répandues dans les *Essais*, et si heureusement exprimées; on peut dire même que de bons esprits, interprétant Montaigne dans le sens des paroles citées dans la note précédente, ont vu en lui un auxiliaire de la vraie vertu et de la foi; mais, quoi qu'on dise et qu'on fasse, quel scepticisme léger en maints endroits et quelle facile morale ! Malebranche condamne cela avec une merveilleuse vigueur. Et que de verve, que d'esprit, quelle éloquence aussi, quand il flagelle celui qui était le maître de ces beaux esprits délicats et insouciants, rebelles à la foi et incapables des sérieuses méditations qui font les vrais philosophes! C'est un ennemi particulier de la véritable façon de philosopher, raisonnable et chrétienne, qu'il poursuit en lui. Et quel soin il prend de lui ôter le prestige qui lui attire tant d'admirateurs et d'adeptes ! La *fierté*, c'est-à-dire un certain air décidé, brave, menaçant même et farouche, *fait respecter*, mais elle risque de *faire haïr*, à moins que ce ne soit *une certaine fierté d'honnête homme*, c'est-à-dire d'homme bien élevé, de galant homme, de gentilhomme qui a de la culture, d'*homme comme il faut*, excellant en toutes choses. C'est ce que Montaigne prétend avoir, et il unit cela à une *négligence* qui le rend aimable sans le faire mépriser. Il a l'*air du monde*, c'est-à-dire quelque chose de poli, de fin, de délicat, et l'*air cavalier*, c'est-à-dire quelque chose de leste, de dégagé, de hardi, et tout cela soutenu par l'érudition. Il se donne pour un *original*, c'est-à-dire pour un homme qui n'imite personne, qui est sans modèle, qui est unique en son genre. Ce portrait est admirablement touché. Or, pour ôter à Montaigne tout son prestige, Malebranche s'attache à montrer qu'en somme ce n'est qu'un *pédant*, mais un *pédant à la cavalière*. Il y a de l'excès dans ce jugement, mais quelque charme que l'on trouve à Montaigne, il faut avouer qu'il y a là bien du vrai. — La Bruyère, dans son chapitre des *Ouvrages de l'esprit*, dit : « Deux écrivains dans leurs ouvrages ont blâmé Montaigne, que je ne crois pas, aussi bien qu'eux, exempt de toute sorte de blâme; il paraît que tous deux ne l'ont estimé en nulle manière. L'un ne pensait pas assez pour goûter un auteur qui pense beaucoup; l'autre pense trop subtilement pour s'accommoder de pensées qui sont naturelles. » Le premier est-il Nicole? Le second est certainement Malebranche. N'est-ce pas injuste?

tions de ses principes. Un trait d'histoire ne prouve pas, un petit conte ne démontre pas; deux vers d'Horace, un apophtegme de Cléomènes ou de César, ne doivent pas persuader des gens raisonnables : cependant ces Essais ne sont qu'un tissu de traits d'histoire, de petits contes, de bons mots, de distiques, et d'apophtegmes.

Il est vrai qu'on ne doit pas regarder Montagne, dans ses Essais, comme un homme qui raisonne, mais comme un homme qui se divertit, qui tâche de plaire, et qui ne pense point à enseigner : et si ceux qui le lisent ne faisaient que s'en divertir, il faut tomber d'accord que Montagne ne serait pas un si méchant livre pour eux. Mais il est presque impossible de ne pas aimer ce qui plaît, et de ne pas se nourrir des viandes qui flattent le goût. L'esprit ne peut se plaire dans la lecture d'un auteur sans en prendre les sentiments, ou tout au moins sans en recevoir quelque teinture, laquelle se mêlant avec ses idées, les rend confuses et obscures.

Il n'est pas seulement dangereux de lire Montagne pour se divertir, à cause que le plaisir qu'on y prend engage insensiblement dans ses sentiments; mais encore parce que ce plaisir est plus criminel qu'on ne pense. Car il est certain que ce plaisir naît principalement de la concupiscence, et qu'il ne fait qu'entretenir et que fortifier les passions, la manière d'écrire de cet auteur n'étant agréable que parce qu'elle nous touche et qu'elle réveille nos passions d'une manière imperceptible [1].

Il serait assez utile [2] de prouver cela dans le détail, et généralement que tous les divers styles ne nous plaisent ordinairement qu'à cause de la corruption secrète de notre cœur; mais ce n'en est pas ici le lieu, et cela nous mènerait trop loin. Toutefois, si l'on veut faire réflexion sur la liaison des idées et des passions dont j'ai parlé auparavant*, et sur ce qui se passe en soi-même dans le temps

---

* Chapitre dernier de la première Partie de ce Livre [note de 1712].

1. C'est ainsi que Bossuet montre les dangers de la tragédie et de la comédie. Voir les *Maximes sur la comédie*.

2. *Utile*, dans les premières éditions; *inutile*, en 1712 et après, par erreur, ce semble; car avec *utile*, le *mais* qui suit s'explique bien mieux.

que l'on lit quelque pièce[1] bien écrite, on pourra reconnaître en quelque façon, que, si nous aimons le genre sublime, l'air noble et libre de certains auteurs, c'est que nous avons de la vanité, et que nous aimons la grandeur et l'indépendance et que ce goût que nous trouvons dans la délicatesse des discours efféminés, n'a point d'autre source qu'une secrète inclination pour la mollesse et pour la volupté. En un mot, que c'est une certaine intelligence pour ce qui touche les sens, et non pas l'intelligence de la vérité, qui fait que certains auteurs nous charment et nous enlèvent comme malgré nous. Mais revenons à Montagne.

Il me semble que ses plus grands admirateurs le louent d'un certain caractère d'auteur judicieux et éloigné du pédantisme, et d'avoir parfaitement connu la nature et les faiblesses de l'esprit humain. Si je montre donc que Montagne, tout cavalier qu'il est, ne laisse pas d'être aussi pédant que beaucoup d'autres, et qu'il n'a eu qu'une connaissance très médiocre de l'esprit, j'aurai fait voir que ceux qui l'admirent le plus, n'auront point été persuadés par des raisons évidentes, mais qu'ils auront été seulement gagnés par la force de son imagination.

Ce terme *pédant* est fort équivoque ; mais l'usage, ce me semble, et même la raison, veulent qu'on appelle pédants ceux qui, pour faire parade de leur fausse science, citent à tort et à travers toutes sortes d'auteurs, qui parlent simplement pour parler et pour se faire admirer des sots, qui amassent sans jugement et sans discernement des apophtegmes et des traits d'histoire, pour prouver ou pour faire semblant de prouver des choses qui ne se peuvent prouver que par des raisons.

Pédant est opposé à raisonnable, et ce qui rend les pédants odieux aux personnes d'esprit, c'est que les pédants ne sont pas raisonnables ; car les personnes d'esprit aimant naturellement à raisonner, ils ne peuvent souffrir la conversation de ceux qui ne raisonnent point. Les pédants ne

1. Non pas pièce de théâtre, mais morceau littéraire quelconque.

peuvent pas raisonner, parce qu'ils ont l'esprit petit, ou d'ailleurs rempli d'une fausse érudition ; et ils ne veulent pas raisonner, parce qu'ils voient que certaines gens les respectent et les admirent davantage, lorsqu'ils citent quelque auteur inconnu et quelque sentence d'un ancien, que lorsqu'ils prétendent raisonner. Ainsi leur vanité se satisfaisant dans la vue du respect qu'on leur porte, les attache à l'étude de toutes les sciences extraordinaires qui attirent l'admiration du commun des hommes.

Les pédants sont donc vains et fiers, de grande mémoire et de peu de jugement, heureux et forts en citations, malheureux et faibles en raisons ; d'une imagination vigoureuse et spacieuse, mais volage et déréglée, et qui ne peut se contenir dans quelque justesse [1].

Il ne sera pas maintenant fort difficile de prouver que Montagne était aussi pédant que plusieurs autres, selon cette notion du mot pédant, qui semble la plus conforme à la raison et à l'usage ; car je ne parle pas ici de pédant à longue robe, la robe ne peut pas faire le pédant. Montagne qui a tant d'aversion pour la pédanterie pouvait bien ne porter jamais robe longue, mais il ne pouvait pas de même se défaire de ses propres défauts. Il a bien travaillé à se faire l'air cavalier, mais il n'a pas travaillé à se faire l'esprit juste, ou pour le moins il n'y a pas réussi. Ainsi il s'est plutôt fait un pédant à la cavalière, et d'une espèce toute singulière, qu'il ne s'est rendu raisonnable, judicieux et honnête homme [2].

Le livre de Montagne contient des preuves si évidentes

---

1. Cette analyse du terme *pédant* est un chef-d'œuvre de finesse, et le résumé qui la termine est d'une précision admirable. Remarquez ce mot *spacieuse* appliqué à l'imagination. Cette image juste et vive arrivant si naturellement dans ce résumé qui a la vigueur d'une définition, rappelle le style de Pascal. C'est d'ailleurs pour Malebranche une sorte de terme technique. Voir *Traité de morale*, I, xii, 7 (passage cité dans l'Appendice II. — *Qui ne peut se contenir dans quelque justesse*. Bien plus expressif que *se contenir dans de justes bornes*.

2. C'est un raisonnement en règle, quoique animé et même passionné ! Nous venons d'avoir la majeure : la notion du *pédant*. Voici la mineure où l'application va se faire à Montaigne. Remarquez comme le mot particulièrement heureux, le mot *trouvé* est pourtant préparé, amené par ce qui précède. *Pédant à la cavalière*, dit d'emblée, surprendrait davantage, mais ne ferait pas un effet si juste ni si vif, parce qu'on en saisirait moins bien tout le sens. Tout ceci rappelle encore la façon d'écrire de Pascal.

de la vanité et de la fierté de son auteur, qu'il paraît peut-être assez inutile de s'arrêter à les faire remarquer ; car il faut être bien plein de soi-même pour s'imaginer, comme lui, que le monde veuille bien lire un assez gros livre, pour avoir quelque connaissance de nos humeurs. Il fallait nécessairement qu'il se séparât du commun, et qu'il se regardât comme un homme tout à fait extraordinaire.

Toutes les créatures ont une obligation essentielle de tourner les esprits de ceux qui les veulent adorer vers celui-là seul qui mérite d'être adoré ; et la religion nous apprend que nous ne devons jamais souffrir que l'esprit et le cœur de l'homme, qui n'est fait que pour Dieu, s'occupe de nous et s'arrête à nous admirer et à nous aimer. Lorsque saint Jean se prosterna devant l'Ange du Seigneur, cet Ange lui défendit de l'adorer : *Je suis serviteur**, lui dit-il, *comme vous et comme vos frères. Adorez Dieu.* Il n'y a que les démons et ceux qui participent à l'orgueil des démons, qui se plaisent d'être adorés ; et c'est vouloir être adoré, non pas d'une adoration extérieure et apparente, mais d'une adoration intérieure et véritable, que de vouloir que les autres hommes s'occupent de nous[1] : c'est vouloir être adoré, comme Dieu veut être adoré, c'est-à-dire, en esprit et en vérité.

Montagne n'a fait son livre que pour se peindre et pour représenter ses humeurs et ses inclinations ; il l'avoue lui-même dans l'avertissement au Lecteur, inséré dans toutes

---

* *Apoc.*, XIX, 10. « Conservus tuus sum, etc. Deum adora. »

1. Pascal (*Pensées*) blâme les philosophes qui, croyant que Dieu est seul digne d'être aimé et admiré des hommes, ont pourtant « désiré d'être aimés et admirés des hommes : » ils ont voulu « que les hommes s'arrêtassent à eux. » Madame Périer, sa sœur, raconte qu'il ne souffrait pas qu'on l'aimât avec attachement, car en fomentant et souffrant ces attachements on occupait un cœur qui ne devait être qu'à Dieu seul. Et il a écrit en effet (*Pensées*) : « Il est injuste qu'on s'attache à moi... Je suis coupable de me faire aimer. » Malebranche dit de même : « Toutes les créatures étant absolument impuissantes, il ne les faut nullement aimer. » (*Traité de morale*, I. ch. III, 9). Et encore : « N'aimons que Dieu d'un amour d'union, et lorsque nous sentons s'exciter en nous quelque amour pour la créature, quelque joie dans la créature, étouffons ces sentiments. » (*Ib.*, ch. III). Tout cela, pris de haut, reçoit un bon sens, mais il faut avouer que la bienveillance que prescrit Malebranche n'a ni flamme ni élan. Les Saints, en prêchant le *détachement*, n'ôtent à la charité ni son ardeur ni sa vivacité.

les éditions : *C'est moi que je peins*, dit-il, *je suis moi-même la matière de mon livre*. Et cela paraît assez en le lisant : car il y a très peu de chapitres dans lesquels il ne fasse quelque digression pour parler de lui, et il y a même des chapitres entiers, dans lesquels il ne parle que de lui. Mais s'il a composé son livre pour s'y peindre, il l'a fait imprimer pour qu'on le lût. Il a donc voulu que les hommes le regardassent et s'occupassent de lui ; quoiqu'il dise que *ce n'est pas raison qu'on emploie son loisir en un sujet si frivole et si vain*. Ces paroles ne font que le condamner ; car s'il eût cru que ce n'était pas *raison* qu'on employât le temps à lire son livre, il eût agi lui-même contre le sens commun en le faisant imprimer. Ainsi on est obligé de croire, ou qu'il n'a pas dit ce qu'il pensait, ou qu'il n'a pas fait ce qu'il devait.

C'est encore une plaisante excuse de sa vanité de dire qu'il n'a écrit que pour ses *parents* et *amis*. Car, si cela eût été ainsi, pourquoi en eût-il fait faire trois impressions ? Une seule ne suffisait-elle pas pour ses parents et pour ses amis ? D'où vient encore qu'il a augmenté son livre dans les dernières impressions qu'il en a fait faire, et qu'il n'en a jamais rien retranché, si ce n'est que la fortune secondait ses intentions. « J'ajoute, dit-il, mais je ne corrige pas, parce que celui qui a hypothéqué au monde son ouvrage, je trouve apparence qu'il n'y ait plus de droit. Qu'il die s'il peut mieux ailleurs, et ne corrompe la besogne qu'il a vendue. De telles gens il ne faudrait rien acheter qu'après leur mort, qu'ils y pensent bien avant que de se produire. Qui les hâte ? mon livre est toujours un, etc.* » Il a donc voulu se produire et hypothéquer au monde son ouvrage aussi bien qu'à ses parents et à ses amis. Mais sa vanité serait toujours assez criminelle [1], quand il n'aurait tourné et arrêté l'esprit et le cœur que de ses parents et de ses amis vers son portrait, autant de temps qu'il en faut pour lire son livre.

---

* Chap. ix, liv. III.

1. Dans les premières éditions : « Mais cependant sa vanité serait assez criminelle. »

Si c'est un défaut de parler souvent de soi, c'est une effronterie, ou plutôt une espèce de folie que de se louer à tous moments, comme fait Montagne ; car ce n'est pas seulement pécher contre l'humilité chrétienne, mais c'est encore choquer la raison.

Les hommes sont faits pour vivre ensemble et pour former des corps et des sociétés civiles. Mais il faut remarquer que tous les particuliers, qui composent les sociétés, ne veulent pas qu'on les regarde comme la dernière partie du corps duquel ils sont. Ainsi ceux qui se louent, se mettant au-dessus des autres, les regardent comme les dernières parties de leur société, et se considérant eux-mêmes comme les principales et les plus honorables, ils se rendent nécessairement odieux à tout le monde, au lieu de se faire aimer et de se faire estimer.

C'est donc une vanité, et une vanité indiscrète et ridicule à Montagne, de parler avantageusement de lui-même à tous moments. Mais c'est une vanité encore plus extravagante à[1] cet auteur de décrire ses défauts. Car, si l'on y prend garde, on verra qu'il ne découvre guère que les défauts dont on fait gloire dans le monde, à cause de la corruption du siècle ; qu'il s'attribue volontiers ceux qui peuvent le faire passer pour esprit fort, ou lui donner l'air cavalier, et afin que, par cette franchise simulée de la confession de ses désordres, on le croie plus volontiers lorsqu'il parle à son avantage. Il a raison de dire* *que se priser et se mépriser naissent de pareil air d'arrogance*. C'est toujours une marque certaine que l'on est plein de soi-même ; et Montagne me paraît encore plus fier et plus vain quand il se blâme que lorsqu'il se loue, parce que c'est un orgueil insupportable que de tirer vanité de ses défauts, au lieu de s'en humilier. J'aime mieux un homme qui cache ses crimes avec honte, qu'un autre qui les publie avec effronterie ; et il me semble qu'on doit avoir quelque horreur de la manière cavalière et peu chrétienne dont Montagne

---

* Liv. III, ch. XIII.

1. Emploi fréquent de *à* au dix-septième siècle. Nous dirions *dans* ou *chez*, mais *à* est plus expressif.

représente ses défauts. Mais examinons les autres qualités de son esprit.

Si nous croyons Montagne sur sa parole, nous nous persuaderons que c'était un homme* *de nulle rétention; qu'il n'avait point de gardoire; que la mémoire lui manquait du tout,* mais qu'il ne manquait pas de sens et de jugement. Cependant, si nous en croyons le portrait même qu'il a fait de son esprit, je veux dire son propre livre, nous ne serons pas tout à fait de son sentiment. « Je ne saurais recevoir une charge sans tablettes, dit-il ; et quand j'ai un propos à tenir, s'il est de longue haleine, je suis réduit à cette vile et misérable nécessité d'apprendre par cœur mot à mot ce que j'ai à dire, autrement je n'aurais ni façon ni assurance, étant en crainte que ma mémoire ne me vînt faire un mauvais tour. » Un homme qui peut bien apprendre mot à mot des discours de longue haleine, pour avoir quelque façon et quelque assurance, manque-t-il plutôt de mémoire que de jugement? Et peut-on croire Montagne, lorsqu'il dit de lui : « Les gens qui me servent, il faut que je les appelle par le nom de leurs charges ou de leurs pays; car il m'est très malaisé de retenir des noms, et si je durais à vivre longtemps, je ne crois pas que je n'oubliasse mon nom propre. » Un simple gentilhomme qui peut retenir par cœur, et mot à mot, avec assurance des discours *de longue haleine,* a-t-il un si grand nombre d'officiers qu'il n'en puisse retenir les noms ? Un homme *qui est né et nourri aux champs et parmi le labourage, qui a des affaires et un ménage en main,* et qui dit** que *de mettre à non chaloir ce qui est à nos pieds, ce que nous avons entre nos mains, ce qui regarde de plus près l'usage de la vie, c'est chose bien éloignée de son dogme,* peut-il oublier les noms français de ses domestiques ? Peut-il ignorer, comme il le dit, *la plupart de nos monnaies, la différence d'un grain à l'autre en la terre et au grenier, si elle n'est pas trop apparente; les plus grossiers principes de l'agriculture, et que les enfants savent;* de

---

* Liv. II, ch. x; liv. I, ch. xxiv; liv. II, ch. xvii.
** Liv. II, ch. xvii.

quoi sert le levain à faire du pain, et ce que c'est que de faire cuver du vin? Et cependant avoir l'esprit plein de noms des anciens philosophes et de leurs principes, *des idées de Platon*, des atomes d'Epicure, du plein et du vide de Leucippus et de Democritus, de l'eau de Thalès, de l'infinité de nature d'Anaximandre, de l'air de Diogènes, des nombres et de la symétrie de Pythagoras, de l'infini de Parmenides, de l'air de Museus, de l'eau et du feu d'Appollodorus, des parties similaires d'Anaxagoras, de la discorde et de l'amitié d'Empédocles, du feu d'Héraclite,* etc. Un homme qui, dans trois ou quatre pages de son livre, rapporte plus de cinquante noms d'auteurs différents, avec leurs opinions; qui a rempli tout son ouvrage de traits d'histoire et d'apophtegmes entassés sans ordre; qui dit que** *l'histoire et la poésie sont son gibier en matière de livres ;* qui se contredit à tous moments et dans un même chapitre, lors même qu'il parle des choses qu'il prétend le mieux savoir, je veux dire lorsqu'il parle des qualités de son esprit, se doit-il piquer d'avoir plus de jugement que de mémoire?

Avouons donc que Montagne était *excellent en oubliance,* puisque Montagne nous assure qu'il souhaite que nous ayons ce sentiment de lui, et qu'enfin cela n'est pas tout à fait contraire à la vérité. Mais ne nous persuadons pas sur sa parole ou par les louanges qu'il se donne, que c'était un homme de grand sens et d'une pénétration d'esprit toute[1] extraordinaire. Cela nous pourrait jeter dans l'erreur, et donner trop de crédit aux opinions fausses et dangereuses qu'il débite avec une fierté et une hardiesse dominante[2], qui ne fait qu'étourdir et éblouir les esprits faibles.

* Liv. II, ch. xii.
** Liv. I, ch. xxv.

1. Aujourd'hui on écrirait *tout,* le mot étant adverbe et signifiant tout à fait. Voir plus haut, p. 61, 105, etc.
2. *Dominante.* Qui s'impose aux esprits et les maîtrise. Ce mot est, dans ce sens, d'un fréquent usage au dix-septième siècle, et notamment dans Malebranche. Aujourd'hui on dit encore volontiers d'une personne qu'elle est d'une humeur dominante, ce qui est à peu près le même sens. Quant à ces expressions : *qualité dominante, passion dominante, vice dominant,* elles indiquent non le désir

L'autre louange que l'on donne à Montagne, est qu'il avait une connaissance parfaite de l'esprit humain ; qu'il en pénétrait le fond, la nature, les propriétés, qu'il en savait le fort et le faible ; en un mot, tout ce que l'on en peut savoir. Voyons s'il mérite bien ces louanges, et d'où vient qu'on est si libéral à son égard.

Ceux qui ont lu Montagne savent* assez que cet auteur affectait de passer pour Pyrrhonien [1], et qu'il faisait gloire de douter de tout. « La persuasion de la certitude, dit-il, est un certain témoignage de folie et d'incertitude extrême ; et n'est point de plus folles gens, et moins philosophes, que les philodoxes de Platon [2]. » Il donne au contraire tant de louanges aux Pyrrhoniens dans le même chapitre, qu'il n'est pas possible qu'il ne fût de cette secte. Il était nécessaire de son temps, pour passer pour habile et pour galant homme [3], de douter de tout ; et la qualité d'esprit fort dont il se piquait, l'engageait encore dans ces opinions. Ainsi, en le supposant académicien [4], on pourrait tout d'un coup le convaincre d'être le plus ignorant de tous les hommes, non seulement dans ce qui regarde la nature de l'esprit, mais même en toute autre chose. Car, puisqu'il y a une différence essentielle entre savoir et douter, si les académiciens disent ce qu'ils pensent lorsqu'ils assurent qu'ils ne savent rien, on peut dire que ce sont les plus ignorants de tous les hommes.

Mais ce ne sont pas seulement les plus ignorants de tous les hommes, ce sont aussi les défenseurs des opi-

---

* Liv. I, ch. XII.

de dominer sur autrui, mais une disposition de l'âme qui prime toutes les autres. — Plus haut, III⁰ part. ch. 1ᵉʳ, Malebranche a dit, toujours dans le vieux sens : « Imagination *dominante*. » Bossuet, parlant de la sagesse divine, dit : « Cette raison dominante. » (*Sermon sur la loi de Dieu*, Iʳᵉ part.) Il dit encore : « Cette parole supérieure et dominante, » parlant du *fiat lux*. (*Disc. sur l'Hist. univ.*, IIᵉ part., ch. 1ᵉʳ.)

1. *Pyrrhonien*, sceptique. Ce mot revient souvent dans Pascal.

2. Allusion au Vᵉ livre de la *République* de Platon, dernières lignes.

3. *Habile*, entendu, déniaisé. *Galant homme*, homme de bon ton, qui a de la culture, de l'éducation, de bonnes et belles façons de penser, de sentir, d'agir, de parler, d'être.

4. *Académicien*, c'est-à-dire de cette secte qui prétend que l'on ne peut rien savoir. La doctrine sceptique et probabiliste d'Arcésilas et de Carnéade qui se donnaient pour disciples de Platon, et ont fondé la moyenne et la nouvelle *académie*, a donné lieu aux *Académiques* de Cicéron et aux *Académiques* de saint Augustin.

nions les moins raisonnables. Car non seulement ils rejettent tout ce qui est de plus certain et de plus universellement reçu [1], pour se faire passer pour esprits forts; mais, par le même tour d'imagination, ils se plaisent à parler d'une manière décisive des choses les plus incertaines et les moins probables. Montagne est visiblement frappé de cette maladie d'esprit [2]; et il faut nécessairement dire que non seulement il ignorait la nature de l'esprit humain, mais même qu'il était dans des erreurs fort grossières sur ce sujet, supposé qu'il nous ait dit ce qu'il en pensait, comme il l'a dû faire.

Car, que peut-on dire d'un homme qui confond l'esprit avec la matière, qui rapporte les opinions les plus extravagantes des philosophes sur la nature de l'âme sans les mépriser, et même d'un air qui fait assez connaître, qu'il approuve davantage les plus opposées à la raison, qui ne voit pas la nécessité de l'immortalité de nos âmes, qui pense que la raison humaine ne la peut reconnaître, et qui regarde les preuves que l'on en donne comme des songes que le désir fait naître en nous, *Somnia non docentis, sed optantis* [3]; qui trouve à redire que tous les hommes *se séparent de la presse des autres créatures et se distinguent des bêtes*, qu'il appelle *nos confrères et nos compagnons** qu'il croit parler, s'entendre et se moquer de nous, de même que nous parlons, que nous nous entendons et que nous nous moquons d'elles, qui met plus de différence d'un homme à un autre homme que d'un homme à une bête; qui donne jusqu'aux araignées, *délibération, pensement et conclusion ;* et qui, après avoir soutenu que la disposition du corps de l'homme n'a aucun avantage sur celle des bêtes, accepte volontiers ce sentiment, *que ce n'est point par la raison, par le discours et par l'âme que nous excellons sur les bêtes, mais*

---

* Liv. II, ch. xii.

1. *Ce qui est de plus certain.* Tour assez fréquent au dix-septième siècle, même sens que *ce qu'il y a de plus certain.*

2. *Frappé de cette maladie.* Atteint de cette maladie.

3. Cicéron, *Acad.*, IV, 38.

par notre beauté, notre beau teint et notre belle disposition des membres, pour laquelle il nous faut mettre notre intelligence, notre prudence et tout reste à l'abandon, etc. Peut-on dire qu'un homme qui se sert des opinions les plus bizarres pour conclure, *que ce n'est point par vrai discours, mais par une fierté et opiniâtreté que nous nous préférons aux autres animaux*, eût une connaissance fort exacte de l'esprit humain, et croit-on en persuader les autres[1] ?

Mais il faut faire justice à tout le monde, et dire de bonne foi quel était le caractère de l'esprit de Montagne. Il avait peu de mémoire, encore moins de jugement, il est vrai; mais ces deux qualités ne font point ensemble ce qu'on appelle ordinairement dans le monde beauté d'esprit. C'est la beauté, la vivacité et l'étendue de l'imagination qui font passer pour bel esprit. Le commun des hommes estime le brillant, et non pas le solide, parce que l'on aime davantage ce qui touche les sens, que ce qui instruit la raison. Ainsi, en prenant beauté d'imagination pour beauté d'esprit, on peut dire que Montagne avait l'esprit beau et même extraordinaire. Ses idées sont fausses, mais belles: ses expressions irrégulières ou hardies, mais agréables; ses discours mal raisonnés, mais bien imaginés. On voit dans tout son livre un caractère d'original[2], qui plaît infiniment: tout copiste qu'il est, il ne sent point son copiste; et son imagination forte et hardie donne toujours le tour d'original aux choses qu'il copie. Il a enfin ce qu'il est nécessaire d'avoir pour plaire et pour imposer; et je pense avoir montré suffisamment que ce n'est point en convainquant la raison qu'il se fait admirer de tant de gens, mais en leur tournant l'esprit à son avantage, par la vivacité toujours victorieuse de son imagination dominante.

---

1. Comparer Bossuet, *Conn. de Dieu et de soi-même*, ch. v.
2. Nous avons déjà remarqué ce mot: *Original*, qui n'a pas de modèle, qui n'imite personne.

CHAPITRE VI

I. Des Sorciers par imagination, et des Loups-garous. — II. Conclusion des deux premiers livres.

Le plus étrange effet de la force de l'imagination, est la crainte déréglée de l'apparition des esprits, des sortilèges, des caractères, des charmes, des lycanthropes ou loups-garous, et généralement de tout ce qu'on s'imagine dépendre de la puissance du démon.

Il n'y a rien de plus terrible ni qui effraye davantage l'esprit, ou qui produise dans le cerveau des vestiges plus profonds, que l'idée d'une puissance invisible qui ne pense qu'à nous nuire, et à laquelle on ne peut résister. Tous les discours qui réveillent cette idée, sont toujours écoutés avec crainte et curiosité. Les hommes s'attachant à tout ce qui est extraordinaire, se font un plaisir bizarre de raconter ces histoires surprenantes et prodigieuses de la puissance et de la malice des Sorciers, à épouvanter les autres et à s'épouvanter eux-mêmes[1]. Ainsi il ne faut pas s'étonner si les Sorciers sont si communs en certains pays, où la créance du sabbat est trop enracinée, où tous les contes les plus extravagants des sortilèges sont écoutés comme des histoires authentiques, et où l'on brûle comme des Sorciers véritables les fous et les visionnaires dont l'imagination a été déréglée, autant pour le moins par le récit de ces contes, que par la corruption de leur cœur.

Je sais bien que quelques personnes trouveront à redire que j'attribue la plupart des sorcelleries à la force de l'imagination, parce que je sais que les hommes aiment qu'on leur donne de la crainte; qu'ils se fâchent contre ceux qui les veulent désabuser, et qu'ils ressemblent

---

1. *A épouvanter...* signifie *propres à épouvanter;* ou bien peut-être y a-t-il une négligence, et Malebranche, oubliant qu'il vient de dire *se font un plaisir de raconter,* écrit-il *à épouvanter,* en songeant que les hommes *se plaisent à épouvanter.*

aux malades par imagination, qui écoutent avec respect et qui exécutent fidèlement les ordonnances des médecins qui leur pronostiquent des accidents funestes. Les superstitions ne se détruisent pas facilement, et on ne les attaque pas sans trouver un grand nombre de défenseurs ; et cette inclination à croire aveuglément toutes les rêveries des démonographes, est produite et entretenue par la même cause qui rend opiniâtres les superstitieux, comme il est assez facile de le prouver[1]. Toutefois cela ne doit pas m'empêcher de décrire en peu de mots, comme je crois que de pareilles opinions s'établissent.

Un pâtre dans sa bergerie raconte après souper à sa femme et à ses enfants les aventures du sabbat. Comme son imagination est modérément échauffée par les vapeurs du vin, et qu'il croit avoir assisté plusieurs fois à cette assemblée imaginaire, il ne manque pas d'en parler d'une manière forte et vive. Son éloquence naturelle, jointe à la disposition où est toute sa famille pour entendre parler d'un sujet si nouveau et si terrible, doit sans doute produire d'étranges traces dans les imaginations faibles ; et il n'est pas naturellement possible

---

1. Malebranche fait, au l. IV de la *Recherche*, ch. VI, 3, une remarquable étude « des jugements des *superstitieux*. » Nous la reproduisons à l'Appendice II. — Il importe de se souvenir que Malebranche ne procède nullement ici en *esprit fort*, en *libertin*, en *libre penseur*. Il nous dira plus loin qu'il admet qu'il y a de véritables sorciers, entrant par des moyens que l'Église réprouve en communication avec les puissances surnaturelles, et il affirmera, non par pure précaution, mais avec une entière sincérité, sa croyance à l'existence et à l'intervention possible du démon, choses qui ne peuvent être l'objet d'un doute pour un catholique. Mais sa foi ne lui ôte rien de sa liberté quand il s'agit de dissiper les illusions de l'imagination. Les quatre pages qui commencent ici méritent une attention particulière. L'analyse est faite de main de maître. Et en même temps que c'est une analyse exacte, c'est une peinture vraie. On voit se préparer, naître, grandir, s'affermir, s'étendre l'illusion. Quelques traits viennent de ce Montaigne qu'il aime si peu (*Essais*, l. III, ch. II) ; mais cela n'ôte rien à l'originalité de cette explication, où avec un rare bon sens et une force d'esprit vraiment philosophique, il y a une vivacité et une couleur qui permettent de comparer Malebranche à La Bruyère. Et il faut savoir gré à Malebranche d'oser aller contre l'opinion publique, d'oser même critiquer les Parlements qui s'accordaient avec la foule pour voir partout des sorciers et condamnaient de malheureux insensés au feu. Malebranche ne se mêle guère des choses publiques : il ne se pique pas de réformer les abus, il en laisse le soin à ceux qui en ont la charge (voir *Traité de morale*, II, ch. XIV). Mais il a ici à prendre en main la cause et les intérêts de la raison, et il sort modestement, mais nettement et énergiquement, de sa réserve ordinaire. Ce chapitre fait bien de l'honneur et à son esprit et à son caractère.

qu'une femme et des enfants ne demeurent tout effrayés, pénétrés et convaincus de ce qu'ils lui entendent dire. C'est un mari, c'est un père qui parle de ce qu'il a vu, de ce qu'il a fait : on l'aime et on le respecte, pourquoi ne le croirait-on pas? Ce pâtre le répète en différents jours. L'imagination de la mère et des enfants en reçoit peu à peu des traces plus profondes; ils s'y accoutument, les frayeurs passent et la conviction demeure; et enfin la curiosité les prend d'y aller. Ils se frottent de certaine drogue dans ce dessein, il se couchent; cette disposition de leur cœur échauffe encore leur imagination, et les traces que le pâtre avait formées dans leur cerveau, s'ouvrent assez pour leur faire juger dans le sommeil comme présents tous les mouvements de la cérémonie dont il leur avait fait la description. Ils se lèvent, ils s'entre-demandent et s'entre-disent ce qu'ils ont vu. Ils se fortifient de cette sorte les traces de leur vision; et celui qui a l'imagination la plus forte, persuadant mieux les autres, ne manque pas de régler en peu de nuits l'histoire imaginaire du sabbat. Voilà donc des Sorciers achevés que le pâtre a faits, et ils en feront un jour beaucoup d'autres, si ayant l'imagination forte et vive[1], la crainte ne les empêche pas de conter de pareilles histoires.

Il s'est trouvé plusieurs fois des Sorciers de bonne foi, qui disaient généralement à tout le monde qu'ils allaient au sabbat, et qui en étaient si persuadés, que, quoique plusieurs personnes les veillassent et les assurassent qu'ils n'étaient point sortis du lit, ils ne pouvaient se rendre à leur témoignage.

Tout le monde sait que, lorsque l'on fait des contes d'apparition d'esprits aux enfants, ils ne manquent presque jamais d'en être effrayés, et qu'ils ne peuvent demeurer sans lumière et sans compagnie, parce qu'alors leur cerveau ne recevant point de traces de quelque objet présent, celle que le conte a formée dans leur cer-

---

1. *Ayant* se rapporte au pronom *les* qui est complément direct d'*empêche*. Tour aisé, rapide, fréquent au dix-septième siècle. Bossuet l'emploie volontiers.

veau se rouvre, et souvent même avec assez de force pour leur représenter comme devant leurs yeux les esprits qu'on leur a dépeints. Cependant on ne leur conte pas ces histoires comme si elles étaient véritables. On ne leur parle pas avec le même air que si on était persuadé, et quelquefois on le fait d'une manière assez froide et assez languissante. Il ne faut donc pas s'étonner qu'un homme qui croit avoir été au sabbat, et qui par conséquent en parle d'un ton ferme et avec une contenance assurée, persuade facilement quelques personnes qui l'écoutent avec respect, de toutes les circonstances qu'il décrit, et transmette ainsi dans leur imagination des traces pareilles à celles qui le trompent.

Quand les hommes nous parlent, ils gravent dans notre cerveau des traces pareilles à celles qu'ils ont. Lorsqu'ils en ont de profondes, ils nous parlent d'une manière qui nous en grave de profondes; car ils ne peuvent parler, qu'ils ne nous rendent semblables à eux en quelque façon. Les enfants dans le sein de leurs mères ne voient que ce que voient leurs mères; et même lorsqu'ils sont venus au monde, ils imaginent peu de choses dont leurs parents n'en soient la cause[1] puisque les hommes même les plus sages se conduisent plutôt par l'imagination des autres, c'est-à-dire par l'opinion et par la coutume, que par les règles de la raison. Ainsi, dans les lieux où l'on brûle les Sorciers, on en trouve un grand nombre; parce que, dans les lieux où on les condamne au feu, on croit véritablement qu'ils le sont, et cette croyance se fortifie par les discours qu'on en tient. Que l'on cesse de les punir, et qu'on les traite comme des fous, et l'on verra qu'avec le temps ils ne seront plus Sorciers; parce que ceux qui ne le sont que par imagination, qui sont certainement le plus grand nombre, reviendront de leurs erreurs.

Il est indubitable que les vrais Sorciers méritent la mort, et que ceux mêmes qui ne le sont que par imagination, ne doivent pas être réputés comme tout à fait

---

1. *Dont... en*, pléonasme. En 1674, *que* leurs parents *n'en* soient la cause.

innocents; puisque, pour l'ordinaire, ils ne se persuadent être Sorciers, que parce qu'ils sont dans une disposition de cœur d'aller au sabbat, et qu'ils se sont frottés de quelque drogue pour venir à bout de leur malheureux dessein. Mais en punissant indifféremment tous ces criminels, la persuasion commune se fortifie, les Sorciers par imagination se multiplient, et ainsi une infinité de gens se perdent et se damnent[1]. C'est donc avec raison que plusieurs Parlements ne punissent point les Sorciers : il s'en trouve beaucoup moins dans les terres de leur ressort; et l'envie, la haine et la malice des méchants ne peuvent se servir de ce prétexte pour perdre les innocents[2].

L'appréhension des loups-garous, ou des hommes transformés en loups, est encore une plaisante vision. Un homme, par un effort déréglé de son imagination, tombe dans cette folie, qu'il se croit devenir loup toutes les nuits. Ce dérèglement de son esprit ne manque pas de le disposer à faire toutes les actions que font les loups, ou qu'il a ouï dire qu'ils faisaient. Il sort donc à minuit de sa maison, il court les rues, il se jette sur quelque enfant, s'il en rencontre, il le mord et le maltraite; et le peuple stupide et superstitieux s'imagine qu'en effet ce fanatique devient loup, parce que ce malheureux le croit lui-même, et qu'il l'a dit en secret à quelques personnes qui n'ont pu le taire.

S'il était facile de former dans le cerveau les traces qui persuadent aux hommes qu'ils sont devenus loups, et si l'on pouvait courir les rues et faire tous les ravages que font ces misérables loups-garous, sans avoir le cerveau entièrement bouleversé, comme il est facile d'aller au sabbat dans son lit et sans se réveiller, ces belles histoires de transformations d'hommes en loups ne manqueraient pas de produire leur effet comme celles que l'on fait du sabbat, et nous aurions autant de loups-garous que nous avons de Sorciers. Mais la persuasion d'être transformé

---

1. Toujours le même souci chrétien uni à la spéculation philosophique.
2. Voir la note 1 de la page 218.

en loup, suppose un bouleversement du cerveau bien plus difficile à produire que celui d'un homme qui croit seulement aller au sabbat, c'est-à-dire, qui croit voir la nuit des choses qui ne sont point, et qui étant réveillé ne peut distinguer ses songes des pensées qu'il a eues pendant le jour.

C'est une chose assez ordinaire à certaines personnes d'avoir la nuit des songes assez vifs pour s'en ressouvenir exactement lorsqu'ils sont réveillés, quoique le sujet de leur songe ne soit pas de soi fort terrible. Ainsi il n'est pas difficile que des gens se persuadent d'avoir été au sabbat; car il suffit pour cela que leur cerveau conserve les traces qui s'y font pendant le sommeil.

La principale raison qui nous empêche de prendre nos songes pour des réalités, est que nous ne pouvons lier nos songes avec les choses que nous avons faites pendant la veille : car nous reconnaissons par là que ce ne sont que des songes[1]. Or les Sorciers par imagination ne peuvent reconnaître par là si leur sabbat est un songe ; car on ne va au sabbat que la nuit, et ce qui se passe au sabbat ne se peut lier avec les autres actions de la journée: ainsi il est moralement impossible de les détromper par ce moyen-là. Et il n'est point encore nécessaire que les choses que ces Sorciers prétendus croient avoir vues au sabbat, gardent entre elles un ordre naturel ; car elles paraissent d'autant plus réelles, qu'il y a plus d'extravagance et de confusion dans leur suite. Il suffit donc, pour les tromper, que les idées des choses du sabbat soient vives et effrayantes ; ce qui ne peut manquer, si on considère qu'elles représentent des choses nouvelles et extraordinaires.

Mais afin qu'un homme s'imagine qu'il est coq, chèvre, loup, bœuf, il faut un si grand dérèglement d'imagination, que cela ne peut être ordinaire; quoique ces renversements d'esprit arrivent quelquefois, ou par une punition divine, comme l'Ecriture le rapporte de Nabuchodonosor,

---

[1] Leibniz dit la même chose.

ou par un transport naturel de mélancolie¹ au cerveau, comme on en trouve des exemples dans les auteurs de médecine.

Encore que je sois persuadé que les véritables Sorciers soient très rares, que le sabbat ne soit qu'un songe, et que les Parlements qui renvoient les accusations des sorcelleries soient les plus équitables ; cependant je ne doute point qu'il ne puisse y avoir des Sorciers, des charmes, des sortilèges, etc., et que le démon n'exerce quelquefois sa malice sur les hommes par une permission particulière d'une puissance supérieure. Mais l'Ecriture Sainte nous apprend que le royaume de Satan est détruit, que l'Ange du ciel a enchaîné le démon, et l'a enfermé dans les abîmes, d'où il ne sortira qu'à la fin du monde, que Jésus-Christ a dépouillé ce fort armé, et que le temps est venu auquel le Prince du monde est chassé hors du monde.

Il avait régné jusqu'à la venue du Sauveur, et il règne même encore, si on le veut, dans les lieux où le Sauveur n'est point connu ; mais il n'a plus aucun droit ni aucun pouvoir sur ceux qui sont régénérés en Jésus-Christ ; il ne peut même les tenter, si Dieu ne le permet, et si Dieu le permet, c'est qu'ils peuvent le vaincre. C'est donc faire trop d'honneur au diable, que de rapporter des histoires comme des marques de sa puissance, ainsi que font quelques nouveaux démonographes, puisque ces histoires le rendent redoutable aux esprits faibles².

---

1. *Mélancolie*, bile noire, humeur hypothétique dont les anciens plaçaient le siège dans la rate.

2. Le cardinal de Bérulle, dans un remarquable *Traité des énergumènes*, avait, en 1599, exposé la doctrine de l'Eglise sur les possessions. L'exposé est exact et l'œuvre est forte. On y trouve des vues qui ont de l'originalité. Il est à noter que la considération de l'Incarnation si chère au fondateur de l'Oratoire et à Malebranche, amène chez l'un et chez l'autre deux conclusions complètement opposées. Bérulle n'admet pas que le mal de la possession soit d'autant moins fréquent que l'Incarnation le combat plus efficacement. Tout au contraire, « la providence de Dieu, dit-il, coule incessamment par la permission du mal et par l'opération du bien, » et il y a toujours entre les deux une mystérieuse proportion. Or, comme l'opération de Dieu n'a jamais été aussi admirable qu'en l'Incarnation, la permission deviendra plus étendue depuis l'accomplissement de ce mystère, et elle s'exercera sur ce mal extraordinaire et surnaturel que nous appelons la possession. Affirmation contestable, conception subtile, mais non sans profondeur. (Voir l'abbé Houssaye, *le P. de Bérulle et l'Oratoire de Jésus*, p. 176-177. C'est le 2ᵉ volume d'une belle et importante étude sur le P. de Bérulle.) Malebranche est d'un

Il faut mépriser les démons, comme on méprise les bourreaux; car c'est devant Dieu seul qu'il faut trembler, c'est sa seule puissance qu'il faut craindre. Il faut appréhender ses jugements et sa colère, et ne pas l'irriter par le mépris de ses Lois et de son Évangile. On doit être dans le respect lorsqu'il parle, ou lorsque les hommes nous parlent de lui. Mais quand les hommes nous parlent de la puissance du démon, c'est une faiblesse ridicule de s'effrayer et de se troubler. Notre trouble fait honneur à notre ennemi. Il aime qu'on le respecte et qu'on le craigne, et son orgueil se satisfait, lorsque notre esprit s'abat devant lui[1].

II. Il est temps de finir ce second Livre, et de faire remarquer, par les choses que l'on a dites dans ce Livre et dans le précédent, que toutes les pensées qu'a l'âme par le corps ou par dépendance du corps, sont toutes pour le corps; qu'elles sont toutes fausses ou obscures, qu'elles ne servent qu'à nous unir aux biens sensibles et tout ce qui peut nous les procurer, et que cette union nous engage

---

avis complètement opposé : l'Incarnation a une vertu libératrice dès ce monde, et la puissance du démon ne s'exerce plus que rarement. Il ne s'agit pas ici des suggestions intérieures du démon dans ce que l'on nomme la tentation. C'est de sa puissance extérieure et visible que parle Malebranche. Pour la tentation, il déclare que Dieu la permet, l'homme régénéré étant capable de vaincre la tentation. Bérulle eût répondu que contre la puissance extérieure aussi il y a un remède, que Jésus-Christ a appliqué le premier, puisqu'il a légué à ses apôtres, « renforçant la milice de son Église d'un ordre particulièrement destiné au combat et à l'expulsion des malins esprits, » les *Exorcistes*. Malebranche ne le nie pas, il n'en parle pas ici. Quoi qu'il en soit, il est conforme à l'esprit de l'Église de ne pas laisser les imaginations se frapper et de maintenir la raison saine. C'est à quoi Malebranche travaille et réussit ici parfaitement. Je ne sais quels démonographes il a en vue. Les histoires dont il parle pullulent en tout temps, surtout dans les temps troublés, nous en savons quelque chose. La première moitié du dix-septième siècle avait été fort troublée, et le seizième l'avait été encore plus. L'abbé Houssaye (*Ib.*, p. 174) cite un curieux passage de l'*Histoire manuscrite de l'Église de Troyes*, par le protestant Pithon. « Les bonnes gens du pays croyaient que c'estoient personnes transformées en loups-garous, qui est une opinion que quelques sçavants personnages ont maintenu par plusieurs (*mot illisible*) fortes raisons et par l'expérience d'infinis exemples, estre véritable, ainsy que Bodin l'escrit amplement en sa *Démonomachie des sorciers*, l. I, ch. VI. Mays aussy il s'en trouve quelques aultres qui tiennent le contraire, etc., et il donne leurs raisons. » (Bibl. nation., *fonds Dupuy*, 698.)

1. Expression vive et forte, que Malebranche emploie souvent. — A la fin de cette étude, sur les sorciers, signalons un passage du *Traité de la concupiscence* de Bossuet, ch. VIII, que l'on trouvera plus loin Appendice III, p. 325.

dans des erreurs infinies et dans de grandes misères ; quoique nous ne sentions pas toujours ces misères, de même que nous ne connaissons pas les erreurs qui les ont causées[1]. Voici l'exemple le plus remarquable.

L'union que nous avons eue avec nos mères dans leur sein, laquelle est la plus étroite que nous puissions avoir avec les hommes, nous a causé les plus grands maux ; savoir le péché et la concupiscence, qui sont l'origine de toutes nos misères. Il fallait néanmoins pour la conformation de notre corps que cette union fût aussi étroite qu'elle a été.

A cette union, qui a été rompue par notre naissance, une autre a succédé, par laquelle les enfants tiennent à leurs parents et à leurs nourrices. Cette seconde union n'a pas été si étroite que la première, aussi nous a-t-elle fait moins de mal : elle nous a seulement portés à croire et à vouloir imiter nos parents et nos nourrices en toutes choses. Il est visible que cette seconde union nous était encore nécessaire, non comme la première pour la conformation de notre corps, mais pour sa conservation, pour connaître toutes les choses qui y peuvent être utiles, et pour disposer le corps aux mouvements nécessaires pour les acquérir.

Enfin l'union que nous avons encore présentement avec tous les hommes ne laisse pas de nous faire beaucoup de mal, quoiqu'elle ne soit pas si étroite, parce qu'elle est moins nécessaire à la conservation de notre corps. Car c'est à cause de cette union, que nous vivons d'opinion, que nous estimons et que nous aimons tout ce qu'on aime et ce qu'on estime dans le monde, malgré les remords de notre conscience et les véritables idées que nous avons des choses. Je ne parle pas ici de l'union que nous avons avec l'esprit des autres hommes ; car on peut dire que

---

[1] Dans les premières éditions, il y avait un alinéa de plus : « Il n'y a rien de sensible à qui nous soyons fortement unis dont nous puissions recevoir quelque avantage ou quelque secours considérable pour la connaissance de la vérité et pour la possession du vrai bien ; et nous en recevons au contraire des impressions violentes, qui nous assujettissent à la vanité et au mensonge. Mais cependant ces impressions nous sont fort utiles pour la conservation de notre vie. Voici l'exemple le plus remarquable. »

nous en recevons quelque instruction. Je parle seulement de l'union sensible qui est entre notre imagination et l'air et la manière de ceux qui nous parlent. Voilà comment toutes les pensées que nous avons par dépendance du corps, sont toutes fausses, et d'autant plus dangereuses pour notre âme, qu'elles sont plus utiles à notre corps.

Ainsi tâchons de nous délivrer peu à peu des illusions de nos sens, des visions de notre imagination, et de l'impression que l'imagination des autres hommes fait sur notre esprit. Rejetons avec soin toutes les idées confuses que nous avons par la dépendance où nous sommes de notre corps, et n'admettons que les idées claires et évidentes que l'esprit reçoit par l'union qu'il a nécessairement avec le Verbe, ou la Sagesse et la Vérité éternelle, comme nous expliquerons dans le Livre suivant, qui est de l'entendement ou de l'esprit pur.

VIIᵉ ÉCLAIRCISSEMENT

SUR LE CINQUIÈME CHAPITRE DU DEUXIÈME LIVRE

Où je parle de la mémoire, et des habitudes spirituelles.

Je n'avais garde de parler, dans ce chapitre, de la mémoire ni des habitudes spirituelles pour plusieurs raisons, dont la principale est que nous n'avons point d'idée claire de notre âme[1]. Car quel moyen d'expliquer clairement quelles sont les dispositions que les opérations de l'âme laissent en elle, lesquelles dispositions sont ses habitudes, puisqu'on ne connaît pas même clairement la nature de l'âme ? Il est évident qu'on ne peut pas connaître distinctement les changements dont un être est capable, lorsqu'on ne connaît pas distinctement la nature de cet être. Car si, par exemple, les hommes n'avaient point d'idée claire de l'étendue, ce serait en vain qu'ils s'efforceraient d'en découvrir les figures. Ce serait en vain qu'ils tâcheraient de rendre raison de la facilité, par exemple, qu'acquiert une roue à tourner autour de son essieu, par l'usage qu'on en fait. Cependant, puisqu'on souhaite que je parle sur une matière qui ne m'est pas connue en elle-même, voici le tour que je prends pour ne suivre en ceci que des idées claires.

Je suppose[2] qu'il n'y a que Dieu qui agisse dans l'esprit et qui lui représente les idées de toutes choses; et que si l'esprit aperçoit quelque objet par une idée très claire et

---

1. Malebranche admettait que nous avons un sentiment vif de nos modifications, et une « connaissance expérimentale » de nous-mêmes, il disait aussi « conscience »; mais, contrairement à Descartes, il soutenait que nous n'avons aucune idée claire de notre âme.

2. *Je suppose*, c'est-à-dire je pose en principe. *Suppositions* tirées de doctrines de Malebranche qu'il serait trop long et d'ailleurs inutile de discuter ici; mais l'*Éclaircissement*, précisément à cause de ce caractère systématique, est curieux, et c'est pourquoi nous l'avons publié ici.

très vive, c'est que Dieu lui représente cette idée d'une manière très parfaite.

Je suppose de plus que la volonté de Dieu étant entièrement conforme à l'ordre et à la justice, il suffit d'avoir droit à une chose, afin de l'obtenir. Ces suppositions, qui se conçoivent distinctement, étant faites, la mémoire spirituelle se peut expliquer facilement et clairement. Car l'ordre demandant que les esprits qui ont pensé souvent à quelque objet, y repensent plus facilement et en aient une idée plus claire et plus vive que ceux qui y ont peu pensé, la volonté de Dieu, qui opère incessamment selon l'ordre, représente à leur esprit, dès qu'ils le souhaitent, l'idée claire et vive de cet objet. De sorte que, selon cette explication, la mémoire et les autres habitudes des pures intelligences ne consisteraient pas dans une facilité d'opérer qui résultât de certaines modifications de leur être, mais dans un ordre immuable de Dieu, et dans un droit que l'esprit acquiert sur les choses qui lui ont déjà été soumises : et toute la puissance de l'esprit dépendrait immédiatement et uniquement de Dieu seul ; la force ou la facilité d'agir que toutes les créatures trouvent dans leurs opérations, n'étant en ce sens que la volonté efficace du Créateur. Et je ne crois pas qu'on fût obligé d'abandonner cette explication à cause des mauvaises habitudes des pécheurs et des damnés. Car, encore que Dieu fasse tout ce qu'il y a de réel et de positif dans les actions des pécheurs, il est évident, par les choses que j'ai dites dans le premier Éclaircissement, que Dieu n'est point auteur du péché.

Cependant je crois, et je pense devoir croire, qu'après l'action de l'âme, il reste, dans sa substance, certains changements qui la disposent réellement à cette même action. Mais comme je ne les connais pas, je ne puis pas les expliquer, car je n'ai point d'idée* claire de mon esprit, dans laquelle je puisse découvrir toutes les modifications

---

* Voyez l'Éclaircissement sur le chapitre vii de la seconde Partie du troisième Livre. (Naturellement nous ne donnons pas cet Éclaircissement, qui ne se rapporte pas à notre second Livre.)

dont il est capable. Je crois par des preuves de théologie, et non point par des preuves claires et évidentes, que la raison pour laquelle les pures intelligences voient plus clairement les objets qu'ils[1] ont déjà considérés, que les autres, n'est pas précisément et uniquement, parce que Dieu leur représente ces objets d'une manière plus vive et plus parfaite, comme je viens de l'expliquer, mais parce qu'ils sont réellement plus disposés à recevoir la même action de Dieu en eux. De même que la facilité à jouer des instruments qu'ont acquise certaines personnes, ne consiste pas précisément en ce que les esprits animaux, qui sont nécessaires au mouvement des doigts, ont plus d'action et de force en eux que dans les autres hommes, mais en ce que les chemins par où les esprits s'écoulent sont plus glissants et plus unis par l'habitude de l'exercice, ainsi que je l'ai expliqué dans le chapitre que j'éclaircis. Cependant je demeure d'accord que tous les usages de la mémoire et des autres habitudes ne sont point absolument nécessaires à ceux qui, étant parfaitement unis à Dieu, trouvent en sa lumière toutes sortes d'idées, et en sa volonté toute la facilité d'agir qu'ils peuvent souhaiter.

1. Nous avons déjà remarqué plus haut, p. 196, *ils* après les *pures intelligences*. Grammaticalement, il faudrait *elles*; mais, comme c'est les Anges que Malebranche parle, il met *ils*.

IX° ÉCLAIRCISSEMENT

SUR LE TROISIÈME CHAPITRE DE LA TROISIÈME PARTIE DU SECOND LIVRE

Dans lequel je parle de la force de l'imagination des auteurs et principalement de Tertullien.

Comme je suis convaincu que le principe le plus général et le plus fécond des erreurs qui se rencontrent dans les sciences, et principalement dans la morale, est l'impression que les imaginations vives font sur l'esprit des hommes qui se conduisent plutôt par machine que par raison, j'ai cru que je devais faire sentir cette vérité en toutes les manières qui pourraient réveiller les esprits de leur assoupissement à son égard. Et parce que les exemples nous frappent vivement, surtout lorsqu'ils ont quelque chose de grand et d'extraordinaire, j'ai pensé que les noms illustres de Tertullien, de Sénèque et de Montagne seraient capables d'exciter l'attention des lecteurs et de les convaincre sensiblement de cette domination contagieuse de l'imagination sur la raison. Car enfin, si des paroles toutes mortes, et qui ne sont point animées par l'air et les manières sensibles de ces fameux auteurs, ont encore plus de force que la raison de certaines gens; si le tour de l'expression, qui ne donne qu'une faible idée de l'action sensible que l'imagination répand vivement sur le visage et sur le reste du corps de ceux qui sont pénétrés de ce qu'ils disent, est capable d'agiter, de pénétrer et de convaincre une infinité de personnes, certainement on doit demeurer d'accord qu'il n'y a rien de plus dangereux que d'écouter avec respect les personnes dont l'imagination est forte et vive. Car leur air et leur manière est un langage naturel si fort et si convaincant, ils savent passionner si vivement toutes choses, qu'ils soulèvent presque toujours les sens et les passions contre la raison, et qu'ils répandent, pour ainsi dire, la conviction et la certitude dans tous ceux qui les regardent[1].

J'avais bien prévu, en apportant ces grands exemples, que je ne guérirais pas tous ceux qui auraient été frappés d'étonnement et d'admiration à la lecture de ces trois fameux auteurs. Il n'est pas nécessaire de connaître beaucoup l'homme, pour savoir que les blessures que le cerveau a reçues se guérissent plus difficilement que celles des autres parties du corps, et qu'il est plus facile de fermer une plaie qui n'est point exposée à l'action de quelque corps qui la puisse renouveler, que de guérir parfaitement certains préjugés qui se justifient à tous moments par des raisons qui paraissent d'autant plus vraisemblables qu'elles sont plus sensibles.

Il est très difficile de fermer exactement les traces du cerveau, parce qu'elles sont exposées aux cours des esprits, et qu'elles peuvent être incessamment renouvelées par une infinité de traces qu'on peut appeler accessoires. Ces sortes de blessures ne peuvent ordinairement se guérir ou se rejoindre que lorsque, le cerveau en ayant reçu d'autres plus profondes, et qui leur sont opposées, il se fait une forte et continuelle révolution dans les esprits. Car on ne doit pas croire qu'un préjugé soit entièrement guéri, dès qu'on se l'imagine, à cause qu'on n'en est point actuellement frappé. Un préjugé n'est entièrement guéri que lorsque la trace est bien rejointe, et non pas dès que les esprits commencent à n'y prendre plus leur cours pour quelque raison particulière.

Je savais donc bien que ceux qui avaient été abattus et renversés par la force et les mouvements de Tertullien, enlevés et éblouis par la grandeur et les beautés de Sénèque, gagnés et corrompus par les manières libres et naturelles de Montagne, ne changeraient pas de sentiment après la lecture de quelques pages de mon Livre. Je jugeais,

---

1. Très forte et très belle image.

au contraire, qu'ils auraient du chagrin de ce que j'aurais tâché de dissiper l'enchantement qui les charme.

Mais, comme j'espérais que ces exemples seraient utiles à mon dessein, pour les raisons que je viens de dire, j'ai cru que je devais avoir plus d'égard à l'utilité de plusieurs personnes qui ne sont point préoccupées, qu'au chagrin de quelques particuliers que je jugeais bien devoir critiquer la liberté que j'ai prise. Je considérais qu'il y a peu de personnes si fort prévenues d'estime pour ces auteurs, qu'il n'y ait encore quelque espérance de retour vers la raison. Je jugeais enfin que n'y ayant peut-être personne de préoccupé à l'égard de tous les trois ensemble, à cause de la diversité du caractère de leurs imaginations, les plus entêtés même trouveraient que j'ai raison en bien des choses.

Je sais le respect que je dois avoir pour les ouvrages de Tertullien, tant à cause des sujets qu'il traite qu'à cause de l'approbation qu'ils ont eue de plusieurs personnes qui doivent en savoir juger. Et j'ai suffisamment fait connaître cette disposition de mon esprit par les choses que j'en ai dites, et par la qualité du Livre *de Pallio*, duquel seul j'ai parlé avec liberté, quoiqu'il y en eût eu d'autres qui eussent peut-être été plus propres à mon dessein.

Mais, après tout, je ne crois pas que le temps doive changer ou grossir les idées des choses, que toutes les antiquités soient vénérables, et que de fausses raisons et des manières extravagantes soient dignes de respect, à cause qu'elles sont au monde longtemps avant nous. Je ne pense pas qu'on doive recevoir des obscurités affectées comme des mystères sacrés, des saillies d'imagination comme des lumières éclatantes, les chaleurs de l'Afrique, qui agissent dans un esprit naturellement plein d'ardeur, comme des mouvements de l'esprit prophétique, qui ne peut annoncer que des vérités sublimes.

Je sais bien que ceux mêmes qui ont le plus de respect pour les ouvrages de Tertullien, demeurent d'accord de tout ceci, et qu'ils sont trop équitables pour soutenir les dérèglements de l'imagination contre la raison. Mais peut-être qu'ils sont comme ces personnes judicieuses qui aiment extrêmement la vérité, et qui cependant ne laissent pas d'être sensibles aux manières. Car j'en ai vu souvent quelques-uns si enchantés par quelques expressions fortes, vives, grandes et magnifiques de Tertullien, qu'après leur avoir prouvé [1] que cet auteur était peu judicieux et peu raisonnable, ils ne faisaient que me les répéter, comme pour me gagner et pour me surprendre.

J'avoue que Tertullien a des expressions extrêmement fortes et hardies, et qu'elles produisent dans l'esprit des images très vives et très animées; et c'est justement à cause de cela que je le prends pour exemple, que les imaginations fortes ont beaucoup de pouvoir pour agiter et pour convaincre par impression. Ainsi ceux qui me font ces sortes d'objections, confirment mon sentiment, lorsqu'ils le combattent. La préoccupation et l'estime qu'ils ont pour Tertullien justifient ma conduite. Les citations fréquentes et les grands mots qu'ils en allèguent, prouvent ce que je dis. Car on ne cite presque jamais dans le discours des raisonnements entiers de cet auteur, mais on en cite souvent des expressions fortes et vives, afin d'éblouir, d'émouvoir et de convaincre par impression sensible.

On ne doit pas, ce me semble, s'imaginer que je veuille m'ériger en censeur de tant de grands hommes [2] qui citent Tertullien à tous moments dans la chaire et ailleurs. Ils ont leurs raisons dans l'examen desquelles je n'entre point, et je ne dois point y entrer. Il me semble que ce que j'ai dit de cet auteur est évident. Que chacun tire ses conséquences, selon ses lumières, sans m'attribuer des pensées que je n'ai pas. Ceux qui veulent pénétrer dans les desseins des autres, se forment souvent des fantômes qui ne ressemblent qu'à eux-mêmes ; car nous avons coutume de répandre, pour ainsi dire, sur les autres la malignité de nos passions. Nous jugeons de tout par rapport à nous,

---

1. *Après leur avoir prouvé.* Tour vif, qui maintenant serait incorrect. Il faudrait dire : *Après que je leur avais prouvé..., ils ne faisaient que me les répéter.*

2. C'est sans doute principalement à Bossuet que Malebranche songe ici.

et ceux qui me condamnent se jugent peut-être eux-mêmes, quoiqu'ils n'y fassent pas de réflexion. Mais, si on veut que je me déclare sur les citations de Tertullien, je demeure d'accord qu'on a droit de s'en servir pour plusieurs raisons, et même qu'elles sont quelquefois très utiles pour rendre plus sensibles certaines vérités de pratique, qui sont stériles et infructueuses, tant qu'elles sont dans le plus secret de la raison, et qu'elles ne nous donnent point de mouvements contraires à ceux que les biens du corps excitent en nous.

Cependant je ne trouve pas fort déraisonnable le sentiment de ceux qui croient qu'on ne doit citer les auteurs par leur nom, que lorsqu'ils sont infaillibles, et qu'excepté dans les choses où la raison n'a point de part, ou dans lesquelles l'autorité doit avoir lieu, on ne doit jamais citer personne. Telle était autrefois la coutume des Pères. Saint Cyprien n'a jamais cité Tertullien, quoiqu'il ait pris beaucoup de choses de lui. Et s'il est vrai ce que saint Jérôme rapporte de ce saint évêque, par ouï-dire, que parlant de Tertullien, il l'appelait son maître, il faut que le nom de Tertullien n'eût pas grande autorité, ni ses expressions la force qu'elles ont maintenant sur les esprits, ou que saint Cyprien suivît la coutume de son temps avec une rigueur bien surprenante. Car c'est une chose fort étrange qu'un tel disciple n'ait point parlé de son maître dans aucun de ses ouvrages.

On se sert ordinairement de cette histoire de saint Jérôme pour défendre Tertullien, et l'on m'a dit quelquefois que j'avais tort de parler comme j'avais fait d'un homme que saint Cyprien appelait son maître. Mais je ne sais pas si saint Jérôme n'aurait point été trop facile à ajouter foi à ce qui faisait de l'honneur à Tertullien*. Il semble qu'il ait eu un peu trop d'inclination pour lui, puisqu'il a excusé en quelque manière sa chute, en rejetant son hérésie sur l'envie que le clergé de Rome lui portait, et sur les mau-

---

* Invidia postea et contumeliis Romanæ Ecclesiæ, ad dogmata Montani lapsus, in multis libris novæ Prophetiæ meminit. *Hieron. in catalogo de Script. Eccl.*

vais traitements qu'il en avait reçus. Mais si cette histoire, qui n'est fondée que sur ce que saint Jérôme a ouï dire à une seule personne, est vraie, j'avoue que je ne comprends pas le silence que saint Cyprien observe dans ses écrits à l'égard de Tertullien. Ce silence du disciple cache apparemment quelque mystère qui n'est pas avantageux au maître. Et si l'histoire aussi bien que les propres ouvrages de Tertullien ne faisaient pas assez connaître qu'il n'est pas tout à fait digne de la grande estime que bien des gens ont pour lui, je ne sais si la conduite de saint Cyprien, son silence, son style, ses manières, ne suffiraient pas pour la diminuer, et pour faire penser que peut-être la réputation de cet auteur n'était pas trop bien établie dans l'Afrique même, qui lui devait être plus favorable qu'un pays aussi tempéré qu'est le nôtre.

La France et l'Afrique produisent des esprits bien différents. Le génie des Français étant naturel, raisonnable, ennemi de toutes les manières outrées, il est étrange qu'il y en ait parmi eux de passionnés pour un auteur qui n'étudie et qui ne suit point la nature, et qui, au lieu de consulter sa raison, se laisse souvent emporter par ses fougues à des expressions tout à fait obscures, monstrueuses et extravagantes.

Mais c'est peut-être que l'imagination a tant de force qu'elle affaiblit la raison, et qu'elle change même la nature. En effet, un homme passionné nous trouble, et change presque toujours la situation naturelle de notre imagination pour la conformer à la sienne. Et alors il n'y a point de mouvement qui ne paraisse naturel, point d'expression qui ne soit agréable, point de galimatias qui ne convainque, car on n'examine rien sérieusement. Or, comme les passions se justifient, et que les imaginations déréglées ne se plaisent que dans leur dérèglement, on ne peut juger sainement des choses, tant que le cerveau conserve l'impression violente qu'il a reçue. Il n'y a point d'homme passionné qui ne soit incessamment sollicité à justifier la passion qui l'anime, il n'y a point d'homme troublé qui ne se plaise dans son trouble. Car, si ceux qui s'imaginent être devenus coqs, loups, bœufs, se plaisent extrêmement dans les actions que ces animaux ont accoutumé de faire, quoiqu'elles soient tout à fait contraires à la nature de l'homme, on peut bien juger que nous n'avons garde de condamner les manières de ceux qui, par la contagion de leur imagination, nous ont en quelque manière rendus semblables à eux ; car, en les condamnant, nous sentons que nous nous condamnerions nous-mêmes.

Il y a une raison fort particulière, qui fait que certains savants font gloire d'être partisans de Tertullien, et qu'ils témoignent pour cet auteur un respect extraordinaire. C'est l'obscurité qu'il affecte comme une des principales règles de la rhétorique.

On appelle présentement galimatias toutes les expressions vides de sens, et toutes les manières de parler obscures et embarrassées, mais il y a eu des gens qui* ont regardé l'obscurité comme un des plus grands secrets de l'éloquence ; parmi eux, l'art de persuader consistait en partie à se rendre inintelligible.

Si ceux qui parlent en public avaient toujours des idées claires et distinctes des vérités qu'ils prétendent persuader, et s'ils ne parlaient qu'à des personnes capables d'une attention suffisante pour les comprendre, le précepte d'affecter l'obscurité dans le discours serait extravagant en toutes manières. Mais, quoique ce précepte soit absolument contre la raison, on peut dire qu'il est assez proportionné au génie de la plupart des hommes, non seulement parce qu'il met à couvert l'ignorance de ceux qui parlent, mais encore parce que l'obscurité mystérieuse excite en bien des personnes des sentiments qui les disposent à se soumettre et à se laisser convaincre.

L'expérience fait assez voir que la plupart des hommes estiment ce qu'ils ne comprennent pas, qu'ils révèrent comme des mystères tout ce qui les passe, et qu'ils trouvent qu'un orateur a fait des merveilles, lorsqu'il les a éblouis par des manières éclatantes et par un langage

---

* Voyez Quintilien, *Inst. orat.*, l. VIII, ch. II.

d'imagination dans lequel la raison n'a point de part.

L'inclination que les hommes ont pour la grandeur est plus forte que celle qu'ils ont pour la vérité. Ainsi le galimatias pompeux, qui persuade par impression, est mieux reçu que de purs raisonnements, qui ne peuvent persuader que par leur évidence. L'évidence ne s'acquiert que par des réflexions qui coûtent toujours quelque peine à ceux qui les font; mais la conviction sensible se répand dans l'âme, et la pénètre d'une manière très agréable.

Le bien, qui seul est capable de nous satisfaire, est tout ensemble infini et inaccessible, et les expressions grandes et obscures en portent le caractère. De sorte que l'obscurité excitant nos désirs, comme la grandeur excite notre admiration et notre estime, ces expressions nous gagnent par les mouvements qu'elles produisent en nous [1].

Lorsqu'on sait, ou qu'on croit savoir un auteur obscur et difficile, on s'estime plus que ceux qui ne le savent pas; on les regarde quelquefois comme des ignorants. La peine qu'on a prise pour l'entendre, nous intéresse dans sa défense. On justifie ses études lorsqu'on le révère, et qu'on le fait révérer aux autres. Et comme on se justifie avec plaisir, on ne doit pas manquer de le louer et de le défendre avec empressement et avec des manières vives et sensibles.

Ces raisons, et quelques autres moins fortes, suffisent, ce me semble, pour faire comprendre que l'obscurité de Tertullien ne lui est pas désavantageuse dans l'esprit de quelques personnes et qu'apparemment ils n'auraient jamais eu tant d'admiration pour lui, si les vérités qui sont répandues dans ses ouvrages y étaient réduites à leurs plus simples et plus claires idées.

On réduit toujours les rapports et les vérités mathématiques à leurs *exposants*, c'est-à-dire, aux termes les plus simples qui les expriment, et on les dégage de tout ce qui peut les embarrasser et les obscurcir; car les géomètres aiment la vérité toute pure; ils ne veulent point con-

---

1. Remarques bien profondes et bien fines aussi.

vaincre par impression, mais par évidence et par lumière. Que deviendraient beaucoup de pensées de Tertullien, si on les avait réduites à leurs exposants selon les règles des logiciens-géomètres, et si on les avait ainsi dépouillées de ce faste sensible qui éblouit la raison? On en doit faire l'expérience, si l'on veut juger solidement des raisonnements de cet auteur.

Je ne prétends pas toutefois que Tertullien ait dû écrire en géomètre. Les figures qui expriment nos sentiments et nos mouvements, à l'égard des vérités que nous exposons aux autres, sont absolument nécessaires. Et je crois que principalement dans les discours de religion et de morale, l'on doit se servir d'ornements qui fassent rendre à la vérité tout le respect qui lui est dû, et de mouvements qui agitent l'âme et la portent à des actions vertueuses. Mais on ne doit pas couvrir d'ornements un fantôme sans corps et sans réalité; on ne doit pas exciter de mouvements inutiles; et si l'on veut imprimer avec effort dans ceux qui nous écoutent la conviction et la certitude, il faut que cette conviction se rapporte à quelque chose de vrai et de solide. Il ne faut pas convaincre, ni se laisser convaincre, sans savoir évidemment, distinctement, précisément de quoi on convainc, ou de quoi on est convaincu. Il faut savoir ce qu'on dit, il faut savoir ce qu'on croit. Il ne faut aimer que la vérité et la lumière, et ne pas frapper les autres d'aveuglement après nous en être laissé frapper nous-mêmes.

APPENDICES

APPENDICE I

LA VIE DE MALEBRANCHE, PAR LE P. ANDRÉ

Le P. André avait formé le dessein d'écrire une vie de Malebranche vraiment complète : toute la personne du philosophe devait y être représentée au naturel, grâce à ces mille détails qui nous font entrer dans l'intimité d'un homme; toutes les circonstances de son éducation et de ses études devaient être rapportées; le plan de la constitution de l'Oratoire, où il entra, fidèlement tracé; l'état des esprits et de la philosophie au moment où il commença d'écrire, nettement exposé; les divers systèmes qui pendant sa vie causèrent tant de disputes, jansénisme, thomisme, molinisme, quiétisme, ramenés à leurs traits essentiels et appréciés sans parti pris; les hommes avec qui il eut des relations, peints et jugés; sa doctrine, dévoilée tout entière en raccourci, pour qu'elle fît plus d'effet sur les esprits, à cause de l'enchaînement qui paraîtrait partout; enfin les controverses où il fut mêlé, débrouillées avec soin, racontées avec impartialité et égayées de ces traits particuliers qui, bien choisis et bien placés, tempèrent à propos la gravité du sujet et préviennent l'ennui. Les plus importantes vérités et d'utiles réflexions mêlées à un récit exact et animé devaient rendre ce livre propre à former la raison et le cœur des personnes qui le liraient. Tel était le dessein du P. André. Sa correspondance inédite, publiée avec tant de soin par M. Cousin, permet de saisir nettement ce qu'il voulait faire, et presque tous les mots dont je viens de me servir pour donner une idée de son ouvrage, sont tirés de ses lettres ou de celles de ses amis. On le suit d'année en année dans cette correspondance; on le voit, dans son ardent désir de faire une œuvre solide et durable, ne s'épargnant aucune peine pour obtenir des détails précis, des renseignements sûrs, des éclaircissements, des explications. « Lorsqu'on écrit sur une matière, pensait-il, on ne saurait trop avoir à dire, quoiqu'il ne faille pas tout dire. » En même temps il relisait tous les écrits de Malebranche et en faisait des abrégés qui lui coûtaient parfois bien des efforts; mais enfin il en venait à bout. « La méditation, disait-il, éclaircit tout, excepté les faits[1]. »

Cette vie de Malebranche, entreprise avec tant d'amour, poursuivie avec tant de persévérance et achevée presque, malgré mille traverses, André ne put la publier. A sa mort, en 1764, il la laissa, avec tous ses papiers, à son ami M. de Quens. Celui-ci eut la pensée de la donner au public; puis, ayant renoncé à ce projet, il fit présent de l'ouvrage à M. Coquille, bibliothécaire de la Mazarine, qui à son tour le confia, en 1807, à l'abbé Hemey d'Auberive avec le soin d'en préparer enfin la publication. A cette date toute trace de la *Vie de Malebranche par le P. André* disparaissait.

On connaît les recherches minutieuses de M. Cousin et ses réclamations passionnées. Après avoir fouillé en vain les bibliothèques de la France et de l'étranger, soupçonnant que quelque détenteur inconnu de ce trésor s'obstinait à le cacher par je ne sais quel parti pris hostile à Malebranche, il s'écriait : « Nous adressons, avec toute la force qui est en nous, notre publique et instante réclamation à celui qui possède encore aujourd'hui les matériaux de ce grand ouvrage. Qu'il sache qu'il ne lui est pas permis de retenir le précieux dépôt tombé entre ses mains... Tout ce qui se rapporte à un homme de génie n'est pas la propriété d'un seul homme, mais le patrimoine de l'humanité. Malebranche est le Platon du christianisme, l'ange de la philosophie moderne, un penseur sublime, un écrivain d'un naturel exquis et d'une grâce incomparable. Retenir, altérer, détruire ce qui concerne un tel personnage, c'est dérober le public, et, à quelque parti qu'on appartienne, c'est soulever contre soi les honnêtes gens de tous les partis[2]. »

Ces véhémentes adjurations, renouvelées à chaque édition des *Fragments de philosophie cartésienne*, demeurèrent inutiles. En 1861, M. l'abbé Blampignon découvrait à la bibliothèque de Troyes un manuscrit de cent soixante pages très serrées qui était manifestement un fragment très considérable de l'ouvrage d'André : mais le manuscrit de M. de Quens ne sortait point de la retraite ignorée où il était enseveli. En 1866, le P. Adolphe Perraud, de l'Oratoire, maintenant évêque d'Autun et membre de l'Académie française, disait, dans son livre sur *l'Oratoire de France au dix-septième et au dix-huitième siècle*[3], qu'il avait eu l'espoir de retrouver la *Vie de Malebranche* tout entière, mais bientôt cet espoir avait été déçu. Ne semblait-il pas que le

---

1. *Vie et correspondance inédite du P. André*, dans la II⁰ partie des *Fragments de philosophie moderne* de Victor Cousin, 5ᵉ édition, 1866.

2. Je cite ici d'après la dernière édition. Dans les premières éditions, c'était plus fort encore.

3. Paris, Douniol. Voir p. 301, n. 1.

manuscrit dont M. Hemey d'Auberive avait été le dernier possesseur connu, fût perdu irrémédiablement?

Le P. Ingold, de l'Oratoire, qui a entrepris, sous le nom de *Bibliothèque oratorienne*, la reproduction des œuvres les plus remarquables des anciens oratoriens, vient de publier cette année même un huitième volume : ce n'est pas un écrit d'un oratorien, mais c'est d'un ami de l'Oratoire, et c'est à Malebranche qu'il est consacré. C'est la *Vie du P. Malebranche par le P. André* qu'il présente au public[1]. Et où l'a-t-il trouvée? A la Bibliothèque nationale, au Fonds français, nouvelles acquisitions, n° 1038.

Voilà donc enfin, imprimé et publié, cet ouvrage tant désiré. Pourquoi le manuscrit n'a-t-il jamais été proposé à M. Cousin, ni à M. Blampignon, ni au P. Adolphe Perraud? Un bibliophile, nommé Mastrella, l'a conservé avec beaucoup de livres rares et précieux dont il avait hérité ou qu'il avait achetés dans des ventes. On ne sait comment la *Vie de Malebranche* était arrivée entre ses mains; on devine qu'il n'a dû avoir d'autre raison de n'en pas révéler l'existence que cette sorte de passion aveugle de l'amateur pour ses livres, quelque chose d'analogue au sentiment de l'avare qui enfouit son trésor. C'est seulement en 1873, que le manuscrit est signalé : la famille de M. Mastrella me le faisait proposer. La *Philosophie de Malebranche*, que je venais de publier, donnait à penser que j'en apprécierais toute l'importance.

Je l'étudiai avec le soin le plus minutieux, j'en reconnus l'authenticité. Malheureusement ce n'était point l'autographe d'André. De plus, une comparaison attentive avec le manuscrit de Troyes me montra que les nouveautés vraiment intéressantes n'étaient pas fort nombreuses. Les hommes les plus compétents furent unanimes à me démontrer que je n'en devais pas donner le prix qui m'en était demandé. Celui même que j'en proposais dans mon amour pour Malebranche, était encore à leurs yeux une folie. On n'en voulut pas, et je rendis le manuscrit : l'engagement que je prenais naturellement de ne faire aucun usage de ce que j'avais pu y apprendre en l'étudiant, ne faisait subir à l'histoire de la philosophie aucune perte sérieuse; et d'ailleurs il était plus que probable que le manuscrit ne tarderait pas à voir le jour. En effet, quand une vente publique où il ne rencontra pas d'acquéreur eut bien prouvé qu'on s'abusait sur sa valeur, il fut porté à la Bibliothèque nationale : c'est là que j'avais été édifié sur le prix qu'il était raisonnable d'en donner; c'est là qu'il fut enfin acheté : il entrait dans son repos et aussi dans l'honneur, puisque le P. Ingold allait bientôt en faire un livre.

---

1. La *Vie du R. P. Malebranche, prêtre de l'Oratoire, avec l'histoire de ses ouvrages*, par le P. André, publiée par le P. Ingold; un fort volume in-18, orné d'une photogravure d'après l'estampe d'Edelinck. Paris, Poussielgue frères, rue Cassette, 15.

L'ombre de M. Cousin a dû gémir des mésaventures de l'ouvrage d'André. J'imagine que, vivant, il eût poussé des cris d'indignation, en voyant ce délaissement, cette indifférence; mais j'imagine aussi qu'examinant lui-même le manuscrit, il eût eu quelque déception. L'impatience de l'attente a pour effet de rendre plus difficile. Si l'on veut être juste, il faut oublier tout le bruit qui s'est fait autour de cette œuvre avant qu'elle fût connue; il faut la considérer modestement, comme le fait si bien le P. Ingold, et alors, outre la satisfaction de la voir publiée, on en goûte le charme, et, sans rien exagérer, on recueille quelques renseignements nouveaux qui ont bien leur prix.

Je m'étonnais que le manuscrit, si incontestablement authentique, ne fût pas l'autographe d'André, M. de Quens ayant déclaré, dans une lettre de 1782, qu'il avait la *Vie de Malebranche* écrite tout entière de la main d'André lui-même. Le P. Ingold remarque avec justesse que M. de Quens n'a dit nulle part qu'il eût envoyé à Paris le manuscrit autographe. Il l'avait sans doute gardé à Caen, et ce que M. Coquille et M. Hemey d'Auberive ont eu entre les mains en vue de la publication, c'est une copie. Le P. Ingold, poussant plus loin ses recherches, a constaté que cette copie, c'est M. de Quens qui l'a faite. L'autographe, dès lors, s'il venait à se retrouver, n'aurait qu'un intérêt bibliographique; il ne différerait certainement point, en lui-même, d'une copie faite avec tout le soin possible et où le manuscrit était sans doute reproduit tel que le P. André l'avait laissé à sa mort. « Il n'est même pas vraisemblable que les quelques lacunes de la copie soient comblées, si l'on venait à découvrir l'autographe. Ces lacunes, en effet, consistent surtout en l'absence des lettres écrites par le P. Malebranche, lettres que le P. André ne s'était pas donné la peine de recopier, puisqu'il les avait sous la main et qu'il n'avait dessein de les insérer dans son travail qu'au dernier moment[1]. »

L'existence du manuscrit de Troyes dépréciait fort le manuscrit nouveau, mais elle n'en déprécie point la publication, car ce manuscrit de Troyes n'a pas été intégralement publié, et il est clair que la comparaison entre les deux documents étant tout à l'avantage du nouveau, c'est bien celui-ci qu'il convenait de donner au public. M. l'abbé Blampignon était loin d'avoir mis au jour toutes les parties intéressantes du document qu'il avait découvert. Il en avait heureusement profité pour sa remarquable *Etude sur Malebranche*; mais il s'était borné à un assez petit nombre d'extraits. M. Francisque Bouillier, qui lui en avait fait, ce me semble, un juste reproche, avait signalé, dans deux articles du *Journal des savants* (août et septembre 1863), l'importance d'un manuscrit dont la publication complète lui eût paru op-

---

1. La *Vie de Malebranche*, publiée par le P. Ingold. *Introduction*, p. IX.

portune, et il s'était plu du moins à multiplier les citations et les extraits. Toutefois, l'ensemble de l'œuvre d'André demeurait inconnu. Or, maintenant que nous avons la copie de M. de Quens, c'est manifestement dans celle-là, et non dans celle qui est à Troyes, qu'il faut chercher cette œuvre. Le manuscrit de Troyes est la copie d'une ébauche. Le manuscrit de la Bibliothèque nationale nous donne le même ouvrage beaucoup plus avancé et dans un état beaucoup moins imparfait. Le manuscrit de Troyes, qui s'arrête brusquement, au milieu d'une phrase, ne dépasse pas l'année 1713. Le manuscrit de Paris va jusqu'à la mort de Malebranche, en 1715. Sans doute la plupart des détails curieux sont déjà dans le manuscrit de Troyes, mais celui de Paris contient en plus : un extrait du rapport du consulteur de l'*Index* au sujet du *Traité de la nature et de la grâce* condamné à Rome en 1690 ; certains détails relatifs à la publication des *Réflexions sur la prémotion physique* ; enfin et surtout un récit de la mort de Malebranche en trois pages : si certains traits de ce tableau étaient déjà connus par une lettre du P. Lelong, de l'Oratoire, il y a aussi des choses ignorées jusqu'ici, et le récit, pris dans son ensemble, est nouveau et fort beau.

Le manuscrit de Troyes n'a que cent soixante pages d'une écriture fort serrée, il est vrai. Celui de Paris en a neuf cent quatre-vingt-dix-huit, sans compter dix-huit pages de notes diverses. Ce qui explique cette différence, c'est que le manuscrit de Paris donne les analyses et les abrégés des ouvrages de Malebranche, partout supprimés dans le manuscrit de Troyes. C'est un nouvel avantage. Seulement le 1. Ingold n'a pas cru devoir les reproduire, et j'estime qu'il a eu raison. On est satisfait de savoir où les trouver si l'on est pris de l'envie de les lire ; on aime mieux sans doute qu'ils ne grossissent pas le volume. Ces reproductions en raccourci, ces réductions des écrits de Malebranche lasseraient vite l'attention des lecteurs. J'y ai en vain cherché un secours dans l'intelligence et l'interprétation du système ; je n'y ai rien trouvé qui facilitât et éclairât l'étude. Ce sont des abrégés exacts, élégants, mais des abrégés, et, comme aucun jugement ne s'y mêle, à quoi peuvent-ils servir ?

Quoi qu'il en soit, des deux copies qui nous sont parvenues de la *Vie de Malebranche* par le P. André, celle qui vient d'être publiée est, on le voit, manifestement la meilleure, la plus complète, celle où l'œuvre est presque en son état définitif, et tous les amis de la philosophie doivent remercier le P. Ingold de cette publication.

Le manuscrit de Troyes garde quelque intérêt comme terme de comparaison, et puis à cause des notes marginales qui l'accompagnent. Le P. Ingold a reproduit avec raison plusieurs de celles que M. de Quens et l'abbé d'Auberive avaient jointes au manucrit qui nous vient d'eux. Il serait piquant de reproduire çà et là celles du manuscrit de Troyes. Ce document ne porte aucun nom. Mais, en l'étudiant, j'ai reconnu l'écriture du P. Lelong. On sait par les lettres que M. Cousin a publiées que le P. André avait envoyé au P. Lelong la *Vie de Malebranche*. J'ai constaté que le P. Lelong a pris la peine de copier lui-même l'écrit soumis à son examen. Les notes marginales sont aussi de sa main. Elles expriment, avec la plus franche vivacité, ses impressions. Tantôt il rectifie un détail, tantôt il ajoute un renseignement, tantôt il indique une correction de style, tantôt enfin, et c'est le plus fréquent, il signale quelque exagération. André se laisse emporter par son amour pour son héros : il est passionné, il prend pour vrai ce qu'il imagine. Le P. Lelong le marque sans ménagement, et l'on devine que ce n'est pas sans impatience. Voici quelques-unes de ces notes : « Inventions de l'auteur. — Réflexion de l'auteur attribuée à son héros. — Fictions. — Raisons inventées par l'auteur. — Récit qu'on a fort embelli. » Ailleurs nous lisons : « Figure outrée. — Phrase longue et fort embarrassée. — Ce portrait (c'est celui de la congrégation de l'Oratoire) n'est pas vrai en toutes ses parties. » Et ailleurs enfin : « Déclamations inutiles (c'est au sujet de la philosophie de l'Ecole). — Réflexions inutiles et ennuyeuses par leur longueur. — Déclamations vaines et outrées. »

Voilà ce que le manuscrit de Troyes peut maintenant fournir d'intéressant. Le premier découvert, il a été pendant vingt ans tout ce que nous connaissions de l'œuvre d'André. Aujourd'hui, c'est à la copie de M. de Quens, conservée désormais à la Bibliothèque nationale et publiée par les soins éclairés du P. Ingold, qu'appartient toute l'importance, et la découverte même de l'autographe primitif ne la lui enlèverait pas. C'est là que l'on prendra plaisir à suivre les détails d'une vie sans autres événements que ceux de la pensée et des controverses suscitées par la pensée, dans un récit souvent passionné, mais sincère, fait par un admirateur et un disciple dévoué jusqu'au sacrifice.

APPENDICE II

EXTRAITS DE MALEBRANCHE

I

Exemples de faux jugements.

RECHERCHE DE LA VÉRITÉ. LIVRE IV. DES INCLINATIONS.
CHAP. VI, VII ET VIII.

CHAPITRE VI

I. De l'inclination que nous avons pour tout ce qui nous élève au-dessus des autres. — II. Des faux jugements de quelques personnes de piété. — III. Des faux jugements des superstitieux et des hypocrites. — IV. De Voët ennemi de M. Descartes.

I. Toutes les choses qui nous donnent une certaine élévation au-dessus des autres, en nous rendant plus parfaits, comme la science et la vertu, ou bien qui nous donnent quelque autorité sur eux, en nous rendant plus puissants, comme les dignités et les richesses, semblent nous rendre en quelque sorte indépendants. Tous ceux qui sont au-dessous de nous, nous révèrent et nous craignent, ils sont toujours prêts à faire ce qui nous plaît pour notre conservation, et ils n'osent nous nuire ni nous résister dans nos désirs. Ainsi les hommes tâchent toujours de posséder ces avantages qui les élèvent au-dessus des autres. Car ils ne font pas réflexion, que leur être et leur bien-être dépendent selon la vérité, de Dieu seul, et non pas des hommes ; et que la véritable grandeur qui les rendra éternellement heureux, ne consiste pas dans ce rang qu'ils tiennent dans l'imagination des autres hommes, aussi faibles et aussi misérables qu'eux-mêmes, mais dans le rang honorable qu'ils tiennent dans la Raison divine, dans cette Raison toute puissante qui rendra éternellement à chacun selon ses œuvres.

Mais les hommes ne désirent pas seulement de posséder effectivement la science et les vertus, les dignités et les richesses, ils font encore tous leurs efforts, afin qu'on croie au moins qu'ils les possèdent véritablement. Et si l'on peut dire qu'ils se mettent moins en peine de paraître riches que de l'être effectivement, on peut dire aussi qu'ils se mettent souvent moins en peine d'être vertueux que de le paraître ; car comme dit agréablement l'auteur des *Réflexions morales :* « La vertu n'irait pas si loin si la vanité ne lui tenait compagnie. »

La réputation d'être riche, savant, vertueux, produit dans l'imagination de ceux qui nous environnent, ou qui nous touchent de plus près, des dispositions très commodes pour nous. Elle les abat à nos pieds : elle les agite en notre faveur ; elle leur inspire tous les mouvements qui tendent à la conservation de notre être, et à l'augmentation de notre grandeur. Ainsi les hommes conservent leur réputation comme un bien dont ils ont besoin pour vivre commodément dans le monde.

Tous les hommes ont donc de l'inclination pour la vertu, la science, les dignités et les richesses, et pour la réputation de posséder ces avantages. Nous allons faire voir par quelques exemples comment ces inclinations peuvent les engager dans l'erreur. Commençons par l'inclination pour la vertu ou pour l'apparence de la vertu.

Les personnes qui travaillent sérieusement à se rendre vertueux, n'emploient guère leur esprit ni leur temps que pour connaître la Religion, et s'exercer dans de bonnes œuvres. Ils ne veulent savoir, comme saint Paul, que Jésus-Christ crucifié, le remède de la maladie et de la corruption de leur nature. Ils ne souhaitent point d'autre lumière que celle qui leur est nécessaire pour vivre chrétiennement, et pour reconnaître leurs devoirs, et ensuite ils ne s'appliquent qu'à les remplir, avec ferveur et avec exactitude. Ainsi ils ne s'amusent guère à des sciences qui paraissent vaines et stériles pour leur salut.

II. On ne trouve rien à redire à cette conduite, on l'estime infiniment ; on se croirait heureux de la tenir exactement, et on se repent même de ne l'avoir pas assez suivie. Mais ce que l'on ne peut approuver, c'est qu'étant constant qu'il y a des sciences purement humaines, très certaines et assez utiles, qui détachent l'esprit des choses sensibles, et qui l'accoutument ou le préparent peu à peu à goûter les vérités de l'Évangile, quelques personnes de piété, sans les avoir examinées, les condamnent trop librement, ou comme inutiles, ou comme incertaines.

Il est vrai que la plupart des sciences sont fort incertaines et fort inutiles. On ne se trompe pas beaucoup de croire qu'elles ne contiennent que des vérités de peu d'usage. Il est permis de ne les étudier jamais, et il vaut mieux les mépriser tout à fait, que de s'en laisser charmer et éblouir. Néanmoins on peut assurer qu'il est très nécessaire de savoir quelques vérités de Métaphysique. La connaissance de la cause universelle ou de l'existence d'un Dieu est absolument nécessaire, puisque même la certitude de la foi dépend de la connaissance que la raison donne de l'existence d'un Dieu. On doit savoir que c'est sa volonté qui fait et qui règle la nature, que la force ou la puissance des causes naturelles n'est que sa volonté, en un mot que toutes choses dépendent de Dieu en toutes manières.

Il est nécessaire aussi de connaître ce que c'est que la vérité, les moyens de la discerner d'avec l'erreur, la distinction qui se trouve entre les esprits et les corps, les conséquences que l'on en peut tirer, comme l'immortalité de l'âme, et plusieurs autres semblables qu'on peut connaître avec certitude.

La science de l'homme ou de soi-même est une science que l'on ne peut raisonnablement mépriser; elle est remplie d'une infinité de choses qu'il est absolument nécessaire de connaître pour avoir quelque justesse et quelque pénétration d'esprit; et l'on peut dire que si un homme grossier et stupide est infiniment au-dessus de la matière, parce qu'il sait qu'il est, et que la matière ne le sait pas; ceux qui connaissent l'homme, sont beaucoup au-dessus des personnes grossières et stupides, parce qu'ils savent ce qu'ils sont, et que les autres ne le savent point.

Mais la science de l'homme n'est pas seulement estimable, parce qu'elle nous élève au-dessus des autres; elle l'est beaucoup plus, parce qu'elle nous abaisse, et qu'elle nous humilie devant Dieu. Cette science nous fait parfaitement connaître la dépendance que nous avons de lui en toutes choses, et même dans nos actions les plus ordinaires; elle nous découvre manifestement la corruption de notre nature; elle nous dispose à recourir à celui qui seul peut nous guérir, à nous attacher à lui, à nous défier et nous détacher de nous-mêmes; et elle nous donne aussi plusieurs dispositions d'esprit très propres pour nous soumettre à la grâce de l'Évangile.

On ne peut guère se passer d'avoir au moins une teinture grossière, et une connaissance générale des Mathématiques et de la nature. On doit avoir appris ces sciences dès sa jeunesse : elles détachent l'esprit des choses sensibles, et elles l'empêchent de devenir mou et efféminé; elles sont assez d'usage dans la vie; elles nous portent même à Dieu; la connaissance de la nature le faisant par elle-même, et celle des Mathématiques par le dégoût qu'elle nous inspire pour les fausses impressions de nos sens.

Les personnes de vertu ne doivent point mépriser ces sciences, ni les regarder comme incertaines ou comme inutiles, s'ils ne sont assurés de les avoir assez étudiées pour en juger solidement. Il y en a assez d'autres qu'ils peuvent hardiment mépriser. Qu'ils condamnent au feu les poètes et les philosophes païens, les rabbins, quelques historiens, et un grand nombre d'auteurs qui font la gloire et l'érudition de quelques savants, on ne s'en mettra guère en peine. Mais qu'ils ne condamnent pas la connaissance de la nature comme contraire à la Religion, puisque la nature étant réglée par la volonté de Dieu, la véritable connaissance de la nature nous fait connaître et admirer la puissance, la grandeur, et la sagesse de Dieu. Car enfin il semble que Dieu ait formé l'univers afin que les esprits l'étudient, et que par cette étude ils soient portés à connaître et à révérer son auteur. De sorte que ceux qui condamnent l'étude de la nature, semblent s'opposer à la volonté de Dieu; si ce n'est qu'ils prétendent que depuis le péché l'esprit de l'homme ne soit pas capable de cette étude. Qu'ils ne disent pas aussi que la connaissance de l'homme ne fait que l'enfler et lui donner de la vanité, à cause que ceux qui passent dans le monde pour avoir une parfaite connaissance de l'homme, quoique souvent ils le connaissent très mal, sont d'ordinaire pleins d'un orgueil insupportable. Car il est évident que l'on ne peut se bien connaître, sans sentir ses faiblesses et ses misères.

III. Aussi, ce ne sont pas les personnes d'une véritable et solide piété, qui condamnent ordinairement ce qu'ils n'entendent pas, ce sont plutôt les superstitieux et les hypocrites. Les superstitieux par une crainte servile, et par une bassesse et une faiblesse d'esprit, s'effarouchent dès qu'ils voient quelque esprit vif et pénétrant. Il n'y a, par exemple, qu'à leur donner des raisons naturelles du tonnerre et de ses effets, pour être un athée dans leur esprit. Mais les hypocrites, par une malice de démon, se transforment en anges de lumière. Ils se servent des apparences des vérités saintes et révérées de tout le monde, pour s'opposer par des intérêts particuliers à des vérités peu connues et peu estimées. Ils combattent la vérité par l'image de la vérité; et se moquant quelquefois dans leur cœur de ce que tout le monde respecte, ils s'établissent dans l'esprit des hommes une réputation d'autant plus solide et plus à craindre, que la chose dont ils ont abusé est plus sainte.

Ces personnes sont donc les plus forts, les plus puissants et les plus redoutables ennemis de la vérité. Il est vrai qu'ils sont assez rares, mais il en faut peu pour faire beaucoup de mal. L'apparence de la vérité et de la vertu fait souvent plus de mal que la vérité et la vertu ne font de bien; car il ne faut qu'un hypocrite adroit pour renverser ce que plusieurs personnes vraiment sages et vertueuses ont édifié avec beaucoup de peines et de travaux.

IV. M. Descartes, par exemple, a prouvé démonstrativement l'existence d'un Dieu, l'immortalité de nos âmes, plusieurs autres questions métaphysiques, et un très grand nombre de questions de Physique, et notre siècle lui a des obligations infinies pour les vérités qu'il nous a découvertes. Voici cependant qu'il s'élève un petit homme, ardent et véhément déclamateur, respecté des peuples à cause du zèle qu'il fait paraître pour leur Religion : il compose des livres pleins d'injures contre lui, et il l'accuse des plus grands crimes[1]. Descartes est un catholique, il a étudié sous les PP. Jésuites, il a souvent parlé d'eux avec estime. Cela suffit à cet esprit malin pour persuader à des peuples ennemis de notre Religion et faciles à exciter sur des choses aussi délicates que sont celles de la Religion, que c'est un émissaire des Jésuites, et qui a de dangereux desseins, parce que les moindres apparences de vérité sur des matières de foi ont plus de force sur les esprits, que les vérités réelles et effectives des choses de Physique ou de Métaphysique, desquelles on se met fort peu en peine. M. Descartes a écrit de l'existence de Dieu. C'en est assez à ce calomniateur pour exercer son faux zèle, et pour opprimer toutes les vérités que défend son ennemi. Il l'accuse d'être un athée, et même d'enseigner finement et secrètement l'athéisme, ainsi que cet infâme athée nommé *Vanini* qui fut brûlé à Toulouse, lequel couvrait sa malice et son impiété en écrivant pour l'existence d'un Dieu ; car une des raisons qu'il apporte que son ennemi est un athée, c'est qu'il écrivait contre les athées, comme faisait *Vanini*, qui pour couvrir son impiété écrivait contre les athées.

C'est ainsi qu'on opprime la vérité lorsqu'on est soutenu par les apparences de la vérité, et que l'on s'est acquis beaucoup d'autorité sur les esprits faibles. La vérité aime la douceur et la paix, et toute forte qu'elle est, elle cède quelquefois à l'orgueil et à la fierté du mensonge qui se pare et qui s'arme de ses apparences. Elle sait bien que l'erreur ne peut rien contre elle ; et si elle demeure quelque temps comme proscrite et dans l'obscurité, ce n'est que pour attendre des occasions plus favorables de se montrer au jour ; car enfin elle parait presque toujours plus forte et plus éclatante que jamais, dans le lieu même de son oppression.

On n'est pas surpris qu'un ennemi de M. Descartes, qu'un homme d'une Religion différente de la sienne, qu'un ambitieux qui ne songe qu'à s'élever sur les ruines des personnes qui sont au-dessus de lui, qu'un déclamateur sans jugement, que *Voët* parle avec mépris de ce qu'il n'entend pas, et qu'il ne veut pas entendre. Mais on a raison de s'étonner que des gens qui ne sont ennemis ni de M. Descartes, ni de sa Religion, aient pris des sentiments d'aversion et de mépris contre lui, à cause des injures qu'ils ont lues dans les livres composés par l'ennemi de sa personne et de sa Religion.

Le livre de cet hérétique qui a pour titre *Desperata causa*

---

[1]. Voët ou Voetius, ministre protestant, professeur de théologie à la faculté d'Utrecht.

Papatus, fait assez voir son impudence, son ignorance, son emportement, et le désir qu'il a de paraître zélé, pour acquérir par ce moyen quelque réputation parmi les siens. Ainsi ce n'est pas un homme qu'on doive croire sur sa parole. Car de même qu'on ne doit pas croire toutes les fables qu'il a ramassées dans ce livre contre notre Religion, l'on ne doit pas aussi croire sur sa parole les accusations atroces et injurieuses qu'il a inventées contre son ennemi.

Il ne faut donc pas que des hommes raisonnables se laissent persuader que M. Descartes est un homme dangereux, parce qu'ils l'ont lu dans quelque livre, ou bien qu'ils l'ont ouï dire par quelques personnes dont ils respectent la piété. Il n'est pas permis de croire les hommes sur leur parole, lorsqu'ils accusent les autres des plus grands crimes. Ce n'est pas une preuve suffisante pour croire une chose, que de l'entendre dire par un homme qui parle avec zèle et avec gravité. Car enfin ne peut-on jamais dire des faussetés et des sottises de la même manière qu'on dit de bonnes choses, principalement si l'on s'en est laissé persuader par simplicité et par faiblesse.

Il est facile de s'instruire de la vérité ou de la fausseté des accusations que l'on forme contre M. Descartes ; ses écrits sont faciles à trouver, et fort aisés à comprendre, lorsqu'on est capable d'attention. Qu'on lise donc ses ouvrages, afin que l'on puisse avoir d'autres preuves contre lui qu'un simple *ouï-dire* ; et j'espère qu'après qu'on les aura lus et qu'on les aura bien médités, on ne l'accusera plus d'athéisme, et que l'on aura, au contraire, tout le respect qu'on doit avoir pour un homme qui a démontré d'une manière très simple et très évidente, non seulement l'existence d'un Dieu et l'immortalité de l'âme, mais aussi une infinité d'autres vérités qui avaient été inconnues jusques à son temps.

CHAPITRE VII

Du désir de la science et des jugements des faux savants.

L'esprit de l'homme a sans doute fort peu de capacité et d'étendue, et cependant il n'y a rien qu'il ne souhaite de savoir. Toutes les sciences humaines ne peuvent contenter ses désirs, et sa capacité est si étroite, qu'il ne peut comprendre parfaitement une seule science particulière. Il est continuellement agité, et il désire toujours de savoir, soit parce qu'il espère trouver ce qu'il cherche, comme nous avons dit dans les chapitres précédents ; soit parce qu'il se persuade que son âme et son esprit s'agrandissent par la vaine possession de quelque connaissance extraordinaire. Le désir déréglé de son bonheur et de sa grandeur fait qu'il étudie toutes les sciences, espérant trouver son bonheur dans les sciences de Morale, et cherchant cette fausse grandeur dans les sciences spéculatives, et dans toutes ces sciences vaines et extraordinaires qui élèvent, dans l'esprit de ceux qui les ignorent, ceux qui les possèdent.

D'où vient qu'il y a des personnes qui passent toute leur vie à lire des rabbins, et d'autres livres écrits dans les langues étrangères, obscures et corrompues, et par des auteurs sans goût et sans intelligence, si ce n'est parce qu'ils se persuadent, que lorsqu'ils savent les langues orientales, ils sont plus grands et plus élevés que ceux qui les ignorent? Et qui peut les soutenir dans leur travail ingrat, désagréable, pénible et inutile, si ce n'est l'espérance de quelque élévation, et la vue de quelque vaine grandeur? En effet on les regarde comme des hommes rares; on leur fait des compliments sur leur profonde érudition, on les écoute plus volontiers que les autres; et quoiqu'on puisse dire que ce sont ordinairement les moins judicieux, quand ce ne serait qu'à cause qu'ils ont employé toute leur vie à une chose fort inutile, et qui ne peut les rendre ni plus sages, ni plus heureux, néanmoins on s'imagine qu'ils ont beaucoup plus d'esprit et de jugement que les autres; étant plus savants dans l'origine des mots, on se laisse persuader qu'ils sont savants dans la nature des choses.

C'est pour la même raison que les astronomes emploient leur temps et leur bien pour savoir au juste, ce qui est non seulement inutile, mais impossible de savoir. Ils veulent trouver dans le cours des planètes une exacte régularité qui ne s'y rencontre jamais, et dresser des tables astronomiques pour prédire des effets dont ils ne connaissent pas les causes. Ils ont fait la *sénélographie*, ou la géographie de la lune, comme si l'on avait quelque dessein d'y voyager. Ils l'ont déjà donnée en partage à tous ceux qui sont illustres dans l'astronomie; il y en a peu qui n'aient quelque province en ce pays, comme une récompense de leurs grands travaux; et je ne sais s'ils ne tirent point quelque gloire d'avoir été dans les bonnes grâces de celui qui leur a distribué si magnifiquement ces royaumes.

D'où vient que ces hommes raisonnables s'appliquent si fort à cette science et demeurent dans des erreurs très grossières à l'égard des vérités qu'il leur est très utile de savoir, si ce n'est qu'il leur semble que c'est quelque chose de grand que de connaître ce qui se passe dans le ciel? La connaissance de la moindre chose qui se passe là-haut leur semble plus noble, plus relevée et plus digne de la grandeur de leur esprit, que la connaissance des choses viles, abjectes et corruptibles, comme sont, selon leur sentiment, les seuls corps sublunaires.

La noblesse d'une science se tire de la noblesse de son objet : c'est un grand principe! La connaissance du mouvement des corps inaltérables et incorruptibles est donc la plus haute et la plus relevée de toutes les sciences. Ainsi elle leur paraît digne de la grandeur et de l'excellence de leur esprit.

C'est ainsi que les hommes se laissent éblouir par une fausse idée de grandeur qui les flatte et qui les agite. Dès que leur imagination en est frappée, elle s'abat devant ce fantôme, elle le révère, et elle renverse et aveugle la raison qui en doit juger. Il semble que les hommes rêvent quand ils jugent des objets de leur passion, et qu'ils manquent de sens commun. Car enfin qu'y a-t-il de grand dans la connaissance des mouvements des planètes, et n'en savons-nous pas assez présentement pour régler nos mois et nos années? Qu'avons-nous tant à faire de savoir si Saturne est environné d'un anneau ou d'un grand nombre de petites lunes, et pourquoi prendre parti là-dessus? Pourquoi se glorifier d'avoir prédit la grandeur d'une éclipse, où l'on a peut-être mieux rencontré qu'un autre, parce qu'on a été plus heureux? Il y a des personnes destinées par l'ordre du prince à observer les astres, contentons-nous de leurs observations. Ils s'appliquent à cet emploi avec raison, car ils s'y appliquent par devoir : c'est leur affaire. Ils y travaillent avec succès, car ils y travaillent sans cesse avec art, avec application et avec toute l'exactitude possible; rien ne leur manque pour y réussir. Ainsi nous devons être pleinement satisfaits sur une matière qui nous touche si peu, lorsqu'ils nous font part de leurs découvertes.

Il est bon que plusieurs personnes s'appliquent à l'anatomie, puisqu'il est extrêmement utile de la savoir, et que les connaissances auxquelles nous devons aspirer sont celles qui nous sont les plus utiles. Nous pouvons et nous devons nous appliquer à ce qui contribue en quelque chose à notre bonheur, ou plutôt au soulagement de nos infirmités et de nos misères. Mais passer toutes les nuits pendu à une lunette pour découvrir dans les cieux quelque tache ou quelque nouvelle planète, perdre sa santé et son bien et abandonner le soin de ses affaires pour rendre régulièrement visite aux étoiles et pour en mesurer les grandeurs et les situations, il me semble que c'est oublier entièrement et ce qu'on est présentement et ce qu'on sera un jour.

Et qu'on ne dise pas que c'est pour reconnaître la grandeur de celui qui a fait tous ces grands objets. Le moindre moucheron manifeste davantage la puissance et la sagesse de Dieu, à ceux qui le considèrent avec attention et sans être préoccupés de sa petitesse, que tout ce que les astronomes savent des cieux. Néanmoins les hommes ne sont pas faits pour examiner toute leur vie les moucherons et les insectes; et l'on n'approuve pas trop la peine que quelques personnes se sont donnée pour nous apprendre comment sont faits les poux de chaque espèce d'animal et les transformations de différents vers en mouches et en papillons. Il est permis de s'amuser à cela quand on n'a rien à faire et pour se divertir; mais les hommes ne doivent point y employer tout leur temps, s'ils ne sont insensibles à leurs misères.

Ils doivent incessamment s'appliquer à la connaissance de Dieu et d'eux-mêmes, travailler sérieusement à se défaire de leurs erreurs et de leurs préjugés, de leurs passions et de leurs inclinations au péché, rechercher avec ardeur les vérités qui leur sont les plus nécessaires. Car enfin ceux-là sont les plus judicieux qui recherchent avec plus de soin les vérités les plus solides.

La principale cause qui engage les hommes dans de fausses études, c'est qu'ils ont attaché l'idée de savant à des connaissances vaines et infructueuses, au lieu de ne l'attacher qu'aux sciences solides et nécessaires. Car, quand un homme se met en tête de devenir savant et que l'esprit de polymathie commence à l'agiter, il n'examine guère quelles sont les sciences qui sont les plus nécessaires, soit pour se conduire en honnête homme, soit pour perfectionner sa raison ; il regarde seulement ceux qui passent pour savants dans le monde et ce qu'il y a en eux qui les rend considérables. Toutes les sciences les plus solides et les plus nécessaires étant assez communes, elles ne font point admirer ni respecter ceux qui les possèdent; car on regarde sans attention et sans émotion les choses communes, quelque belles et quelque admirables qu'elles soient en elles-mêmes. Ceux qui veulent devenir savants ne s'arrêtent donc guère aux sciences nécessaires à la conduite de la vie et à la perfection de l'esprit. Ces sciences ne réveillent point en eux cette idée des sciences qu'ils se sont formée, car ce ne sont point ces sciences qu'ils ont admirées dans les autres, et qu'ils souhaitent qu'on admire en eux.

L'Évangile et la Morale sont des connaissances trop communes et trop ordinaires; ils souhaitent de savoir la critique de quelques termes qui se rencontrent dans les philosophes anciens ou dans les poètes grecs. Les langues, et principalement celles qui ne sont point en usage dans leur pays, comme l'arabe et le rabbinage ou quelques autres semblables, leur paraissent dignes de leur application et de leur étude. S'ils lisent l'Écriture sainte, ce n'est pas pour y apprendre la Religion et la piété. Les points de chronologie, de géographie et les difficultés de grammaire les occupent tout entiers : ils désirent avec plus d'ardeur la connaissance de ces choses, que les vérités salutaires de l'Évangile. Ils veulent posséder dans eux-mêmes la science qu'ils ont admirée sottement dans les autres et que les sots ne manqueront pas d'admirer dans eux.

De même, dans les connaissances de la nature, ils ne recherchent guère les plus utiles, mais les moins communes. L'anatomie est trop basse pour eux, mais l'astronomie est plus relevée. Les expériences ordinaires sont peu dignes de leur application ; mais ces expériences rares et surprenantes qui ne nous peuvent jamais éclairer l'esprit, sont celles qu'ils observent avec plus de soin.

Les histoires les plus rares et les plus anciennes sont celles qu'ils font gloire de savoir. Ils ne savent pas la généalogie des princes qui règnent présentement, et ils recherchent avec soin celle des hommes qui sont morts il y a quatre mille ans. Ils négligent d'apprendre les histoires de leur temps les plus communes, et ils tâchent de savoir exactement les fables et les fictions des poètes. Ils ne connaissent pas même leurs propres parents ; mais si vous le souhaitez, ils vous apporteront plusieurs autorités pour vous prouver qu'un citoyen romain était allié d'un empereur et d'autres choses semblables.

A peine savent-ils le nom des vêtements ordinaires dont on se sert de leur temps, et ils s'amusent à la recherche de ceux dont se servaient les Grecs et les Romains. Les animaux de leur pays leur sont peu connus, et ils ne craindront pas d'employer plusieurs années à composer de grands volumes sur les animaux de la Bible, pour paraître avoir mieux deviné que les autres ce que signifient des termes inconnus. Un tel livre fait les délices de son auteur et des savants qui le lisent, parce qu'étant tout cousu de passages grecs, hébreux, arabes, etc., de citations de rabbins et d'autres auteurs obscurs et extraordinaires, il satisfait la vanité de son auteur et la sotte curiosité de ceux qui le lisent, qui se croiront aussi plus savants que les autres, quand ils pourront assurer avec fierté qu'il y a six mots différents dans l'écriture pour signifier un lion, ou quelque chose de semblable.

La carte de leur pays ou même de leur ville leur est souvent inconnue, dans le temps qu'ils étudient les cartes de la Grèce ancienne, de l'Italie, des Gaules du temps de Jules César, ou les rues et les places publiques de l'ancienne Rome. « Labor stultorum, dit le Sage, affliget eos, qui nesciunt in urbem pergere. » Ils ne savent pas le chemin de leur village, et ils se fatiguent sottement dans des recherches inutiles. Ils ne savent pas les lois ni les coutumes des lieux où ils vivent ; mais ils étudient avec soin le droit ancien, les lois des douze tables, les coutumes des Lacédémoniens ou des Chinois, ou les ordonnances du Grand Mogol[1]. Enfin ils veulent savoir toutes les choses rares,

---

[1]. Comparer l'*Hermagoras* de La Bruyère, qui n'a jamais vu et qui ne verra point Versailles, mais qui a presque vu la tour de Babel et qui en compte les degrés.

extraordinaires, éloignées, et que les autres ne savent pas, parce qu'ils ont attaché, par un renversement d'esprit, l'idée de savant à ces choses, et qu'il suffit pour être estimé savant de savoir ce que les autres ne savent pas, quand même on ignorerait les vérités les plus nécessaires et les plus belles. Il est vrai que la connaissance de toutes ces choses et d'autres semblables est appelée science, érudition, doctrine, l'usage l'a voulu : mais il y a une science qui n'est que folie et que sottise selon l'Écriture : « doctrina stultorum fatuitas. » Je n'ai point encore remarqué que le Saint-Esprit, qui donne tant d'éloges à la science dans les Livres saints, dise quelque chose à l'avantage de cette fausse science dont je viens de parler.

CHAPITRE VIII

I. Du désir de paraître savant. — II. Des conversations des faux savants. — III. De leurs ouvrages.

I. Si le désir déréglé de devenir savant rend souvent les hommes plus ignorants, le désir de paraître savant ne les rend pas seulement plus ignorants, mais il semble qu'il leur renverse l'esprit; car il y a une infinité de gens qui perdent le sens commun, parce qu'ils le veulent passer, et qui ne disent que des sottises, parce qu'ils ne veulent dire que des paradoxes. Ils s'éloignent si fort de toutes les pensées communes, dans le dessein qu'ils ont d'acquérir la qualité d'esprit rare et extraordinaire, qu'en effet ils y réussissent, et qu'on ne les regarde plus, ou qu'avec admiration, ou qu'avec beaucoup de mépris.

On les regarde quelquefois avec admiration, lorsqu'étant élevés à quelque dignité qui les couvre, on s'imagine qu'ils sont autant au-dessus des autres par leur génie et par leur érudition, qu'ils le sont par leur rang ou par leur naissance. Mais on les regarde le plus souvent avec mépris, et quelquefois même comme des fous, lorsqu'on les regarde de plus près, et que leur grandeur ne les cache point aux yeux des autres.

Les faux savants font manifestement paraître ce qu'ils sont dans les livres qu'ils composent et dans les conversations ordinaires. Il est peut-être à propos d'en dire quelque chose.

II. Comme c'est la vanité et le désir de paraître plus que les autres qui les engage dans l'étude, dès qu'ils se sentent en conversation, la passion et le désir de l'élévation se réveille en eux et les emporte; ils montent tout d'un coup si haut, que tout le monde les perd quasi de vue, et qu'ils ne savent souvent eux-mêmes où ils en sont. Ils ont si peur de n'être pas au-dessus de tous ceux qui les écoutent, qu'ils se fâchent même qu'on les suive, qu'ils s'effarouchent lorsqu'on leur demande quelque éclaircissement et qu'ils prennent même un air de fierté à la moindre opposition qu'on leur fait. Enfin ils disent des choses si nouvelles et si extraordinaires, mais si éloignées du sens commun, que les plus sages ont bien de la peine à s'empêcher de rire, lorsque les autres en demeurent tout étourdis.

Leur première fougue passée, si quelque esprit assez fort et assez ferme pour n'en avoir pas été renversé, leur montre qu'ils se trompent, ils ne laissent pas de demeurer obstinément attachés à leurs erreurs. L'air de ceux qu'ils ont étourdis, les étourdit eux-mêmes; la vue de tant d'approbateurs qu'ils ont convaincus par impression, les convainc par contre-coup, ou si cette vue ne les convainc pas, elle leur enfle au moins assez le courage pour soutenir leurs faux sentiments. La vanité ne leur permet pas de rétracter leur parole. Ils cherchent toujours quelque raison pour se défendre; ils ne parlent même jamais avec plus de chaleur et d'empressement que lorsqu'ils n'ont rien à dire; ils s'imaginent qu'on les injurie et que l'on tâche de les rendre méprisables à chaque raison qu'on apporte contre eux, et plus elles sont fortes et judicieuses, plus elles irritent leur aversion et leur orgueil.

Le meilleur moyen de défendre la vérité contre eux n'est pas de disputer; car enfin il vaut mieux et pour eux et pour nous, les laisser dans leurs erreurs, que de s'attirer leur aversion. Il ne faut pas leur blesser le cœur, lorsqu'on veut leur guérir l'esprit, puisque les plaies du cœur sont plus dangereuses que celles de l'esprit; outre qu'il arrive quelquefois que l'on a affaire avec un homme qui est véritablement savant, et qu'on pourrait le mépriser faute de bien concevoir sa pensée. Il faut donc prier ceux qui parlent d'une manière décisive, de s'expliquer le plus distinctement qu'il leur sera possible, sans leur permettre de changer de sujet, ni de se servir de termes obscurs et équivoques, et si ce sont des personnes éclairées, on apprendra quelque chose avec eux; mais si ce sont de faux savants, ils se confondront par leurs propres paroles sans aller fort loin, et ils ne pourront s'en prendre qu'à eux-mêmes. On en recevra peut-être quelque instruction et même quelque divertissement, s'il est permis de se divertir de la faiblesse des autres en tâchant d'y remédier; mais ce qui est plus considérable, c'est qu'on empêchera par-là que les faibles qui les écoutaient avec admiration, ne se soumettent à l'erreur en suivant leurs décisions.

Car il faut bien remarquer que le nombre des sots, ou de ceux qui se laissent conduire machinalement et par l'impression sensible, étant infiniment plus grand que de ceux qui ont quelque ouverture d'esprit, et qui ne se persuadent que par raison, quand un de ces savants parle, et décide de quelque chose, il y a toujours beaucoup plus de personnes qui le croient sur sa parole que d'autres qui s'en défient. Mais parce que ces faux savants s'éloignent le plus qu'ils peuvent des pensées communes, tant par le désir de trouver quelque opposant qu'ils maltraitent pour s'élever et pour paraître, que par renversement d'esprit ou par esprit de contradiction, leurs décisions sont ordinairement fausses ou obscures, et il est assez rare qu'on les écoute sans tomber dans quelque erreur.

Or cette manière de découvrir les erreurs des autres ou la solidité de leurs sentiments, est assez difficile à mettre en usage. La raison de ceci est, que les faux savants ne sont pas les seuls qui veulent paraître ne rien ignorer, presque tous les hommes ont ce défaut, principalement ceux qui ont quelque lecture et quelque étude; ce qui fait qu'ils veulent toujours parler et expliquer leurs sentiments, sans apporter assez d'attention pour bien comprendre celui des autres. Les plus complaisants et les plus raisonnables méprisant dans leur cœur le sentiment des autres, montrent seulement une mine attentive, pendant que l'on voit dans leurs yeux qu'ils pensent à toute autre chose qu'à ce qu'on leur dit, et qu'ils ne sont occupés que de ce qu'ils veulent nous prouver, sans songer à nous répondre[1]. C'est ce qui rend souvent les conversations très désagréables. Car de même qu'il n'y a rien de plus doux, et qu'on ne saurait nous faire plus d'honneur, que d'entrer dans nos raisons, et d'approuver nos opinions; il n'y a rien aussi de si choquant que de voir qu'on ne les comprend pas, et qu'on ne songe pas même à les comprendre. Car enfin on ne se plaît pas à converser avec des statues, mais qui ne sont statues à notre égard, que parce que ce sont des hommes qui n'ont pas beaucoup d'estime pour nous, et qui ne songent point à nous plaire, mais seulement à se contenter eux-mêmes en tâchant de se faire valoir. Que si les hommes savaient bien écouter et bien répondre, les conversations seraient non seulement fort agréables, mais même très utiles; au lieu que chacun tâchant de paraître savant, on ne fait que s'entêter et disputer sans s'entendre; on blesse quelquefois la charité, et l'on ne découvre presque jamais la vérité.

Mais les égarements où tombent les faux savants dans la conversation, sont en quelque manière excusables. On peut dire pour eux que l'on apporte d'ordinaire peu d'application à

---

1. Comparer La Rochefoucauld : il y a des gens dans les yeux et dans l'esprit de qui on voit « un égarement pour ce qu'on leur dit et une précipitation pour retourner à ce qu'ils veulent dire ».

ce qu'on dit dans ce temps-là; que les personnes les plus exactes y disent souvent des sottises; et qu'ils ne prétendent pas qu'on recueille toutes leurs paroles comme l'on a fait celles de Scaliger et du cardinal du Perron.

Il y a quelque raison dans ces excuses, et l'on veut bien croire que ces sortes de fautes sont dignes de quelque indulgence. On veut parler dans la conversation, mais il y a des jours malheureux dans lesquels on rencontre mal. On n'est pas toujours en humeur de bien penser et de bien dire; et le temps est si court dans certaines rencontres, que le plus petit nuage et la plus légère absence d'esprit fait malheureusement tomber dans des absurdités extravagantes les esprits même les plus justes et les plus pénétrants.

Mais si les fautes que les faux savants commettent dans les conversations, sont excusables, les fautes où ils tombent dans leurs livres après y avoir sérieusement pensé, ne sont pas pardonnables, principalement si elles sont fréquentes et si elles ne sont point réparées par quelques bonnes choses. Car enfin lorsque l'on a composé un méchant livre, on est cause qu'un très grand nombre de personnes perdent leur temps à le lire, qu'ils tombent souvent dans les mêmes erreurs dans lesquelles on est tombé, et qu'ils en déduisent encore plusieurs autres, ce qui n'est pas un petit mal.

Mais quoique ce soit une faute plus grande qu'on ne s'imagine, que de composer un méchant livre, ou simplement un livre inutile, c'est une faute dont on est plutôt récompensé qu'on n'en est puni. Car il y a des crimes que les hommes ne punissent pas, soit parce qu'ils sont à la mode, soit parce qu'on n'a pas d'ordinaire une raison assez ferme pour condamner des criminels qu'on estime plus que soi.

On regarde ordinairement les auteurs comme des hommes rares et extraordinaires, et beaucoup élevés au-dessus des autres; on les révère donc au lieu de les mépriser et de les punir. Ainsi il n'y a guère d'apparence que les hommes érigent jamais un tribunal pour examiner et pour condamner tous les livres qui ne font que corrompre la raison.

C'est pourquoi l'on ne doit jamais espérer que la république des lettres soit mieux réglée que les autres républiques, puisque ce sont toujours des hommes qui la composent. Il est même très à propos, afin que l'on puisse se délivrer de l'erreur, qu'il y ait plus de liberté dans la république des lettres que dans les autres, où la nouveauté est fort dangereuse. Car ce serait nous confirmer dans les erreurs où nous sommes, que de vouloir ôter la liberté aux gens d'étude, et que de condamner sans discernement toutes les nouveautés.

On ne doit donc point trouver à redire si je parle contre le gouvernement de la république des lettres, et si je tâche de montrer que souvent ces grands hommes qui font l'admiration des autres pour leur profonde érudition, ne sont dans le fond que des hommes vains et superbes, sans jugement et sans aucune véritable science. Je suis obligé d'en parler de cette sorte, afin qu'on ne se rende pas aveuglément à leurs décisions, et qu'on ne suive pas leurs erreurs.

III. Les preuves de leur vanité, de leur peu de jugement et de leur ignorance, se tirent manifestement de leurs ouvrages. Car si l'on prend la peine de les examiner, avec dessein d'en juger selon les lumières du sens commun et sans préoccupation d'esprit pour ces auteurs, on trouvera que la plupart des desseins de leurs études sont des desseins qu'une vanité peu judicieuse a formés, et que leur principal but n'est pas de perfectionner leur raison, et encore moins de bien régler les mouvements de leur cœur, mais seulement d'étourdir les autres, et de paraître plus savants qu'eux.

C'est dans cette vue qu'ils ne traitent, comme nous avons déjà dit, que des sujets rares et extraordinaires, et qu'ils ne s'expliquent que par des termes rares et extraordinaires et qu'ils ne citent que des auteurs rares et extraordinaires. Ils ne s'expliquent guère en leur langue, elle est trop commune; ni avec un latin simple, net et facile, ce n'est pas pour se faire entendre qu'ils parlent, mais pour parler et pour se faire admirer. Ils s'appliquent rarement à des sujets qui peuvent servir à la conduite de la vie; cela leur semble trop commun : ce qu'ils cherchent n'est pas d'être utiles aux autres, ni à eux-mêmes, c'est seulement d'être estimés savants. Ils n'apportent point de raisons des choses qu'ils avancent, ou ce sont des raisons mystérieuses et incompréhensibles, que ni eux, ni personne ne conçoit avec évidence. Ils n'ont point de raisons claires : mais s'ils en avaient, ils ne les diraient pas. Ces raisons ne surprennent point l'esprit, elles semblent trop simples et trop communes; tout le monde en est capable. Ils apportent plutôt des autorités pour prouver, ou pour faire semblant de prouver leurs pensées : car souvent les autorités dont ils se servent ne prouvent rien par le sens qu'elles contiennent; elles ne prouvent, que parce que c'est du grec ou de l'arabe. Mais il est peut-être à propos de parler de leurs citations, cela fera connaître en quelque manière la disposition de leur esprit.

l'est, ce me semble, évident qu'il n'y a que la fausse érudition et l'esprit de polymathie qui ait pu rendre les citations à la mode comme elles ont été jusqu'ici, et comme elles sont encore maintenant chez quelques savants. Car il n'est pas fort difficile de trouver des auteurs qui citent à tous moments de grands passages sans aucune raison de citer : soit parce que les choses qu'ils avancent sont si claires que personne n'en doute : soit parce qu'elles sont si cachées que l'autorité de leurs auteurs ne les peut pas prouver, puisqu'ils n'en pouvaient rien savoir : soit enfin parce que les citations qu'ils apportent ne peuvent servir d'aucun ornement à ce qu'ils disent.

Il est contraire au sens commun d'apporter un grand passage grec pour prouver que l'air est transparent, parce que c'est une chose connue à tout le monde : de se servir de l'autorité d'Aristote pour nous faire croire qu'il y a des intelligences qui remuent les cieux, parce qu'il est évident qu'Aristote n'en pouvait rien savoir : et enfin de mêler des langues étrangères, des proverbes arabes et persans dans des livres français ou latins, faits pour tout le monde, parce que ces citations n'y peuvent servir d'ornement, ou bien ce sont des ornements bizarres qui choquent un très grand nombre de personnes, et qui n'en peuvent satisfaire que très peu.

Cependant la plupart de ceux qui veulent paraître savants se plaisent si fort dans ces sortes de citations, qu'ils n'ont quelquefois point de honte d'en rapporter en des langues même qu'ils n'entendent point, et ils font de grands efforts pour coudre dans leurs livres un passage arabe, qu'ils ne savent quelquefois pas lire. Ainsi ils s'embarrassent fort de venir à bout d'une chose contraire au bon sens, mais qui contente leur vanité et qui les fait estimer des sots[1].

Ils ont encore un autre défaut fort considérable, c'est qu'ils se soucient fort peu de paraître avoir lu avec choix et discernement : ils veulent seulement paraître avoir beaucoup lu, et principalement des livres obscurs, afin qu'on les croie plus savants; des livres rares et chers, afin qu'on s'imagine que rien ne leur manque; des livres méchants et impies que les honnêtes gens n'osent lire, à peu près par le même esprit que des gens se vantent d'avoir fait des crimes que les autres n'osent faire. Ainsi ils vous citeront plutôt des livres fort chers, fort rares, fort anciens et fort obscurs, que non pas d'autres livres plus communs et plus intelligibles; des livres d'astrologie, de cabale et de magie, que de bons livres : comme s'ils ne voyaient pas que la lecture étant la même chose que la conversation, ils doivent souhaiter de paraître avoir recherché avec soin la lecture des bons livres et de ceux qui sont les plus intelligibles, et non pas la lecture de ceux qui sont méchants et obscurs.

Car de même que c'est un renversement d'esprit que de rechercher la conversation ordinaire des gens que l'on n'entend point sans interprète, lorsqu'on peut savoir d'une autre manière les choses qu'ils nous apprennent, ainsi il est ridicule de ne lire que des livres qu'on ne peut entendre sans dictionnaire, lorsqu'on peut apprendre ces mêmes choses dans ceux qui nous

---

1. Comparer encore l'*Hérille* de La Bruyère, « qui fait dire au prince des philosophes que le vin enivre, et à l'orateur romain que l'eau le tempère ». (Chap. sur *la Société et la Conversation*.)

sont plus intelligibles. Et comme c'est une marque de dérèglement que d'affecter la compagnie et la conversation des impies, c'est aussi le caractère d'un cœur corrompu que de se plaire dans la lecture des méchants livres. Mais c'est un orgueil extravagant que de vouloir paraître avoir lu ceux-là même qu'on n'a pas lus, ce qui arrive toutefois assez souvent. Car il y a des personnes de trente ans qui vous citent dans leurs ouvrages plus de méchants livres qu'ils n'en pourraient avoir lus en plusieurs siècles, et cependant ils veulent persuader aux autres qu'ils les ont lus fort exactement. Mais la plupart des livres de certains savants ne sont fabriqués qu'à coups de dictionnaires, et ils n'ont guère lu que les tables des livres qu'ils citent, ou quelques lieux communs ramassés de différents auteurs.

On n'oserait entrer davantage dans le détail de ces choses ni en donner des exemples, de peur de choquer des personnes aussi fières et aussi bilieuses que le sont ces faux savants ; car on ne prend pas plaisir à se faire injurier en grec et en arabe. Outre qu'il n'est pas nécessaire pour rendre ce que je dis plus sensible, d'en donner des preuves particulières ; l'esprit de l'homme étant assez porté à trouver à redire à la conduite des autres, et à faire application de ce que l'on vient de dire. Qu'ils se repaissent cependant, puisqu'ils le veulent, de ce vain fantôme de grandeur, et qu'ils se donnent les uns aux autres les applaudissements que nous leur refusons. C'est peut-être les avoir déjà trop inquiétés dans une jouissance qui leur semble si douce et si agréable.

II

La méthode.

**RECHERCHE DE LA VÉRITÉ. LIVRE VI. DE LA MÉTHODE.
1re PARTIE. CHAP. II, III ET IV.**

CHAPITRE II

Que l'attention est nécessaire pour conserver l'évidence dans nos connaissances. Que les modifications sensibles de l'âme la rendent attentive, mais qu'elles partagent trop la capacité qu'elle a d'apercevoir.

Nous avons montré, dès le commencement de cet ouvrage, que l'entendement ne fait qu'apercevoir ; et qu'il n'y a point de différence de la part de l'entendement entre les simples perceptions, les jugements et les raisonnements, si ce n'est que les jugements et les raisonnements sont des perceptions beaucoup plus composées que les simples perceptions, parce qu'ils ne représentent pas seulement plusieurs choses, mais même les rapports que plusieurs choses ont entre elles. Car les simples perceptions ne représentent à l'esprit que les choses; mais les jugements représentent à l'esprit les rapports qui sont entre les choses et les raisonnements représentent les rapports qui sont entre les rapports des choses, si ce sont des raisonnements simples; mais si ce sont des raisonnements composés, ils représentent les rapports des rapports, ou les rapports composés qui sont entre les rapports des choses, et ainsi à l'infini. Car, à mesure que les rapports se multiplient, les raisonnements qui représentent à l'esprit ces rapports deviennent plus composés. Néanmoins les jugements, les raisonnements simples et les raisonnements composés ne sont que de pures perceptions de la part de l'entendement, parce que l'entendement ne fait simplement qu'apercevoir, ainsi que l'on a déjà dit dès le commencement du premier livre.

Les jugements et les raisonnements n'étant du côté de l'entendement que de pures perceptions, il est visible que l'entendement ne tombe jamais dans l'erreur, puisque l'erreur ne se trouve point dans les perceptions, et qu'elle n'est pas même intelligible. Car enfin l'erreur ou la fausseté n'est qu'un rapport qui n'est point; et ce qui n'est point n'est ni visible ni intelligible. On peut voir que 2 fois 2 font 4, ou que 2 fois 2 ne font pas 5; car il y a réellement un rapport d'égalité entre 2 fois 2 et 4, et un d'inégalité entre 2 fois 2 et 5, ainsi la vérité est intelligible. Mais on ne verra jamais que 2 fois 2 soient 5, car il n'y a point là de rapport d'égalité; et ce qui n'est point ne peut être aperçu. L'erreur, comme nous avons déjà dit plusieurs fois, ne consiste donc que dans un consentement précipité de la volonté, qui se laisse éblouir à quelque fausse lueur, et qui, au lieu de conserver sa liberté autant qu'elle le peut, se repose avec négligence dans l'apparence de la vérité.

Néanmoins, parce qu'il arrive d'ordinaire que l'entendement n'a que des perceptions confuses et imparfaites des choses, il est véritablement une cause de nos erreurs, que l'on peut appeler occasionnelle ou indirecte. Car de même que la vue corporelle nous jette souvent dans l'erreur, parce qu'elle nous représente les objets de dehors confusément et imparfaitement : confusément, lorsqu'ils sont trop éloignés de nous, ou faute de lumière, et imparfaitement, parce qu'elle ne nous représente que les côtés qui sont tournés vers nous, ainsi l'entendement n'ayant souvent qu'une perception confuse et imparfaite des choses, parce qu'elles ne lui sont pas assez présentes, et qu'il n'en découvre pas toutes les parties, il est cause que la volonté tombe dans un grand nombre d'erreurs, en se rendant trop facilement à ces perceptions obscures et imparfaites.

Il est donc nécessaire de chercher les moyens d'empêcher que nos perceptions ne soient confuses et imparfaites. Et parce qu'il n'y a rien qui les rende plus claires et plus distinctes que l'attention, comme tout le monde en est convaincu, il faut tâcher de trouver des moyens dont nous puissions nous servir pour devenir plus attentifs que nous ne sommes. C'est ainsi que nous pourrons conserver l'évidence dans nos raisonnements et voir même tout d'une vue une liaison nécessaire entre toutes les parties de nos plus longues déductions.

Pour trouver ces moyens, il est nécessaire de se bien convaincre de ce que nous avons déjà dit ailleurs : que l'esprit n'apporte pas une égale attention à toutes les choses qu'il aperçoit. Car il s'applique infiniment plus à celles qui le touchent, qui le modifient et qui le pénètrent, qu'à celles qui lui sont présentes, mais qui ne le touchent pas et qui ne lui appartiennent pas : en un mot, il s'occupe beaucoup plus de ses propres modifications que des simples idées des objets, lesquelles idées sont quelque chose de différent de lui-même.

C'est pour cela que nous ne considérons qu'avec dégoût, et sans beaucoup d'application, les idées abstraites de l'entendement pur, que nous nous appliquons beaucoup davantage aux choses que nous imaginons, principalement lorsque nous avons l'imagination forte, et qu'il se trace de grands vestiges dans notre cerveau. Enfin c'est à cause de cela que nous nous occupons entièrement des qualités sensibles, sans pouvoir même nous appliquer aux idées pures de l'esprit, dans le temps que nous sentons quelque chose de fort agréable ou de fort pénible. Car la douleur, le plaisir et les autres sensations n'étant que des manières d'être de l'esprit, il n'est pas possible que nous soyons sans les apercevoir, et que la capacité de notre esprit n'en soit occupée, puisque toutes nos sensations ne sont que des perceptions, et rien autre chose.

Mais il n'en est pas de même des idées pures de l'esprit; nous pouvons les avoir intimement unies à notre esprit, sans les considérer avec la moindre attention. Car encore que Dieu soit très intimement uni à nous, et que ce soit dans lui que se trouvent les idées de tout ce que nous voyons, cependant ces idées, quoique présentes, et au milieu de nous-mêmes, nous sont cachées, lorsque les mouvements des esprits n'en réveillent point les traces, ou lorsque notre volonté n'y applique pas notre esprit, c'est-à-dire, lorsqu'elle ne forme point les actes auxquels la représentation de ces idées est attachée par l'Auteur de la nature. Ces choses sont le fondement de tout ce que nous allons dire des secours qui peuvent rendre notre esprit plus attentif. Ainsi ces secours seront appuyés sur la nature même de l'esprit; et il y a lieu d'espérer qu'ils ne seront pas chimériques et inutiles, comme beaucoup d'autres qui embarrassent beaucoup plus qu'ils ne servent. Mais enfin s'ils n'ont pas tout l'usage que l'on souhaite, on ne perdra pas tout à fait son temps à lire ce qu'on en dira, puisqu'on en connaîtra mieux la nature de son esprit.

Les modifications de l'âme ont trois causes : les sens, l'imagination et les passions. Tout le monde sait, par sa propre expérience, que les plaisirs, les douleurs et généralement toutes les sensations un peu fortes, que les imaginations vives, et que les grandes passions occupent si fort l'esprit, qu'il n'est pas capable d'attention, dans le temps que ces choses le touchent trop vivement, parce qu'alors sa capacité ou sa faculté d'apercevoir en est toute remplie. Mais quand même ces modifications seraient modérées, elles ne laisseraient pas de partager du moins en quelque sorte cette capacité de l'esprit, et il ne pourrait employer tout ce qu'il est pour considérer les vérités un peu abstraites.

Il faut donc tirer cette conclusion importante : Que tous ceux qui veulent s'appliquer sérieusement à la recherche de la vérité, doivent avoir un grand soin d'éviter, autant que cela se peut, toutes les sensations trop fortes, comme le grand bruit, la lumière trop vive, le plaisir, la douleur, etc., qu'ils doivent veiller sans cesse à la pureté de leur imagination, et empêcher qu'il ne se trace dans leur cerveau de ces vestiges profonds qui inquiètent et qui dissipent continuellement l'esprit. Enfin qu'ils doivent surtout arrêter les mouvements des passions, qui font dans le corps et dans l'âme des impressions si puissantes, qu'il est d'ordinaire comme impossible que l'esprit pense à d'autres choses qu'aux objets qui les excitent. Car encore que les idées pures de la vérité nous soient toujours présentes, nous ne les pouvons considérer, lorsque la capacité que nous avons de penser est remplie de ces modifications qui nous pénètrent.

Cependant comme il n'est pas possible que l'âme soit sans passions, sans sentiment, ou sans quelque autre modification particulière, il faut faire de nécessité vertu, et tirer même de ces modifications des secours pour se rendre plus attentif. Mais il faut bien de l'adresse et de la circonspection dans l'usage de ces secours pour en tirer quelque avantage. Il faut bien examiner le besoin que l'on en a, et ne s'en servir qu'autant que la nécessité de se rendre attentif nous y contraint.

CHAPITRE III

De l'usage que l'on peut faire des passions et des sens pour conserver l'attention de l'esprit.

Les passions dont il est utile de se servir pour s'exciter à la recherche de la vérité sont celles qui donnent la force et le courage de surmonter la peine que l'on trouve à se rendre attentif. Il y en a de bonnes et de mauvaises : de bonnes, comme le désir de trouver la vérité, d'acquérir assez de lumière pour se conduire, de se rendre utile au prochain, et quelques autres semblables; de mauvaises ou dangereuses, comme le désir d'acquérir de la réputation, de se faire quelque établissement, de s'élever au-dessus de ses semblables, et quelques autres encore plus déréglées dont il n'est pas nécessaire de parler.

Dans le malheureux état où nous sommes, il arrive souvent que les passions les moins raisonnables nous portent plus vivement à la recherche de la vérité et nous consolent plus agréablement dans les peines que nous y trouvons, que les passions les plus justes et les plus raisonnables. La vanité, par exemple, nous agite beaucoup plus que l'amour de la vérité; et l'on voit tous les jours que des personnes s'appliquent continuellement à l'étude, lorsqu'ils trouvent des gens à qui ils puissent dire ce qu'ils ont appris, et qui l'abandonnent entièrement, lorsqu'ils ne trouvent plus personne qui les écoute. La vue confuse de quelque gloire qui les environne, lorsqu'ils débitent leurs opinions, leur soutient le courage dans les études même les plus stériles et les plus ennuyeuses. Mais si par hasard, ou par la nécessité de leurs affaires, ils se trouvent éloignés de ce petit troupeau qui les applaudissait, leur ardeur se refroidit aussitôt; les études même les plus solides n'ont plus d'attrait pour eux : le dégoût, l'ennui, le chagrin les prend, ils quittent tout. La vanité triomphait de leur paresse naturelle, mais la paresse triomphe à son tour de l'amour de la vérité; car la vanité résiste quelquefois à la paresse, mais la paresse est presque toujours victorieuse de l'amour de la vérité.

Cependant la passion pour la gloire se pouvant rapporter à une bonne fin, puisqu'on peut se servir pour la gloire même de Dieu et pour l'utilité des autres de la réputation que l'on a, il est peut-être permis à quelques personnes de se servir en certaines rencontres de cette passion, comme d'un secours pour rendre l'esprit plus attentif. Mais il faut bien prendre garde de n'en faire usage que lorsque les passions raisonnables dont nous venons de parler ne suffisent pas, et que nous sommes obligés par devoir à nous appliquer à des sujets qui nous rebutent. Premièrement, parce que cette passion est très dangereuse pour la conscience; secondement, parce qu'elle engage insensiblement dans de mauvaises études, et qui ont plus d'éclat que d'utilité et de vérité; enfin parce qu'il est très difficile de la modérer, qu'on en serait souvent la dupe, et que, prétendant s'éclairer l'esprit, on ne ferait peut-être que fortifier la concupiscence de l'orgueil qui, non seulement corrompt le cœur, mais répand aussi dans l'esprit des ténèbres qu'il est moralement impossible de dissiper.

Car on doit considérer que cette passion s'augmente, se fortifie et s'établit insensiblement dans le cœur de l'homme, et que lorsqu'elle est trop violente, au lieu d'aider l'esprit dans la recherche de la vérité, elle l'aveugle étrangement et lui fait même croire que les choses sont comme il souhaite qu'elles soient.

Il est sans doute qu'il ne se trouverait pas tant de fausses inventions et tant de découvertes imaginaires, si les hommes ne se laissaient point étourdir par des désirs ardents de paraître inventeurs. Car la persuasion ferme et obstinée où ont été plusieurs personnes, qu'ils avaient trouvé, par exemple, le mouvement perpétuel, le moyen d'égaler le cercle au carré, et celui de doubler le cube par la géométrie ordinaire, leur est venue apparemment du grand désir qu'ils avaient de paraître avoir exécuté ce que plusieurs personnes avaient tenté inutilement.

Il est donc bien plus à propos de s'exciter à des passions qui sont d'autant plus utiles pour la recherche de la vérité qu'elles sont plus fortes, et dans lesquelles l'excès est peu à craindre, comme sont les désirs de faire bon usage de son esprit et de se délivrer de ses préjugés et de ses erreurs; d'acquérir assez de lumière pour se conduire dans l'état dans lequel on est, et d'autres passions semblables qui ne nous engagent point dans des études inutiles, et qui ne nous portent point à faire des jugements trop précipités.

Quand on a commencé à goûter le plaisir qui se trouve dans l'usage de l'esprit, qu'on a reconnu l'utilité qui en revient, et qu'on s'est défait des grandes passions et dégoûté des plaisirs sensibles qui sont toujours, lorsqu'on s'y abandonne indiscrètement, les maîtres ou plutôt les tyrans de la raison, l'on n'a pas besoin d'autres passions que de celles dont on vient de parler, pour se rendre attentif aux sujets que l'on veut méditer.

Mais la plupart des hommes ne sont point en cet état; ils n'ont du goût, de l'intelligence, de la délicatesse que pour ce qui touche les sens. Leur imagination est corrompue d'un nombre presque infini de traces profondes, qui ne réveillent que de fausses idées; car ils tiennent à tout ce qui tombe sous les sens et sous l'imagination, et ils en jugent toujours selon l'impression qu'ils en reçoivent, c'est-à-dire par rapport à eux. L'orgueil, la débauche, les engagements, les désirs inquiets de faire quelque fortune, si communs dans les gens du monde, obscurcissent en eux la vue de la vérité, comme ils étouffent en eux les sentiments de piété, parce qu'ils les séparent de Dieu, qui seul peut nous éclairer, comme il peut seul nous régler. Car nous ne pouvons augmenter notre union avec les choses sensibles, sans diminuer celle que nous avons avec les vérités intelligibles, puisque nous ne pouvons pas dans un même temps être unis étroitement à des choses si différentes et si opposées.

Ceux donc qui ont l'imagination pure et chaste, je veux dire, dont le cerveau n'est point rempli de traces profondes qui attachent aux choses visibles, peuvent facilement s'unir à Dieu et se rendre attentifs à la vérité qui leur parle; ils peuvent se passer des secours qu'on tire des passions. Mais ceux qui sont dans le grand monde, qui tiennent à trop de choses, et dont l'imagination est toute salie par les idées fausses et obscures que les objets sensibles ont excitées en eux, ne peuvent s'appliquer à la vérité, s'ils ne sont soutenus de quelque passion assez forte pour contre-balancer le poids du corps qui les entraîne, et pour former dans leur cerveau des traces capables de faire révulsion dans les esprits animaux. Mais comme toute passion ne peut par elle-même que confondre les idées, ils ne doivent s'en servir qu'autant que la nécessité le demande, et tous les hommes doivent s'étudier eux-mêmes, afin de proportionner leurs passions à leurs faiblesses.

Il n'est pas difficile de trouver les moyens d'exciter en soi-même les passions que l'on souhaite. La connaissance que l'on a donnée de l'union de l'âme et du corps, dans les livres précédents, donne assez d'ouverture pour cela; car, en un mot, il suffit de penser avec attention aux objets qui, selon l'institution de la nature, sont capables d'exciter les passions. Ainsi l'on peut presque toujours faire naître dans son cœur les passions dont on a besoin. Mais si l'on peut presque toujours les faire naître, on ne peut pas toujours les faire mourir, ni remédier aux désordres qu'elles ont causés dans l'imagination. On doit donc en user avec beaucoup de modération.

Il faut surtout prendre garde à ne pas juger des choses par passion, mais seulement par la vue claire de la vérité, ce qui est presque impossible d'observer, lorsque les passions sont un peu vives. La passion ne doit servir qu'à réveiller l'attention; mais elle produit toujours ses propres idées, et elle pousse vivement la volonté à juger des choses par ces idées qui la touchent, plutôt que par les idées pures et abstraites de la vérité qui ne la touchent pas. De sorte que l'on forme souvent des jugements qui ne durent qu'autant que la passion, parce que ce n'est point la vue claire de la vérité immuable, mais la circulation du sang qui les fait former.

Il est vrai que les hommes sont étrangement obstinés dans leurs erreurs, et qu'ils en soutiennent la plupart toute leur vie. Mais c'est que ces erreurs ont souvent d'autres causes que les passions, ou bien elles dépendent de certaines passions durables, qui viennent de la conformation du corps, de l'intérêt, ou de quelque autre cause qui subsiste longtemps. L'intérêt, par exemple, durant toujours, il produit une passion qui ne meurt jamais, et les jugements que cette passion fait former sont assez durables; mais tous les autres sentiments des hommes qui dépendent des passions particulières sont aussi inconstants que le peut être la fermentation de leurs humeurs. Ils disent tantôt d'une façon, tantôt d'une autre; et ce qu'ils disent est assez souvent conforme à ce qu'ils pensent. Comme ils courent d'un faux bien à un autre faux bien par le mouvement de leurs passions et qu'ils s'en dégoûtent lorsque ce mouvement cesse, ils courent aussi de faux système en faux système. Ils embrassent avec chaleur un faux sentiment, lorsque la passion le rend vraisemblable; mais cette passion éteinte, ils l'abandonnent. Ils goûtent par les passions de tous les biens, sans rien trouver de bon; ils voient par les mêmes passions toutes les vérités, sans rien voir de vrai; quoique dans le temps que la passion dure, ce qu'ils goûtent leur paraisse le souverain bien, et ce qu'ils voient soit pour eux une vérité incontestable.

La seconde source d'où l'on peut tirer quelque secours pour rendre l'esprit attentif sont les sens. Les sensations sont les propres modifications de l'âme, les idées pures de l'esprit sont quelque chose de différent; les sensations réveillent donc notre attention d'une manière beaucoup plus vive que les idées pures. Ainsi il est visible que l'on peut remédier au défaut d'application de l'esprit aux vérités qui ne le touchent pas, en les exprimant par des choses sensibles qui le touchent.

C'est pour cela que les géomètres expliquent par des lignes sensibles les proportions qui sont entre les grandeurs qu'ils veulent considérer. En traçant ces lignes sur le papier, ils tracent, pour ainsi dire, dans leur esprit les idées qui y répondent; ils se les rendent plus familières, parce qu'ils les sentent en même temps qu'ils les conçoivent. C'est de cette manière que l'on peut apprendre plusieurs choses assez difficiles aux enfants qui ne sont pas capables des vérités abstraites, à cause de la délicatesse des fibres de leur cerveau. Ils ne voient des yeux que des couleurs, des tableaux, des images, mais ils considèrent par l'esprit les idées qui répondent à ces objets sensibles.

Il faut surtout prendre garde à ne point couvrir les objets que l'on veut considérer, ou que l'on veut faire voir aux autres, de tant de *sensibilité*, que l'esprit en soit plus occupé que de la vérité même, car c'est un défaut des plus considérables et des plus ordinaires. On voit tous les jours des personnes qui ne s'attachent qu'à ce qui touche les sens, et qui s'expriment d'une manière si sensible, que la vérité est comme étouffée sous le poids des vains ornements de leur fausse éloquence. De sorte que ceux qui les écoutent, étant beaucoup plus touchés par la mesure de leurs périodes et par les mouvements de leurs figures que par les raisons qu'ils entendent, ils se laissent persuader, sans savoir seulement ce qui les persuade, ni même de quoi ils sont persuadés.

Il faut donc bien prendre garde à tempérer de telle manière la sensibilité de ses expressions, que l'on ne fasse que rendre l'esprit plus attentif. Il n'y a rien de si beau que la vérité; il ne faut pas prétendre qu'on la puisse rendre plus belle en la fardant de quelques couleurs sensibles qui n'ont rien de solide, et qui ne peuvent charmer que fort peu de temps. On lui donnerait peut-être quelque délicatesse; mais on diminuerait sa force. On ne doit pas la revêtir de tant d'éclat et de brillant, que l'esprit s'arrête davantage à ses ornements qu'à elle-même; ce serait la traiter comme certaines personnes que l'on charge de tant d'or et de pierreries, qu'elles paraissent enfin la partie la moins considérable du tout qu'elles composent avec leurs habits. Il faut revêtir la vérité comme les magistrats de Venise, qui sont obligés de porter une robe et une toque toute simple, qui ne fait que les distinguer du commun des hommes, afin qu'on les regarde au visage avec attention et avec respect, et qu'on ne s'arrête pas à leur chaussure. Enfin il faut prendre garde à ne lui pas donner une trop grande suite de choses agréables qui dissipent l'esprit, et qui l'empêchent de la reconnaître, de peur qu'on ne rende à quelque autre les honneurs qui lui sont dus, comme il arrive quelquefois aux princes qu'on ne peut reconnaître dans le grand nombre des gens de cour qui les environnent, et qui prennent trop de cet air grand et majestueux qui n'est propre qu'aux souverains.

Mais afin de donner un plus grand exemple, je dis qu'il faut exposer aux autres la vérité, comme la vérité même s'est exposée. Les hommes depuis le péché de leur père, ayant la vue trop faible pour considérer la vérité en elle-même, cette souveraine vérité s'est rendue sensible en se couvrant de notre humanité, afin d'attirer nos regards, de nous éclairer et de se rendre aimable à nos yeux. Ainsi on peut, à son exemple, couvrir de quelque chose de sensible les vérités que nous voulons comprendre et enseigner aux autres, afin d'arrêter l'esprit qui aime le sensible, et qui ne se prend aisément que par quelque chose qui flatte les sens. La Sagesse éternelle s'est rendue sensible, mais non dans l'éclat; elle s'est rendue sensible, non pour nous arrêter au sensible, mais pour nous élever à l'intelligible; elle s'est rendue sensible pour condamner et sacrifier en sa personne toutes les choses sensibles. Nous devons donc nous servir, dans la connaissance de la vérité, de quelque chose de sensible qui n'ait point trop d'éclat, et qui ne nous arrête point trop au sensible; mais qui puisse seulement soutenir la vue de notre esprit dans la contemplation des vérités purement intelligibles. Nous devons nous servir de quelque chose de sensible, que nous puissions dissiper, anéantir, sacrifier avec plaisir à la vue de la vérité, vers laquelle elle nous aura conduits. La Sagesse éternelle s'est présentée hors de nous d'une manière sensible, non pour nous arrêter hors de nous, mais afin de nous faire rentrer dans nous-mêmes, et que selon l'homme intérieur nous la puissions considérer d'une manière intelligible. Nous devons aussi dans la recherche de la vérité nous servir de quelque chose de sensible, qui ne nous arrête point hors de nous par son éclat; mais qui nous fasse rentrer dans nous-mêmes, qui nous rende attentifs et nous unisse à la vérité éternelle, laquelle seule préside à l'esprit et le peut éclairer sur quelque chose que ce puisse être.

CHAPITRE IV

De l'usage de l'imagination pour conserver l'attention de l'esprit, et de l'utilité de la géométrie.

Il faut user de grandes circonspections dans le choix et dans l'usage des secours que l'on peut tirer de ses sens et de ses passions pour se rendre attentif à la vérité, parce que nos passions et nos sens nous touchent vivement, et qu'ils remplissent de telle sorte la capacité de l'esprit, qu'il ne voit souvent que ses propres sensations, lorsqu'il pense découvrir les choses en elles-mêmes. Mais il n'en est pas de même des secours que l'on peut tirer de son imagination. Ils rendent l'esprit attentif sans en partager inutilement la capacité, et ils aident ainsi merveilleusement à apercevoir clairement et distinctement les objets, de sorte qu'il est presque toujours avantageux de s'en servir. Mais rendons ceci sensible par quelques exemples.

(Malebranche développe des exemples mathématiques, accompagnés de figures : il serait trop long de les reproduire ici.)

Ces exemples suffisent pour faire connaître que l'on peut exprimer par lignes, et représenter ainsi à l'imagination la plupart de nos idées, et que la géométrie, qui apprend à faire toutes les comparaisons nécessaires pour connaître les rapports des lignes, est d'un usage beaucoup plus étendu qu'on ne le pense ordinairement. Car enfin l'astronomie, la musique, les mécaniques, et généralement toutes les sciences qui traitent des choses capables de recevoir du plus ou du moins, et par conséquent que l'on peut regarder comme étendues, c'est-à-dire toutes les sciences   tes se peuvent rapporter à la géométrie, parce que toutes les vérités spéculatives ne consistant que dans les rapports des choses et dans les rapports qui se trouvent entre leurs rapports, elles se peuvent toutes rapporter à des lignes. On en peut tirer géométriquement plusieurs conséquences; et ces conséquences étant rendues sensibles par les lignes qui les représentent, il n'est presque pas possible de se tromper, et l'on peut pousser ces sciences fort loin avec beaucoup de facilité.

La raison, par exemple, pour laquelle on reconnaît très distinctement, et l'on marque précisément dans la musique une octave, une quinte, une quarte, c'est que l'on exprime les sons avec des cordes exactement divisées; et que l'on sait que la corde qui sonne l'octave est en portion double avec l'autre avec laquelle se fait l'octave, que la quinte est en proportion sesquialtère ou de trois à deux, et ainsi des autres. Car l'oreille seule ne peut juger des sons avec la précision et la justesse nécessaire à une science. Les plus habiles praticiens, ceux qui ont l'oreille la plus délicate et la plus fine, ne sont pas encore assez sensibles pour reconnaître la différence qu'il y a entre certains sons; et ils se persuadent faussement qu'il n'y en a point, parce qu'ils ne jugent des choses que par le sentiment qu'ils en ont. Il y en a qui ne mettent point de différence entre une octave et trois ditons. Quelques-uns même s'imaginent que le ton majeur n'est point différent du ton mineur; de sorte que le *comma* qui en est la différence leur est insensible; et à plus forte raison le *schisma* qui n'est que la moitié du *comma*.

Il n'y a donc que la raison qui nous fasse manifestement voir que l'espace de la corde qui fait la différence entre certains sons, étant divisible en plusieurs parties, il peut y avoir encore un très grand nombre de différents sons utiles et inutiles pour la musique, lesquels l'oreille ne peut discerner. D'où il est clair que sans l'arithmétique et la géométrie, la musique régulière et exacte nous serait inconnue, et que nous ne pourrions réussir en cette science que par hasard et par imagination; c'est-à-dire, que la musique ne serait plus une science fondée sur des démonstrations incontestables, quoique les airs que l'on compose par la force de l'imagination soient plus beaux et plus agréables aux sens, que ceux que l'on compose par les règles.

De même dans les mécaniques, la pesanteur de quelque poids et la distance du centre de pesanteur de ce poids d'avec le soutien étant capable du plus et du moins, l'une et l'autre se peuvent exprimer par des lignes. Ainsi l'on se sert utilement de la géométrie pour découvrir et pour démontrer une infinité de nouvelles inventions très utiles à la vie, et même très agréables à l'esprit, à cause de l'évidence qui les accompagne.

. . . .

La géométrie est donc très utile pour rendre l'esprit attentif aux choses dont on veut découvrir les rapports; mais il faut avouer qu'elle nous est quelquefois occasion d'erreur, parce que nous nous occupons si fort des démonstrations évidentes et agréables que cette science nous fournit, que nous ne considérons pas assez la nature. C'est principalement pour cette raison, que toutes les machines qu'on invente ne réussissent pas, que toutes les compositions de musique où les proportions des consonnances sont les mieux observées, ne sont pas les plus agréables, et que les supputations les plus exactes dans l'astronomie ne prédisent quelquefois pas mieux la grandeur et le temps des éclipses. La nature n'est point abstraite, les leviers et les roues des mécaniques ne sont pas des lignes et des cercles mathématiques; nos goûts pour les airs de musique ne sont pas toujours les mêmes dans tous les hommes, ni dans les mêmes hommes en différents temps; ils changent selon les différentes émotions des esprits, de sorte qu'il n'y a rien de si bizarre. Enfin pour ce qui regarde l'astronomie, il n'y a point de parfaite régularité dans le cours des planètes; nageant dans ces grands espaces, elles sont emportées irrégulièrement par la matière fluide qui les environne. Ainsi les erreurs où l'on tombe dans l'astronomie, les mécaniques, la musique et dans toutes les sciences auxquelles on applique la géométrie, ne viennent point de la géométrie, qui est une science incontestable, mais de la fausse application qu'on en fait.

On suppose, par exemple, que les planètes décrivent par leurs mouvements des cercles et des ellipses parfaitement régulières, ce qui n'est point vrai. On fait bien de le supposer afin de raisonner, et aussi parce qu'il s'en faut peu que cela ne soit vrai; mais on doit toujours se souvenir que le principe sur lequel on raisonne est une supposition. De même dans les mécaniques, on suppose que les roues et les leviers sont parfaitement durs et semblables à des lignes et à des cercles mathématiques, sans pesanteur et sans frottement, ou plutôt on ne considère pas assez leur pesanteur, leur frottement, leur matière, ni le rapport que ces choses ont entre elles; que la dureté ou la grandeur augmente la pesanteur, que la pesanteur augmente le frottement, que le frottement diminue la force, qu'elle rompt ou use en peu de temps la machine; et qu'ainsi ce qui réussit presque toujours en petit ne réussit presque jamais en grand.

Il ne faut donc pas s'étonner si on se trompe, puisque l'on veut raisonner sur des principes qui ne sont point exactement connus; et il ne faut pas s'imaginer que la géométrie soit inutile, à cause qu'elle ne nous délivre pas de toutes nos erreurs. Les suppositions établies, elle nous fait raisonner conséquemment. Nous rendant attentifs à ce que nous considérons, elle nous le fait connaître évidemment. Nous reconnaissons même par elle si nos suppositions sont fausses; car étant toujours certains que nos raisonnements sont vrais, et l'expérience ne s'accordant point avec eux, nous découvrons que les principes supposés sont faux. Mais sans la géométrie et l'arithmétique, on ne peut rien découvrir dans les sciences exactes qui soit un peu difficile, quoiqu'on ait des principes certains et incontestables.

On doit donc regarder la géométrie comme une espèce de

science universelle, qui ouvre l'esprit, qui le rend attentif, et qui lui donne l'adresse de régler son imagination et d'en tirer tout le secours qu'il peut en recevoir; car par le secours de la géométrie l'esprit règle le mouvement de l'imagination, et l'imagination réglée soutient la vue et l'application de l'esprit.

Mais afin que l'on sache faire un bon usage de la géométrie, il faut remarquer que toutes les choses qui tombent sous l'imagination ne peuvent pas s'imaginer avec une égale facilité; car toutes les images ne remplissent pas également la capacité de l'esprit. Il est plus difficile d'imaginer un solide qu'un plan, et un plan qu'une simple ligne, car il y a plus de pensées dans la vue claire d'un solide, que dans la vue claire d'un plan et d'une ligne. Il en est de même des différentes lignes, il faut plus de pensées, c'est-à-dire plus de capacité d'esprit, pour se représenter une ligne parabolique ou elliptique, ou quelques autres plus composées, que pour se représenter la circonférence d'un cercle; et plus pour la circonférence d'un cercle que pour une ligne droite, parce qu'il est plus difficile d'imaginer des lignes qui se décrivent par des mouvements fort composés et qui ont plusieurs rapports, que celles qui se décrivent par des mouvements très simples, ou qui ont moins de rapports. Car les rapports ne pouvant être clairement aperçus sans l'attention de l'esprit à plusieurs choses, il faut d'autant plus de pensées pour les apercevoir, qu'ils sont en plus grand nombre. Il y a donc des figures si composées, que l'esprit n'a point assez d'étendue pour les imaginer distinctement, mais il y en a aussi d'autres que l'esprit imagine avec beaucoup de facilité.

Des trois espèces d'angles rectilignes, l'aigu, le droit et l'obtus, il n'y a que le droit qui réveille dans l'esprit une idée distincte et bien déterminée. Il a une infinité d'angles aigus qui diffèrent tous entre eux; il en est de même de ceux qui sont obtus. Ainsi lorsqu'on imagine un angle aigu ou un angle obtus, on n'imagine rien d'exact ni rien de distinct. Mais lorsqu'on imagine un angle droit, on ne peut se tromper, l'idée en est bien distincte, et l'image même que l'on s'en forme dans le cerveau est d'ordinaire assez juste.

Il est vrai qu'on peut aussi déterminer l'idée vague d'angle aigu à l'idée particulière d'un angle de trente degrés, et que l'idée d'un angle de trente degrés est aussi exacte que celle d'un angle de 90, c'est-à-dire d'un angle droit. Mais l'image que l'on tâcherait de s'en former dans le cerveau ne serait point à beaucoup près si juste que celle d'un angle droit. On n'est point accoutumé à se représenter cette image, et on ne peut la tracer qu'en pensant à un cercle, ou à une partie déterminée d'un cercle divisé en parties égales. Mais pour imaginer un angle droit, il n'est point nécessaire de penser à cette division de cercle; la seule idée de perpendiculaire suffit à l'imagination pour tracer l'image de cet angle ; et l'on ne sent aucune difficulté à se représenter des perpendiculaires, parce qu'on est accoutumé à voir toutes choses debout.

Il est donc facile de juger que pour avoir un objet simple, distinct, bien déterminé, propre pour être imaginé avec facilité, et par conséquent pour rendre l'esprit attentif et lui conserver l'évidence dans les vérités qu'il cherche, il faut rapporter toutes les grandeurs que nous considérons à de simples surfaces terminées par des lignes et par des angles droits, comme sont les carrés parfaits et les autres figures rectangles, ou bien à de simples lignes droites, car ces figures sont celles dont on connait plus facilement la nature.

J'aurais pu attribuer aux sens le secours que l'on tire de la géométrie pour conserver l'attention de l'esprit ; mais j'ai cru que la géométrie appartenait davantage à l'imagination qu'aux sens, quoique les lignes soient quelque chose de sensible. Il serait assez inutile de déduire ici les raisons que j'ai eues, puisqu'elles ne serviraient qu'à justifier l'ordre que j'ai gardé dans ce que je viens de dire, ce qui n'est point essentiel. Je n'ai point aussi parlé de l'arithmétique ni de l'algèbre, parce que les chiffres et les lettres de l'alphabet, dont on se sert dans ces sciences, ne sont pas si utiles pour augmenter l'attention de l'esprit, que pour en augmenter l'étendue, ainsi que nous expliquerons dans le chapitre suivant.

Voilà quels sont les secours généraux qui peuvent rendre l'esprit plus attentif. On n'en sait point d'autres, si ce n'est la volonté d'avoir de l'attention, de quoi on ne parle pas, parce qu'on suppose que tous ceux qui étudient veulent être attentifs à ce qu'ils étudient.

Il y en a néanmoins encore plusieurs qui sont particuliers à certaines personnes, comme sont certaines boissons, certaines viandes, certains lieux, certaines dispositions du corps, et quelques autres secours dont chacun doit s'instruire par sa propre expérience. Il faut observer l'état de son imagination après le repas, et considérer quelles sont les choses qui entretiennent ou qui dissipent l'attention de son esprit. Ce qu'on peut dire de plus général, c'est que l'usage modéré des aliments qui font beaucoup d'esprits animaux est très propre pour augmenter l'attention de l'esprit et la force de l'imagination dans ceux qui l'ont faible et languissante.

III

Les lois de l'union de l'âme et du corps.

TRAITÉ DE MORALE. Ire PARTIE. CHAP. X (FRAGMENTS)

CHAPITRE X

XI. Assurément tout ce que je vais dire n'est pas fort nécessaire à ceux qui ont lu et médité les principes que j'ai établis dans la *Recherche de la Vérité* : et si les hommes avaient tous assez de raison pour étudier par ordre, ou du moins assez d'équité pour croire qu'un auteur a peut-être plus pensé qu'eux au sujet qu'il traite, je ne serais pas obligé de répéter en général ce que j'ai déjà dit et prouvé ailleurs en plusieurs manières. Personne ne lit Apollonius ou Archimède sans savoir son Euclide : parce qu'on n'entend rien dans les Sections coniques, si l'on ne sait la Géométrie ordinaire; et qu'en matière de Géométrie, quand on n'entend pas, on sait bien qu'on n'entend pas. Mais en matière de Morale et de Religion, chacun se croit assez en état de bien concevoir tout ce que les livres en disent. Ainsi chacun en juge sans prendre garde que la Morale par exemple, j'entends la Morale démontrée ou expliquée par principes, est à la connaissance de l'homme ce qu'est la science des lignes courbes à celles des lignes droites.

XII. Je me crois donc obligé de faire ici quelques suppositions des principes que j'ai prouvés ailleurs, et qui sont nécessaires pour la suite : cela éclaircira peut-être bien des choses que j'ai déjà dites, et que je crains fort qu'on n'ait pas bien entendues. Mais ces suppositions ne sont point pour ceux qui ont médité les principes que j'ai expliqués ailleurs, ou qui ont bien compris tout ce que j'ai dit jusqu'ici. Ils peuvent passer au chapitre suivant et s'épargner une lecture inutile.

XIII. Je suppose premièrement qu'on soit bien convaincu, que pour unir l'âme au corps, il ne faut pas confondre les idées de ces deux substances : comme font la plupart des hommes, qui pour faire cette union, répandent l'âme dans toutes les parties du corps, et attribuent au corps tous les sentiments qui n'appartiennent qu'à l'âme. L'union de l'âme et du corps consiste dans l'action mutuelle et réciproque de ces deux êtres, en conséquence de l'efficace de volontés divines, qui seules peuvent changer les modifications des substances. L'âme pense et n'est point étendue, le corps est étendu et ne pense point. On ne peut donc unir l'âme au corps par l'étendue, mais par la pensée; ni le corps à l'âme par des sentiments, mais par des situations et des mouvements. Le corps est piqué, l'âme le sent; l'âme craint un mal, le corps le fuit. L'âme veut remuer le bras; il se remue aussitôt, et l'âme est avertie de ce mouvement. Ainsi il y a une correspondance mutuelle entre certaines pensées de l'âme et certaines modifications du corps, en conséquence de quelques lois naturelles que Dieu a établies et qu'il suit constamment. C'est là ce qui fait l'union de l'âme et du corps. L'imagination peut fournir d'autres idées de tout ceci. Mais cette correspondance est incontestable, et elle me suffit pour la suite. Ainsi je ne veux et je ne dois point bâtir sur des fondements peu sûrs et différents de ceux-ci.

XIV. Je suppose en second lieu qu'on sache que l'âme n'est point immédiatement unie à toutes les parties du corps, mais à celle qui leur répond à toutes, et que j'appelle sans la connaître la partie principale. Ainsi nonobstant les lois de l'union de l'âme et du corps, on peut bien couper le bras à un homme sans qu'il résulte dans son âme aucune pensée qui y réponde; mais il n'est pas possible qu'il arrive le moindre changement dans la principale partie du cerveau, qu'il n'en arrive aussi dans l'âme. L'expérience prouve ces vérités; car quelquefois on coupe des parties sans qu'on le sente, parce que l'ébranlement de la coupure ne se communique point alors à la partie principale. Et au contraire ceux qui ont perdu un bras sentent souvent une douleur très réelle dans ce bras imaginaire : parce qu'il se passe dans le cerveau le même ébranlement que si on avait mal au bras.

XV. Le premier homme avant son péché avait sur son corps un pouvoir absolu. Du moins empêchait-il, dès qu'il le voulait, que le mouvement ou l'action des objets ne se communiquât des organes des sens qui en pouvaient être frappés jusques à la partie principale du cerveau : et cela apparemment par une espèce de révulsion, semblable en quelque chose à celle qu'on fait, quand on se veut rendre attentif à des pensées que la présence des objets sensibles fait évanouir.

XVI. Mais je suppose en troisième lieu que maintenant nous n'avons plus ce pouvoir : et qu'ainsi, pour avoir quelque liberté d'esprit, penser à ce qu'on veut, aimer ce qu'on doit, il est nécessaire que la partie principale qui répond aux organes des sens extérieurs soit calme et sans agitation; ou du moins qu'on puisse encore l'arrêter ou la fléchir du côté qu'on le désire. Notre attention dépend de nos volontés, mais elle dépend beaucoup plus de nos sentiments et de nos passions. Il faut faire de grands efforts pour ne pas regarder ce qui frappe, pour ne pas aimer ce qui plaît, et l'âme ne se lasse jamais plutôt, que lorsqu'elle combat contre les plaisirs et qu'elle se rend en un sens actuellement malheureuse.

XVII. En quatrième lieu je suppose qu'on sache que la partie principale n'est jamais touchée ou ébranlée d'une manière agréable ou désagréable, qu'il ne s'excite dans les esprits animaux quelque mouvement propre à transporter le corps vers l'objet qui agit en elle, ou à s'en séparer par la suite : et qu'ainsi les ébranlements des fibres du cerveau qui ont rapport au bien ou au mal, sont toujours suivis du cours des esprits qui disposent le corps comme il le doit être par rapport à l'objet présent ; et que même les sentiments de l'âme qui répondent à ces ébranlements sont suivis des mouvements de la même âme qui répondent au cours de ces esprits. Car les traces ou les ébranlements du cerveau sont au cours des esprits animaux ce que les sentiments de l'âme sont aux passions ; et les traces du cerveau sont aux sentiments de l'âme ce que le mouvement des esprits animaux est aux mouvements des passions.

XVIII. En cinquième lieu je suppose que les objets ne frappent jamais le cerveau, sans y laisser des marques de leur action, ni les esprits animaux des traces de leurs cours : que ces traces et ces blessures ne se referment ou ne s'effacent pas facilement, lorsque le cerveau a été souvent ou rudement frappé, et que le cours des esprits a été rapide ou a recommencé souvent de la même manière : que la mémoire et les habitudes corporelles ne consistent que dans ces mêmes traces, qui donnent au cerveau et aux autres parties du corps une facilité particulière à obéir au cours des esprits : et qu'ainsi le cerveau est blessé et l'imagination salie, lorsqu'on a joui des plaisirs et qu'on n'a pas craint de se familiariser avec les objets sensibles.

XIX. Enfin je suppose qu'on conçoive distinctement, que lorsque plusieurs traces ont été formées dans le même temps, on ne peut en ouvrir quelqu'une, sans entr'ouvrir toutes les autres : et qu'ainsi il y a toujours plusieurs idées accessoires qui se présentent confusément à l'esprit, et qui ont rapport à la principale à laquelle on s'applique particulièrement ; et aussi plusieurs sentiments confus et mouvements indirects qui accompagnent la passion principale, celle qui ébranle l'âme et la transporte vers quelque objet particulier. Rien n'est plus certain que cette liaison des traces entre elles, et avec les différents cours des esprits ; des idées entre elles, et avec les sentiments et les passions. Pour peu qu'on connaisse l'homme et qu'on fasse réflexion sur le sentiment intérieur qu'on a de ce qui se passe en soi-même, on découvrira plus de ces vérités en une heure que je n'en pourrais expliquer en un mois : pourvu qu'on ne confonde point l'âme avec le corps pour les unir entre eux, et qu'on distingue avec soin les propriétés dont la substance qui pense est capable, de celles qui appartiennent à la substance étendue. Et je crois devoir avertir que ces sortes de vérités sont d'une conséquence infinie, non seulement pour concevoir distinctement ce que j'ai dit jusqu'ici et ce que je dois dire dans la suite, mais généralement pour toutes les sciences qui ont quelque rapport à l'homme. Comme j'ai traité ce sujet fort au long dans la *Recherche de la Vérité* et principalement dans le second livre, je n'ai pas cru devoir en parler d'abord ; et si même ces suppositions paraissent obscures et n'ouvrent pas assez l'esprit pour faire clairement comprendre ce que je dois dire ici, qu'on ait recours à ce même livre ; car je ne puis me résoudre à expliquer amplement une même chose plusieurs fois.

IV

L'imagination.

TRAITÉ DE MORALE. Iʳᵉ PARTIE. CHAP. XII.

CHAPITRE XII

De l'imagination. Ce terme est obscur et confus. En général ce que c'est que l'imagination. Différentes sortes d'imagination. Ses effets sont dangereux. De ce qu'on appelle dans le monde le bel esprit. Cette qualité est fort opposée à la grâce de Jésus-Christ. Elle est fatale à ceux qui la possèdent et à ceux qui l'estiment et l'admirent dans les autres sans la posséder.

1. Quoique les sens soient le premier principe de nos désordres ou l'origine de l'union de l'esprit et du corps, qui maintenant désunit l'esprit d'avec Dieu, néanmoins il ne suffit pas de régler leur usage afin que la grâce opère en nous selon toute son efficace ; il faut de plus faire taire l'imagination et les passions. L'imagination dépend des sens aussi bien que les passions : mais elle a sa malignité particulière. Lorsque les sens l'ont excitée, elle produit des effets extraordinaires. Mais souvent, quoique les sens ne l'ébranlent point actuellement, elle agit par ses propres forces. Elle jette le trouble dans toutes les idées de l'âme par les fantômes qu'elle produit, et quelquefois ces fantômes sont si agréables ou si terribles, si vifs et si animés qu'ils mettent en fureur les passions par la violence des mouvements qu'ils excitent. Mais j'appréhende que quelques personnes ne conçoivent pas clairement ces vérités, il faut que je les explique plus distinctement.

APPENDICE II.

II. Ce terme, *Imagination*, est fort en usage dans le monde : mais j'ai peine à croire que tous ceux qui le prononcent y attachent une idée distincte. Je l'ai déjà dit et je le répète, car il n'y a point de mal d'y penser plus d'une fois : les mots les plus communs sont les plus confus, et le discours ordinaire n'est souvent qu'un jeu de paroles vides de sens, qu'on écoute et qu'on rend comme les échos la voix des bergers. Pourvu qu'on s'entretienne agréablement, qu'on se communique les uns aux autres ses affections, qu'on se donne mutuellement des marques d'estime, on sort content de la conversation. On fait de la parole le même usage que de l'air et des manières : on s'unit les uns aux autres par les sens et les passions; et souvent la raison n'a point d'autre part à la société que celle de servir à la vanité et à l'injustice des hommes. Car la vérité n'est bonne à rien en ce monde. Ceux qui la recherchent sont des visionnaires, des esprits particuliers, des personnes dangereuses qu'il faut éviter comme l'air contagieux. Ainsi les paroles, dont le principal usage devrait être de représenter les idées pures de l'esprit, ne servent d'ordinaire qu'à exprimer des idées sensibles, et les mouvements de l'âme, qui ne se communiquent déjà que trop par les manières, l'air du visage, le ton de la voix, la posture et le mouvement du corps.

III. *Imagination* est un de ces termes que l'usage autorise et n'éclaircit pas : car l'usage ordinaire n'éclaircit que les mots qui réveillent les idées sensibles. Ceux qu'il substitue aux idées pures sont tous ou équivoques ou confus. Comme l'imagination n'est visible que par les effets, et qu'il est difficile d'en connaître la nature, chacun prononce le même mot sans en avoir la même idée : peut-être même que bien des gens n'en ont nulle idée.

IV. L'imagination se peut considérer en deux manières : du côté du corps, et du côté de l'âme. Du côté du corps, c'est un cerveau capable de traces, et des esprits animaux propres à former ces traces. Qu'on conçoive par esprits animaux tout ce qu'on voudra s'imaginer, pourvu que ce soient des corps qui, par leur mouvement, puissent agir dans la substance de la principale partie du cerveau. Du côté de l'esprit, ce sont des images qui répondent aux traces, et de l'attention capable de former ces images ou ces idées sensibles. Car c'est notre attention qui, en qualité de cause occasionnelle, détermine le cours des esprits, par lequel les traces se forment, et auxquelles traces les idées sont attachées. Tout cela en conséquence des lois de l'union de l'âme et du corps.

V. Ces images ou ces traces, formées par la force de l'imagination, aussi bien que par l'action des objets, disposent le cerveau, réservoir des esprits, de manière que le cours de ces mêmes esprits est déterminé vers certains nerfs, dont les uns se répandent vers le cœur et les autres viscères, pour y produire de la fermentation ou du refroidissement, en un mot divers mouvements par rapport à l'objet présent aux sens ou à l'imagination : et les autres nerfs répondent aux parties extérieures du corps pour lui faire prendre la situation et le disposer au mouvement que demande ce même objet.

VI. Le cours des esprits animaux vers les nerfs qui répondent aux parties intérieures du corps est accompagné des passions du côté de l'âme; et ces mêmes passions, produites originairement par l'action de l'imagination, fortifient, par une grande abondance d'esprits qu'elles font monter à la tête, la trace et l'image de l'objet qui les a fait naître. Car les passions réveillent, soutiennent, fortifient l'attention, cause occasionnelle du cours des esprits, qui forment la trace du cerveau, laquelle détermine un autre cours des esprits vers le cœur et les autres parties du corps pour entretenir les mêmes passions. Tout cela encore par l'économie admirable des lois de l'union de l'âme et du corps. Voilà une légère idée de l'imagination et du rapport qu'elle a avec les passions. J'ai expliqué ailleurs plus amplement cette matière. Mais je crois que cela suffit pour faire comprendre en quelque manière aux personnes attentives ce que j'entends en général par *imagination*, et en particulier que :

VII. Par imagination *salie ou corrompue*, j'entends un cerveau qui a reçu quelques traces assez profondes pour appliquer l'esprit et le corps par rapport à des objets indignes de l'homme; et que par *pureté* d'imagination j'entends un cerveau sain et entier ou sans ces traces criminelles qui corrompent l'esprit et le cœur.

Par imagination *faible et délicate*, j'entends un cerveau dont la partie principale, de laquelle dépend le cours des esprits, est facile à pénétrer et à ébranler.

Par imagination *fine et délicate*, j'entends un cerveau dont les fibres sont si délicates qu'elles reçoivent et conservent distinctement les moindres traces que le cours des esprits grave en elles.

Par imagination *vive*, j'entends que les esprits animaux, qui forment les traces, sont trop agités par rapport à la consistance des fibres du cerveau.

Par imagination *spacieuse*, j'entends une abondance d'esprits capable de tenir dans un même temps tout ouvertes plusieurs traces du cerveau.

Par imagination *réglée*, j'entends que les passions ou quelque autre accident n'ait point forcé ou rompu quelque fibre de la partie principale du cerveau, qui doit obéir à l'attention de l'esprit.

Par *visionnaire*, j'entends un homme dont l'attention détermine à la vérité le cours des esprits, mais elle n'en peut pas bien mesurer la force, ou retenir le mouvement. Ainsi le visionnaire pense à ce qu'il veut; mais il ne voit rien tel qu'il est. Car les traces étant trop grandes ou trop profondes, il ne voit rien dans son état naturel : il faut toujours rabattre quelque chose de ce qu'il dit. Tout le monde en ce sens est visionnaire à l'égard de certains sujets; ceux qui le sont le moins sont les plus sages.

Par *insensé*, j'entends celui dont l'attention ne peut ni retenir ni déterminer le cours des esprits.

Par imagination *contagieuse et dominante*, j'entends une telle abondance d'esprits animaux, et si agités, qu'ils répandent sur tout le corps et principalement sur le visage un air de confiance qui persuade les autres. Tous les hommes, lorsqu'ils sont émus de quelque passion, et les visionnaires en tout temps ont l'imagination contagieuse et dominante.

VIII. Comme la substance et la disposition des fibres du cerveau est différente dans différentes personnes, et dans les mêmes en différents âges, et que les esprits animaux sont plus ou moins subtils, plus ou moins abondants, plus ou moins agités, on peut bien juger qu'il y a beaucoup plus de sortes d'imaginations que je n'en explique ici, et qu'il n'y a pas même assez de termes pour marquer exactement leurs différences. Car ce terme *imagination* n'est pas seulement l'expression abrégée de plusieurs idées, mais encore d'un nombre infini de rapports qui résultent de la comparaison de ces idées, lesquels rapports sont le caractère particulier des imaginations. Le cerveau seul disposé de telle ou telle manière, considéré sans rapport au mouvement, à l'abondance, à la solidité des esprits, ne fait point une telle ou telle imagination : c'est le rapport qui résulte de la qualité des esprits avec la substance des fibres du cerveau. Car celui qui a une grande abondance d'esprits fort agités et fort solides n'a pas pour cela l'imagination vive et spacieuse, si d'ailleurs les fibres du cerveau sont trop solides, trop humides, trop entrelacées les unes dans les autres.

IX. Ces vérités supposées, je dis que l'imagination a des effets aussi dangereux qu'en ont les sens, et qu'ainsi il est nécessaire de la tenir dans le silence, afin que la grâce opère en nous selon toute son efficace.

X. Car premièrement l'imagination, aussi bien que les sens, ne parle que pour le bien du corps : parce que naturellement, tout ce qui vient à l'esprit par le corps n'est que pour le corps. C'est un grand principe.

XI. Secondement l'imagination interrompt sans cesse l'esprit, lorsqu'elle est échauffée, et elle le contraint souvent de lui répondre et de l'entretenir aux dépens de la Raison. De plus on peut facilement éviter l'action des objets sensibles, et faire ainsi taire ses sens : car il dépend de nous de fermer les yeux ou de prendre la fuite. Mais on ne peut pas facilement dissiper les fantômes qu'excite l'imagination, et c'est une nécessité que l'esprit contemple tout ce qui se passe dans le cerveau.

XII. Troisièmement, les sens représentent assez au naturel les objets sensibles. Mais l'imagination les étend et les grossit, les embellit ou les rend difformes et terribles, de manière que souvent l'esprit en est tantôt charmé et tantôt épouvanté. Tel a le cœur corrompu par des désirs déréglés, que l'imagination toute seule a excités, qui se trouve guéri par l'accomplissement de ces mêmes désirs. La jouissance actuelle de l'objet de ses désordres, par laquelle il a consommé son crime, le délivre du moins pour quelque temps d'une passion qui devait à l'imagination toute sa force et tout son emportement.

XIII. Quatrièmement, les sens ne s'attachent qu'à certains objets qui nous environnent, et qui sont à leur portée : mais l'imagination rend l'esprit esclave de toutes choses. Elle l'unit au passé, au présent, au futur, aux réalités et aux chimères, aux êtres possibles et à ceux que Dieu ne peut créer, et que l'esprit ne peut comprendre. Elle tire de son propre fonds des fantômes terribles, et elle s'en effraye. Elle en fait naître de plaisants, et elle s'en réjouit. Elle change et détruit la nature de tous les êtres, et forme mille desseins extravagants, dans le monde qu'elle compose de réalités et de purs fantômes.

XIV. Enfin l'imagination, sans aller à la folie, trouble et dissipe toutes les véritables idées, et corrompt le cœur en une infinité de manières. Je serais trop long à expliquer les différents effets des diverses espèces d'imagination. Mais celle qui est la plus opposée à l'efficace de la grâce de Jésus-Christ, c'est ce qu'on appelle dans le monde le *bel esprit*. Car, plus l'imagination est instruite, plus elle est à craindre ; la finesse, la délicatesse, la vivacité, l'étendue de l'imagination, grandes qualités aux yeux des hommes, étant le principe le plus fécond et le plus général de l'aveuglement de l'esprit et de la corruption du cœur. Comme j'avance là un paradoxe, on ne me croira pas sans preuves.

XV. L'esprit ne peut être raisonnable que par la Raison : il ne peut être réglé que par l'Ordre. Il ne tire sa perfection que de l'union immédiate et directe qu'il a avec Dieu. Au contraire, l'union de l'esprit au corps le remplit de ténèbres, et le jette dans le désordre : parce que maintenant cette union ne peut s'augmenter sans diminuer celle qui lui est opposée. Or, c'est par l'imagination que l'esprit se répand dans les créatures : car ce n'est que par les idées pures et exemptes de fantômes qu'il s'unit à la vérité. Ainsi, plus l'imagination a de force, de vivacité, d'étendue, plus l'esprit s'occupe des objets sensibles. J'ai déjà dit tout ceci. Or, lorsque l'imagination est belle, facile, nette et vive, les fantômes qu'elle forme sont vifs, animés, agréables, toujours au naturel, et au-dessus du naturel. Ainsi, celui qui par la force de son imagination fait naître dans son esprit mille objets différents, qui revêt ses fantômes d'ornements toujours à la mode, et leur donne certains mouvements mesurés qui ébranlent agréablement tout le cerveau; celui-là, dis-je, se laisse charmer par son propre ouvrage, et, au lieu de contempler les choses en elles-mêmes, telles que leurs idées les représentent, il se fait un plaisir continuel de se donner la comédie, et d'applaudir aux fictions de son esprit.

XVI. Tous les hommes cherchent naturellement des approbateurs, et le bel esprit n'en manqua jamais. Lorsqu'il parle, comme il parle bien, tout le monde l'écoute avec estime : comme il parle agréablement, tout le monde l'écoute avec plaisir : comme il n'avance que certaines vérités sensibles, faussetés réelles, car ce qui est vrai aux sens est faux à l'esprit, tout le monde lui applaudit. Mais un homme qui connaît, ou plutôt un homme qui, par l'air de ceux qui le regardent, sent vivement qu'on l'admire, qu'on l'aime, qu'on l'honore, qu'on le révère, peut-il se défier de ses pensées, se persuader qu'il se trompe, et ne pas s'attacher, non seulement à ses propres visions qui l'enchantent, mais encore à ce monde qui lui applaudit, à ces amis qui le caressent, à ces disciples qui l'adorent, peut-il être uni étroitement avec Dieu, ayant tant de liaisons et de rapports aux créatures?

XVII. Le bel esprit est un homme d'honneur, j'y consens : il peut néanmoins être fourbe, et il y en a pour le moins autant de ce caractère que d'aucun autre. Il n'a point de vice, je le veux : il y en a néanmoins de débauchés et en grand nombre. Mais certainement le bel esprit tient au monde par une infinité d'endroits, car comment pourrait-il être mort au monde, le monde vivant si fort pour lui? Le bel esprit est agité sans cesse par des mouvements de vanité, car tous ses commerces ne font qu'irriter la concupiscence de l'orgueil. Le bel esprit, j'entends principalement ici ce bel esprit qui vit au milieu du monde choisi, qui tend sans cesse à prendre dans les esprits une situation avantageuse, ou qui par la réputation qu'il s'est déjà faite est devenu véritablement l'esclave de tous ceux qui le regardent comme leur maître; le bel esprit, dis-je, est donc séparé de Dieu, plus qu'aucun autre, et il n'y a nulle apparence de retour. Que la délectation de la grâce se répande dans son cœur dix fois le jour, elle trouvera toujours ce cœur rempli de sentiments et de mouvements qui l'étoufferont. Que la lumière éclaire son esprit et dissipe ses fantômes, l'imagination saura bien les reproduire. Il y a trop de fers à briser et de liaisons à rompre pour délivrer ce captif, mais ce captif aime ses chaînes : il ne sent point sa servitude, il en fait gloire.

XVIII. Un débauché n'est pas toujours actuellement dans la débauche : le sang et les humeurs n'y pourraient pas suffire; et lorsque la fermentation cesse, le débauché a honte de ses désordres. Mais le sang fournit toujours assez d'esprits pour entretenir la concupiscence de l'orgueil. Quel temps sera donc favorable à l'efficace de la grâce? Le fourbe a continuellement des remords qui le troublent et qui l'inquiètent : mais le bel esprit n'a nul remords. Est-ce un crime, dira-t-il, que d'avoir de l'esprit, et de mériter l'estime des honnêtes gens? Ce n'est pas un crime que d'avoir de l'esprit : mais c'est une erreur que de prendre l'imagination pour l'esprit. Ce n'est point un crime que de mériter l'estime des autres : mais c'est une illusion que de s'imaginer qu'on la mérite; je ne dis pas pour avoir dans sa tête abondance d'esprits animaux, ou une juste proportion des fibres du cerveau avec ces esprits, en quoi consiste le bel esprit : mais même pour être uni avec la Raison de la manière la plus pure et la plus étroite qui se puisse. On ne mérite aux yeux de celui qui seul sait connaître et récompenser le mérite, que par la conformité avec l'Ordre, que par le bon usage de sa liberté : usage qu'on ne peut bien régler que par le secours de la grâce, et dont celui qui se glorifie perd le mérite, parce qu'il ne rend pas à Dieu seul la gloire qui lui est due. Dieu a-t-il créé les autres hommes afin qu'ils s'occupent de nous et qu'ils nous aiment, afin qu'ils se tournent vers nous et qu'ils nous admirent, qu'ils courent après nous, qu'ils se lient à nous? Certainement Dieu veut être adoré de ses créatures. Mais quoi, adoré? Qu'on se prosterne devant ses autels, qu'on brûle de l'encens en abondance, qu'on mêle les voix avec les instruments pour faire retentir les Églises d'airs agréables composés à sa louange? Non, sans doute. Dieu est esprit, et il veut être adoré en esprit et en vérité. Il veut l'homme tout entier, ses pensées, ses mouvements, ses actions. Mais le bel esprit plus qu'aucun autre s'attire les regards et arrête sur lui les mouvements des autres hommes. Au lieu de prendre lui-même la posture d'un homme qui adore, et de tourner les esprits et les cœurs vers celui-là seul qui doit être adoré, il s'élève dans l'esprit de l'homme : il y prend une place honorable. Il entre jusque dans le sanctuaire de ce Temple sacré, la demeure principale du Dieu vivant; et par l'éclat et le faste sensible qui l'environne, il prosterne les imaginations faibles à ses pieds, et se fait rendre un culte véritable, un culte spirituel, un culte qui n'est dû qu'à Dieu.

XIX. Mais celui qui cherche l'estime des hommes, et qui dérobe à Dieu ce qu'il estime le plus dans ses créatures, pourrait-il attirer sur lui les grâces du ciel? *Dieu qui résiste aux superbes* le préviendra-t-il de ses bénédictions? L'esprit de Dieu repose volontiers sur ceux qui sont humbles et que le monde méprise, ce sont des vérités certaines par l'Écriture. Il éclaire ceux qui rentrent en eux-mêmes, l'expérience l'apprend. Mais il aveugle ces imaginations vives et éclatantes, qui se répandent sans cesse au dehors : car la vérité habite en nous. De plus, la grâce, soit de lumière, soit de sentiment, n'a point son effet dans l'esprit et dans le cœur de ceux qui sont unis à tout ce qui les environne : cela est évident par les choses que je viens de dire. Le bel esprit qui cherche la gloire n'en trouvera donc qu'une vaine et passagère, et tombera pour jamais avec les esprits d'orgueil dans l'ignominie qui lui est due.

XX. Mais cette beauté d'esprit, si fatale à ceux qui la possèdent, et qui s'en glorifient, est encore fort dangereuse pour ceux qui l'estiment et qui l'admirent sans la posséder; c'est une vérité qu'il faut savoir. Rien n'est plus contagieux que l'imagination; et ceux qui l'ont vive et dominante, sont toujours les maîtres de ceux qui les regardent fixement. Leur air et leurs manières répandent, pour ainsi dire, la conviction et la certitude dans tous ceux qui les considèrent; car ils passionnent si vivement toutes choses, que lorsqu'on ne rentre pas en soi-même pour confronter ce qu'ils disent avec les réponses de la vérité intérieure, ce qui est fort difficile à faire en leur présence, on reçoit leurs sentiments, je ne dis pas sans en examiner les preuves, je dis même sans comprendre ces sentiments. On demeure convaincu, sans savoir précisément de quoi on est convaincu, parce qu'on est pénétré, qu'on est ébloui, qu'on est dominé.

XXI. Néanmoins on doit savoir que de tous les hommes, ceux qui sont les plus sujets à l'erreur, ceux dont les sentiments sont les plus dangereux, ceux dont les mouvements sont les moins réglés, ce sont les imaginations vives et dominantes. Car, plus le cerveau est rempli d'esprits, plus l'imagination se révolte, plus les passions s'animent, plus le corps parle haut, qui ne parl*t* jamais[1] qu'en faveur du corps, que pour unir et soumettre l'esprit au corps et le séparer de celui qui seul peut donner à l'âme la perfection dont elle est capable. Il faut donc travailler à faire taire sa propre imagination et se mettre en garde contre ceux qui la flattent et qui l'excitent. Il faut éviter autant que l'on peut le commerce du monde : car lorsque la concupiscence, soit de l'orgueil, soit des plaisirs, est actuellement excitée, la grâce n'opère point en nous selon toute son efficace.

XXII. Car enfin l'homme est sujet à deux espèces de concupiscence, à la concupiscence des plaisirs et à la concupiscence de l'élévation et de la grandeur. C'est à quoi on ne pense point assez. Lorsque l'homme jouit des plaisirs sensibles, son imagination se salit; et la concupiscence charnelle s'excite et se fortifie. De même lorsqu'il se répand dans le monde, qu'il cherche des établissements, qu'il fait des amis, qu'il acquiert de la réputation, l'idée qu'il a de lui-même s'étend et se grossit dans son imagination, et la concupiscence de l'orgueil se renouvelle et

---

1. Plus le corps parle haut, le *corps* qui ne parla jamais qu'en faveur du corps.

s'augmente. Il y a naturellement dans le cerveau des traces pour entretenir la société civile et travailler à l'établissement de sa fortune, comme il y en a qui ont rapport à la conservation de la vie et à la propagation de l'espèce. Nous sommes unis aux autres hommes en mille manières aussi réellement qu'à notre corps : et toute union aux créatures nous désunit maintenant d'avec Dieu, parce que les traces du cerveau ne sont plus soumises à nos volontés.

XXIII. Tous les hommes reconnaissent assez bien le dérèglement de la concupiscence charnelle. Ils s'en défient, ils en ont quelque horreur, ils évitent en partie ce qui peut l'irriter. Mais il y en a très peu qui fassent une sérieuse réflexion sur la concupiscence de l'orgueil, et qui appréhendent de la réveiller et de l'augmenter. Chacun s'abandonne indiscrètement dans le commerce du monde et s'embarque sans crainte sur cette mer orageuse, comme l'appelle saint Augustin. On se laisse conduire à l'esprit qui y règne, on aspire à la grandeur, on court à la gloire. Car le moyen de demeurer immobile au milieu de ce torrent de gens qui nous environnent et qui nous insultent s'ils nous laissent derrière eux? Enfin on se fait un nom, mais un nom qui rend d'autant plus esclave, qu'on a fait plus d'efforts pour le mériter : un nom qui nous lie étroitement aux créatures et qui nous sépare du Créateur : un nom illustre dans l'estime des hommes, mais un nom d'orgueil que Dieu confondra.

V

Les différents airs.

TRAITÉ DE MORALE. IIe PARTIE. CHAP. XIII.

CHAPITRE XIII

Pour se faire aimer, il faut se rendre aimable. Règles pour la conversation. Des différents airs. Des amitiés chrétiennes.

I. Quoiqu'il ne faille point lier de société particulière avec toutes sortes de personnes, principalement lorsqu'on ne se sent point assez de force et d'adresse pour l'entretenir, néanmoins il faut se faire aimer généralement de tout le monde, afin qu'il n'y ait personne à qui on ne puisse être utile. Or pour se faire aimer, il faut se rendre aimable. C'est une prétention injuste et ridicule que d'exiger de l'amitié ; et ceux qui ne se font point aimer ne s'en doivent prendre qu'à eux-mêmes. Si on ne rend pas toujours justice au mérite à cause qu'on ne le connaît pas et qu'ordinairement on en juge mal, tout le monde est sensible aux qualités aimables, et ceux qui les possèdent ne manquent jamais d'amis. Le mérite des autres efface le nôtre ; et quand on leur rend justice, il semble qu'on se fasse tort. On ne peut les élever sans se rabaisser soi-même ; et lorsqu'on les met au-dessous de soi, on croit en être plus grand. Mais quand on aime les gens, on ne se fait aucun tort. Il semble au contraire que l'âme s'étende en se répandant dans les cœurs, et qu'elle se revête et se pare de la gloire qui environne ses amis. Ainsi on se fait toujours aimer, pourvu qu'on se rende aimable : mais on ne se fait pas toujours estimer, quelque mérite qu'on ait.

II. Quelles sont donc les qualités qui nous rendent aimables? Rien n'est plus facile que de les découvrir. Ce n'est point d'avoir de l'esprit, de la science, un beau visage, un corps bien droit et bien formé, de la qualité, des richesses, ni même de la vertu : ce n'est point précisément tout cela. Car on peut avoir de l'aversion pour celui qui possède toutes ces qualités estimables. Quoi donc? C'est de paraître tel, que les autres se persuadent qu'avec nous ils seront contents. Si celui qui a de grands biens est avare, si celui qui a de l'esprit est superbe, si celui qui a de la qualité est fier et brutal, si celui-là même qui a de la vertu et du mérite prétend que tout lui est dû ; toutes ces qualités, quelque estimables qu'elles soient, ne rendront point aimables ceux qui les possèdent. Les hommes veulent invinciblement être heureux. Celui-là seul peut donc se faire aimer, je ne dis pas estimer, qui est bon ou paraît tel. Or personne n'est bon par rapport à nous, quelque parfait qu'il soit en lui-même, s'il ne répand point sur nous les faveurs que Dieu lui fait.

III. Ainsi le bel esprit qui raille toute la terre, se rend odieux à tout le monde : et le savant qui fait parade de sa science, s'habille en pédant et se travestit en ridicule. Ceux qui veulent se faire aimer et qui ont bien de l'esprit, en doivent faire part aux autres. Qu'ils fassent si bien valoir les bonnes choses que les autres disent en leur présence, qu'avec eux chacun soit content de soi-même. Que celui qui a de la science, n'enseigne point en maître les vérités dont il est convaincu. Mais qu'il ait le secret de faire naître insensiblement la lumière dans l'esprit de ceux qui l'écoutent, de sorte que chacun s'en trouve éclairé, sans la honte d'avoir été son disciple. Celui qui est libéral n'est point aimable, s'il s'élève ou se vante de ses libéralités. En effet il reproche ses faveurs à celui à qui il les fait, par la confusion dont il le couvre. Mais celui qui fait part aux autres de son esprit et de sa science, aussi bien que de son argent et de sa grandeur, sans que personne s'en aperçoive, et sans qu'il en tire aucun avantage, il gagne nécessairement tous les cœurs par cette vertueuse libéralité : seule, dis-je, vertueuse et charitable, seule généreuse et sincère. Car toute autre libéralité n'est qu'un pur effet de l'amour-propre, toute autre est intéressée ou du moins fort mal réglée.

IV. Mais celui qui nous découvre sans cesse par les endroits qui nous font honte, pour s'élever ou se divertir à nos dépens; celui-là même, qui faute de respect pour nous, en use trop librement, et nous traite trop cavalièrement; en un mot toutes les malhonnêtes gens nous inspirent pour eux une horreur et une aversion irréconciliable. Il n'y a peut-être point d'homme également fort et robuste par toutes les parties qui le composent; et alors qu'on sait que tel est faible par quelque endroit, il ne faut jamais le prendre par là : on ne peut presque le toucher sans le blesser. Il faut traiter les hommes avec respect et charité, et craindre extrêmement de les heurter par ce qu'il y a de sensible en eux. Néanmoins il ne faut pas que nos manières trop affectées leur reprochent leur extrême délicatesse. On doit agir avec eux naturellement, autant que leur qualité, leurs dispositions actuelles, leur humeur nous le permettent, et ne pas trop appréhender de les attaquer du côté qu'ils ne craignent rien. On leur fait plaisir de les battre par l'endroit où ils sont forts, et la raillerie même les réjouit, lorsqu'ils sentent bien qu'elle n'est pas capable de les offenser. L'homme aime naturellement l'exercice de l'esprit, lorsqu'il en a, aussi bien que celui du corps, lorsqu'il a de la vigueur. La résistance qu'il fait, les victoires qu'il remporte, lui rendent témoignage de sa force et de son excellence, et la fait paraître aux autres : et cela lui donne en lui-même une secrète complaisance. Car enfin le mouvement nous réjouit et nous anime; et tel, qui nous contredit mal à propos, nous choque moins que celui qui ne nous donne aucun sujet de faire montre des qualités que nous admirons sottement en nous et que nous souhaitons que les autres admirent.

V. Les hommes sont bien plus sensibles et bien plus délicats sur les qualités qu'on estime dans le monde, que sur celles qui sont estimables en elles-mêmes; sur les qualités qui ont rapport à leur état ou à leur emploi, que sur les perfections essentielles à leur être; sur celles enfin qu'ils n'ont pas, ou plutôt sur celles qu'on ne croit pas trop qu'ils aient, soit qu'ils les aient ou ne les aient pas, que sur aucune autre. Ainsi traiter de poltron un homme de guerre qui n'a point encore donné trop de marques de valeur, c'est l'outrager cruellement. Car on estime le courage dans le monde : de plus on le croit nécessaire à un homme de guerre : enfin quand on en manque ou qu'on appréhende de passer pour en manquer, on fait tous les efforts pour cacher cette espèce de faiblesse; car on cache avec grand soin tout ce qui, découvert, nous couvre de confusion et de honte. C'est la même chose de toutes les autres conditions. Si on fait connaître à un docteur ou à un médecin ignorant qu'on le croit tel, on ne sera jamais de ses amis, principalement si on est assez indiscret pour dire librement aux autres ce qu'on en pense, et que cela vienne jusqu'à lui. Si on donne sujet à une femme de croire qu'on la trouve laide, on ne manquera pas de l'irriter : car les femmes se piquent de beauté, comme les hommes sur l'esprit. Je ne dis pas qu'elles ne se piquent point d'esprit ni même de science : car il y en a qui font étrangement les savantes et les spirituelles, et qui le font même plus que quelques docteurs. Il faut connaître le monde pour lui plaire : du moins faut-il converser avec tant de retenue, d'honnêteté et de respect avec les gens, qu'ils attribuent à simplicité ou à inadvertance le mal qu'on leur fait : autrement il n'est pas possible de se faire aimer. Car effectivement on n'est point aimable, lorsqu'on blesse ou qu'on incommode les autres.

VI. Comme l'air et les manières parlent un langage bien plus vif et bien plus sensible que le discours, et représentent au naturel nos dispositions intérieures à l'égard des autres, ainsi que j'ai déjà dit, il faut avoir un soin particulier de prendre l'air modeste et respectueux, et cela à proportion de la qualité et du mérite connu des personnes à qui on parle : j'entends l'air qui marque sensiblement que nous leur donnons la droite chez nous, que nous leur accordons volontiers dans notre esprit et dans notre cœur la place qu'ils croient bien mériter. L'air simple et négligé ne paraît agréable qu'aux inférieurs, et il n'est supportable que devant nos égaux. Car quoique cet air plaise, en ce qu'il marque que nous ne nous occupons guère de nous, il déplaît en ce qu'il fait sentir que nous ne nous mettons guère en peine des autres. L'air grave incommode fort. Car outre qu'il fait comprendre que nous nous estimons beaucoup, il fait penser que nous estimons peu les autres. Cet air n'est permis qu'aux supérieurs ; et il ne sied tout à fait bien, que lorsqu'il représente actuellement la puissance dont l'homme est revêtu. Il sied bien à un souverain, à un juge qui rend justice, à un prêtre à l'autel, à tout homme qui, par son caractère ou autrement, met les autres en la présence de Dieu ; mais il rend ridicule et méprisable celui qui le prend mal à propos, et il inspire l'indignation et une secrète aversion pour le sot et le glorieux qui s'en couvrent. Mais pour l'air fier et brutal, il irrite les esprits plus qu'on ne saurait le dire, car il marque d'une manière très vive et très sensible qu'on n'a pour les autres ni estime ni amitié. Un souverain qui le prend se rend redoutable à tout le monde : mais un particulier qui s'en couvre, paraît un monstre épouvantable et en même temps ridicule, pour lequel naturellement on ne peut avoir que le dernier mépris et qu'une haine irréconciliable.

VII. Tous les différents airs sont composés de ces quatre. Ce sont tous des effets naturels et nullement libres de l'estime que nous avons de nous-mêmes par rapport aux autres ; et selon que notre imagination est frappée par l'apparence de la qualité et du mérite de ceux qui nous environnent, nous prenons sans y penser, et en conséquence des lois établies pour le bien de la société, l'air qui est le plus propre pour nous conserver, dans l'esprit des autres, la place que nous croyons mériter, je veux dire que nous nous imaginons actuellement de mériter. Car ce n'est point la Raison, mais l'imagination qui agit dans ces rencontres. Ce n'est point une connaissance abstraite de nos qualités par rapport à celles des autres : c'est une vue sensible de leur grandeur et de leur bassesse, et le sentiment intérieur que nous avons de nous-mêmes, qui débande les ressorts de la machine, pour donner aux dehors du corps la posture, et répandre sur le visage les différents airs, qui découvrent aux hommes les dispositions actuelles de notre esprit à leur égard. Ainsi il est évident que pour prendre naturellement, et sans qu'il paraisse de l'affectation, cet air modeste et respectueux qui nous rend aimables à ceux-là principalement qui ont beaucoup d'orgueil, il ne suffit pas de croire que les autres ont plus de qualité et de mérite que nous, il faut que notre imagination en soit actuellement émue, et qu'elle mette en mouvement les esprits animaux, cause immédiate de tous les changements qui arrivent dans notre corps et sur notre corps.

VIII. Néanmoins l'imagination est si bizarre, et par conséquent l'esprit de ceux qui se laissent conduire à la disposition et au mouvement actuel de leur machine, qu'il arrive souvent que le même air fait dans deux personnes différentes, ou dans la même en différents temps, des effets tout opposés. Cela dépend de la manière dont l'imagination est montée, et de la qualité des esprits animaux. Un air pitoyable excite la compassion dans les uns et la haine dans les autres, ou peut-être le mépris ou la risée. Ainsi il faut ouvrir les yeux et regarder les gens au visage, pour y lire l'effet que notre air produit en eux, et former ou réformer son air sur le leur. C'est là le plus sûr. Mais c'est aussi ce que chacun fait naturellement et sans réflexion, principalement lorsqu'on a besoin du secours des autres, et qu'on désire avec passion de gagner leurs bonnes grâces. Il n'est pas à propos que j'explique davantage ce qu'il faut faire pour s'accoutumer à prendre les airs qui nous rendent aimables. Le monde est si flatteur et si corrompu, que je craindrais fort qu'on en fît un méchant usage. On n'est déjà que trop savant sur cette matière, et le monde n'en va pas mieux. Car jusqu'à ce que les hommes sachent bien consulter la Raison et mépriser les manières, ils seront conduits et séduits par l'imagination des esprits vifs et adroits : parce que c'est l'imagination qui répand sur le visage et sur tout le corps les différents airs qui flattent les plus sages, et qui ne manquent jamais de tromper les simples.

IX. Lorsqu'on est riche et puissant, on n'est pas plus aimable, si pour cela on n'en devient pas meilleur à l'égard des autres par ses libéralités, et par la protection dont on les couvre. Car rien n'est bon, rien n'est aimé comme tel, que ce qui fait du bien, que ce qui rend heureux. Encore ne sais-je si on aime véritablement les riches libéraux et les puissants protecteurs. Car enfin ce n'est point ordinairement aux riches qu'on fait la cour, c'est à leurs richesses. Ce n'est point les grands qu'on estime, c'est leur grandeur : ou plutôt c'est sa propre gloire qu'on recherche, c'est son appui, son repos, ses plaisirs. Les ivrognes n'aiment point le vin, mais le plaisir de s'enivrer. Cela est clair : car s'il arrive que le vin leur paraisse amer ou les dégoûte, ils n'en veulent plus. Dès qu'un débauché a contenté sa passion, il n'a plus que de l'horreur pour l'objet qui l'a excité ; et s'il continue de l'aimer, c'est que sa passion vit encore. Tout cela, c'est que les biens périssables ne peuvent servir de lien pour unir étroitement les cœurs. On ne peut former des amitiés durables sur des biens passagers, par des passions qui dépendent d'une chose aussi inconstante qu'est la circulation des humeurs et du sang ; ce n'est que par une mutuelle possession du bien commun, la Raison. Il n'y a que ce bien universel et inépuisable par la jouissance duquel on fasse des amitiés constantes et paisibles. Il n'y a que ce bien qu'on puisse posséder sans envie, et communiquer sans se faire tort. Il faut s'exciter les uns les autres à l'acquisition de ce bien, et se joindre tous ensemble pour se le procurer mutuellement. Il faut donner aux autres libéralement tout ce qu'on en possède déjà ; et ne point craindre de leur demander ce qu'ils ont conquis par leur attention et par leur travail dans le pays de la vérité. Il faut ainsi s'enrichir des trésors de la sagesse et de la Raison. Car on possède d'autant mieux la vérité qu'on la communique davantage. On fera de cette sorte des amis véritables, des amis constants, généreux, sincères, des amis immortels. Car la Raison ne meurt point, la Raison ne change point. Elle donne à tous ceux qui la possèdent l'immortalité dans la vie, et l'immutabilité dans la conduite.

X. Mais qui nous conduira à la Raison, qui nous soumettra sous ses lois, qui nous rendra ses vrais disciples ? Ce sera la Raison elle-même ; mais incarnée, humiliée, rendue visible et sensible, proportionnée à notre faiblesse. Ce sera Jésus-Christ, la sagesse du Père, la lumière naturelle et universelle des intelligences, et qui ne pouvant plus être celle de nos esprits plongés par le péché dans la chair et le sang, s'est fait péché elle-même, et par la folie de la croix frappe vivement nos sens et attire sur elle nos regards et nos réflexions. Oui, Jésus-Christ, et Jésus-Christ seul, peut nous conduire à la Raison, et nous réunir en sa personne divine par le ministère de son humanité clarifiée. Notre nature subsiste en lui dans la Raison, et la Raison régnera par lui dans nos esprits et dans nos cœurs. Car enfin c'est pour la Raison que nous sommes faits : c'est par elle que nous sommes intelligences : c'est sur elle que nous avons été formés ; et c'est encore sur elle que nous devons être réformés. Jésus-Christ attaché en croix est notre sainte victime, et le parfait modèle du sacrifice que nous devons faire de l'amour-propre à l'amour de l'ordre. Mais ressuscité, consommé en Dieu, établi Pontife selon l'ordre éternel, dont Melchisédech était la figure, il est la source féconde de ces influences célestes, qui seules peuvent nous apprendre à sacrifier, comme il a fait, notre nature corrompue, et mériter par là un être tout divin, une transformation glorieuse et incorruptible : mériter par là de nous réunir parfaitement à notre principe, et de vivre uniquement de la substance intelligible de la Raison par la charité divine, dans une paix et une société éternelle.

XI. Si nous sommes ici-bas de vrais Chrétiens, nous serons des amis fidèles ; et nous ne trouverons aussi jamais de fidèle ami, que parmi ceux qui ont une piété solide. Car il n'y a point d'amitié constante et véritable, que dans l'immutabilité de la Raison ; et on ne peut maintenant suivre constamment la Raison que par les forces que donne la Raison incarnée. On ne peut sacrifier les intérêts aux lois de l'amitié que par une charité inconnue à la nature, et qui ne tire son origine et son efficace que du sanctuaire véritable où Jésus-Christ exerce la souveraine sacrificature. Cet ami libertin vous a toujours été fidèle, je le veux. C'est qu'il y a toujours trouvé son compte, ou qu'il espère de dédommager quelque jour son amour-propre. Comment cet ami vous servirait-il à ses dépens, ou sans espérance de retour, [tandis] que les justes mêmes ne sont d'ordinaire excités à servir Dieu ou les autres hommes, que dans l'espérance d'une récompense, qui flatte d'autant plus leur amour-propre éclairé, qu'elle surpasse infiniment la grandeur de leurs services ?

XII. Il n'y a point d'amis désintéressés : ceux-là seuls peuvent passer pour tels, qui n'attendent point de nous leur récompense. Ceux-là donc peuvent seuls être véritablement nos amis, qui ne souhaitent rien dans ce monde qui se renverse. Ceux-là seuls sont nos bons amis, nos amis sincères, fidèles, salutaires, qui nous rendent service parce que la Raison et la charité l'ordonnent, et n'espèrent que de Dieu seul des biens capables de flatter leur amour-propre, amour-propre seul éclairé, généreux et légitime. Faisons donc choix de semblables amis ; et pour nos amitiés déjà faites, tâchons de les assurer dans l'immutabilité de la Raison, et de les sanctifier dans la sainteté de la religion. Ne nous rendons aimables nous-mêmes que pour faire aimer la loi divine, et regardons le salut de nos frères comme la récompense de services que nous leur rendons. Cette récompense sera bientôt suivie d'une autre : et notre gloire d'avoir travaillé sous Jésus-Christ à la construction de son ouvrage, subsistera éternellement. Le commerce du monde ne doit tendre qu'à établir en Jésus-Christ une société éternelle. Nous ne devons converser avec les hommes que pour travailler à leur sanctification et qu'ils travaillent à la nôtre. Certainement Dieu ne nous a mis au monde que dans ce dessein. Heureux, mille fois plus heureux qu'on ne peut s'imaginer, si entrant dans ce juste dessein de notre maître commun, nous nous rendons dignes, par Jésus-Christ notre précurseur, d'entrer dans son repos, et de jouir pour jamais de sa gloire et de ses plaisirs!

VI

L'éducation des enfants et les châtiments.

TRAITÉ DE MORALE. II° PARTIE, CHAP. X, §§ IX, X, XII-XVIII, ET CHAP. XI, §§ VI-X.

CHAPITRE X

Des devoirs des pères à l'égard de leurs enfants, par rapport à la société éternelle et à la société civile. De leur instruction dans les sciences et dans les mœurs. Les pères leur doivent l'exemple, et les conduire par raison.

IX. Afin qu'un père ou une mère conserve dans ses enfants le droit inestimable qu'ils ont acquis par le baptême à l'héritage de Jésus-Christ, il faut qu'il veille sans cesse à ôter de devant leurs yeux les objets capables de les tenter. C'est leur ange tutélaire, il doit lever de terre toutes les pierres qui peuvent les faire tomber. C'est à lui à les instruire des mystères que la foi nous enseigne, et par elle les conduire peu à peu jusqu'à l'intelligence des vérités fondamentales de la religion, pour les affermir dans l'espérance des vrais biens et dans un généreux mépris des grandeurs humaines. Il doit aussi perfectionner leur esprit, leur apprendre à en faire usage. C'est par la raison qu'il doit les conduire, car il n'y a point de loi plus parfaite, que celle que Dieu même suit inviolablement. Mais il faut commencer par la Foi : parce que l'homme, et principalement les jeunes gens, sont trop sensibles, trop charnels et trop répandus au dehors, pour consulter la raison qui habite en eux. Il faut qu'elle paraisse au dehors revêtue d'un corps qui frappe leurs sens. Ils doivent se soumettre à une autorité visible, avant que de pouvoir contempler l'évidence des vérités intelligibles. Un père ne doit aussi jamais rien accorder à ses enfants de ce qu'ils désirent, mais toujours ce que la raison demande pour eux : car la Raison doit être la loi commune, la règle générale de toutes nos volontés. Il faut accoutumer les enfants à la suivre, aussi bien qu'à la consulter. Il faut qu'ils rendent raison de leurs désirs bonne ou apparente; et on peut y condescendre, quoique peu raisonnable, pourvu qu'on juge qu'ils aient dessein de suivre la Raison. Il ne faut pas les chicaner, de peur de les rebuter. Mais c'est un précepte indispensable, on ne doit agir que par raison. L'esprit ne doit jamais rien vouloir par lui-même : car il n'est point à lui-même sa règle ou sa loi. Il ne possède point la puissance : il n'est point indépendant. Il ne doit vouloir que par dépendance de la loi immuable; parce qu'il ne peut penser, agir, jouir du bien, que par dépendance de la puissance divine. C'est ce que les jeunes gens doivent savoir : mais c'est peut-être ce que les vieillards ne savent pas : c'est assurément ce que tous les hommes n'observent pas.

X. Il faut prendre garde à ne point charger la mémoire des enfants de mille faits peu utiles, et qui ne sont propres qu'à troubler et qu'à agiter un esprit qui n'a encore que très peu de fermeté et d'étendue, et qui n'est déjà que trop troublé et trop ému par l'action des objets sensibles. Mais il faut tâcher de leur faire clairement comprendre les principes certains des sciences solides : il faut les accoutumer à contempler les idées claires; et surtout à distinguer l'âme du corps, et à reconnaître les propriétés et les modifications différentes de ces deux substances dont ils sont composés. Bien loin de confirmer leurs préjugés, de prendre leurs sens pour juges de la vérité, de leur parler des objets sensibles, comme de la véritable cause de leurs plaisirs et de leurs douleurs, il faut leur dire sans cesse que leurs sens les séduisent, et s'en servir devant eux comme de faux témoins qui se coupent, pour découvrir leurs illusions et leurs tromperies.

. . . .

XII. Comme il n'y a que le travail de l'attention qui conduise à l'intelligence de la vérité, un père doit se servir de mille moyens pour accoutumer ses enfants à se rendre attentifs. Ainsi, je crois qu'il est à propos de leur apprendre ce qu'il y a de plus sensible dans les mathématiques : non que ces sciences, quoique préférables à beaucoup d'autres, soient fort estimables en elles-mêmes, mais parce que l'étude de ces sciences est telle, qu'on n'y profite qu'autant qu'on s'y rend attentif. Car, lorsqu'on lit un livre de géométrie, si l'esprit par son attention ne travaille point, on n'attrape rien. Or, il faut s'accoutumer dès sa jeunesse au travail de l'esprit, car c'est pour lors que les parties du cerveau sont capables de toutes sortes d'inflexions. On peut alors acquérir facilement quelque habitude de se rendre attentif. J'ai fait voir que c'est dans cette habitude que consiste toute la force de l'esprit. Ainsi, ceux qui se sont accoutumés dès leur jeunesse à méditer des principes clairs, et à rapporter les effets à leurs causes, sont capables non seulement de toutes les sciences, mais encore de juger solidement de toutes choses, de suivre des principes abstraits, de faire des découvertes ingénieuses, de prévoir les conséquences et les événements des entreprises.

XIII. Mais les sciences de mémoire confondent l'esprit, troublent les idées claires, et fournissent sur toutes sortes de sujets mille vraisemblances, dont on se paye, pour ne savoir pas distinguer entre voir et voir. Et c'est parce qu'on s'arrête à des vraisemblances, qu'on dispute et qu'on querelle sans cesse. Car, comme il n'y a que la vérité qui soit une, indivisible, immuable, il n'y a qu'elle qui puisse unir les esprits étroitement et pour toujours. Les sciences de mémoire inspirent aussi naturellement de l'orgueil ; car l'âme se grossit et s'étend, pour ainsi dire, par la multitude des faits dont on a la tête pleine. Et quoique l'esprit ne soit alors rempli que de vide, ou de choses assez inutiles, de la situation des corps, de la suite des temps, des actions et des opinions des hommes, il s'imagine avoir autant d'étendue, de durée, de réalité, que les objets de sa science. Il se répand dans toutes les parties du monde ; il remonte jusqu'aux siècles passés ; et au lieu de penser à ce qu'il est lui-même dans le temps présent, et à ce qu'il sera dans l'éternité, il s'oublie, et son propre pays, pour se perdre dans un monde imaginaire, dans des histoires composées de réalités qui ne sont plus, et de chimères qui ne furent jamais.

XIV. Ce n'est pas qu'il faille mépriser l'histoire par exemple, et n'étudier jamais que des sciences solides, qui par elles-mêmes perfectionnent l'esprit et règlent le cœur. Mais c'est qu'il faut étudier les sciences dans leur rang. On peut étudier l'histoire lorsqu'on se connaît soi-même, sa religion, ses devoirs ; lorsqu'on a l'esprit formé, et que par là on est en état de discerner, du moins en partie, la vérité de l'histoire des imaginations de l'historien. Il faut étudier les langues : mais c'est lorsqu'on est assez philosophe pour savoir ce que c'est qu'une langue, lorsqu'on sait bien celle de son pays, lorsque le désir de savoir les sentiments des anciens nous inspire celui de savoir leur langage ; parce qu'alors on apprend en un an ce qu'on ne peut sans ce désir apprendre en dix. Il faut être homme, chrétien, Français, avant que d'être grammairien, poète, historien, étranger. Il ne faut pas même être géomètre pour se remplir la tête des propriétés des lignes, mais pour donner à son esprit la force, l'étendue, la perfection dont il est capable. En un mot, il faut commencer ses études par les sciences les plus nécessaires, ou par celles qui peuvent le plus contribuer à la perfection de l'esprit et du cœur. Celui qui sait seulement distinguer l'âme du corps, et qui ne confond nullement ses pensées et ses désirs avec les divers mouvements de sa machine, est par la connaissance de cette seule vérité, plus solidement savant, et plus en état de le devenir, que celui qui sait les histoires, les coutumes, les langues de tous les peuples, mais d'ailleurs si profondément enseveli, s'il est permis de parler ainsi, dans l'ignorance de son être propre, qu'il se prend pour la plus subtile partie de son corps et s'imagine que l'immortalité de l'âme est une question qu'il n'est pas possible de résoudre.

XV. Je vois bien que je ne dis que des paradoxes, et qu'il faudrait de grands discours pour persuader les autres hommes de mes sentiments. Mais qu'on ouvre du moins les yeux. Quoi, voit-on que ceux qui savent bien Virgile et Horace, soient plus sages que ceux qui entendent médiocrement saint Paul? C'est l'expérience qui doit convaincre ceux qui ne veulent pas consulter la Raison : quelle est donc l'expérience qui prouve que la lecture de Cicéron est plus utile que celle des paroles toutes divines de la Sagesse éternelle? On fait lire Cicéron pour le latin, dira-t-on. Mais que ne fait-on lire l'Évangile pour la Religion et pour la Morale? Pauvres enfants! on vous élève comme des citoyens de l'ancienne Rome; vous en aurez le langage et les mœurs. On ne pense point à faire de vous des hommes raisonnables, de vrais Chrétiens, des habitants de la sainte cité. Je me trompe. On y pense : on y travaille. Mais du moins c'est la coutume de n'y point travailler assez. Saint Augustin s'en est plaint inutilement, et c'est en vain que je m'en tourmente. On verra toujours les jeunes gens à la sortie du collège, lorsqu'ils devraient être savants, car ensuite presque tous n'étudient plus, on les verra, dis-je, ignorants dans la connaissance de l'homme, de la Religion et de la Morale. Car enfin connaît-on l'homme, lorsqu'on ne sait pas seulement distinguer l'âme du corps? A-t-on les premiers éléments de la Religion et de la Morale, lorsqu'on n'est pas pleinement convaincu du péché originel et de la nécessité d'un Médiateur? Les enfants sont remplis des préceptes de grammairiens. Ils savent par cœur le fameux Despautère, et les termes mystérieux et inintelligibles d'Aristote le discoureur. Cela suffit : ils peuvent parler pour et contre sur toutes sortes de sujets. L'estimable qualité de pouvoir également soutenir l'erreur et la vérité, sans les discerner ni l'une ni l'autre! Mais quoi, il n'est pas juste que les enfants en sachent plus que leurs parents; et il n'est pas à propos qu'ils soient plus savants que quelques-uns de leurs maîtres.

XVI. Mais laissons aux précepteurs à consulter l'ordre de leurs devoirs, et à les remplir. Car je veux que les parents ne soient point obligés à instruire leurs enfants. puisque souvent ils n'en sont pas capables, et qu'ils ont d'autres affaires, qu'on ne leur persuadera jamais être de moindre conséquence que cette éducation. Mais que du moins ils tâchent de faire un bon choix. Qu'ils ne s'imaginent pas qu'un jeune homme, qui ne sait que du grec et du latin, et qui ne se connaît pas soi-même, bien loin de pouvoir se conduire, soit en état d'instruire l'esprit et de régler le cœur d'un enfant : et lorsqu'ils ont heureusement rencontré, qu'ils ne détruisent point par leurs exemples et par leurs manières ce qu'un précepteur a édifié par son assiduité et par son travail. Les enfants, à cause de leur faiblesse et de leur dépendance, sont extrêmement sensibles au langage de l'imagination et des sens, à l'air et aux manières, et principalement de leurs parents. C'est un langage naturel qui persuade sans qu'on y pense, qui pénètre l'âme, et qui répand agréablement dans l'esprit la conviction et la certitude, du moins lorsqu'il part de ceux avec qui nous avons des liaisons fort étroites.

XVII. Un précepteur apprend à ses disciples à juger des choses par des principes de Religion et de Raison, à faire taire les sens, l'imagination et les passions, et mépriser les objets sensibles, les grandeurs humaines, les plaisirs qui passent. Et un père indiscret parle devant ses enfants de ces faux biens, avec un air, un ton, des manières capables d'ébranler un esprit ferme, et de mettre en mouvement ceux mêmes qui sont le moins portés à l'imitation. Peut-être leur parlera-t-il aussi des vrais biens : mais son discours sera si froid et si languissant, qu'il n'en inspirera que du dégoût et du mépris. Il leur dira cent fois le jour et avec force : Tenez-vous droit, ne balancez point votre corps, ne badinez point. Il leur applaudira s'ils ont quelque grâce à déclamer des vers passionnés. Il marquera sensiblement sa joie par l'air de son visage, s'il reconnaît en eux quelque qualité que le monde estime : et il ne fera que rire et se divertir de leurs défauts essentiels, qui découvrent à ceux qui connaissent l'homme une corruption épouvantable. Et, si le précepteur plus chrétien et plus sensé veut éteindre en eux l'orgueil et l'amour-propre, l'approbation du père ou d'une mère attendrie leur inspirera pour lui un mépris et une aversion, qui le mettra hors d'état de pouvoir jamais leur être utile. *Maxima debetur puero reverentia*, dit un auteur judicieux. L'exemple et les manières persuadent invinciblement les jeunes gens, lorsque cela s'accommode à la corruption de leur nature : et celui qui sans rien dire fait le mal devant eux avec un air joyeux et content, leur parle plus fortement que celui qui discourt froidement de la vertu, en les exhortant à la suivre. Rien n'est plus digne de réflexion que cette pensée, par rapport à l'instruction et l'éducation de la jeunesse.

XVIII. Il y a des pères qui traitent souvent leurs enfants avec empire : ils ne leur rendent jamais justice : ils les outragent sans sujet; au lieu de les soumettre à la Raison après les en avoir éclairés, ils s'imaginent que la loi inviolable d'un enfant, c'est la volonté d'un père. Mais le père mort, quelle sera la loi du fils? Ce sera sans doute sa volonté propre; car on ne lui aura point appris qu'il y a une loi immortelle, l'Ordre immuable : on ne l'aura point accoutumé à y obéir. Le fils n'attendra pas même le décès du père, sa vieillesse, son impuissance à le tenir dans la servitude, pour se faire à lui-même sa loi. Il la trouvera naturellement dans ses plaisirs. . . . .

Il faut donc conduire les enfants par Raison, autant qu'ils en sont capables. Ils ont tous les mêmes inclinations que les hommes faits, quoique les objets de leurs désirs soient différents; et ils ne seront jamais solidement vertueux, s'ils ne sont accoutumés à obéir à une loi qui ne meurt point, si leur esprit, formé sur la Raison universelle, n'est réformé sur cette même Raison rendue sensible par la foi.

CHAPITRE XI

La Raison seule devrait gouverner. Mais la force est nécessaire à cause du péché. Son usage légitime, c'est de ranger les hommes à la Raison, loi primitive. Droits des supérieurs. Devoirs des supérieurs et des inférieurs.

VI. . . . . La Raison est une loi naturelle et générale, que peu de gens suivent en tout, mais que personne n'ose mépriser ouvertement, et que tous les hommes font gloire de suivre, dans le temps même qu'ils s'en éloignent.

VII. Ainsi le juge d'une ville, le père, supérieur naturel de la famille, le maître qui a sous lui des écoliers ou des apprentis, tout supérieur doit inspirer à ses inférieurs un esprit de raison, de justice et de charité. Il doit suivre la Raison, comme sa loi inviolable et la leur. Il ne doit point s'attribuer d'autres droits que les moyens propres pour la faire respecter et pour obliger à s'y soumettre. Mais il ne doit point douter que tous ces moyens ne soient véritablement ses droits naturels, à proportion néanmoins de l'ordre qu'il a reçu de la puissance supérieure. Car la puissance qui donne quelque commission, donne en même temps droit à tous les moyens légitimes de l'exécuter qu'a cette même puissance, si elle-même, ou la coutume, et surtout la Raison ne prescrit rien de particulier sur ces moyens. Car le juge d'une ville ne peut punir les coupables que selon les lois, quoiqu'il puisse empêcher le mal par mille moyens que son autorité lui donne, et sur lesquels les lois ne prescrivent rien. Un père peut fouetter ses enfants, et même en rigueur les corriger avec le bâton : mais il ne peut les faire mourir, ni les estropier, et par là les rendre inutiles à l'État, dont il dépend lui-même et à qui ils appartiennent. Un maître peut fouetter un enfant, mais il ne peut l'outrager, sans offenser le père, qui ne lui a pas donné ce droit, non plus que la coutume ni l'État. Mais, excepté ce que la coutume, la Raison, la puissance supérieure prescrivent, les maîtres peuvent regarder comme leurs droits naturels tous les moyens propres à ranger, non à leur volonté, mais à la Raison, tous ceux qui leur sont soumis : à la Raison, dis-je, et non à leur volonté; car encore un coup, ni les juges, ni les princes, ni le père, ni Dieu même, si cela était possible, si le Verbe ne lui était point consubstantiel, s'il pouvait s'empêcher de l'engendrer et de l'aimer, ni Dieu même, dis-je, n'a pas ce droit de se servir de sa puissance pour soumettre les hommes, faits pour la Raison, à une volonté qui n'y serait pas conforme.

VIII. Néanmoins un serviteur, un écolier, un sujet ne doit point critiquer les volontés des supérieurs. Il doit leur faire cet honneur de croire qu'ils sont raisonnables aussi bien que lui, et beaucoup plus que lui : et lorsque l'évidence ou le commandement exprès de la loi de Dieu ne lui prescrit rien de contraire, il est obligé d'obéir incessamment et sans murmure. Souvent même il n'a pas droit de représenter ses raisons, pour s'éclaircir de ses doutes. Car il ne le peut, que lorsque cette espèce de liberté n'a nul air de mépris, et ne peut irriter la personne, en qui il doit craindre et respecter la puissance de Dieu même. Mais il faut que les supérieurs de leur côté aient beaucoup d'égards à la délicatesse des autres hommes. Qu'ils ne s'imaginent pas d'être infaillibles, et que par leurs manières d'agir hautes et fières, ils ne portent point ceux qui leur sont soumis à les craindre, au lieu de craindre Dieu en leur personne. Le Dieu invisible ne fait pas tant de peur aux imaginations faibles, que l'air sensible et menaçant d'un père ou d'un maître en colère : et souvent un supérieur animé et troublé par quelque passion, fait commettre à ses inférieurs de plus grands crimes qu'il n'en commet lui-même ; parce qu'une passion imprévue l'ayant aveuglé, sa faute est moins volontaire; mais le crime de ceux qui lui obéissent contre la Raison est énorme, à cause qu'ils offensent Dieu librement, de peur de l'irriter lui, et de lui déplaire.

IX. Ce n'est pas qu'un maître ne doive jamais agir avec empire et se rendre redoutable. La Raison veut qu'il se mette quelquefois en colère, afin que cette passion répandant machinalement sur le visage quelque chose de terrible, son air imprime la crainte dans le cœur des méchants et les dispose à l'obéissance; et même si cela ne suffit pas, il faut y joindre des menaces, et en venir enfin au châtiment, et à une espèce d'excès et d'outrage. Il faut absolument que la puissance soumette les hommes à la Raison et les force d'y obéir, lorsque la Raison elle-même, quoique connue, n'a pas pour eux assez de charmes pour les attirer à la suivre. Les hommes regardent la Raison comme impuissante et sans action, comme incapable de récompenser ceux qui s'attachent à sa suite et de punir ceux qui suivent le parti contraire. Il faut délivrer les hommes de cette erreur, qui est confirmée par tous les préjugés des sens, et leur faire vivement sentir par sa conduite à leur égard, qu'il n'y a point deux divinités différentes, la Raison et la puissance; que le Tout-Puissant est essentiellement Raison, et que la Raison universelle est toute-puissante. Il faut qu'entre les hommes, ceux qui sont puissants et raisonnables par le rapport particulier qu'ils ont à la puissance et à la Raison divine, obligent par la force les esprits déraisonnables à redouter la Raison qu'ils n'aiment point; de même qu'ils doivent par la Raison porter ceux qui l'aiment à s'unir à la puissance et se réjouir en elle, dans l'attente de leur bonheur, qui leur sera donné selon les ordres que prescrit la même Raison. Il faut donc menacer, punir, rendre malheureux ceux qui méprisent la Raison. Car, comme il est encore moins incommode de lui obéir sans plaisir, que de lui désobéir avec douleur, peut-être que la crainte du châtiment faisant comprendre aux méchants la grandeur des misères dont ils se délivreraient s'ils devenaient raisonnables, ils se trouveront plus disposés à suivre les mouvements de la grâce, sans laquelle on ne peut rendre à la loi éternelle toute l'obéissance qui lui est due.

X. Les passions ne sont point mauvaises en elles-mêmes. Rien n'est mieux entendu, rien n'est plus utile pour entretenir la société, pourvu que la Raison les excite et les conduise. Car comme les hommes sont sensibles, il faut les instruire par leurs sens, et les mener où ils doivent aller, par quelque chose qui les frappe et les mette en mouvement. Ces maîtres sages ou froids, sans vivacité et sans passion, n'avancent pas beaucoup ceux qu'ils conduisent. Car les enfants ou les serviteurs, dont l'esprit n'est point fait à la raison, marchent lentement vers la vertu, si on ne les sollicite, si on ne les pique sans cesse. Mais il ne faut jamais les frapper sans les éclairer, sans qu'ils sachent ce qu'on leur demande, et qu'ils le puissent même exécuter avec plus de facilité, que de supporter les maux dont on les afflige. Comme on ne peut se déterminer sans motif, il faut les mettre en état de pouvoir choisir avec joie et faire volontiers ce qui ne vaut rien s'il n'est volontaire. Il faut que leur esprit s'instruise aussi bien que leur machine, et que la crainte des maux ne serve qu'à les porter vers le bien, les approcher de la lumière, les faire contempler la beauté de l'Ordre, et la leur faire aimer. C'est cette espèce d'affliction qu'on fait souffrir aux hommes, en présence et à l'honneur de la Raison qu'ils ont méprisée, qui ouvre l'esprit et donne de l'intelligence : et non des châtiments de brutaux, qui ne sont propres qu'à former des brutes, qu'à dresser des chevaux et des chiens, et qu'à apprendre aux hommes à faire de leur volonté la règle inviolable de leur conduite.

APPENDICE III

EXTRAITS DE BOSSUET

I

L'imagination. Sa nature et son usage.

EXTRAITS DE LA CONNAISSANCE DE DIEU ET DE SOI-MÊME.
CHAP. 1ᵉʳ, §§ IV, V, IX-XI ET CHAP. III, §§ IX, X, XIV, XVI-XIX.

CHAPITRE PREMIER

IV. Le sens commun et l'imagination.

Il reste encore deux remarques à faire sur les sensations : la première, c'est que, toutes différentes qu'elles sont, il y a en l'âme une faculté de les réunir; car l'expérience nous apprend qu'il ne se fait qu'un seul objet sensible de tout ce qui nous frappe ensemble, même par des sens différents, surtout quand le coup vient du même endroit. Ainsi, quand je vois le feu d'une certaine couleur, que je ressens le chaud qu'il me cause, et que j'entends le bruit qu'il fait, non-seulement je vois cette couleur, je ressens cette chaleur et j'entends ce bruit, mais je ressens ces sensations différentes comme venant du même feu.

Cette faculté de l'âme qui réunit les sensations, soit qu'elle soit seulement une suite de ces sensations qui s'unissent naturellement quand elles viennent ensemble, ou qu'elle fasse partie de l'imaginative, dont nous allons parler; cette faculté, dis-je, quelle qu'elle soit, en tant qu'elle ne fait qu'un seul objet de tout ce qui frappe ensemble nos sens, est appelée le sens commun : terme qui se transporte aux opérations de l'esprit, mais dont la propre signification est celle que nous venons de remarquer.

La seconde chose qu'il faut observer dans les sensations, c'est qu'après qu'elles sont passées, elles laissent dans l'âme une image d'elles-mêmes et de leurs objets; c'est ce qui s'appelle imaginer.

Que l'objet coloré que je regarde se retire, que le bruit que j'entends s'apaise, que je cesse de boire la liqueur qui m'a donné du plaisir, que le feu qui m'échauffait soit éteint, et que le sentiment du froid ait succédé, si vous voulez, à la place, j'imagine encore en moi-même cette couleur, ce bruit, ce plaisir et cette chaleur; tout cela moins vif, à la vérité, que lorsque je voyais ou que j'entendais, que je goûtais ou que je sentais actuellement, mais toujours de même nature.

Bien plus, après une entière et longue interruption de ces sentiments, ils peuvent se renouveler. Le même objet coloré, le même son, le même plaisir d'une bonne odeur ou d'un bon goût, me revient à diverses reprises, ou en veillant, ou dans les songes; et cela s'appelle mémoire ou ressouvenir. Et cet objet me revient à l'esprit tel que les sens le lui avaient présenté d'abord, et marqué des mêmes caractères dont chaque sens l'avait, pour ainsi dire, affecté, si ce n'est qu'un long temps les fasse oublier.

Il est aisé maintenant d'entendre ce que c'est qu'imaginer. Toutes les fois qu'un objet une fois senti par le dehors demeure intérieurement, ou se renouvelle dans ma pensée avec l'image de la sensation qu'il a causée à mon âme, c'est ce que j'appelle imaginer : par exemple, quand ce que j'ai vu ou ce que j'ai ouï, dure ou me revient dans les ténèbres ou dans le silence, je ne dis pas que je le vois ou que je l'entends, mais que je l'imagine.

La faculté de l'âme où se fait cet acte s'appelle imaginative, ou fantaisie, d'un mot grec qui signifie à peu près la même chose, c'est-à-dire se faire une image.

L'imagination d'un objet est toujours plus faible que la sensation, parce que l'image dégénère toujours de la vivacité de l'original.

Par là, demeure entendu tout ce qui regarde les sensations. Elles naissent soudaines et vives à la présence des objets sensibles : celles qui regardent le même objet, quoiqu'elles viennent de divers sens, se réunissent ensemble, et sont rapportées à l'objet qui les a fait naître. Enfin, après qu'elles sont passées, elles se conservent et se renouvellent par leur image.

V. Des sens extérieurs et intérieurs, et plus en particulier de l'imagination.

Voilà ce qui a donné lieu à la célèbre distinction des sens extérieurs et intérieurs.

On appelle sens extérieur, celui dont l'organe paraît au dehors, et qui demande un objet externe actuellement présent.

Tels sont les cinq sens que chacun connaît. . . . .
. . . .

On appelle sens intérieur, celui dont les organes ne paraissent pas, et qui ne demande pas un objet externe actuellement présent. On range ordinairement parmi les sens intérieurs, cette faculté qui réunit les sensations, c'est-à-dire le sens commun, et celle qui les conserve ou les renouvelle, c'est-à-dire l'imaginative.

On peut douter du sens commun, parce que ce sentiment, qui réunit, par exemple, les diverses sensations que le feu nous cause, et les rapporte à un seul objet, se fait seulement à la présence de l'objet même, et dans le même moment que les sens extérieurs agissent : mais pour l'acte d'imaginer, qui continue après que les sens extérieurs cessent d'agir, il appartient sans difficulté au sens intérieur.

Il est maintenant aisé de bien connaître la nature de cet acte, et on ne peut trop s'y appliquer.

La vue et les autres sens extérieurs nous font apercevoir certains objets hors de nous; mais outre cela nous les pouvons apercevoir au dedans de nous, tels que les sens extérieurs les font sentir, lors même qu'ils ont cessé d'agir. Par exemple, je fais ici un triangle, Δ, et je le vois de mes yeux. Que je les ferme, je vois encore ce même triangle intérieurement tel que ma vue me le fait sentir, de même couleur, de même grandeur et de même situation; c'est ce qui s'appelle imaginer un triangle.

Il y a pourtant une différence : c'est, comme il a été dit, que cette continuation de la sensation se faisant par une image, ne peut pas être si vive que la sensation elle-même, qui se fait à la présence actuelle de l'objet, et qu'elle s'affaiblit de plus en plus avec le temps.

Cet acte d'imaginer accompagne toujours l'action des sens extérieurs. Toutes les fois que je vois, j'imagine en même temps; et il est malaisé de distinguer ces deux actes dans les temps que la vue agit : mais ce qui nous en marque la distinction, c'est que, même en cessant de voir, je puis continuer à imaginer; et cela, c'est voir encore en quelque façon la chose même, telle que je la voyais lorsqu'elle était présente à mes yeux.

Ainsi nous pouvons dire, en général, qu'imaginer une chose, c'est continuer de la sentir, moins vivement toutefois et d'une autre sorte que lorsqu'elle était actuellement présente aux sens extérieurs.

De là vient qu'en imaginant un objet, on l'imagine toujours d'une certaine grandeur, d'une certaine figure, avec de certaines qualités sensibles, particulières et déterminées : par exemple blanche ou noire, dure ou molle, froide ou chaude; et cela en tel ou tel degré, c'est-à-dire plus ou moins, et ainsi du reste.

Il faut soigneusement observer qu'en imaginant, nous n'ajoutons que la durée aux choses que les sens nous apportent : pour le reste, l'imagination au lieu d'y ajouter le diminue, les images qui nous restent de la sensation n'étant jamais aussi vives que la sensation elle-même.

Voilà ce qui s'appelle imaginer. C'est ainsi que l'âme conserve les images des objets qu'elle a sentis; et telle est enfin cette faculté qu'on appelle imaginative.

Et il ne faut pas oublier que lorsqu'on l'appelle sens intérieur, en l'opposant à l'extérieur, ce n'est pas que les opérations de l'un et de l'autre sens ne se fassent au-dedans de l'âme. Mais, comme il a été dit, c'est premièrement, que les organes des sens extérieurs sont au dehors, par exemple, les yeux, les oreilles, la langue et le reste; au lieu qu'il ne paraît point au dehors d'organe qui serve à imaginer : et secondement, que quand on exerce les sens extérieurs, on se sent actuellement frappé par l'objet corporel qui est au dehors, et qui pour cela doit être présent; au lieu que l'imagination est affectée de l'objet, soit qu'il soit ou qu'il ne soit pas présent, et même quand il a cessé d'être absolument, pourvu qu'une fois il ait été bien senti. Ainsi je ne puis voir ce triangle dont nous parlions, qu'il ne soit actuellement présent; mais je puis l'imaginer, même après l'avoir effacé ou éloigné de mes yeux.

Voilà ce qui regarde les sens, tant intérieurs qu'extérieurs, et la différence des uns et des autres.

IX. Différence de l'imagination et de l'entendement.

Voilà ce qu'il faut entendre pour apprendre à ne pas confondre, avec les sensations des choses de raisonnement [c'est l'objet des §§ VII et VIII]. Mais comme il est beaucoup plus à craindre qu'on ne confonde l'imagination avec l'intelligence, il faut encore marquer les caractères propres de l'une et de l'autre.

La chose sera aisée, en faisant un peu de réflexion sur ce qui a été dit.

Nous avons dit, premièrement, que l'entendement connaît la nature des choses; ce que l'imagination ne peut pas faire.

Il y a, par exemple, grande différence entre imaginer le triangle et entendre le triangle. Imaginer le triangle, c'est s'en représenter un d'une mesure déterminée, et avec une certaine grandeur de ses angles et de ses côtés; au lieu que l'entendre, c'est en connaître la nature, et savoir en général que c'est une figure à trois côtés, sans déterminer aucune grandeur ni proportion particulière. Ainsi, quand on entend un triangle, l'idée qu'on en a convient à tous les triangles, équilatéraux, isocèles, ou autres, de quelque grandeur et proportion qu'ils soient; au lieu que le triangle qu'on imagine est restreint à une certaine espèce de triangle et à une grandeur déterminée.

Il faut juger de la même sorte des autres choses qu'on peut

imaginer et entendre. Par exemple, imaginer l'homme, c'est s'en représenter un qui soit de grande ou de petite taille, blanc ou basané, sain ou malade ; et l'entendre, c'est concevoir seulement que c'est un animal raisonnable, sans s'arrêter à aucune de ses qualités particulières.

Il y a encore une autre différence entre imaginer et entendre : c'est qu'entendre s'étend beaucoup plus loin qu'imaginer. Car on ne peut imaginer que les choses corporelles et sensibles; au lieu que l'on peut entendre les choses tant corporelles que spirituelles, celles qui sont sensibles et celles qui ne le sont pas : par exemple, Dieu et l'âme.

Ainsi ceux qui veulent imaginer Dieu et l'âme tombent dans une grande erreur, parce qu'ils veulent imaginer ce qui n'est pas imaginable, c'est-à-dire ce qui n'a ni corps ni figure, ni enfin rien de sensible.

A cela il faut rapporter les idées que nous avons de la bonté, de la vérité, de la justice, de la sainteté, et les autres semblables, dans lesquelles il n'entre rien de corporel, et qui aussi conviennent, ou principalement, ou seulement aux choses spirituelles, telles que sont Dieu et l'âme ; de sorte qu'elles ne peuvent pas être imaginées, mais seulement entendues.

Comme donc toutes les choses qui n'ont point de corps ne peuvent être conçues que par la seule intelligence, il s'ensuit que l'entendement s'étend plus loin que l'imagination.

Mais la différence essentielle entre imaginer et entendre est celle qui est exprimée par la définition. C'est qu'entendre n'est autre chose que connaître et discerner le vrai et le faux, ce que l'imagination, qui suit simplement le sens, ne peut avoir.

X. Comment l'imagination et l'intelligence s'unissent et s'aident, ou s'embarrassent mutuellement.

Encore que ces deux actes d'imaginer et d'entendre soient si distingués, ils se mêlent toujours ensemble. L'entendement ne définit point le triangle ni le cercle, que l'imagination ne s'en figure un. Il se mêle des images sensibles dans la considération des choses les plus spirituelles, par exemple, de Dieu et des âmes ; et quoique nous les rejetions de notre pensée, comme choses fort éloignées de l'objet que nous contemplons, elles ne laissent pas de le suivre.

Il se forme souvent aussi dans notre imagination des figures bizarres et capricieuses, qu'elle ne peut pas forger toute seule, et où il faut qu'elle soit aidée par l'entendement. Les Centaures, les Chimères et les autres compositions de cette nature, que nous faisons et défaisons quand il nous plaît, supposent quelque réflexion sur les choses différentes dont elles se forment, et quelque comparaison des unes avec les autres; ce qui appartient à l'entendement. Mais ce même entendement, qui excite dans la fantaisie ces assemblages monstrueux, en connaît la vanité.

L'imagination, selon qu'on en use, peut servir ou nuire à l'intelligence.

Le bon usage de l'imagination est de s'en servir seulement pour rendre l'esprit attentif. Par exemple, quand, en discourant de la nature du cercle et du carré, et des proportions de l'un avec l'autre, je m'en figure un dans l'esprit, cette image me sert beaucoup à empêcher les distractions, et à fixer ma pensée sur ce sujet.

Le mauvais usage de l'imagination est de la laisser décider; ce qui arrive principalement à ceux qui ne croient rien de véritable que ce qui est imaginable et sensible : erreur grossière, qui confond l'imagination et le sens avec l'entendement.

Aussi l'expérience fait-elle voir qu'une imagination trop vive étouffe le raisonnement et le jugement.

Il faut donc employer l'imagination et les images sensibles seulement pour nous recueillir en nous-mêmes, en sorte que la raison préside toujours.

XI. Différence d'un homme d'esprit et d'un homme d'imagination ; l'homme de mémoire.

Par là se peut remarquer la différence entre les gens d'imagination et les gens d'esprit ou d'entendement. Mais il faut auparavant démêler l'équivoque de ce terme, *esprit*.

L'esprit s'étend quelquefois tant à l'imagination qu'à l'entendement, et en un mot à tout ce qui agit au dedans de nous. Ainsi, quand nous avons dit qu'on se figurait dans l'esprit un cercle ou un carré, le mot d'esprit signifiait là l'imagination.

Mais la signification la plus ordinaire du mot d'esprit est de le prendre pour entendement : ainsi, un homme d'esprit et un homme d'entendement est à peu près la même chose, quoique le mot d'entendement marque un peu plus ici le bon jugement.

Cela supposé, la différence des gens d'imagination et des gens d'esprit est évidente. Ceux-là sont propres à retenir et à se représenter vivement les choses qui frappent les sens. Ceux-ci savent démêler le vrai d'avec le faux, et juger de l'un et de l'autre.

Ces deux qualités des hommes se remarquent dans leurs discours et dans leur conduite.

Les premiers sont féconds en descriptions, en peintures vives, en comparaisons, et autres choses semblables que les sens fournissent. Le bon esprit donne aux autres un fort raisonnement avec un discernement exact et juste, qui produit des paroles propres et précises.

Les premiers sont passionnés et emportés, parce que l'imagination, qui prévaut en eux, excite naturellement et nourrit les passions. Les autres sont réglés et modérés, parce qu'ils sont plus disposés à écouter la raison et à la suivre.

Un homme d'imagination est fécond en expédients, parce que la mémoire qu'il a fort vive, et les passions qu'il a fort ardentes, donnent beaucoup de mouvement à son esprit. Un homme d'entendement sait mieux prendre son parti, et agit avec plus de suite. Ainsi l'un trouve ordinairement plus de moyens pour arriver à une fin; l'autre en fait un meilleur choix et se soutient mieux.

Comme nous avons remarqué que l'imagination aide beaucoup l'intelligence, il est clair que, pour faire un habile homme, il faut de l'un et de l'autre : mais, dans ce tempérament, il faut que l'intelligence et le raisonnement prévalent.

Et quand nous avons distingué les gens d'imagination d'avec les gens d'esprit, ce n'est pas que les premiers soient tout à fait destitués de raisonnement, ni les autres d'imagination. Ces deux choses vont toujours ensemble; mais on définit les hommes par la partie qui domine en eux.

Il faudrait parler ici des gens de mémoire, qui est comme un troisième caractère entre les gens de raisonnement et les gens d'imagination. La mémoire fournit beaucoup au raisonnement, mais elle appartient à l'imagination, quoique dans l'usage ordinaire on appelle gens d'imagination ceux qui sont inventifs, et gens de mémoire ceux qui retiennent ce qui est inventé par les autres.

CHAPITRE III

IX. De l'imagination et des passions, et de quelle sorte il les faut ici considérer.

Voilà ce que nous avions à considérer sur l'union naturelle des sensations avec le mouvement des nerfs[1]. Il faut maintenant entendre à quels mouvements du corps l'imagination et les passions sont attachées.

Mais il faut premièrement remarquer que les imaginations et les passions s'excitent en nous, ou simplement par les sens, ou parce que la raison et la volonté s'en mêlent.

---

1. C'est l'objet des sections précédentes.

Car souvent nous nous appliquons expressément à imaginer quelque chose, et souvent aussi il nous arrive d'exciter exprès et de fortifier quelque passion en nous-mêmes, par exemple, ou l'audace ou la colère, à force de nous représenter, ou nous laisser représenter par les autres, les motifs qui nous les peuvent causer.

Comme nos imaginations et nos passions peuvent être excitées et fortifiées par notre choix, elles peuvent aussi par là être ralenties. Nous pouvons fixer, par une attention volontaire, les pensées confuses de notre imagination dissipée, et arrêter, par vive force de raisonnement et de volonté, le cours emporté de nos passions.

Si nous regardions cet état mêlé d'imagination, de passion, de raisonnement et de choix, nous confondrions ensemble les opérations sensitives et intellectuelles, et nous n'entendrions jamais l'effet parfait des unes et des autres. Faisons-en donc la séparation. Et comme, pour mieux entendre ce que feraient par eux-mêmes des chevaux fougueux, il faut les considérer sans bride, et sans conducteur qui les pousse ou qui les retienne ; considérons l'imagination et les passions purement abandonnées aux sens et à elles-mêmes, sans que l'empire de la volonté ou aucun raisonnement s'y mêle, ou pour les exciter ou pour les calmer. Au contraire, comme il arrive toujours que la partie supérieure est sollicitée à suivre l'imagination et la passion, mettons encore avec elles, et regardons comme une partie de leur effet naturel, tout ce que la partie supérieure leur donne par nécessité, avant qu'elle ait pris sa dernière résolution ou pour ou contre. Ainsi nous découvrirons ce que peuvent par elles-mêmes l'imagination et les passions, et à quelles dispositions du corps elles s'excitent.

X. De l'imagination en particulier, et à quel mouvement du corps elle est attachée.

Et pour commencer par l'imagination, comme elle suit naturellement la sensation, il faut que l'impression que le corps reçoit dans l'une soit attachée à celle qu'il reçoit dans l'autre ; et par la seule construction des organes il nous paraîtra qu'il en est ainsi. Il ne faut que se souvenir que le cerveau, où aboutissent tous les nerfs, est d'une nature fort molle, et par là ne peut s'empêcher de recevoir quelque impression par leur ébranlement, non plus que la cire par l'attouchement des corps qui la pressent.

Et la chose sera encore plus aisée à entendre, si on regarde toute la substance du cerveau, ou quelques-unes de ses parties principales, comme composées de petits filets qui tiennent aux nerfs, quoiqu'ils soient d'une autre nature ; à quoi l'anatomie ne répugne pas, et au contraire l'analogie des autres parties du corps nous porte à le croire.

Car les chairs et les muscles, qui ne paraissent à nos yeux qu'une masse compacte et confuse, dans une dissection délicate paraissent un amas de petites cordes tournées en différents sens, suivant les divers mouvements auxquels ces parties doivent servir. On trouve la même chose de la rate et du foie. La peau et les autres membranes sont aussi un composé de filets très fins, dont le tissu est fait de la manière qu'il faut pour donner tout ensemble à ces parties la souplesse et la consistance que demandent les besoins du corps.

On peut bien croire que la nature n'aura pas été moins soigneuse du cerveau qui est l'instrument principal des fonctions animales, et que la composition n'en sera pas moins industrieuse.

On comprendra donc aisément qu'il sera composé d'une infinité de petits filets, que l'affluence des esprits à cette partie, et leur continuel mouvement, tiendront toujours en état : en sorte qu'ils pourront être aisément mus et pliés, à l'ébranlement des nerfs, en autant de manières qu'il faudra.

Que si on n'observe pas cette distinction de petits filets dans le cerveau d'un animal mort, il est aisé de concevoir que l'humidité de cette partie[1], et l'extinction de la chaleur naturelle, d'où suit celle des esprits, en est la cause : joint que, dans les autres parties du corps, quoique plus grossières et plus massives, le tissu n'est aperçu qu'avec beaucoup de travail, et jamais dans toute sa délicatesse.

Car la nature travaille avec tant d'adresse, et réduit les corps à des parties si fines et si délicates, que ni l'art ne la peut imiter, ni la vue la plus perçante la suivre dans des divisions si délicates, quelque secours qu'elle cherche dans les verres et les microscopes.

Ces choses présupposées, il est clair que l'impression ou le coup que les nerfs reçoivent de l'objet, portera nécessairement sur le cerveau; et, comme la sensation se trouve conjointe à l'ébranlement du nerf, l'imagination le sera à l'ébranlement qui se fera sur le cerveau même.

Selon cela, l'imagination doit suivre, mais de fort près, la sensation, comme le mouvement du cerveau doit suivre celui du nerf.

Et comme l'impression qui se fait dans le cerveau doit imiter celle du nerf, aussi avons-nous vu que l'imagination n'est autre chose que l'image de la sensation.

---

1. *Humidité*, et non pas *humilité*. Voir dans le tome XXIII des *Œuvres complètes* de Bossuet éditées par Lachat (Paris, Louis Vivès, 1864) le vrai texte de la *Connaissance de Dieu et de soi-même* et l'origine des altérations et des interpolations si nombreuses dans les chapitres II et III.

De même aussi que le nerf est d'une nature à recevoir un mouvement plus vite et plus ferme que le cerveau, la sensation aussi est plus vive que l'imagination.

Mais aussi comme la nature du cerveau est capable d'un mouvement plus durable, l'imagination dure plus longtemps que la sensation.

Le cerveau ayant tout ensemble assez de mollesse pour recevoir facilement les impressions, et assez de consistance pour les retenir, il y peut demeurer, à peu près comme sur la cire, des marques fixes et durables, qui servent à rappeler les objets, et donnent lieu au souvenir.

On peut aisément comprendre que les coups qui viennent ensemble par divers sens, portent à peu près au même endroit du cerveau, ce qui fait que divers objets n'en font qu'un seul, quand ils viennent dans le même temps.

J'aurai, par exemple, rencontré un lion en passant par les déserts de Libye, et j'en aurai vu l'affreuse figure; mes oreilles auront été frappées de son rugissement terrible; j'aurai senti, si vous le voulez, quelque atteinte de ses griffes, dont une main secourable m'aura arraché. Il se fait dans mon cerveau, par ces trois sens divers, trois fortes impressions de ce que c'est qu'un lion : mais, parce que ces trois impressions, qui viennent à peu près ensemble, ont porté au même endroit, une seule remuera le tout; et ainsi il arrivera qu'au seul aspect du lion, à la seule ouïe de son cri, ce furieux animal reviendra tout entier à mon imagination.

Et cela ne s'étend pas seulement à tout l'animal, mais encore au lieu où j'ai été frappé la première fois d'un objet si effroyable. Je ne reverrai jamais le vallon désert où j'en aurai fait la rencontre, sans qu'il me prenne quelque émotion, ou même quelque frayeur.

Ainsi de tout ce qui frappe en même temps les sens, il ne s'en compose qu'un seul objet, qui fait son impression dans le même endroit du cerveau, et y a son caractère particulier. Et c'est pourquoi, en passant, il ne faut pas s'étonner si un chat, frappé d'un bâton au bruit d'un grelot qui y était attaché, est ému après par le grelot seul qui a fait son impression avec le bâton au même endroit du cerveau.

Toutes les fois que les endroits du cerveau, où les marques des objets restent imprimées, sont agités ou par les vapeurs qui montent continuellement à la tête, ou par le cours des esprits, ou par quelque autre cause que ce soit, les objets doivent revenir à l'esprit; ce qui nous cause en veillant tant de différentes pensées qui n'ont point de suite, et en dormant tant de vaines imaginations que nous prenons pour des vérités.

Et parce que le cerveau, composé, comme il a été dit, de parties si délicates, et plein d'esprits si vifs et si prompts, est dans un mouvement continuel, et que d'ailleurs il est agité à secousses inégales et irrégulières, selon que les vapeurs et les esprits montent à la tête; il arrive de là que notre esprit est plein de pensées si vagues, si nous ne le retenons et ne le fixons par l'attention.

Ce qui fait qu'il y a pourtant quelque suite dans ces pensées, c'est que les marques des objets gardent un certain ordre dans le cerveau.

Et il y a une grande utilité dans cette agitation qui ramène tant de pensées vagues, parce qu'elle fait que tous les objets, dont notre cerveau retient les traces, se représentent devant nous de temps en temps par une espèce de circuit; d'où il arrive que les traces s'en rafraîchissent, et que l'âme choisit l'objet qui lui plaît, pour en faire le sujet de son attention.

Souvent aussi les esprits prennent leur cours si impétueusement et avec un si grand concours vers un endroit du cerveau, que les autres demeurent sans mouvement, faute d'esprits qui les agitent; ce qui fait qu'un certain objet déterminé s'empare de notre pensée, et qu'une seule imagination fait cesser toutes les autres.

C'est ce que nous voyons arriver dans les grandes passions, et lorsque nous avons l'imagination échauffée; c'est-à-dire qu'à force de nous attacher à un objet, nous ne pouvons plus nous en arracher : comme nous voyons arriver aux peintres et aux personnes qui composent, surtout aux poètes, dont l'ouvrage dépend tout d'une certaine chaleur d'imagination.

Cette chaleur, qu'on attribue à l'imagination, est en effet une affection du cerveau, lorsque les esprits naturellement ardents, accourus en abondance, l'échauffent en l'agitant avec violence; et comme il ne prend pas feu tout à coup, son ardeur ne s'éteint aussi qu'avec le temps.

XIV. L'intelligence, par sa liaison avec le sens, dépend en quelque sorte du corps, mais par accident.

Il faut pourtant reconnaître qu'on n'entend point sans imaginer, ni sans avoir senti[1]; car il est vrai que, par un certain accord entre toutes les parties qui composent l'homme, l'âme n'agit pas sans le corps, ni la partie intellectuelle sans la partie sensitive.

Et déjà, à l'égard des corps, il est certain que nous ne pouvons entendre qu'il y en ait d'existants dans la nature, que par le moyen des sens. Car en cherchant d'où nous viennent nos sensations, nous trouvons toujours quelque corps qui a

---

1. Bossuet vient de montrer § XIII que « l'intelligence n'est attachée par elle-même à aucun organe, ni à aucun mouvement du corps ».

affecté nos organes, et ce nous est une preuve que ces corps existent.

Et en effet, s'il y a des corps dans l'univers, c'est chose de fait, dont nous sommes avertis par nos sens, comme des autres faits; et sans le secours des sens, je ne pourrais non plus deviner s'il y a un soleil, que s'il y a un tel homme dans le monde.

Bien plus, l'esprit occupé des choses incorporelles, par exemple, de Dieu et de ses perfections, s'y est senti excité par la considération de ses œuvres, ou par sa parole, ou enfin par quelque chose dont les sens ont été frappés.

Et notre vie ayant commencé par de pures sensations, avec peu ou point d'intelligence indépendante du corps, nous avons dès l'enfance contracté une si grande habitude de sentir et d'imaginer, que ces choses nous suivent toujours, sans que nous puissions en être entièrement séparés.

De là vient que nous ne pensons jamais, ou presque jamais, à quelque objet que ce soit, que le nom dont nous l'appelons ne nous revienne; ce qui marque la liaison des choses qui frappent nos sens, tels que sont les noms, avec nos opérations intellectuelles.

On met en question s'il peut y avoir en cette vie un pur acte d'intelligence dégagé de toute image sensible; et il n'est pas incroyable que cela puisse être durant de certains moments, dans les esprits élevés à une haute contemplation, et exercés par un long temps à tenir leurs sens dans la règle; mais cet état est fort rare, et il faut parler ici de ce qui est ordinaire à l'entendement.

L'expérience fait voir qu'il se mêle toujours, ou presque toujours, à ces opérations quelque chose de sensible, dont même il se sert pour s'élever aux objets les plus intellectuels.

Aussi avons-nous reconnu que l'imagination, pourvu qu'on ne la laisse pas dominer, et qu'on sache la retenir en certaines bornes, aide naturellement l'intelligence.

Nous avons vu aussi que notre esprit, averti de cette suite de faits que nous apprenons par nos sens, s'élève au-dessus, admirant en lui-même et la nature des choses, et l'ordre du monde. Mais les règles et les principes par lesquels il aperçoit de si belles vérités dans les objets sensibles, sont supérieurs aux sens, et il en est à peu près des sens et de l'entendement, comme de celui qui propose simplement les faits, et de celui qui en juge.

Il y a donc déjà en notre âme une opération, et c'est celle de l'entendement, qui, précisément et en elle-même, n'est point attachée au corps, encore qu'elle en dépende indirectement, en tant qu'elle se sert des sensations et des images sensibles[1].

---

[1]. Bossuet montre dans la section XV que « la volonté n'est pas moins indépendante ».

XVI. L'empire que la volonté exerce sur les mouvements extérieurs la rend indirectement maîtresse des passions.

Cet empire de la volonté sur les membres d'où dépendent les mouvements extérieurs est d'une extrême conséquence : car c'est par là que l'homme se rend maître de beaucoup de choses, qui par elles-mêmes semblaient n'être point soumises à ses volontés.

. . . .
Elle (l'âme) étend aussi[1] son empire sur l'imagination et les passions, c'est-à-dire sur ce qu'elle a de plus indocile.

L'imagination et les passions naissent des objets; et par le pouvoir que nous avons sur les mouvements extérieurs, nous pouvons ou nous approcher ou nous éloigner des objets.

Les passions, dans l'exécution, dépendent des mouvements extérieurs : il faut frapper pour achever ce qu'a commencé la colère; il faut fuir pour achever ce qu'a commencé la crainte; mais la volonté peut empêcher la main de frapper, et les pieds de fuir.

Nous avons vu, dans la colère, tout le corps tendu à frapper, comme un arc à tirer son coup. L'objet a fait son impression; les esprits ont coulé, le cœur a battu plus violemment qu'à l'ordinaire, le sang s'est ému et a envoyé des esprits et plus abondants et plus vifs; les nerfs et les muscles en sont remplis; ils sont tendus, les poings sont fermés, et le bras affermi est prêt à frapper : mais il faut encore lâcher la corde, il faut que la volonté laisse aller le corps; autrement le mouvement ne s'achève pas.

Ce qui se dit de la colère, se dit de la crainte et des autres passions, qui disposent tellement le corps aux mouvements qui leur conviennent, que nous ne les retenons que par vive force de raison et de volonté.

On peut dire que ces derniers mouvements, auxquels le corps est si disposé, par exemple, celui de frapper, s'achèveraient tout à fait par la force de cette disposition, s'il n'était réservé à l'âme de lâcher le dernier coup.

Et il en arriverait à peu près de même que dans la respiration, que nous pouvons suspendre par la volonté quand nous veillons, mais qui s'achève, pour ainsi dire, toute seule par la simple disposition du corps, quand l'âme le laisse agir naturellement, par exemple dans le sommeil.

En effet, il arrive quelque chose de semblable dans les premiers mouvements des passions; et les esprits et le sang s'émeuvent quelquefois si vite dans la colère, que le bras se trouve

---

1. Par ces mêmes moyens, c'est-à-dire par l'empire de la volonté sur les membres extérieurs.

lâché avant qu'on ait eu le loisir d'y faire réflexion. Alors la disposition du corps a prévalu, et il ne reste plus à la volonté, trop promptement prévenue, qu'à regretter le mal qui s'est fait sans elle.

Mais ces mouvements sont rares, et n'arrivent guère à ceux qui s'accoutument de bonne heure à se maîtriser eux-mêmes.

XVII. La nature de l'attention, et ses effets immédiats sur le cerveau, par où paraît l'empire de la volonté.

Outre la force donnée à la volonté pour empêcher le dernier effet des passions, elle peut encore, en prenant la chose de plus haut, les arrêter et les modérer dans leur principe, et cela par le moyen de l'attention qu'elle fera volontairement à certains objets, ou dans le temps des passions pour les calmer, ou devant les passions pour les prévenir.

Cette force de l'attention, et l'effet qu'elle a sur le cerveau, et par le cerveau sur tout le corps et même sur la partie imaginative de l'âme, et par là sur les passions et sur les appétits, est digne d'une grande considération.

Nous avons déjà observé que la contention de la tête se ressent fort grande dans l'attention; et par là il est sensible qu'elle a un grand effet dans le cerveau.

On éprouve d'ailleurs que cette action dépend de la volonté, en sorte que le cerveau doit être sous son empire, en tant qu'il sert à l'attention.

Pour entendre tout ceci, il faut remarquer que les pensées naissent dans notre âme quelquefois à l'agitation naturelle du cerveau, et quelquefois par une attention volontaire.

Pour ce qui est de l'agitation du cerveau, nous avons observé qu'elle erre quelquefois d'une partie à une autre; alors nos pensées sont vagues comme le cours des esprits : mais que quelquefois aussi elle se fait en un seul endroit; et alors nos pensées sont fixes, et l'âme est plus attachée, comme le cerveau est aussi plus fortement et plus uniformément tendu.

Par là nous observons en nous-mêmes une attention forcée : ce n'est pas là toutefois ce que nous appelons attention; nous donnons ce nom seulement à l'attention où nous choisissons notre objet, pour y penser volontairement.

Que si nous n'étions capables d'une telle attention, nous ne serions jamais maîtres de nos considérations et de nos pensées, qui ne seraient qu'une suite de l'agitation nécessaire du cerveau : nous serions sans liberté, et l'esprit serait en tout asservi au corps, toutes choses contraires et à la raison et même à l'expérience.

Par ces choses on peut comprendre la nature de l'attention, et que c'est une application volontaire de notre esprit sur un objet,

Mais il faut encore ajouter, que nous voulions considérer cet objet par l'entendement; c'est-à-dire raisonner dessus, ou enfin y contempler la vérité. Car s'abandonner volontairement à quelque imagination qui nous plaise, sans vouloir nous en détourner, ce n'est pas attention; il faut vouloir entendre et raisonner.

C'est donc proprement par l'attention que commencent le raisonnement et les réflexions; et l'attention commence elle-même par la volonté de considérer et d'entendre.

Et il paraît clairement que, pour se rendre attentif, la première chose qu'il faut faire, c'est d'ôter l'empêchement naturel de l'attention, c'est-à-dire la dissipation, et ces pensées vagues qui s'élèvent dans notre esprit; car il ne peut être tout ensemble dissipé et attentif.

Pour faire taire ces pensées qui nous dissipent, il faut que l'agitation naturelle du cerveau soit en quelque sorte calmée; car, tant qu'elle durera, nous ne serons jamais assez maîtres de nos pensées, pour avoir de l'attention.

Ainsi le premier effet du commandement de l'âme est que, voulant être attentive, elle apaise l'agitation naturelle du cerveau. Et nous avons déjà vu que, pour cela, il n'est pas besoin qu'elle connaisse le cerveau, ou qu'elle ait intention d'agir sur lui : il suffit qu'elle veuille faire ce qui dépend d'elle immédiatement, c'est-à-dire être attentive. Le cerveau, s'il n'est prévenu par quelque agitation trop violente, obéit naturellement, et se calme par la seule subordination du corps à l'âme.

Mais comme les esprits qui tournoient dans le cerveau, tendent toujours à l'agiter à leur ordinaire, son mouvement ne peut être arrêté sans quelque effort. C'est ce qui fait que l'attention a quelque chose de pénible, et veut être relâchée de temps en temps.

Aussi le cerveau, abandonné aux esprits et aux vapeurs qui le poussent sans cesse, souffrirait un mouvement trop irrégulier; les pensées seraient trop dissipées; et cette dissipation, outre qu'elle tournerait à une espèce d'extravagance, d'elle-même est fatigante. C'est pourquoi il faut nécessairement, même pour son propre repos, brider ces mouvements irréguliers du cerveau.

Voilà donc l'empêchement levé, c'est-à-dire la dissipation ôtée. L'âme se trouve tranquille, et ses imaginations confuses sont disposées à tourner en raisonnement et en considération.

XVIII. L'âme attentive à raisonner se sert du cerveau, par le besoin qu'elle a des images sensibles.

Il ne faut pourtant pas penser qu'elle doive rejeter alors toute imagination et toute image sensible, puisque nous avons reconnu qu'elle s'en aide pour raisonner.

Ainsi, loin de rejeter toutes sortes d'images sensibles, elle songe seulement à rappeler celles qui sont convenables à son sujet, et qui peuvent aider son raisonnement.

Mais d'autant que ces images sensibles sont attachées aux impressions ou aux marques qui demeurent dans le cerveau, et qu'ainsi elles ne peuvent revenir sans que le cerveau soit ému dans les endroits où sont les marques, comme il a déjà été remarqué, il faut conclure que l'âme peut, quand elle veut, non-seulement calmer le cerveau, mais encore l'exciter en tel endroit qu'il lui plaît, pour rappeler les objets selon ses besoins. L'expérience nous fait voir aussi que nous sommes maîtres de rappeler, comme nous voulons, les choses confiées à notre mémoire. Et encore que ce pouvoir ait ses bornes, et qu'il soit plus grand dans les uns que dans les autres, il n'y aurait aucun raisonnement, si nous ne pouvions l'exercer jusqu'à un certain point. Et c'est une nouvelle raison pour montrer combien le cerveau doit être en repos quand il s'agit de raisonner. Car agité, et déjà ému, il serait peu en état d'obéir à l'âme, et de faire à point nommé les mouvements nécessaires pour lui présenter les images sensibles dont elle a besoin.

C'est ici que le cerveau peine. Car, au lieu que son naturel est d'avoir un mouvement libre et incertain comme le cours des esprits, il est réduit premièrement à un repos violent, et puis à des mouvements suivis et réguliers, qui le travaillent beaucoup.

Car lorsqu'il est détendu et abandonné au cours naturel des esprits, le mouvement en peu de temps erre en plus de parties, mais il est aussi moins rapide et moins violent : au lieu qu'on a besoin, en raisonnant, de se représenter fort vivement les objets; ce qui ne se peut, sans que le cerveau soit fortement remué.

Et il faut, pour faire un raisonnement, tant rappeler d'images sensibles, par conséquent remuer le cerveau fortement en tant d'endroits, qu'il n'y aurait rien à la longue de plus fatigant.

D'autant plus, qu'en rappelant ces objets divers qui servent au raisonnement, l'esprit demeure toujours attaché à l'objet qui en fait le sujet principal : de sorte que le cerveau est en même temps calmé à l'égard de son agitation universelle, tendu et dressé à un point fixe par la considération de l'objet principal, et remué fortement en divers endroits pour rappeler les objets seconds et subsidiaires.

Il faut, pour des mouvements si réguliers et si forts, beaucoup d'esprits; et la tête aussi en tire tant dans ces opérations, quand elles sont longues, qu'elle en épuise le reste du corps.

De là suit une lassitude universelle et une nécessité indispensable de relâcher son attention.

Mais la nature y a pourvu, en nous donnant le sommeil, où

les nerfs sont détendus, où les sensations sont éteintes, où le cerveau et tout le corps se reposent. Comme donc c'est là le vrai temps du relâchement, le jour doit être donné à l'attention, qui peut être plus ou moins forte, et par là tantôt tendre le cerveau, et tantôt le soulager.

Voilà ce qui doit se faire dans le cerveau durant le raisonnement, c'est-à-dire durant la recherche de la vérité, recherche que nous avons dit devoir être laborieuse; et on aperçoit maintenant que ce travail ne vient pas précisément de l'acte d'entendre, mais des imaginations qui doivent aller en concours, et qui présupposent dans le cerveau un grand mouvement.

Au reste, quand la vérité est trouvée, tout le travail cesse; et l'âme, toujours délectée de ce beau spectacle, voudrait n'en être jamais arrachée, parce que la vérité ne cause par elle-même aucune altération.

Et lorsqu'elle demeure clairement connue, l'imagination agit peu ou point du tout : de là vient qu'on ne ressent que peu ou point de travail.

Car, dans la recherche de la vérité où nous procédons par comparaisons, par oppositions, par proportions, par autres choses semblables pour lesquelles il faut appeler beaucoup d'images sensibles, l'imagination agit beaucoup. Mais quand la chose est trouvée, l'âme fait taire l'imagination autant qu'elle peut, et ne fait plus que tourner vers la vérité un simple regard, en quoi consiste l'acte d'entendre.

Et plus cet acte est démêlé de toute image sensible, plus il est tranquille; ce qui montre que l'acte d'entendre, de lui-même ne fait point de peine.

Il en fait pourtant par accident, parce que, pour y demeurer, il faut arrêter l'imagination, et par conséquent tenir en bride le cerveau contre le cours des esprits.

Ainsi la contemplation, quelque douce qu'elle soit par elle-même, ne peut pas durer bien longtemps, par le défaut du corps continuellement agité.

Et les seuls besoins du corps, qui sont si fréquents et si grands, font diverses impressions, et rappellent diverses pensées auxquelles il est nécessaire de prêter l'oreille; de sorte que l'âme est forcée de quitter la contemplation de la vérité.

Par les choses qui ont été dites, on entend le premier effet de l'attention sur le corps. Il regarde le cerveau, qui, au lieu d'une agitation universelle, est fixé à un certain point au commandement de l'âme quand elle veut être attentive, et, au reste, demeure en état d'être excité subsidiairement où elle veut.

Il y a un second effet de l'attention, qui s'étend sur les passions : nous allons le considérer. Mais avant que de passer outre, il ne faut pas oublier une chose considérable, qui regarde l'attention prise en elle-même. C'est qu'un objet qui a commencé de nous occuper par une attention volontaire, nous tient dans la suite longtemps attachés, même malgré nous, parce que les esprits, qui ont pris un certain cours, ne peuvent pas aisément être détournés.

Ainsi notre attention est mêlée de volontaire et d'involontaire. Un objet qui nous a occupés par force nous flatte souvent, de sorte que la volonté s'y donne, de même qu'un objet choisi par une forte application nous devient une occupation inévitable.

Et comme l'agitation naturelle de notre cerveau rappelle beaucoup de pensées qui nous viennent malgré nous, l'attention volontaire de notre âme fait de son côté de grands effets sur le cerveau même; les traces que les objets y avaient laissées en deviennent plus profondes, et le cerveau est disposé à s'émouvoir plus aisément dans ces endroits-là.

Et par l'accord établi entre l'âme et le corps, il se fait naturellement une telle liaison entre les impressions du cerveau et les pensées de l'âme, que l'un ne manque jamais de ramener l'autre. Et ainsi, quand une forte imagination a causé, par l'attention que l'âme y apporte, un grand mouvement dans le cerveau, en quelque sorte que ce mouvement soit renouvelé, il fait revivre, et souvent dans toute leur force, les pensées qui l'avaient causé la première fois.

C'est pourquoi il faut beaucoup prendre garde de quelles imaginations on se remplit volontairement, et se souvenir que dans la suite elles reviendront souvent malgré nous, par l'agitation naturelle du cerveau et des esprits.

Mais il faut aussi conclure qu'en prenant les choses de loin et ménageant bien notre attention, dont nous sommes maîtres, nous pouvons gagner beaucoup sur les impressions de notre cerveau, et le plier à l'obéissance.

XIX. L'effet de l'attention sur les passions, et comment l'âme les peut tenir en sujétion dans leur principe : où il est parlé de l'extravagance, de la folie et des songes.

Par cet empire sur notre cerveau, nous pouvons aussi tenir en bride les passions, qui en dépendent toutes; et c'est le plus bel effet de l'attention.

Pour l'entendre, il faut observer quelle sorte d'empire nous pouvons avoir sur nos passions.

1° Il est certain que nous ne leur commandons pas directement, comme à nos bras et à nos mains : nous ne pouvons pas élever ou apaiser notre colère, comme nous pouvons ou remuer le bras ou le tenir sans action.

2° Il n'est pas moins clair, et nous l'avons déjà dit, que par le pouvoir que nous avons sur les membres extérieurs, nous en avons aussi un très grand sur les passions; mais indirectement, puisque nous pouvons par là, et nous éloigner des objets qui les font naître, et en empêcher l'effet. Ainsi, je puis m'éloigner d'un objet qui m'irrite; et, lorsque ma colère est excitée, je lui puis refuser mon bras, dont elle a besoin pour se satisfaire.

Mais, pour cela, il le faut vouloir, et vouloir fortement. Et la grande difficulté est de vouloir autre chose que ce que la passion nous inspire; parce que, dans les passions, l'âme se trouve tellement portée à s'unir aux dispositions du corps, qu'elle ne peut presque se résoudre à s'y opposer.

Il faut donc chercher un moyen de calmer, ou de modérer, ou même de prévenir les passions dans leur principe, et ce moyen est l'attention bien gouvernée.

Car le principe de la passion, c'est l'impression puissante d'un objet dans le cerveau; et l'effet de cette impression ne peut être mieux empêché qu'en se rendant attentif à d'autres objets.

En effet, nous avons vu que l'âme attentive fixe le cerveau en un certain endroit, vers lequel elle détermine le cours des esprits; et par là elle rompt le coup de la passion, qui, les portant à un autre endroit, causait de mauvais effets dans tout le corps.

C'est pourquoi on dit, et il est vrai, que le remède le plus naturel des passions, c'est de détourner l'esprit autant qu'on peut des objets qu'elles lui présentent; et il n'y a rien pour cela de plus efficace que de s'attacher à d'autres objets.

Et il faut ici observer qu'il en est des esprits émus, et poussés d'un certain côté, à peu près comme d'une rivière, qu'on peut plus aisément détourner que l'arrêter de droit fil : ce qui fait qu'on réussit mieux dans la passion en pensant à d'autres choses, qu'en s'opposant directement à son cours.

Et de là vient qu'une passion violente a souvent servi de frein ou de remède aux autres; par exemple, l'ambition ou la passion de la guerre, à l'amour.

Et il est quelquefois utile de s'abandonner à des passions innocentes, pour détourner ou empêcher des passions criminelles.

Il sert aussi beaucoup de faire un bon choix des personnes avec qui on converse. Ce qui est en mouvement répand aisément son agitation autour de soi; et rien n'émeut plus les passions, que les discours et les actions des hommes passionnés.

Au contraire, une âme tranquille nous tire en quelque façon hors de l'agitation, et semble nous communiquer son repos, pourvu toutefois que cette tranquillité ne soit pas insensible et fade. Il faut quelque chose de vif, qui s'accorde un peu avec notre mouvement, mais où, dans le fond, il se trouve de la consistance.

Enfin, dans les passions, il faut calmer les esprits par une espèce de diversion, et se jeter, pour ainsi dire, à côté, plutôt que de combattre de front : c'est-à-dire, qu'il n'est plus temps d'opposer des raisons à une passion déjà émue, car en raisonnant sur sa passion, même pour l'attaquer, on en rappelle l'objet, on en renforce les traces, et on irrite plutôt les esprits qu'on ne les calme. Où les sages raisonnements sont de grand effet, c'est à prévenir les passions. Il faut donc nourrir son esprit de considérations sensées, et lui donner de bonne heure des attachements honnêtes, afin que les objets des passions trouvent la place déjà prise, les esprits déterminés à un certain cours, et le cerveau affermi.

Car la nature ayant formé cette partie capable d'être occupée par les objets, et aussi d'obéir à la volonté, il est clair que qui prévient doit l'emporter.

Si donc l'âme s'accoutume de bonne heure à être maîtresse de son attention, et qu'elle l'attache à de bons objets, elle sera par ce moyen maîtresse, premièrement du cerveau, par là du cours des esprits, et par là enfin des émotions que les passions excitent.

Mais il faut se souvenir que l'attention véritable est celle qui considère l'objet tout entier. Ce n'est être qu'à demi attentif à un objet, comme serait une femme tendrement aimée, que de n'y considérer que le plaisir dont on est flatté en l'aimant, sans songer aux suites honteuses d'un semblable engagement.

Il est donc nécessaire d'y bien penser, et d'y penser de bonne heure ; parce que si on laisse le temps à la passion de faire toute son impression dans le cerveau, l'attention viendra trop tard.

Car, en considérant le pouvoir de l'âme sur le corps, il faut observer soigneusement que ses forces sont bornées et restreintes ; de sorte qu'elle ne peut pas faire des bras ou des mains, et encore moins du cerveau tout ce qu'elle veut.

C'est pourquoi nous venons de voir qu'elle le perdrait en le poussant trop, et qu'elle est obligée de le ménager.

Par la même raison, il s'y fait souvent des agitations si violentes, que l'âme n'en est plus maîtresse, non plus qu'un cocher de chevaux fougueux qui ont pris le frein aux dents.

Quand cette disposition est fixe et perpétuelle, c'est ce qui s'appelle folie ; et quand elle a une cause qui finit avec le temps, comme un mouvement de fièvre, cela s'appelle délire et rêverie.

Dans la folie et dans le délire, il arrive de deux choses l'une : ou le cerveau est agité tout entier avec un égal dérèglement, alors il s'est fait une parfaite extravagance, et il ne paraît aucune suite dans les pensées ni dans les paroles : ou le cerveau n'est blessé que dans un certain endroit, alors la folie ne s'attache aussi qu'à un objet déterminé ; tels sont ceux qui s'imaginent être toujours à la comédie et à la chasse : et tant d'autres, frappés d'un certain objet, parlent raisonnablement de tous les autres, et assez conséquemment de celui-là même qui fait leur erreur.

La raison est que, n'y ayant qu'un seul endroit du cerveau marqué d'une impression invincible à l'âme, elle demeure maîtresse de tout le reste, et peut exercer ses fonctions sur tout autre objet.

Et l'agitation du cerveau, dans la folie, est si violente, qu'elle paraît même au dehors par le trouble qui paraît dans tout le visage, et principalement par l'égarement des yeux.

De là s'ensuit que toutes les passions violentes sont une espèce de folie, parce qu'elles causent des agitations dans le cerveau, dont l'âme n'est pas maîtresse. Aussi n'y a-t-il point de cause plus ordinaire de la folie, que les passions portées à certains excès.

Par là aussi s'expliquent les songes, qui sont une espèce d'extravagance.

Dans le sommeil, le cerveau est abandonné à lui-même, et il n'y a point d'attention; car la veille consiste précisément dans l'attention de l'esprit, qui se rend maître de ses pensées.

Nous avons vu que l'attention cause le plus grand travail du cerveau, et que c'est principalement ce travail que le sommeil vient relâcher.

De là il doit arriver deux choses : l'une, que l'imagination doit dominer dans les songes, et qu'il se doit présenter à nous une grande variété d'objets, souvent même avec quelque suite, pour les raisons qui ont été dites en parlant de l'imagination; l'autre, que ce qui se passe dans notre imagination nous paraît réel et véritable, parce qu'alors il n'y a point d'attention, par conséquent, point de discernement.

De tout cela il résulte que la vraie assiette de l'âme est lorsqu'elle est maîtresse des mouvements du cerveau; et que comme c'est par l'attention qu'elle le contient, c'est aussi de son attention qu'elle se doit principalement rendre la maîtresse; mais qu'il s'y faut prendre de bonne heure, et ne pas laisser occuper le cerveau à des impressions trop fortes, que le temps rendrait invincibles.

Et nous avons vu, en général, que l'âme, en se servant bien de sa volonté, et de ce qui est soumis naturellement à la volonté, peut régler et discipliner tout le reste.

Enfin, des méditations sérieuses, des conversations honnêtes, une nourriture modérée, un sage ménagement de ses forces, rendent l'homme maître de lui-même, autant que cet état de mortalité le peut souffrir.

II

La curiosité et l'orgueil.

TRAITÉ DE LA CONCUPISCENCE, CHAP. VIII ET XVIII.

CHAPITRE VIII

De la concupiscence des yeux, et premièrement de la curiosité.

La seconde chose qui est dans le monde, selon saint Jean[1], c'est la concupiscence des yeux. Il faut d'abord la distinguer de la concupiscence de la chair, car le dessein de saint Jean est ici de nous découvrir une autre source de corruption, et un autre vice un peu plus délicat en apparence, mais dans le fond aussi mauvais, qui consiste principalement en deux choses dont l'une est le désir de voir, d'expérimenter, de connaître, en un mot, la curiosité; et l'autre est le plaisir des yeux lorsqu'on les repait des objets d'un certain éclat capable de les éblouir ou de les séduire.

Le désir d'expérimenter et de connaître s'appelle la concupiscence des yeux, parce que de tous les organes, nos yeux sont ceux qui étendent le plus nos connaissances. Sous les yeux sont en quelque sorte compris les autres sens; et dans l'usage du langage humain, sentir et voir c'est la même chose. On ne dit pas seulement, Voyez que cela est beau, mais, Voyez que cette fleur sent bon, que cette chose est douce à manier, que cette musique est agréable à entendre. C'est donc pour cela, dit saint Augustin, que toute curiosité se rapporte à la concupiscence des yeux. Le désir de voir, pris en cette sorte, c'est-à-dire celui d'expérimenter, nous replonge enfin dans la concupiscence de la chair, qui fait que nous ne cessons de rechercher et de nous imaginer de nouveaux plaisirs, avec de nouveaux assaisonnements, pour en irriter la cupidité. Mais ce désir a plus d'étendue, et c'est pourquoi il faut distinguer cette seconde concupiscence de la première.

Il faut donc mettre dans ce second rang toutes ces vaines curiosités de savoir ce qui se passe dans le monde, tout le secret

---

1. Le *Traité de la concupiscence* est le commentaire de ces paroles de saint Jean, I *Ep.*, II, 15, 16, 17 : « N'aimez pas le monde, ni ce qui est dans le monde. Celui qui aime le monde, l'amour du Père n'est pas en lui parce que tout ce qui est dans le monde est concupiscence de la chair, et concupiscence des yeux, et orgueil de la vie,... etc. »

de cette intrigue de quelque nature qu'elle soit, tous les ressorts qui ont fait mouvoir tels et tels qui se donnent tant de mouvement dans le monde; les ambitieux desseins de celui-ci et de celui-là, avec toute l'adresse qu'ils ont de les couvrir d'un beau prétexte, souvent même de celui de la vertu. O Dieu! quelle pâture pour les âmes curieuses, et par là vaines et faibles. Et qu'apprendrez-vous par là qui soit si digne d'être connu? Est-ce une chose qui soit si merveilleuse de savoir ce qui meut les hommes, et la cause de toutes leurs illusions, de tous leurs songes? Quel fruit retirerez-vous de ces curieuses recherches, et que vous produiront-elles, sinon des soupçons et des jugements injustes, et pour vous une redoutable matière des jugements de celui qui dit : « Ne jugez pas et vous ne serez pas jugés? »

Cette curiosité s'étend aux siècles passés les plus éloignés, et c'est de là que nous vient cette insatiable avidité de savoir l'histoire. On se transporte en esprit dans le cœur des anciens rois, dans les secrets des anciens peuples; on s'imagine entrer dans les délibérations du sénat romain, dans les conseils ambitieux d'un Alexandre ou d'un César, dans les jalousies politiques et raffinées d'un Tibère. Si c'est pour en tirer quelques exemples utiles à la vie humaine, à la bonne heure; il le faut souffrir, et même louer, pourvu que l'on apporte à cette recherche une certaine sobriété. Mais si c'est, comme on le remarque dans la plupart des curieux, pour se repaître l'imagination de certains objets; qu'y a-t-il de plus inutile, que de se tant arrêter à ce qui n'est plus; que de rechercher toutes les folies qui ont passé dans la tête d'un mortel; que de rappeler avec tant de soin ces images que Dieu a détruites dans sa cité sainte, ces ombres qu'il a dissipées, tout cet attirail de la vanité qui de lui-même s'est replongé dans le néant, d'où il est sorti : « Enfants des hommes, jusqu'à quand aurez-vous le cœur appesanti? Pourquoi aimez-vous tant la vanité, et pourquoi vous délectez-vous à étudier le mensonge? »

Il faut encore ranger dans ce second ordre de concupiscence toutes les mauvaises sciences, comme sont celles de deviner par les astres, ou par les traits du visage et de la main, ou par cent autres moyens aussi frivoles, les événements de la vie humaine, que Dieu a soumis à la direction particulière de sa providence. C'est entreprendre sur les droits de Dieu, c'est détruire la confiance avec laquelle on se doit abandonner à sa volonté, que de donner dans ces sciences aussi vaines que pernicieuses; c'est accoutumer l'esprit à se repaître de choses frivoles et à négliger les solides. On n'a pas besoin de remarquer que c'est encore un plus grand excès que de chercher les moyens de consulter les démons, ou de les voir, ou de leur parler, ou d'apprendre des guérisons qui se font par leurs ministères, ou par des pactes formés, ou des traités avec les malins esprits. Car outre que dans toutes ces curiosités il y a de l'impiété et une damnable superstition, on peut encore ajouter qu'elles sont l'effet de la faiblesse d'un cerveau blessé; de sorte que c'est éteindre la véritable lumière, que d'en suivre de si fausses.

Voilà pour ce qui regarde les vaines et fausses sciences. Et pour ce qui est des véritables, on excède beaucoup à s'y livrer trop, ou à contre-temps, ou au préjudice de plus grandes obligations; comme il arrive à ceux qui, dans le temps de prier, ou de pratiquer la vertu, s'adonnent à toutes sortes de lectures, surtout des livres nouveaux, des romans, des comédies, des poésies, et se laissent tellement posséder au désir de savoir, qu'ils ne se possèdent plus eux-mêmes.

Car tout cela n'est autre chose qu'une intempérance, une maladie, un dérèglement de l'esprit, un dessèchement du cœur, une misérable captivité qui ne nous laisse pas le loisir de penser à nous, et une source d'erreurs.

C'est encore s'abandonner à cette concupiscence que saint Jean réprouve, que d'apporter des yeux curieux à la recherche des choses divines, ou des mystères de la religion. « Ne recherchez point, » dit le Sage, « ce qui est au-dessus de vous. » Et encore : « Celui qui sonde trop avant les secrets de la divine Majesté, sera accablé de sa gloire. » Et encore : « Prenez garde de ne vouloir point être sages plus qu'il ne faut; soyez sages sobrement et modérément. » La foi et l'humilité sont les guides qu'il faut suivre : quand on se jette dans l'abîme, on y périt. Combien ont trouvé leur perte dans la trop grande méditation des secrets de la prédestination et de la grâce, voulant juger de tout par leur propre esprit, et rendre raison de tout, et s'élevant superbement au-dessus des docteurs et des apôtres mêmes!

Il faut en savoir autant qu'il est nécessaire pour bien prier, et s'humilier véritablement; c'est-à-dire qu'il faut savoir que tout le bien vient de Dieu, et tout le mal de nous seuls. Que sert de rechercher curieusement les moyens de concilier notre liberté avec les décrets de Dieu? N'est-ce pas assez de savoir que Dieu qui l'a faite la fait mouvoir et la conduit à ses fins cachées sans la détruire? Prions-le donc de nous diriger dans la voie du salut, et de se rendre maître de nos désirs par les moyens qu'il sait. C'est à sa science, et non à la nôtre, que nous devons nous abandonner. Cette vie est le temps de croire, comme la vie future est le temps de voir. C'est tout savoir, dit un Père, que de ne rien savoir davantage : « *Nihil ultra scire, omnia scire est.* »

Toute âme curieuse est faible et vaine, par là même elle est discoureuse, elle n'a rien de solide, et veut seulement étaler un vain savoir qui ne cherche point à instruire, mais à éblouir les ignorants.

Il y a une sorte de curiosité, qui est une curiosité dépensière. On ne saurait avoir trop de raretés, trop de bijoux, trop de pierreries, trop de tableaux, trop de livres curieux, sans avoir même le plus souvent envie de les lire. Ce n'est qu'amusement et ostentation. Malheureuse curiosité, qui pousse à bout la dépense et sèche la source des aumônes; mais elle pourra revenir à la seconde manière de concupiscence des yeux, dont nous allons parler.

CHAPITRE XVIII
Un bel esprit, un philosophe.

Parlons d'une autre espèce d'orgueil, c'est-à-dire d'une autre espèce de faiblesse. On en voit qui passent leur vie à tourner un vers, à arrondir une période, en un mot à rendre agréables des choses non seulement inutiles, mais encore dangereuses, comme à chanter leurs amours, et à remplir l'univers des folies de leurs jeunesses égarées.

Aveugles admirateurs de leurs ouvrages, ils ne peuvent souffrir ceux des autres; ils tâchent parmi les grands, dont ils flattent les erreurs et les faiblesses, de gagner les suffrages pour leurs vers. S'ils remportent ou qu'ils s'imaginent remporter l'applaudissement du public, enflés de ce succès, ou vain ou imaginaire, ils apprennent à mettre leur félicité dans les voix confuses, dans un bruit qui se fait dans l'air, et prennent rang parmi ceux à qui le prophète adresse ce reproche : « Vous qui vous réjouissez dans le néant. » Que si quelque critique vient à leurs oreilles, avec un dédain apparent ou une douleur véritable ils se font justice à eux-mêmes; de peur de les affliger, il faut bien qu'une troupe d'amis flatteurs prononcent pour eux et les assurent du public. Attentifs à son jugement, où le goût, c'est-à-dire ordinairement la fantaisie et l'humeur ont plus de part que la raison, ils ne songent pas à ce sévère jugement où la vérité condamnera l'inutilité de leur vie, la vanité de leurs travaux, la bassesse de leurs flatteries, et à la fois le venin de leurs mordantes satires ou de leurs épigrammes piquantes, plus que tout cela les douceurs ou les agréments qu'ils auront versés sur le poison de leurs écrits, ennemis de la piété et de la pudeur. Si leur siècle ne leur parait pas assez favorable à leurs folies, ils attendront la justice de la postérité, c'est-à-dire qu'ils trouveront bon et heureux d'être loués parmi les hommes pour des ouvrages que leur conscience aura condamnés avec Dieu même, et qui auront allumé autour d'eux un feu vengeur. O tromperie! ô aveuglement! ô vain triomphe de l'orgueil!

Une autre espèce d'orgueilleux : les philosophes condamnent

ces vains écrits. Il n'y a rien en apparence de plus grave ni de plus vrai que le jugement qu'un Socrate, un Platon, d'autres philosophes, à leur exemple, portent des écrits des poètes. Ils n'ont, disent-ils (c'est le discours de Platon), aucun égard à la vérité; pourvu qu'ils disent des choses qui plaisent, ils sont contents : c'est pourquoi on trouvera dans leurs vers le pour et le contre, des sentences admirables pour la vertu et contre elle; les vices y sont blâmés et loués également, et, pourvu qu'ils les chantent en beaux vers, leur ouvrage est accompli. On trouvera dans ce philosophe un recueil de vers d'Homère pour et contre la vertu : le poète ne paraît pas se soucier de ce qu'on suivra; et, pourvu qu'il arrache à son lecteur le témoignage que son oreille a été agréablement flattée, il croit avoir satisfait aux règles de son art : comme un peintre qui, sans se mettre en peine d'avoir peint des objets qui portent au vice ou qui représentent la vertu, croit avoir accompli ce qu'on attend de son pinceau, lorsqu'il a parfaitement imité la nature. C'est pourquoi (ceci est encore le raisonnement de Platon sous le nom de Socrate), lorsqu'on trouve dans les poètes de grandes et admirables sentences, on n'a qu'à approfondir et les faire raisonner dessus, on trouvera qu'ils ne les entendent pas. Pourquoi? dit ce philosophe. Parce que, songeant seulement à plaire, ils ne se mettent en aucune peine de chercher la vérité.

Ainsi voit-on dans Virgile le vrai et le faux également étalés. Il trouve à propos de décrire dans son *Enéide* l'opinion de Platon sur la pensée et l'intelligence qui anime le monde, il le fera en vers magnifiques. S'il plaît à la veine poétique, et au feu qui en anime les mouvements, de décrire le concours d'atomes qui assemble fortuitement les premiers principes des terres, des mers, des airs et du feu, et d'en faire sortir l'univers sans qu'on ait besoin pour les arranger du secours d'une main divine; il sera aussi bon épicurien dans une de ses Eglogues que bon platonicien dans son poème héroïque. Il a contenté l'oreille, il a étalé le beau tour de son esprit, le beau son de ses vers et la vivacité de ses expressions : c'est assez à la poésie, il ne veut pas que la vérité lui soit nécessaire.

Les poètes chrétiens et les beaux esprits prennent le même esprit : la religion n'est non plus dans le dessein et dans la composition de leurs ouvrages que dans ceux des païens. Celui-là s'est mis dans l'esprit de blâmer les femmes; il ne se met point en peine s'il condamne le mariage, et s'il en éloigne ceux à qui il a été donné comme un remède; pourvu qu'avec de beaux vers il sacrifie la pudeur des femmes à son humeur satirique, et qu'il fasse de belles peintures d'actions bien souvent très laides, il est content[1].

1. Boileau, dans la satire X *Sur les Femmes.*

Un autre[1] croira fort beau de mépriser l'homme dans ses vanités et ses airs; il plaidera contre lui la cause des bêtes, et attaquera en forme jusqu'à la raison; sans songer qu'il déprise l'image de Dieu, dont les restes sont encore si vivement empreints dans notre chute, et qui sont si heureusement renouvelés dans notre régénération. Ces grandes vérités ne lui sont de rien : au contraire, il les cache de dessein formé à ses lecteurs, parce qu'elles rompraient le cours de ses fausses et dangereuses plaisanteries : tant on s'éloigne de la vérité, quand on cultive les arts auxquels la coutume et l'erreur ne donnent dans la pratique d'autre objet que le plaisir.

Un philosophe[2] blâme les arts et les bannit de sa république, avec des couronnes sur la tête et une branche de laurier dans la main. Mais ce philosophe est-il lui-même plus sérieux, lui qui ayant connu Dieu ne le connaît pas pour Dieu; qui n'ose annoncer au peuple la plus importante des vérités; qui adore avec lui des idoles, et sacrifie avec lui la vérité à la coutume? Il en est de même des autres qui, enflés de leur vaine philosophie parce qu'ils seront, ou physiciens, ou géomètres, ou astronomes, croiront exceller en tout, et soumettront à leur jugement les oracles que Dieu envoie au monde, jusqu'à tenter de les redresser : la simplicité de l'Ecriture causera un dégoût extrême à leur esprit préoccupé; et autant qu'ils s'approcheront de Dieu par l'intelligence, autant s'en éloigneront-ils par leur orgueil : « *Quantum propinquaverunt intelligentia, tantum superbia recesserunt,* » dit saint Augustin. Voilà ce que fait dans l'homme la philosophie, quand elle n'est pas soumise à la sagesse de Dieu; elle n'engendre que des superbes et des incrédules.

---

1. On pense d'abord à Boileau et à la satire VIII *Sur l'Homme*. Un des éditeurs de Boileau, M. de Saint-Surin, cite dans une note sur cette satire tout ce passage de Bossuet, sans émettre le moindre doute. Mais pourquoi Bossuet, qui vient de parler de Boileau, dit-il « un autre », si c'est de Boileau encore qu'il s'agit? C'est Montaigne qu'il doit avoir en vue. Il lui reproche, dans la *Connaissance de Dieu et de soi-même*, V, 1, de « plaider la cause des bêtes. » Et dans le 3ᵉ *Sermon pour la fête de tous les Saints*, prêché apparemment en 1669, nous lisons : « Eh quoi! homme, pouvez-vous penser que tout soit corps et matière en vous? Quoi! tout meurt, tout est enterré? Le cercueil vous égale aux bêtes, et il n'y a rien en vous qui soit au-dessus? Je le vois bien, votre esprit est infatué de tant de belles sentences en prose et en vers, qu'un Montaigne, je le nomme, vous a débitées; qui préfèrent les animaux à l'homme, leur instinct à notre raison, leur nature simple, innocente et sans fard, c'est ainsi qu'on parle, à nos raffinements et à nos malices. Mais, dites-moi, subtil philosophe, qui vous riez si finement de l'homme qui s'imagine être quelque chose, compterez-vous encore pour rien de connaître Dieu? Connaître une première nature, adorer son éternité, admirer sa toute-puissance, louer sa sagesse, s'abandonner à sa providence, obéir à sa volonté, n'est-ce rien qui nous distingue des bêtes?... »

2. Platon, dans sa *République*, l. II et III. C'est à ces mêmes livres qu'il était fait allusion dans la page précédente.

APPENDICE IV

EXTRAITS DE NICOLE

Exemples de mauvais raisonnements causés par l'imagination et la passion.

LOGIQUE DE PORT-ROYAL, IIIe PARTIE, CHAPITRE XX (FRAGMENTS)

CHAPITRE XX

Des mauvais raisonnements que l'on commet dans la vie civile et dans les discours ordinaires.

. . . .

En considérant généralement les causes de nos erreurs, il semble qu'on puisse les rapporter à deux principales : l'une intérieure, qui est le dérèglement de la volonté, qui trouble et dérègle le jugement ; l'autre extérieure, qui consiste dans les objets dont on juge, et qui trompent notre esprit par une fausse apparence. Or, quoique ces causes se joignent presque toujours ensemble, il y a néanmoins certaines erreurs où l'une paraît plus que l'autre ; et c'est pourquoi nous les traiterons séparément.

Des sophismes d'amour-propre, d'intérêt et de passion.

I. Si on examine avec soin ce qui attache ordinairement les hommes plutôt à une opinion qu'à une autre, on trouvera que ce n'est pas la pénétration de la vérité et la force des raisons, mais quelque lien d'amour-propre, d'intérêt ou de passion. C'est le poids qui emporte la balance, et qui nous détermine dans la plupart de nos doutes ; c'est ce qui donne le plus grand branle à nos jugements, et qui nous y arrête le plus fortement. Nous jugeons des choses non par ce qu'elles sont en elles-mêmes, mais par ce qu'elles sont à notre égard ; et la vérité et l'utilité ne sont pour nous qu'une même chose.

Il n'en faut point d'autres preuves que ce que nous voyons

tous les jours, que des choses tenues partout ailleurs pour douteuses, ou même pour fausses, sont tenues pour très certaines par tous ceux d'une nation, ou d'une profession, ou d'un institut ; car n'étant pas possible que ce qui est vrai en Espagne soit faux en France, ni que l'esprit de tous les Espagnols soit tourné si différemment de celui des Français, qu'à ne juger des choses que par les règles de la raison, ce qui paraît vrai généralement aux uns paraisse faux généralement aux autres, il est visible que cette diversité de jugement ne peut venir d'autre cause, sinon qu'il plaît aux uns de tenir pour vrai ce qui leur est avantageux, et que les autres n'y ayant point d'intérêt en jugent d'une autre sorte.

Cependant qu'y a-t-il de moins raisonnable que de prendre notre intérêt pour motif de croire une chose? Tout ce qu'il peut faire, au plus, est de nous porter à considérer avec plus d'attention les raisons qui peuvent nous faire découvrir la vérité de ce que nous désirons être vrai ; mais il n'y a que cette vérité, qui doit se trouver dans la chose même indépendamment de nos désirs, qui doive nous persuader. Je suis d'un tel pays : donc je dois croire qu'un tel saint y a prêché l'Évangile. Je suis d'un tel ordre : donc je crois qu'un tel privilége est véritable. Ce ne sont pas là des raisons. De quelque ordre et de quelque pays que vous soyez, vous ne devez croire que ce qui est vrai, et que ce que vous seriez disposé à croire si vous étiez d'un autre pays, d'un autre ordre, d'une autre profession.

II. Mais cette illusion est bien plus visible lorsqu'il arrive du changement dans les passions : car, quoique toutes choses soient demeurées dans leur place, il semble néanmoins à ceux qui sont émus de quelque passion nouvelle, que le changement qui ne s'est fait que dans leur cœur ait changé toutes les choses extérieures qui y ont quelque rapport. Combien voit-on de gens qui ne peuvent plus reconnaître aucune bonne qualité, ni naturelle, ni acquise, dans ceux contre qui ils ont conçu de l'aversion ou qui ont été contraires en quelque chose à leurs sentiments, à leurs désirs, à leurs intérêts! Cela suffit pour devenir tout d'un coup à leur égard téméraire, orgueilleux, ignorant, sans foi, sans honneur, sans conscience. Leurs affections et leurs désirs ne sont pas plus justes ni plus modérés que leur haine. S'ils aiment quelqu'un, il est exempt de toutes sortes de défauts; tout ce qu'il désire est juste et facile, tout ce qu'il ne désire pas est injuste et impossible, sans qu'ils puissent alléguer aucune raison de tous ces jugements que la passion même qui les possède : de sorte qu'encore qu'ils ne fassent pas dans leur esprit ce raisonnement formel : je l'aime : donc c'est le plus habile homme du monde; je le hais : donc c'est un homme de néant, ils le font en quelque sorte dans leur cœur; et c'est pourquoi on peut appeler ces sortes d'égarement des sophismes et des illusions du cœur, qui consistent à transporter nos passions dans les objets de nos passions, et à juger qu'ils sont ce que nous voulons ou désirons qu'ils soient : ce qui est sans doute très déraisonnable, puisque nos désirs ne changent rien dans l'être de ce qui est hors de nous, et qu'il n'y a que Dieu dont la volonté soit tellement efficace, que les choses sont tout ce qu'il veut qu'elles soient.

III. On peut rapporter à la même illusion de l'amour-propre celle de ceux qui décident tout par un principe fort général et fort commode, qui est, qu'ils ont raison, qu'ils connaissent la vérité ; d'où il ne leur est pas difficile de conclure que ceux qui ne sont pas de leur sentiment se trompent : en effet, la conclusion est nécessaire.

Le défaut de ces personnes ne vient que de ce que l'opinion avantageuse qu'ils ont de leurs lumières leur fait prendre toutes leurs pensées pour tellement claires et évidentes, qu'ils s'imaginent qu'il suffit de les proposer pour obliger tout le monde à s'y soumettre ; et c'est pourquoi ils se mettent peu en peine d'en apporter des preuves : ils écoutent peu les raisons des autres, ils veulent tout emporter par autorité, parce qu'ils ne distinguent jamais leur autorité de la raison ; ils traitent de téméraires tous ceux qui ne sont pas de leur sentiment, sans considérer que si les autres ne sont pas de leur sentiment, ils ne sont pas aussi du sentiment des autres, et qu'il n'est pas juste de supposer sans preuve que nous avons raison, lorsqu'il s'agit de convaincre des personnes qui ne sont d'une autre opinion que nous que parce qu'ils sont persuadés que nous n'avons pas raison.

IV. Il y en a de même qui n'ont point d'autre fondement, pour rejeter certaines opinions, que ce plaisant raisonnement : *Si cela était, je ne serais pas un habile homme ; or, je suis un habile homme : donc cela n'est pas.* C'est la principale raison qui a fait rejeter longtemps certains remèdes très utiles et des expériences très certaines, parce que ceux qui ne s'en étaient point encore avisés concevaient qu'ils se seraient donc trompés jusqu'alors. Quoi ! si le sang, disaient-ils, avait une révolution circulaire dans le corps ; si l'aliment ne se portait pas au foie par les veines mésaraïques ; si l'artère veineuse portait le sang au cœur ; si le sang montait par la veine cave descendante ; si la nature n'avait point d'horreur du vide ; si l'air était pesant et avait un mouvement en bas, j'aurais ignoré des choses importantes dans l'anatomie et dans la physique : il faut donc que cela ne soit pas. Mais pour les guérir de cette fantaisie, il ne faut que leur bien représenter que c'est un très petit inconvénient qu'un homme se trompe, et qu'ils ne laisseront pas d'être habiles en d'autres choses, quoiqu'ils ne l'aient pas été en celles qui auraient été nouvellement découvertes.

V. Il n'y a rien aussi de plus ordinaire que de voir des gens se faire mutuellement les mêmes reproches, et se traiter, par exemple, d'opiniâtres, de passionnés, de chicaneurs, lorsqu'ils sont de différents sentiments. Il n'y a presque point de plaideurs qui ne s'entr'accusent d'allonger les procès, et de couvrir la vérité par des adresses artificieuses, et ainsi ceux qui ont raison et ceux qui ont tort parlent presque le même langage et font les mêmes plaintes, et s'attribuent les uns aux autres les mêmes défauts; ce qui est une des choses les plus incommodes qui soient dans la vie des hommes, et qui jettent la vérité et l'erreur, la justice et l'injustice dans une si grande obscurité, que le commun du monde est incapable d'en faire le discernement : et il arrive de là que plusieurs s'attachent, au hasard et sans lumière, à l'un des partis, et que d'autres les condamnent tous deux comme ayant également tort.

Toute cette bizarrerie naît encore de la même maladie qui fait prendre à chacun pour principe qu'il a raison : car de là il n'est pas difficile de conclure que tous ceux qui nous résistent sont opiniâtres, puisque être opiniâtre, c'est ne se rendre pas à la raison.

Mais encore qu'il soit vrai que ces reproches de passion, d'aveuglement, de chicanerie, qui sont très injustes de la part de ceux qui se trompent, sont justes et légitimes de la part de ceux qui ne se trompent pas, néanmoins, parce qu'ils supposent que la vérité soit du côté de celui qui les fait, les personnes sages et judicieuses qui traitent quelque matière contestée doivent éviter de s'en servir avant que d'avoir suffisamment établi la vérité et la justice de la cause qu'ils soutiennent. Ils n'accuseront donc jamais leurs adversaires d'opiniâtreté, de témérité, de manquer de sens commun, avant que de l'avoir bien prouvé. Ils ne diront point, s'ils ne l'ont fait voir auparavant, qu'ils tombent en des absurdités et des extravagances insupportables; car les autres en diront autant de leur côté : ce qui n'est rien avancer; et ainsi ils aimeront mieux se réduire à cette règle si équitable de saint Augustin : *Omittamus ista communia, quæ dici ex utrâque parte possunt, licet vere dici ex utrâque parte non possint;* et ils se contenteront de défendre la vérité par les armes qui lui sont propres et que le mensonge ne peut emprunter, qui sont les raisons claires et solides.

VI. L'esprit des hommes n'est pas seulement naturellement amoureux de lui-même, mais il est aussi naturellement jaloux, envieux et malin à l'égard des autres : il ne souffre qu'avec peine qu'ils aient quelque avantage, parce qu'il les désire tous pour lui; et comme c'en est un que de connaître la vérité et d'apporter aux hommes quelque nouvelle lumière, on a une passion secrète de leur ravir cette gloire : ce qui engage souvent à combattre sans raison les opinions et les inventions des autres.

Ainsi, comme l'amour-propre fait souvent faire ce raisonnement ridicule : *C'est une opinion que j'ai inventée, c'est celle de mon ordre, c'est un sentiment qui m'est commode, il est donc véritable;* la malignité naturelle fait souvent faire cet autre qui n'est pas moins absurde : *C'est un autre que moi qui l'a dit, cela est donc faux; ce n'est pas moi qui ai fait ce livre, il est donc mauvais.*

C'est la source de l'esprit de contradiction si ordinaire parmi les hommes, et qui les porte, quand ils entendent ou lisent quelque chose d'autrui, à considérer peu les raisons qui pourraient les persuader et à ne songer qu'à celles qu'ils croient pouvoir opposer. Ils sont toujours en garde contre la vérité, et ils ne pensent qu'aux moyens de la repousser et de l'obscurcir; en quoi ils réussissent presque toujours, la fertilité de l'esprit humain étant inépuisable en fausses raisons.

Quand ce vice est dans l'excès, il fait un des principaux caractères de l'esprit de pédanterie, qui met son plus grand plaisir à chicaner les autres sur les plus petites choses et à contredire tout avec une basse malignité; mais il est souvent plus imperceptible et plus caché, et l'on peut dire même que personne n'en est entièrement exempt, parce qu'il a sa racine dans l'amour-propre, qui vit toujours dans les hommes.

La connaissance de cette disposition maligne et envieuse qui réside dans le fond du cœur des hommes, nous fait voir qu'une des plus importantes règles qu'on puisse garder pour n'engager pas dans l'erreur ceux à qui l'on parle, et ne leur donner point d'éloignement de la vérité qu'on veut leur persuader, est de n'irriter que le moins qu'on peut leur envie et leur jalousie en parlant de soi, et en leur présentant des objets auxquels elle puisse s'attacher.

Car les hommes, n'aimant guère qu'eux-mêmes, ne souffrent qu'avec impatience qu'un autre les applique à soi et veuille qu'on le regarde avec estime. Tout ce qu'ils ne rapportent pas à eux-mêmes leur est odieux et importun, et ils passent ordinairement de la haine des personnes à la haine des opinions et des raisons; et c'est pourquoi les personnes sages évitent autant qu'ils peuvent d'exposer aux yeux des autres les avantages qu'ils ont : ils fuient de se présenter en face et de se faire envisager en particulier, et tâchent plutôt de se cacher dans la presse pour n'être pas remarqués, afin qu'on ne voie dans leur discours que la vérité qu'ils proposent.

Feu M. Pascal, qui savait autant de véritable rhétorique que personne en ait jamais su, portait cette règle jusqu'à prétendre qu'un honnête homme devait éviter de se nommer, et même de se servir des mots de *je* et de *moi;* et il avait accoutumé de dire sur ce sujet que la piété chrétienne anéantit le *moi* humain, et que la civilité humaine le cache et le supprime[1]. Ce n'est pas que cette règle doive aller jusqu'au scrupule, car il y a des rencontres où ce serait se gêner inutilement que de vouloir éviter ces mots; mais il est toujours bon de l'avoir en vue pour s'éloigner de la méchante coutume de quelques individus qui ne parlent que d'eux-mêmes, et qui se citent partout lorsqu'il n'est point question de leur sentiment; ce qui donne lieu à ceux qui les écoutent de soupçonner que ce regard si fréquent vers eux-mêmes ne naisse d'une secrète complaisance qui les porte souvent vers cet objet de leur amour, et excite en eux, par une suite naturelle, une aversion secrète pour ces gens-là et pour tout ce qu'ils disent. C'est ce qui fait voir qu'un des caractères les plus indignes d'un honnête homme est celui que Montagne a affecté de n'entretenir ses lecteurs que de ses humeurs, de ses inclinations, de ses fantaisies, de ses maladies, de ses vertus et de ses vices; et qu'il ne naît que d'un défaut de jugement aussi bien que d'un violent amour de soi-même. Il est vrai qu'il tâche autant qu'il peut d'éloigner de lui le soupçon d'une vanité basse et populaire, en parlant librement de ses défauts aussi bien que de ses bonnes qualités : ce qui a quelque chose d'aimable par une apparence de sincérité; mais il est facile de voir que tout cela n'est qu'un jeu et un artifice qui doit le rendre encore plus odieux. Il parle de ses vices pour les faire connaître, et non pour les faire détester; il ne prétend pas qu'on doive moins l'en estimer; il les regarde comme des choses à peu près indifférentes et plutôt galantes que honteuses : s'il les découvre, c'est qu'il s'en soucie peu et qu'il croit qu'il n'en sera pas plus vil ni plus méprisable; mais quand il appréhende que quelque chose le rabaisse un peu, il est aussi adroit que personne à le cacher : c'est pourquoi un auteur célèbre de ce temps[2] remarque agréablement, qu'ayant eu soin fort inutilement de nous avertir en deux endroits de son livre qu'il avait un page, qui était un officier assez peu utile en la maison d'un gentilhomme de six mille livres de rente, il n'avait pas eu le même soin de nous dire qu'il avait eu aussi un clerc, ayant été conseiller du parlement de Bor-

---

1. Voici le passage des *Pensées* auquel Nicole fait allusion : « Le *moi* est haïssable. Vous, Miton, le couvrez, vous ne l'ôtez pas pour cela; vous êtes donc toujours haïssable. — Point, car en agissant, comme nous faisons, obligeamment pour tout le monde, on n'a plus sujet de nous haïr. — Cela est vrai, si on ne haïssait dans le *moi* que le déplaisir qui nous en revient. Mais si je le hais parce qu'il est injuste, qu'il se fait centre du tout, je le haïrai toujours. En un mot le moi a deux qualités : il est injuste en soi, en ce qu'il se fait centre du tout; il est incommode aux autres, en ce qu'il les veut asservir : car chaque *moi* est l'ennemi et voudrait être le tyran de tous les autres. Vous en ôtez l'incommodité, mais non pas l'injustice; et ainsi vous ne le rendez pas aimable à ceux qui haïssent l'injustice. Vous ne le rendez aimable qu'aux injustes, qui n'y trouvent plus leur ennemi; et ainsi vous demeurez injuste, et ne pouvez plaire qu'aux injustes. »

2. Balzac, *Dissertations critiques*, xix. Le morceau est en effet fort agréable.

deaux ; cette charge, quoique très honorable en soi, ne satisfaisant pas assez la vanité qu'il avait de faire paraître partout une humeur de gentilhomme et de cavalier, et un éloignement de robe et de procès.

Il y a néanmoins de l'apparence qu'il ne nous eût pas celé cette circonstance de sa vie, s'il eût pu trouver quelque maréchal de France qui eût été conseiller de Bordeaux, comme il a bien voulu nous faire savoir qu'il avait été maire de cette ville : mais après nous avoir avertis qu'il avait succédé en cette charge au maréchal de Biron, et qu'il l'avait laissée au maréchal de Matignon.

Mais ce n'est pas le plus grand mal de cet auteur que la vanité, et il est plein d'un si grand nombre d'infamies honteuses, et de maximes épicuriennes et impies, qu'il est étrange qu'on l'ait souffert si longtemps dans les mains de tout le monde, et qu'il y ait même des personnes d'esprit qui n'en connaissent pas le venin.

Il ne faut point d'autres preuves pour juger de son libertinage que cette manière même dont il parle de ses vices ; car reconnaissant en plusieurs endroits qu'il avait été engagé en un grand nombre de désordres criminels, il déclare néanmoins en d'autres qu'il ne se repent de rien, et que s'il avait à revivre, il revivrait comme il avait vécu. « Quant à moi, dit-il, je puis désirer en général d'être autre ; je puis condamner ma forme universelle, m'en déplaire et supplier Dieu pour mon entière réformation et pour l'excuse de ma faiblesse naturelle ; mais cela, je ne dois le nommer repentir, non plus que le déplaisir de n'être ni ange, ni Caton : mes actions sont réglées et conformes à ce que je suis et à ma condition : je ne puis faire mieux, et le repentir ne touche pas proprement les choses qui ne sont pas en notre force... Je ne me suis pas attendu d'attacher monstrueusement la queue d'un philosophe à la tête et au corps d'un homme perdu, ni que ce chétif bout [de vie[1]] eût à désavouer et à démentir la plus belle, entière et longue partie de ma vie. Si j'avais à revivre, je revivrais comme j'ai vécu : ni je ne plains point le passé, ni je ne crains point l'avenir. » Paroles horribles, et qui marquent une extinction entière de tout sentiment de religion ; mais qui sont dignes de celui qui parle ainsi en un autre endroit : « Je me plonge la tête baissée stupidement dans la mort, sans la considérer et reconnaître, comme dans une profondeur muette et obscure, qui m'engloutit tout d'un coup et m'étouffe en un moment, plein d'un puissant sommeil, plein d'insipidité et d'indolence[2]. » Et en un autre endroit : « La

---

1. Les mots *de vie* ne sont pas dans le texte de Montaigne. Voir l. III, ch. II.
2. Voici le véritable texte de Montaigne. « Il m'advient souvent d'imaginer avec quelque plaisir les dangers mortels et les attendre... Je me plonge la tête baissée stupidement dans la mort, sans la considérer et

mort, qui n'est qu'un quart d'heure de passion, sans conséquence et sans nuisance, ne mérite pas des préceptes particuliers. »

Quoique cette digression semble assez éloignée de ce sujet, elle y rentre néanmoins, par cette raison qu'il n'y a point de livre qui inspire davantage cette mauvaise coutume de parler de soi, de s'occuper de soi, de vouloir que les autres s'y occupent; ce qui corrompt étrangement la raison, et dans nous, par la vanité qui accompagne toujours ces discours, et dans les autres, par le dépit et l'aversion qu'ils en conçoivent. Il n'est permis de parler de soi-même qu'aux personnes d'une vertu éminente, et qui témoignent par la manière avec laquelle elles le font, que si elles publient leurs bonnes actions, ce n'est que pour exciter les autres à en louer Dieu, ou pour les édifier; et si elles publient leurs fautes, ce n'est que pour s'en humilier devant les hommes, et pour les en détourner : mais pour les personnes du commun, c'est une vanité ridicule de vouloir informer les autres de leurs petits avantages; et c'est une effronterie punissable que de découvrir leurs désordres au monde, sans témoigner d'en être touchés, puisque le dernier excès de l'abandonnement dans le vice est de n'en point rougir, et de n'en avoir ni confusion ni repentir, mais d'en parler indifféremment comme de toute autre chose : en quoi consiste proprement l'esprit de Montagne.

VII. On peut distinguer, en quelque sorte, de la contradiction maligne et envieuse une autre sorte d'humeur moins mauvaise, mais qui engage dans les mêmes fautes de raisonnement : c'est l'esprit de dispute, qui est encore un défaut qui gâte beaucoup l'esprit.

Ce n'est pas qu'on puisse blâmer généralement les disputes : on peut dire, au contraire, que pourvu qu'on en use bien, il n'y a rien qui serve davantage à donner diverses ouvertures, ou pour trouver la vérité, ou pour la persuader aux autres. Le mouvement d'un esprit qui s'occupe seul à l'examen de quelque matière est d'ordinaire trop froid et trop languissant; il a besoin d'une certaine chaleur qui l'excite et qui réveille ses idées ; et c'est d'ordinaire par les diverses oppositions qu'on nous fait que l'on découvre où consiste la difficulté de la persuasion et l'obscurité, ce qui nous donne lieu de faire effort pour la vaincre.

Mais il est vrai qu'autant cet exercice est utile, lorsque l'on en use comme il faut, et avec un entier dégagement de passion, autant est-il dangereux lorsqu'on en use mal, et que l'on met sa gloire à soutenir son sentiment à quelque prix que ce soit, et à contredire celui des autres. Rien n'est plus capable de nous

---

reconnaître, comme dans une profondeur muette et obscure, qui m'engloutit d'un saut et m'accable en un instant d'un puissant sommeil plein d'insipidité et d'indolence. » Liv. III, ch. IX.

éloigner de la vérité, et de nous jeter dans l'égarement, que cette sorte d'humeur. On s'accoutume, sans qu'on s'en aperçoive, à trouver raison partout, et à se mettre au-dessus des raisons, en ne s'y rendant jamais : ce qui conduit peu à peu à n'avoir rien de certain, et, à confondre la vérité avec l'erreur, en les regardant l'une et l'autre comme également probables. C'est ce qui fait qu'il est si rare que l'on termine quelque question par la dispute, et qu'il n'arrive presque jamais que deux philosophes tombent d'accord. On trouve toujours à répartir et à se défendre, parce que l'on a pour but d'éviter non l'erreur, mais le silence, et que l'on croit qu'il est moins honteux de se tromper toujours que d'avouer que l'on s'est trompé.

Ainsi, à moins qu'on ne soit habitué par un long exercice à se posséder parfaitement, il est très difficile qu'on ne perde de vue la vérité dans les disputes, parce qu'il n'y a guère d'action qui excite plus les passions. « Quel vice n'éveillent-elles pas, dit un auteur célèbre[1], étant presque toujours commandées par la colère ? Nous entrons en inimitié premièrement contre les raisons, puis contre les personnes ; nous n'apprenons à disputer que pour contredire, et chacun contredisant et étant contredit, il en arrive que le fruit de la dispute est d'anéantir la vérité. L'un va en Orient, l'autre en Occident, on perd le principal et l'on s'écarte dans la presse des incidents ; au bout d'une heure de tempête, on ne sait ce qu'on cherche : l'un est en bas, l'autre est en haut, l'autre à côté ; l'un se prend à un mot et à une similitude, l'autre n'écoute et n'entend plus ce qu'on lui oppose, et il est si engagé dans sa course, qu'il ne pense plus qu'à se suivre et non pas vous. Il y en a qui, se trouvant faibles, craignent tout, refusent tout, confondent la dispute dès l'entrée, ou bien au milieu de la contestation, se mutinent à se taire, affectant un orgueilleux mépris ou une sottement modeste fuite de contention : pourvu que celui-ci frappe, il ne regarde pas combien il se découvre ; l'autre compte ses mots et les pèse pour raisons : celui-là n'y emploie que l'avantage de sa voix et de ses poumons ; on en voit qui concluent contre eux-mêmes et d'autres qui lassent et étourdissent tout le monde de préfaces et de digressions inutiles. Il y en a enfin qui s'arment d'injures, et qui feront une querelle d'Allemand pour se défaire de la conférence d'un esprit qui presse le leur. » Ce sont les vices ordinaires de nos disputes, qui sont assez ingénieusement représentées par cet écrivain qui, n'ayant jamais connu les véritables grandeurs de l'homme, en a assez bien connu les défauts ; et l'on peut juger par là combien ces sortes de conférences sont capables de dérégler l'esprit, à moins que l'on n'ait un extrême soin, non seulement de ne pas tomber soi-même le premier

---

1. C'est Montaigne. Voir les *Essais*, liv. III, ch. VIII.

dans ces défauts, mais aussi de ne pas suivre ceux qui y tombent, et de se régler tellement, qu'on puisse les voir égarer sans s'égarer soi-même, et sans s'écarter de la fin que l'on doit se proposer, qui est l'éclaircissement de la vérité qu'on examine.

VIII. Il se trouve des personnes, principalement parmi ceux qui hantent la cour, qui, reconnaissant assez combien ces humeurs contredisantes sont incommodes et désagréables, prennent une route toute contraire, qui est de ne rien contredire, mais de louer et d'approuver tout indifféremment; et c'est ce qu'on appelle complaisance, qui est une humeur plus commode pour la fortune, mais aussi désavantageuse pour le jugement : car, comme les contredisants prennent pour vrai le contraire de ce qu'on leur dit, les complaisants semblent prendre pour vrai tout ce qu'on leur dit; et cette accoutumance corrompt premièrement leurs discours, et ensuite leur esprit.

C'est par ce moyen qu'on a rendu les louanges si communes et qu'on les donne si indifféremment à tout le monde, qu'on ne sait plus qu'en conclure. Il n'y a point dans la gazette de prédicateur qui ne soit des plus éloquents, et qui ne ravisse ses auditeurs par la profondeur de sa science : tous ceux qui meurent sont illustres en piété : les plus petits auteurs pourraient faire des livres des éloges qu'ils reçoivent de leurs amis; de sorte que, dans cette profusion de louanges, que l'on fait avec si peu de discernement, il y a sujet de s'étonner qu'il y ait des personnes qui en soient si avides et qui ramassent avec tant de soin celles qu'on leur donne.

Il est impossible que cette confusion dans le langage ne produise la même confusion dans l'esprit et que ceux qui s'accoutument à louer tout ne s'accoutument aussi à approuver tout; mais quand la fausseté ne serait que dans les paroles, et non dans l'esprit, cela suffit pour en éloigner ceux qui aiment sincèrement la vérité.

Il n'est pas nécessaire de reprendre tout ce qu'on voit de mal, mais il est nécessaire de ne louer que ce qui est véritablement louable; autrement l'on jette ceux qu'on loue de cette sorte dans l'illusion, l'on contribue à tromper ceux qui jugent de ces personnes par ces louanges, et l'on fait tort à ceux qui en méritent de véritables, en les rendant communes à ceux qui n'en méritent pas : enfin l'on détruit toute la foi du langage et l'on brouille toutes les idées des mots, en faisant qu'ils ne soient plus signes de nos jugements et de nos pensées, mais seulement d'une civilité extérieure qu'on veut rendre à ceux qu'on loue comme pourrait être une révérence : car c'est tout ce que l'on doit conclure des louanges et des compliments ordinaires.

IX. Entre les diverses manières par lesquelles l'amour-propre jette les hommes dans l'erreur, ou plutôt les y affermit et les empêche d'en sortir, il n'en faut pas oublier une, qui est sans doute des principales et des plus communes : c'est l'engagement à soutenir quelque opinion à laquelle on s'est attaché par d'autres considérations que par celle de la vérité; car cette vue de défendre son sentiment fait que l'on ne regarde plus dans les raisons dont on se sert, si elles sont vraies ou fausses, mais si elles peuvent servir à persuader ce que l'on soutient : l'on emploie toutes sortes d'arguments, bons ou mauvais, afin qu'il y en ait pour tout le monde; et l'on passe quelquefois jusqu'à dire des choses qu'on sait bien être absolument fausses, pourvu qu'elles servent à la fin qu'on se propose. En voici quelques exemples.

Une personne intelligente ne soupçonnera jamais Montagne d'avoir cru toutes les rêveries de l'astrologie judiciaire; cependant quand il en a besoin pour rabaisser sottement les hommes, il les emploie comme de bonnes raisons. « A considérer, dit-il, la domination et puissance que ces corps-là ont non seulement sur nos vies et conditions de notre fortune, mais sur nos inclinations mêmes, qu'ils régissent, poussent et agitent à la merci de leurs influences, pourquoi les priverions-nous d'âme, de vie et de discours ? »

Veut-il détruire l'avantage que les hommes ont sur les bêtes par le commerce de la parole, il nous rapporte des contes ridicules et dont il connait l'extravagance mieux que personne, et en tire des conclusions plus ridicules. « Il y en a, dit-il, qui se sont vantés d'entendre le langage des bêtes, comme Apollonius Tyanéus, Mélampus, Tirésias, Thalès et autres; et puisqu'il est ainsi, comme disent les cosmographes, qu'il y a des nations qui reçoivent un chien pour roi, il faut bien qu'ils donnent certaine interprétation à sa voix et à ses mouvements. »

L'on conclura, par cette raison, que quand Caligula fit son cheval consul, il fallait bien que l'on entendit les ordres qu'il donnait dans l'exercice de cette charge; mais on aurait tort d'accuser Montagne de cette mauvaise conséquence : son dessein n'était pas de parler raisonnablement, mais de faire un amas confus de tout ce qu'on peut dire contre les hommes; ce qui est néanmoins un vice très contraire à la justesse de l'esprit et à la sincérité d'un homme de bien.

Qui pourrait de même souffrir cet autre raisonnement du même auteur sur le sujet des augures que les païens tiraient du vol des oiseaux, et dont les plus sages d'entre eux se sont moqués : « De toutes les prédictions du temps passé, dit-il, les plus anciennes et les plus certaines étaient celles qui se tiraient du vol des oiseaux : nous n'avons rien de pareil ni de si admirable; cette règle, cet ordre du branler de leur aile, par lequel on tire des conséquences des choses à venir, il faut bien qu'il soit conduit par quelque excellent moyen à une si noble opération : car c'est prêter à la lettre que d'attribuer ce grand effet à quelque ordonnance naturelle, sans l'intelligence, le consentement et le discours de celui qui le produit, et c'est une opinion évidemment fausse. »

N'est-ce pas une chose assez plaisante que de voir un homme qui ne tient rien d'évidemment vrai ni d'évidemment faux, dans un traité fait exprès pour établir le pyrrhonisme et pour détruire l'évidence de la certitude, nous débiter sérieusement ces rêveries comme des vérités certaines, et traiter l'opinion contraire d'évidemment fausse? Mais il se moque de nous quand il parle de la sorte, et il est inexcusable de se jouer ainsi de ses lecteurs, en leur disant des choses qu'il ne croit pas, et que l'on ne peut pas croire sans folie.. . . . .

Des faux raisonnements qui naissent des objets mêmes.

. . . .
I. C'est une opinion fausse et impie, que la vérité soit tellement semblable au mensonge, et la vertu au vice, qu'il soit impossible de les discerner; mais il est vrai que dans la plupart des choses il y a un mélange d'erreur et de vérité, de vice et de vertu, de perfection et d'imperfection, et que ce mélange est une des plus ordinaires sources des faux jugements des hommes.

Car c'est par ce mélange trompeur que les bonnes qualités des personnes qu'on estime font approuver leurs défauts, et que les défauts de ceux qu'on n'estime pas font condamner ce qu'ils ont de bon ; parce que l'on ne considère pas que les personnes les plus imparfaites ne le sont pas en tout, et que Dieu laisse aux plus vertueuses des imperfections qui, étant des restes de l'infirmité humaine, ne doivent pas être l'objet de notre imitation ni de notre estime.

La raison en est que les hommes ne considèrent guère les choses en détail ; ils ne jugent que selon leur plus forte impression, et ne sentent que ce qui les frappe davantage : ainsi lorsqu'ils aperçoivent dans un discours beaucoup de vérités, ils ne remarquent pas les erreurs qui y sont mêlées; et, au contraire, s'il y a des vérités mêlées parmi beaucoup d'erreurs, ils ne font attention qu'aux erreurs ; le fort emportant le faible, et l'impression la plus vive étouffant celle qui est plus obscure.

Cependant il y a une injustice manifeste à juger de cette sorte : il ne peut y avoir de juste raison de rejeter la raison, et la vérité n'en est pas moins vérité pour être mêlée avec le mensonge; elle n'appartient jamais aux hommes, quoique ce soient les hommes qui la proposent : ainsi, encore que les hommes, par leurs mensonges, méritent qu'on les condamne, les vérités qu'ils avancent ne méritent pas d'être condamnées.

C'est pourquoi la justice et la raison demandent que, dans toutes les choses qui sont ainsi mêlées de bien et de mal, on en fasse le discernement, et c'est particulièrement dans cette séparation judicieuse que paraît l'exactitude de l'esprit : c'est par là que les Pères de l'Église ont tiré des livres de païens des choses excellentes pour les mœurs, et que saint Augustin n'a pas fait de difficulté d'emprunter d'un hérétique donatiste sept règles pour l'intelligence de l'Écriture.

C'est à quoi la raison nous oblige lorsque l'on peut faire cette distinction ; mais parce que l'on n'a pas toujours le temps d'examiner en détail ce qu'il y a de bien et de mal dans chaque chose, il est juste en ces rencontres de leur donner le nom qu'elles méritent selon leur plus considérable partie ; ainsi, l'on doit dire qu'un homme est bon philosophe lorsqu'il raisonne ordinairement bien, et qu'un livre est bon lorsqu'il y a notablement plus de bien que de mal.

Et c'est encore en quoi les hommes se trompent beaucoup, que dans ces jugements généraux : car ils n'estiment et ne blâment souvent les choses que selon ce qu'elles ont de moins considérable, leur peu de lumière faisant qu'ils ne pénètrent pas ce qui est le principal, lorsque ce n'est pas le plus sensible.

Ainsi, quoique ceux qui sont intelligents dans la peinture estiment infiniment plus le dessin que le coloris ou la délicatesse du pinceau, néanmoins les ignorants sont plus touchés d'un tableau dont les couleurs sont vives et éclatantes que d'un autre plus sombre, qui serait admirable pour le dessin.

Il faut pourtant avouer que les faux jugements ne sont pas si ordinaires dans les arts, parce que ceux qui n'y savent rien s'en rapportent plus aisément aux sentiments de ceux qui y sont habiles ; mais ils sont bien fréquents dans les choses qui sont de la juridiction du peuple, et dont le monde prend la liberté de juger, comme l'éloquence.

On appelle, par exemple, un prédicateur éloquent, lorsque ses périodes sont bien justes et qu'il ne dit point de mauvais mots ; et, sur ce fondement, Vaugelas dit en un endroit qu'un mauvais mot fait plus de tort à un prédicateur ou à un avocat qu'un mauvais raisonnement. On doit croire que c'est une vérité de fait qu'il rapporte, et non un sentiment qu'il autorise ; et il est vrai qu'il se trouve des personnes qui jugent de cette sorte, mais il est vrai aussi qu'il n'y a rien de moins raisonnable que ces jugements : car la pureté du langage, le nombre, les figures, sont tout au plus dans l'éloquence ce que le coloris est dans la peinture, c'est-à-dire que ce n'en est que la partie la plus basse et la plus matérielle ; mais la principale consiste à concevoir fortement les choses, et à les exprimer en sorte qu'on en porte dans l'esprit des auditeurs une image vive et lumineuse, qui ne présente pas seulement ces choses toutes nues, mais aussi les mouvements avec lesquels on les conçoit ; et c'est ce qui peut se rencontrer en des personnes peu exactes dans la langue et peu justes dans le nombre, et qui se rencontre même rarement dans ceux qui s'appliquent trop aux mots et aux embellissements, parce que cette vue les détourne des choses et affaiblit la vigueur de leurs pensées, comme les peintres remarquent que ceux qui excellent dans le coloris n'excellent pas ordinairement dans le dessin; l'esprit n'étant pas capable de cette double application, et l'une nuisant à l'autre.

On peut dire généralement que l'on n'estime dans le monde la plupart des choses que par l'extérieur, parce qu'il ne se trouve presque personne qui en pénètre l'intérieur et le fond : tout se juge sur l'étiquette, et malheur à ceux qui ne l'ont pas favorable! Il est habile, intelligent, solide, tant que vous voudrez; mais il ne parle pas facilement, et ne se démêle pas bien d'un compliment : qu'il se résolve à être peu estimé toute sa vie du commun du monde, et à voir qu'on lui préfère une infinité de petits esprits. Ce n'est pas un grand mal que de n'avoir pas la réputation qu'on mérite; mais c'en est un considérable de suivre ces faux jugements et de ne regarder les choses que par l'écorce; et c'est ce qu'on doit tâcher d'éviter.

II. Entre les causes qui nous engagent dans l'erreur par un faux éclat qui nous empêche de la reconnaître, on peut mettre avec raison une certaine éloquence pompeuse et magnifique que Cicéron appelle *abundantem sonantibus verbis uberibusque sententiis;* car il est étrange combien un faux raisonnement se coule doucement dans la suite d'une période qui remplit bien l'oreille, ou d'une figure qui nous surprend et qui nous amuse à la regarder.

Non-seulement ces ornements nous dérobent la vue des faussetés qui se mêlent dans le discours, mais ils y engagent insensiblement, parce que souvent elles sont nécessaires pour la justesse de la période ou de la figure : ainsi, quand on voit un orateur commencer une longue gradation ou une antithèse à plusieurs membres, on a sujet d'être sur ses gardes, parce qu'il arrive rarement qu'il s'en tire sans donner quelque contorsion à la vérité pour l'ajuster à la figure : il en dispose ordinairement comme l'on ferait des pierres d'un bâtiment ou du métal d'une statue; il la taille, il l'étend, il l'accourcit, il la déguise selon qu'il lui est nécessaire pour la placer dans ce vain ouvrage de paroles qu'il veut former.

Combien le désir de faire une pointe a-t-il fait produire de fausses pensées! Combien la rime a-t-elle engagé de gens à mentir! Combien l'affectation de ne se servir que des mots de Cicéron, et de ce qu'on appelle la pure latinité, a-t-elle fait écrire de sottises à certains auteurs italiens! Qui ne rirait d'entendre dire à Bembo[1] qu'un pape avait été élu par la faveur des dieux

---

1. Le cardinal Pierre Bembo (1470-1547), secrétaire de Léon X.

immortels, *deorum immortalium beneficiis?* Il y a même des poëtes qui s'imaginent qu'il est de l'essence de la poésie d'introduire des divinités païennes. . . . .

Ces mauvais raisonnements sont souvent imperceptibles à ceux qui les font, et les trompent les premiers : ils s'étourdissent par le son de leurs paroles : l'éclat de leurs figures les éblouit et la magnificence de certains mots les attire, sans qu'ils s'en aperçoivent, à des pensées si peu solides, qu'ils les rejetteraient sans doute s'ils y faisaient quelque réflexion.

. . . .
Les faux raisonnements de cette sorte, que l'on rencontre si souvent dans les écrits de ceux qui affectent le plus d'être éloquents, font voir combien la plupart des personnes qui parlent ou qui écrivent auraient besoin d'être bien persuadées de cette excellente règle, qu'*il n'y a rien de beau que ce qui est vrai*[1] ; ce qui retrancherait des discours une infinité de vains ornements et de pensées fausses. Il est vrai que cette exactitude rend le style plus sec et moins pompeux ; mais elle le rend aussi plus vif, plus sérieux, plus clair et plus digne d'un honnête homme : l'impression en est bien plus forte et plus durable; au lieu que celle qui naît simplement de ces périodes si ajustées est tellement superficielle, qu'elle s'évanouit presque aussitôt qu'on les a entendues.

III. C'est un défaut très ordinaire parmi les hommes de juger témérairement des actions et des intentions des autres, et l'on n'y tombe guère que par un mauvais raisonnement, par lequel ne connaissant pas assez distinctement toutes les causes qui peuvent produire quelque effet, on attribue cet effet précisément à une cause, lorsqu'il peut avoir été produit par plusieurs autres; ou bien l'on suppose qu'une cause qui, par accident, a eu un certain effet en une rencontre, et étant jointe à plusieurs circonstances, le doit avoir en toutes rencontres.

Un homme de lettres se trouve de même sentiment qu'un hérétique sur une matière de critique indépendante des controverses de la religion; un adversaire malicieux en conclura qu'il a de l'inclination pour les hérétiques, mais il le conclura témérairement et malicieusement, parce que c'est peut-être la raison et la vérité qui l'engagent dans ce sentiment.

Un écrivain parlera avec quelque force contre une opinion qu'il croit dangereuse. On l'accusera sur cela de haine et d'animosité contre les auteurs qui l'ont avancée : mais ce sera injustement et témérairement, cette force pouvant naître du zèle pour la vérité aussi bien que de haine contre les personnes.

Un homme est ami d'un méchant : donc, conclut-on, il est lié d'intérêt avec lui, et il est participant de ses crimes; cela ne

---

[1] Rien n'est plus beau que le vrai, le vrai seul est aimable. (Boileau.)

s'ensuit pas; peut-être les a-t-il ignorés, et peut-être n'y a-t-il point pris de part.

On manque de rendre quelque civilité à ceux à qui on en doit : c'est, dit-on, un orgueilleux et un insolent: mais ce n'est peut-être qu'une inadvertance ou un simple oubli.

Toutes ces choses extérieures ne sont que des signes équivoques, c'est-à-dire qui peuvent signifier plusieurs choses; et c'est juger témérairement que de déterminer ce signe a une chose particulière, sans en avoir de raison particulière; le silence est quelquefois signe de modestie et de jugement, et quelquefois de bêtise; la lenteur marque quelquefois la prudence, et quelquefois la pesanteur de l'esprit; le changement est quelquefois signe d'inconstance, et quelquefois de sincérité : ainsi c'est mal raisonner que de conclure qu'un homme est inconstant, de cela seul qu'il a changé de sentiment, car il peut avoir eu raison d'en changer.

IV. Les fausses inductions par lesquelles on tire des propositions générales de quelques expériences particulières sont une des plus communes sources des faux raisonnements des hommes. Il ne leur faut que trois ou quatre exemples pour en former une maxime et un lieu commun, et pour s'en servir ensuite de principe pour décider toutes choses.

Il y a beaucoup de maladies cachées aux plus habiles médecins, et souvent les remèdes ne réussissent pas; des esprits excessifs en concluent que la médecine est absolument inutile, et que c'est un métier de charlatan.

Il y a des femmes légères et déréglées : cela suffit à des jaloux pour concevoir des soupçons injustes contre les plus honnêtes, et à des écrivains licencieux pour les condamner toutes généralement.

Il y a souvent des personnes qui cachent de grands vices sous une apparence de piété : des libertins en concluent que toute la dévotion n'est qu'hypocrisie.

Il y a des choses obscures et cachées, et l'on se trompe quelquefois grossièrement. Toutes choses sont obscures et incertaines, disent les anciens et les nouveaux pyrrhoniens, et nous ne pouvons connaître la vérité d'aucune chose avec certitude.

Il y a de l'inégalité dans quelques actions des hommes ; cela suffit pour en faire un lieu commun, dont personne ne soit excepté : « La raison, disent-ils, est si manque et si aveugle, qu'il n'y a nulle si claire facilité qui lui soit assez claire; l'aisé et le malaisé lui sont tout un, tous sujets également; et la nature, en général désavoue sa juridiction. Nous ne pensons ce que nous voulons qu'à l'instant que nous le voulons; nous ne voulons rien librement, rien absolument, rien constamment. »

La plupart du monde ne saurait représenter les défauts ou les bonnes qualités des autres que par des propositions générales et excessives. De quelques actions particulières on en conclut l'habitude ; de trois ou quatre fautes, on en fait une coutume : ce qui arrive une fois le mois ou une fois l'an, arrive tous les jours, à toute heure, à tout moment dans les discours des hommes, tant ils ont peu de soin de garder dans leurs paroles les bornes de la vérité et de la justice.

V. C'est une faiblesse et une injustice que l'on condamne souvent et que l'on évite peu, de juger des conseils par les événements, et de rendre coupables ceux qui ont pris une résolution prudente, selon les circonstances qu'ils pouvaient voir, de toutes les mauvaises suites qui en sont arrivées, ou par un simple hasard, ou par la malice de ceux qui l'ont traversée, ou par quelques autres rencontres qu'il ne leur était pas possible de prévoir. Non seulement les hommes aiment autant être heureux que sages, mais ils ne font pas de différence entre heureux et sages, ni entre malheureux et coupables. Cette distinction leur paraît trop subtile.

. . . .

VI. Mais il n'y a pas de faux raisonnements plus fréquents parmi les hommes que ceux où l'on tombe, ou en jugeant témérairement de la vérité des choses par une autorité qui n'est pas suffisante pour nous en assurer, ou en décidant le fond par la manière. Nous appellerons l'un le sophisme de l'autorité et l'autre le sophisme de la manière.

Pour comprendre combien ils sont ordinaires, il ne faut que considérer que la plupart des hommes ne se déterminent point à croire un sentiment plutôt qu'un autre par des raisons solides et essentielles qui en feraient connaître la vérité, mais par certaines marques extérieures et étrangères qui sont plus convenables, ou qu'ils jugent plus convenables à la vérité qu'à la fausseté.

La raison en est que la vérité intérieure des choses est souvent assez cachée ; que les esprits des hommes sont ordinairement faibles et obscurs, pleins de nuages et de faux jours, au lieu que ces marques extérieures sont claires et sensibles : de sorte que, comme les hommes se portent aisément à ce qui leur est plus facile, ils se rangent presque toujours du côté où ils voient ces marques extérieures qu'ils discernent facilement.

Elles peuvent se réduire à deux principales : l'autorité de celui qui propose la chose, et la manière dont elle est proposée ; et ces deux voies de persuader sont si puissantes, qu'elles emportent presque tous les esprits.

Aussi Dieu, qui voulait que la connaissance certaine des mystères de la foi pût s'acquérir par les plus simples d'entre les fidèles, a eu la bonté de s'accommoder à cette faiblesse de l'esprit des hommes, en ne la faisant pas dépendre d'un examen particulier de tous les points qui nous sont proposés à croire, mais en nous donnant pour règle certaine de la vérité l'autorité de l'Église universelle qui nous les propose, qui, étant claire et évidente, retire les esprits de tous les embarras où les engageraient nécessairement les discussions particulières de ces mystères.

Ainsi, dans les choses de la foi, l'autorité de l'Église universelle est entièrement décisive; et tant s'en faut qu'elle puisse être un sujet d'erreur, qu'on ne tombe dans l'erreur qu'en s'écartant de son autorité et en refusant de s'y soumettre.

On tire aussi, dans les matières de religion, des arguments convaincants, de la manière dont elles sont proposées. Quand on a vu, par exemple, en divers siècles de l'Église, et principalement dans le dernier, des hommes qui tâchaient de planter leurs opinions par le fer et par le sang; quand on les a vus armés contre l'Église, par le schisme, contre les puissances temporelles par la révolte; quand on a vu des gens sans mission ordinaire, sans miracles, sans aucunes marques extérieures de piété, et plutôt avec des marques sensibles de dérèglement, entreprendre de changer la foi et la discipline de l'Église, une manière si criminelle était plus que suffisante pour les faire rejeter par toutes les personnes raisonnables et pour empêcher les plus grossières de les écouter.

Mais dans les choses dont la connaissance n'est pas absolument nécessaire, et que Dieu a laissées davantage au discernement de la raison de chacun en particulier, l'autorité et la manière ne sont pas si considérables, et elles servent souvent à engager plusieurs personnes à des jugements contraires à la vérité.

On n'entreprend pas ici de donner des règles et des bornes précises de la déférence qu'on doit à l'autorité dans les choses humaines, mais de marquer seulement quelques fautes grossières que l'on commet en cette matière.

Souvent on ne regarde que le nombre des témoins, sans considérer si ce nombre fait qu'il soit plus probable qu'on ait rencontré la vérité, ce qui n'est pas raisonnable. Car comme un auteur de ce temps[1] a judicieusement remarqué, dans les choses difficiles et qu'il faut que chacun trouve par soi-même, il est plus vraisemblable qu'un seul trouve la vérité que non pas qu'elle soit découverte par plusieurs. Ainsi ce n'est pas une bonne conséquence : Cette opinion est suivie du plus grand nombre des philosophes, donc elle est la plus vraie.

Souvent on se persuade par certaines qualités qui n'ont aucune liaison avec la vérité des choses dont il s'agit. Ainsi, il y a quantité de gens qui croient sans autre examen ceux qui sont

---

1. Descartes, *Discours de la méthode*, I.

les plus âgés, et qui ont plus d'expérience, dans les choses mêmes qui ne dépendent ni de l'âge ni de l'expérience, mais de la lumière de l'esprit.

La piété, la sagesse, la modération, sont sans doute les qualités les plus estimables qui soient au monde, et elles doivent donner beaucoup d'autorité aux personnes qui les possèdent, dans les choses qui dépendent de la piété, de la sincérité, et même d'une lumière de Dieu, qu'il est plus probable que Dieu communique davantage à ceux qui le servent plus purement; mais il y a une infinité de choses qui ne dépendent que d'une lumière humaine, d'une expérience humaine, d'une pénétration humaine, et dans ces choses ceux qui ont l'avantage de l'esprit et de l'étude méritent plus de créance que les autres. Cependant il arrive souvent le contraire, et plusieurs estiment qu'il est plus sûr de suivre dans ces choses mêmes le sentiment des plus gens de bien.

Cela vient en partie de ce que ces avantages d'esprit ne sont pas si sensibles que le règlement extérieur qui paraît dans les personnes de piété, et en partie aussi de ce que les hommes n'aiment point à faire de distinction; le discernement les embarrasse : ils veulent tout ou rien. S'ils ont créance à une personne pour quelque chose, ils la croient en tout; s'ils n'en ont point pour une autre, ils ne la croient en rien; ils aiment les voies courtes, décisives et abrégées; mais cette humeur, quoique ordinaire, ne laisse pas d'être contraire à la raison qui nous fait voir que les mêmes personnes ne sont pas croyables en tout, parce qu'elles ne sont pas éminentes en tout, et que c'est mal raisonner que de conclure : C'est un homme grave, donc il est intelligent et habile en toutes choses.

VII. Il est vrai que s'il y a des erreurs pardonnables, ce sont celles où l'on s'engage en déférant plus qu'il ne faut au sentiment de ceux qu'on estime gens de bien; mais il y a une illusion beaucoup plus absurde en soi, et qui est néanmoins très ordinaire, qui est de croire qu'un homme dit vrai, parce qu'il est de condition, qu'il est riche ou élevé en dignité.

Ce n'est pas que personne fasse expressément ces sortes de raisonnements : Il a cent mille livres de rente, donc il a raison; il est de grande naissance, donc on doit croire ce qu'il avance comme véritable; c'est un homme qui n'a point de bien, il a donc tort : néanmoins il se passe quelque chose de semblable dans l'esprit de la plupart des hommes, et qui emporte leur jugement sans qu'ils y pensent.

Qu'une même chose soit proposée par une personne de qualité ou par un homme de néant, on l'approuvera souvent dans la bouche de cette personne de qualité, lorsqu'on ne daignera pas même l'écouter dans celle d'un homme de basse condition. L'Ecriture a voulu nous instruire de cette humeur des hommes, en la représentant parfaitement dans le livre de l'Ecclésiastique[1] : Si le riche parle, dit-elle, tout le monde se tait et on élève ses paroles jusqu'aux nues; si le pauvre parle, on demande qui est celui-là? *Dives locutus est: et omnes tacuerunt, et verbum illius usque ad nubes perducent: pauper locutus est, et dicunt: quis est hic?*

Il est certain que la complaisance et la flatterie ont beaucoup de part dans l'approbation que l'on donne aux actions et aux paroles des personnes de condition, et qu'ils l'attirent souvent aussi par une certaine grâce extérieure et par une manière d'agir noble, libre et naturelle, qui leur est quelquefois si particulière qu'elle est presque inimitable à ceux qui sont de basse naissance; mais il est certain aussi qu'il y en a plusieurs qui approuvent tout ce que font et disent les grands, par un abaissement intérieur de leur esprit qui plie sous le faix de la grandeur et qui n'a pas la vue assez ferme pour en soutenir l'éclat, et que cette pompe extérieure qui les environne en impose toujours un peu, et fait quelque impression sur les âmes les plus fortes.

La raison de cette tromperie vient de la corruption du cœur des hommes, qui, ayant une passion ardente pour l'honneur et les plaisirs, conçoivent nécessairement beaucoup d'amour pour les richesses et les autres qualités par le moyen desquelles on obtient ces honneurs et ces plaisirs. Or, l'amour que l'on a pour toutes ces choses que le monde estime, fait que l'on juge heureux ceux qui les possèdent; et en les jugeant heureux, on les place au-dessus de soi, et on les regarde comme des personnes éminentes et élevées. Cette accoutumance de les regarder avec estime passe insensiblement de leur fortune à leur esprit : les hommes ne font pas d'ordinaire les choses à demi. On leur donne donc une âme aussi élevée que leur rang, on se soumet à leurs opinions, et c'est la raison de la créance qu'ils trouvent ordinairement dans les affaires qu'ils traitent.

Mais cette illusion est encore bien plus forte dans les grands mêmes, qui n'ont pas eu soin de corriger l'impression que leur fortune fait naturellement dans leur esprit, qu'elle n'est dans ceux qui leur sont inférieurs. Il y en a peu qui ne fassent une raison de leur condition et de leurs richesses, et qui ne prétendent que leurs sentiments doivent prévaloir sur celui de ceux qui sont au-dessous d'eux. Ils ne peuvent souffrir que ces gens qu'ils regardent avec mépris prétendent avoir autant de jugement et de raison qu'eux; et c'est ce qui les rend si impatients à la moindre contradiction qu'on leur fait.

Tout cela vient encore de la même source, c'est-à-dire des fausses idées qu'ils ont de leur grandeur, de leur noblesse et de

---

1. Ch. XIII, v. 28, 29.

leurs richesses. Au lieu de les considérer comme des choses entièrement étrangères à leur être, qui n'empêchent pas qu'ils ne soient parfaitement égaux à tout le reste des hommes, selon l'âme et selon le corps, et qui n'empêchent pas qu'ils n'aient le jugement aussi faible et aussi capable de se tromper que celui de tous les autres, ils incorporent en quelque manière dans leur essence toutes ces qualités de grand, de noble, de riche, de maître, de seigneur, de prince; ils en grossissent leur idée, et ne se représentent jamais à eux-mêmes sans tous leurs titres, tout leur attirail et tout leur train.

Ils s'accoutument à se regarder dès leur enfance comme une espèce séparée des autres hommes; leur imagination ne les mêle jamais dans la foule du genre humain; ils sont toujours comtes ou ducs à leurs yeux, et jamais simplement hommes : ainsi, ils se taillent une âme et un jugement selon la mesure de leur fortune, et ne se croient pas moins au-dessus des autres par leur esprit qu'ils le sont par leur condition et par leur fortune.

La sottise de l'esprit humain est telle, qu'il n'y a rien qui ne lui serve à grandir l'idée qu'il a de lui-même. Une belle maison, un habit magnifique, une grande barbe, font qu'il s'en croit plus habile, et, si l'on y prend garde, il s'estime davantage à cheval ou en carrosse qu'à pied. Il est facile de persuader à tout le monde qu'il n'y a rien de plus ridicule que ces jugements; mais il est très difficile de se garantir entièrement de l'impression secrète que toutes ces choses extérieures font dans l'esprit. Tout ce qu'on peut faire est de s'accoutumer, autant qu'on le peut, à ne donner aucune autorité à toutes les qualités qui ne peuvent en rien contribuer à trouver la vérité, et de n'en donner à celles mêmes qui y contribuent qu'autant qu'elles y contribuent effectivement. L'âge, la science, l'étude, l'expérience, l'esprit, la vivacité, la retenue, l'exactitude, le travail, servent pour trouver la vérité des choses cachées, et ainsi ces qualités méritent qu'on y ait égard; mais il faut pourtant les peser avec soin, et ensuite en faire comparaison avec les raisons contraires, car de chacune de ces choses en particulier on ne conclut rien de certain, puisqu'il y a des opinions très fausses qui ont été approuvées par des personnes de fort bon esprit et qui avaient une grande partie de ces qualités.

VIII. Il y a encore quelque chose de plus trompeur dans les surprises qui naissent de la manière, car on est porté naturellement à croire qu'un homme a raison, lorsqu'il parle avec grâce, avec facilité, avec gravité, avec modération et avec douceur, et à croire, au contraire, qu'un homme a tort, lorsqu'il parle désagréablement, ou qu'il fait paraître de l'emportement, de l'aigreur, de la présomption, dans ses actions et dans ses paroles.

Cependant, si l'on ne juge du fond des choses que par ces manières extérieures et sensibles, il est impossible qu'on n'y soit souvent trompé. Car il y a des gens qui débitent gravement et modestement des sottises; et d'autres, au contraire, qui, étant d'un naturel prompt, ou qui, étant même possédés de quelque passion qui paraît dans leur visage et dans leurs paroles, ne laissent pas d'avoir la vérité de leur côté. Il y a des esprits fort médiocres et très superficiels qui, pour avoir été nourris à la cour, où l'on étudie et où l'on pratique mieux l'art de plaire que partout ailleurs, ont des manières fort agréables, sous lesquelles ils font passer beaucoup de faux jugements; il y en a d'autres, au contraire, qui, n'ayant aucun extérieur, ne laissent pas d'avoir l'esprit grand et solide dans le fond. Il y en a qui parlent mieux qu'ils ne pensent, et d'autres qui pensent mieux qu'ils ne parlent. Ainsi, la raison veut que ceux qui en sont capables n'en jugent point par ces choses extérieures, et qu'ils ne laissent pas de se rendre à la vérité, non-seulement lorsqu'elle est proposée avec ces manières choquantes et désagréables, mais lors même qu'elle est mêlée avec quantité de faussetés : car une même personne peut dire vrai en une chose et faux dans une autre, avoir raison en ce point et tort en celui-là.

Il faut donc considérer chaque chose séparément, c'est-à-dire qu'il faut juger de la manière par la manière et du fond par le fond, et non du fond par la manière ni de la manière par le fond. Une personne a tort de parler avec colère, et elle a raison de dire vrai; et, au contraire, une autre a raison de parler sagement et civilement, et elle a tort d'avancer des faussetés.

Mais comme il est raisonnable d'être sur ses gardes, pour ne pas conclure qu'une chose est vraie ou fausse parce qu'elle est proposée de telle ou telle façon, il est juste aussi que ceux qui désirent persuader les autres de quelque vérité qu'ils ont reconnue, s'étudient à la revêtir des manières favorables qui sont propres à la faire approuver, et à éviter les manières odieuses qui ne sont capables que d'en éloigner les hommes.

Ils doivent se souvenir que, quand il s'agit d'entrer dans l'esprit du monde, c'est peu de chose que d'avoir raison; et que c'est un grand mal de n'avoir que raison, et de n'avoir pas ce qui est nécessaire pour faire goûter la raison.

S'ils honorent sérieusement la vérité, ils ne doivent pas la déshonorer, en la couvrant des marques de la fausseté et du mensonge; et, s'ils l'aiment sincèrement, ils ne doivent pas attirer sur elle la haine et l'aversion des hommes par la manière choquante dont ils la proposent. C'est le plus grand précepte de la rhétorique, qui est d'autant plus utile, qu'il sert à régler l'âme aussi bien que les paroles; car, encore que ce soient deux choses différentes d'avoir tort dans la manière et d'avoir tort dans le fond, néanmoins les fautes de la manière sont souvent plus grandes et plus considérables que celles du fond.

En effet, toutes ces manières fières, présomptueuses, aigres, opiniâtres, emportées, viennent toujours de quelque dérèglement d'esprit, qui est souvent plus considérable que le défaut d'intelligence et de lumière que l'on reprend dans les autres ; et même il est toujours injuste de vouloir persuader les hommes de cette sorte : car il est bien juste que l'on se rende à la vérité, quand on la connaît ; mais il est injuste qu'on exige des autres qu'ils tiennent pour vrai tout ce que l'on croit, et qu'ils défèrent à notre seule autorité ; et c'est néanmoins ce que l'on fait en proposant la vérité avec ces manières choquantes : car l'air du discours entre ordinairement dans l'esprit avec les raisons, l'esprit étant plus prompt pour apercevoir cet air qu'il ne l'est pour comprendre la solidité des preuves, qui souvent ne se comprennent point du tout. Or l'air du discours, étant ainsi séparé des preuves, ne marque que l'autorité que celui qui parle s'attribue ; de sorte que s'il est aigre et impérieux, il rebute nécessairement l'esprit des autres, parce qu'il parait qu'on veut emporter par autorité, et par une espèce de tyrannie, ce qu'on ne doit obtenir que par la persuasion et par la raison.

Cette injustice est encore plus grande, s'il arrive qu'on emploie ces manières choquantes pour combattre des opinions communes et reçues ; car la raison d'un particulier peut bien être préférée à celle de plusieurs, lorsqu'elle est plus vraie : mais un particulier ne doit jamais prétendre que son autorité doive prévaloir à celle de tous les autres.

Ainsi, non seulement la modestie et la prudence, mais la justice même oblige de prendre un air rabaissé quand on combat des opinions communes ou une autorité affermie, parce qu'autrement on ne peut éviter cette injustice, d'opposer l'autorité d'un particulier à une autorité, ou publique, ou plus grande et plus établie. On ne peut témoigner trop de modération, quand il s'agit de troubler la possession d'une opinion reçue ou d'une créance acquise depuis longtemps. Ce qui est si vrai, que saint Augustin l'étend même aux vérités de la religion, ayant donné cette excellente règle à tous ceux qui sont obligés d'instruire les autres :

« Voici de quelle sorte, dit-il, les catholiques sages et religieux enseignent ce qu'ils doivent enseigner aux autres. Si ce sont des choses communes et autorisées, ils les proposent d'une manière pleine d'assurance et qui ne témoigne aucun doute, en l'accompagnant de toute la douceur qui leur est possible ; mais si ce sont des choses extraordinaires, quoiqu'ils en reconnaissent très clairement la vérité, ils les proposent plutôt comme des doutes et comme des questions à examiner que comme des dogmes et des décisions arrêtées, pour s'accommoder en cela à la faiblesse de ceux qui les écoutent. » Que si une vérité est si haute qu'elle surpasse les forces de ceux à qui l'on parle, ils aiment mieux la retenir pour quelque temps, pour leur donner lieu de croître et de s'en rendre capables, que de la leur découvrir en cet état de faiblesse, où elle ne ferait que les accabler.

APPENDICE V

EXTRAITS DE FÉNELON

I

De l'imagination des femmes et de l'importance de bien élever les filles.

TRAITÉ DE L'ÉDUCATION DES FILLES, EXTRAITS DU CHAPITRE I.

Rien n'est plus négligé que l'éducation des filles. La coutume et le caprice des mères y décident souvent de tout : on suppose qu'on doit donner à ce sexe peu d'instruction. L'éducation des garçons passe pour une des principales affaires par rapport au bien public; et quoiqu'on n'y fasse guère moins de fautes que dans celle des filles, du moins on est persuadé qu'il faut beaucoup de lumières pour y réussir. Les plus habiles gens se sont appliqués à donner des règles dans cette matière. Combien voit-on de maîtres et de collèges! combien de dépenses pour des recherches de sciences, pour des méthodes d'apprendre les langues, pour le choix des professeurs! Tous ces grands préparatifs ont souvent plus d'apparence que de solidité; mais enfin ils marquent la haute idée qu'on a de l'éducation des garçons. Pour les filles, dit-on, il ne faut pas qu'elles soient savantes, la curiosité les rend vaines et précieuses...

Il est vrai qu'il faut craindre de faire des savantes ridicules. Les femmes ont d'ordinaire l'esprit encore plus faible et plus curieux que les hommes; aussi n'est-il point à propos de les engager dans des études dont elles pourraient s'entêter[1]. Elles ne doivent ni gouverner l'État, ni faire la guerre, ni entrer dans le

---

1. Qui pourraient leur monter à la tête comme un parfum enivrant et troublant. Nous avons vu ce mot employé (par) Malebranche dans le même sens.

ministère des choses sacrées; ainsi elles peuvent se passer de certaines connaissances étendues, qui appartiennent à la politique, à l'art militaire, à la jurisprudence, à la philosophie et à la théologie. La plupart même des arts mécaniques ne leur conviennent pas; elles sont faites pour des exercices modérés. Leur corps aussi bien que leur esprit est moins fort et moins robuste que celui des hommes; en revanche, la nature leur a donné en partage l'industrie, la propreté et l'économie, pour les occuper tranquillement dans leurs maisons.

Mais que s'ensuit-il de la faiblesse naturelle des femmes? Plus elles sont faibles, plus il est important de les fortifier. N'ont-elles pas des devoirs à remplir, mais des devoirs qui sont les fondements de toute la vie humaine? Ne sont-ce pas les femmes qui ruinent ou qui soutiennent les maisons, qui règlent tout le détail des choses domestiques, et qui, par conséquent, décident de ce qui touche de plus près à tout le genre humain? Par là, elles ont la principale part aux bonnes ou aux mauvaises mœurs de presque tout le monde. Une femme judicieuse, appliquée, et pleine de religion, est l'âme de toute une grande maison; elle y met l'ordre pour les biens temporels et pour le salut. Les hommes mêmes, qui ont toute l'autorité en public, ne peuvent par leurs délibérations établir aucun bien effectif, si les femmes ne leur aident à l'exécuter.

Le monde n'est point un fantôme; c'est l'assemblage de toutes les familles : et qui est-ce qui peut les policer avec un soin plus exact que les femmes, qui, outre leur autorité naturelle et leur assiduité dans leur maison, ont encore l'avantage d'être nées soigneuses, attentives au détail, industrieuses, insinuantes et persuasives? Mais les hommes peuvent-ils espérer pour eux-mêmes quelque douceur dans la vie, si leur plus étroite société, qui est celle du mariage, se tourne en amertume? Mais les enfants, qui feront dans la suite tout le genre humain, que deviendront-ils, si les mères les gâtent dès leurs premières années?

Voilà donc les occupations des femmes, qui ne sont guère moins importantes au public que celles des hommes, puisqu'elles ont une maison à régler, un mari à rendre heureux, des enfants à bien élever. Ajoutez que la vertu n'est pas moins pour les femmes que pour les hommes : sans parler du bien ou du mal qu'elles peuvent faire au public, elles sont la moitié du genre humain, racheté du sang de Jésus-Christ et destiné à la vie éternelle.

II

De l'éducation des enfants.

EXTRAITS DU CHAPITRE V.

Instructions indirectes : il ne faut pas presser les enfants.

Il faut chercher tous les moyens de rendre agréables à l'enfant les choses que vous exigez de lui. En avez-vous quelqu'une de fâcheuse à proposer, faites-lui entendre que la peine sera bientôt suivie du plaisir ; montrez-lui toujours l'utilité des choses que vous lui enseignez ; faites-lui-en voir l'usage par rapport au commerce du monde et aux devoirs des conditions. Sans cela, l'étude lui paraît un travail abstrait, stérile et épineux[1]. . . . Il faut toujours leur montrer un but solide et agréable qui les soutienne dans le travail, et ne prétendre jamais les assujettir par une autorité sèche et absolue.

A mesure que leur raison augmente, il faut aussi de plus en plus raisonner avec eux sur les besoins de leur éducation, non pour suivre toutes leurs pensées, mais pour en profiter, lorsqu'ils feront connaître leur état véritable, pour éprouver leur discernement, et pour leur faire goûter les choses qu'on veut qu'ils fassent.

Ne prenez jamais sans une extrême nécessité un air austère et impérieux qui fait trembler les enfants. Souvent cette affectation est pédanterie dans ceux qui gouvernent ; car, pour les enfants, ils ne sont d'ordinaire que trop timides et honteux. Vous leur fermeriez le cœur, et leur ôteriez la confiance, sans laquelle il n'y a nul fruit à espérer de l'éducation. Faites-vous aimer d'eux ; qu'ils soient libres avec vous, et qu'ils ne craignent point de vous laisser voir leurs défauts. Pour y réussir, soyez indulgent à ceux qui ne se déguisent point devant vous. Ne paraissez ni étonné ni irrité de leurs mauvaises inclinations ; au contraire, compatissez à leurs faiblesses. Quelquefois il en arrivera cet inconvénient, qu'ils seront moins retenus par la crainte, mais, à tout prendre, la confiance et la sincérité leur seront plus utiles que l'autorité rigoureuse.

D'ailleurs, l'autorité ne laissera pas de trouver sa place, si la confiance et la persuasion ne sont pas assez fortes ; mais il faut

---

[1] On voit que Fénelon se défie moins que Malebranche du plaisir dans l'éducation.

toujours commencer par une conduite ouverte, gaie, et familière sans bassesse, qui vous donne moyen de voir agir les enfants dans leur état naturel, et de les connaître à fond. Enfin, quand même vous les réduiriez par l'autorité à observer toutes vos règles, vous n'iriez pas à votre but; tout se tournerait en formalités gênantes, et peut-être en hypocrisie; vous les dégoûteriez du bien, dont vous devez chercher uniquement de leur inspirer l'amour.

Si le Sage a toujours recommandé aux parents de tenir la verge assidûment levée sur les enfants, s'il a dit qu'un père qui se joue avec son fils pleurera dans la suite, ce n'est pas qu'il ait blâmé une éducation douce et patiente; il condamne seulement ces parents faibles et inconsidérés, qui flattent les passions de leurs enfants, et qui ne cherchent qu'à s'en divertir pendant leur enfance, jusqu'à leur souffrir toutes sortes d'excès.

. . . .

Un enfant qui n'agit encore que par imagination, et qui confond dans sa tête les choses qui se présentent à lui liées ensemble, hait l'étude et la vertu, parce qu'il est prévenu d'aversion pour la personne qui lui en parle.

Voilà d'où vient cette idée si sombre et si affreuse de la piété, qu'il retient toute sa vie; c'est souvent tout ce qui lui reste d'une éducation sévère. Souvent il faut tolérer des choses qui auraient besoin d'être corrigées, et attendre le moment où l'esprit de l'enfant sera disposé à profiter de la correction. Ne le reprenez jamais, ni dans son premier mouvement, ni dans le vôtre... Ne dites point à l'enfant son défaut, sans ajouter quelques moyens de le surmonter, qui l'encouragent à le faire : car il faut éviter le chagrin et le découragement que la correction inspire quand elle est sèche. Si on trouve un enfant un peu raisonnable, je crois qu'il faut l'engager insensiblement à demander qu'on lui dise ses défauts; c'est le moyen de les lui dire sans l'affliger; ne lui en dites même jamais plusieurs à la fois.

Il faut considérer que les enfants ont la tête faible, que leur âge ne les rend encore sensibles qu'au plaisir, et qu'on leur demande souvent une exactitude et un sérieux dont ceux qui l'exigent seraient incapables. On fait même une dangereuse impression d'ennui et de tristesse sur leur tempérament, en leur parlant toujours des mots et des choses qu'ils n'entendent point : nulle liberté, nul enjouement; toujours leçon, silence, posture gênée, correction et menaces.

Les anciens l'entendaient bien mieux : c'est par le plaisir des vers et de la musique, que les principales sciences, les maximes, les vertus et la politesse des mœurs s'introduisirent chez les Égyptiens et chez les Grecs. Les gens sans lecture ont peine à le croire, tant cela est éloigné de nos coutumes. Cependant, si peu qu'on connaisse l'histoire, il n'y a pas moyen de douter que ce n'ait été la pratique vulgaire de plusieurs siècles. Du moins retranchons-nous, dans le nôtre, à joindre l'agréable à l'utile autant que nous le pouvons.

Mais, quoiqu'on ne puisse guère espérer de se passer toujours d'employer la crainte pour le commun des enfants, dont le naturel est dur et indocile, il ne faut pourtant y avoir recours qu'après avoir éprouvé patiemment tous les autres remèdes. Il faut même toujours faire entendre distinctement aux enfants à quoi se réduit tout ce qu'on leur demande, et moyennant quoi on sera content d'eux; car il faut toujours que la joie et la confiance soient leur disposition ordinaire : autrement on obscurcit leur esprit, on abat leur courage; s'ils sont vifs, on les irrite; s'ils sont mous, on les rend stupides. La crainte est comme les remèdes violents qu'on emploie dans les maladies extrêmes; ils purgent, mais ils altèrent le tempérament, et usent les organes : une âme menée par la crainte en est toujours plus faible.

Au reste, quoiqu'il ne faille pas toujours menacer sans châtier, de peur de rendre les menaces méprisables, il faut pourtant châtier encore moins qu'on ne menace. Pour les châtiments, la peine doit être aussi légère qu'il est possible, mais accompagnée de toutes les circonstances qui peuvent piquer l'enfant de honte et de remords : par exemple, montrez-lui tout ce que vous avez fait pour éviter cette extrémité; paraissez-lui-en affligé; parlez devant lui, avec d'autres personnes, du malheur de ceux qui manquent de raison et d'honneur jusqu'à se faire châtier; retranchez les marques d'amitié ordinaires jusqu'à ce que vous voyiez qu'il ait besoin de consolation; rendez ce châtiment public ou secret, selon que vous jugerez qu'il sera plus utile à l'enfant, ou de lui causer une grande honte, ou de lui montrer qu'on la lui épargne; réservez cette honte publique pour servir de dernier remède; servez-vous quelquefois d'une personne raisonnable qui console l'enfant, qui lui dise ce que vous ne devez pas alors lui dire vous-même, qui le guérisse de la mauvaise honte, qui le dispose à revenir à vous, et auquel l'enfant, dans son émotion, puisse ouvrir son cœur plus librement qu'il n'oserait le faire devant vous. Mais surtout qu'il ne paraisse jamais que vous demandiez de l'enfant que les soumissions nécessaires; tâchez de faire en sorte qu'il s'y condamne lui-même, qu'il s'exécute de bonne grâce, et qu'il ne vous reste qu'à adoucir la peine qu'il aura acceptée. Chacun doit employer les règles générales selon les besoins particuliers : les hommes, et surtout les enfants ne se ressemblent pas toujours à eux-mêmes; ce qui est bon aujourd'hui est dangereux demain; une conduite toujours uniforme ne peut être utile.

. . . .

Remarquez un grand défaut des éducations ordinaires; on met tout le plaisir d'un côté, et tout l'ennui de l'autre : tout l'ennui dans l'étude, tout le plaisir dans les divertissements. Que peut faire un enfant, sinon supporter impatiemment cette règle, et courir ardemment après les jeux?

Tâchons donc de changer cet ordre : rendons l'étude agréable; cachons-la sous l'apparence de la liberté et du plaisir; souffrons que les enfants interrompent quelquefois l'étude par de petites saillies de divertissement : ils ont besoin de ces distractions pour délasser leur esprit.

Laissons leur vue se promener un peu; permettons-leur même de temps en temps quelque digression ou quelque jeu, afin que leur esprit se mette au large; puis ramenons-les doucement au but. Une régularité trop exacte, pour exiger d'eux des études sans interruption, leur nuit beaucoup : souvent ceux qui les gouvernent affectent cette régularité, parce qu'elle leur est plus commode qu'une sujétion continuelle à profiter de tous les moments. En même temps ôtons aux divertissements des enfants tout ce qui peut les passionner trop : mais tout ce qui peut délasser l'esprit, lui offrir une variété agréable, satisfaire sa curiosité pour les choses utiles, exercer le corps aux arts convenables, tout cela doit être employé dans les divertissements des enfants.

. . . .

Les plaisirs simples sont moins vifs et moins sensibles, il est vrai : les autres enlèvent l'âme en remuant les ressorts des passions. Mais les plaisirs simples sont d'un meilleur usage; ils donnent une joie durable et égale sans aucune suite maligne : ils sont toujours bienfaisants; au lieu que les autres plaisirs sont comme les vins frelatés, qui plaisent d'abord plus que les naturels, mais qui altèrent, et qui nuisent à la santé. Le tempérament de l'âme se gâte, aussi bien que le goût, par la recherche de ces plaisirs vifs et piquants.

. . . .

Ne promettez jamais aux enfants, pour récompenses, des ajustements ou des friandises; c'est faire deux maux : le premier, de leur inspirer l'estime de ce qu'ils doivent mépriser; et le second, de vous ôter le moyen d'établir d'autres récompenses qui faciliteraient votre travail. Gardez-vous bien de les menacer de les faire étudier ou de les assujettir à quelque règle. Il faut faire le moins de règles qu'on peut; et lorsqu'on ne peut éviter d'en faire quelqu'une, il faut la faire passer doucement, sans lui donner ce nom, et montrer toujours quelque raison de commodité, pour faire une chose dans un temps et dans un lieu plutôt que dans un autre.

On courrait risque de décourager les enfants si on ne les louait jamais lorsqu'ils font bien. Quoique les louanges soient à craindre à cause de la vanité, il faut tâcher de s'en servir pour animer les enfants sans les enivrer. Nous voyons que saint Paul les emploie souvent pour encourager les faibles, et pour faire passer plus doucement la correction. Les Pères en ont fait le même usage. Il est vrai que, pour les rendre utiles, il faut les assaisonner de manière qu'on en ôte l'exagération, la flatterie, et qu'en même temps on rapporte tout le bien à Dieu comme à sa source. On peut aussi récompenser les enfants par des jeux innocents et mêlés de quelque industrie, par des promenades où la conversation ne soit pas sans fruit, par de petits présents qui seront des espèces de prix, comme des tableaux, ou des estampes, ou des médailles, ou des cartes de géographie, ou des livres dorés.

TABLE DES MATIÈRES

Avant-propos... III
Introduction.. 1
I. Vie de Malebranche. Ses écrits. Son caractère................. 1
II. La *Recherche de la Vérité*..................................... 21
III. Du livre II de la *Recherche de la Vérité*. De l'imagination. 36
   § Ier. La physiologie... 37
   § II. La psychologie... 44

DE LA RECHERCHE DE LA VÉRITÉ

LIVRE SECOND

DE L'IMAGINATION

PREMIÈRE PARTIE

Chapitre premier. — I. Idée générale de l'imagination. — II. Qu'elle renferme deux facultés, l'une active, l'autre passive. — III. Cause générale des changements qui arrivent à l'imagination des hommes, et le fondement de ce second livre..... 51
Chap. II. — I. Des esprits animaux, et des changements auxquels ils sont sujets en général. — Que le chyle va au cœur, et qu'il apporte du changement dans les esprits. — III. Que le vin en fait autant... 58
Chap. III. — Que l'air qu'on respire cause aussi quelque changement dans les esprits.. 62
Chap. IV. — I. Du changement des esprits causé par les nerfs qui vont au cœur et aux poumons. — II. De celui qui est causé par les nerfs qui vont au foie, à la rate, et dans les viscères.

III. Que tout cela se fait contre notre volonté, mais que cela ne se peut faire sans une Providence.................... 65
CHAP. V. — I. De la liaison des idées de l'esprit avec les traces du cerveau. — II. De la liaison réciproque qui est entre ces traces. — III. De la mémoire. — IV. Des habitudes......... 72
Analyse et extraits du chapitre VI...................... 89
Analyse et extraits du chapitre VII..................... 89
Analyse et extraits du chapitre VIII. — Avis pour bien élever les enfants.. 95

DEUXIÈME PARTIE

CHAPITRE PREMIER. — I. De l'imagination des femmes. — II. De celle des hommes. — III. De celle des vieillards........... 104
CHAP. II. — Que les esprits animaux vont d'ordinaire dans les traces des idées qui nous sont les plus familières, ce qui fait qu'on ne juge point sainement des choses.................. 111
CHAP. III. — I. Que les personnes d'étude sont les plus sujettes à l'erreur. — II. Raisons pour lesquelles on aime mieux suivre l'autorité que de faire usage de son esprit.................. 116
CHAP. IV. — Deux mauvais effets de la lecture sur l'imagination. 123
CHAP. V. — Que les personnes d'étude s'entêtent ordinairement de quelque auteur, de sorte que leur but principal est de savoir ce qu'il a cru, sans se soucier de ce qu'il faut croire........ 127
CHAP. VI. — De la préoccupation des commentateurs.......... 136
CHAP. VII. — I. Des inventeurs de nouveaux systèmes. — II. Dernière erreur des personnes d'étude...................... 146
CHAP. VIII. — I. Des esprits efféminés. — II. Des esprits superficiels. — III. Des personnes d'autorité. — IV. De ceux qui font des expériences.. 152

TROISIÈME PARTIE

De la communication contagieuse des imaginations fortes

CHAPITRE PREMIER. — I. De la disposition que nous avons à imiter les autres en toutes choses, laquelle est l'origine de la communication des erreurs qui dépendent de la puissance de l'imagination. — II. Deux causes principales qui augmentent cette disposition. — III. Ce que c'est qu'une imagination forte. — IV. Qu'il y en a de plusieurs sortes. Des fous et de ceux qui ont l'imagination forte dans le sens qu'on l'entend ici. — V. Deux défauts considérables de ceux qui ont l'imagination forte. — VI. De la puissance qu'ils ont de persuader et d'imposer............. 162
CHAP. II. — Exemples généraux de la force de l'imagination... 174

CHAP. III. — I. De la force de l'imagination de certains auteurs.
— II. De Tertullien.. 185
CHAP. IV. — De l'imagination de Sénèque......................... 188
CHAP. V. — Du livre de Montagne.................................... 204
CHAP. VI. — I. Des sorciers par imagination, et des loups-garous.
— II. Conclusion des deux premiers livres.................... 217
VIIe Eclaircissement. Sur le cinquième chapitre du deuxième livre.
— De la mémoire et des habitudes spirituelles............. 227
IXe Eclaircissement. Sur le troisième chapitre de la troisième
partie du second livre. — De la force de l'imagination des au-
teurs et principalement de Tertullien........................... 230

APPENDICES

APPENDICE I

LA VIE DE MALEBRANCHE PAR LE P. ANDRÉ.................... 239

APPENDICE II

EXTRAITS DE MALEBRANCHE.. 245
I. Exemples de faux jugements. Extraits de la *Recherche de la
Vérité*, l. IV, ch. VI, VII et VIII...................................... 245
II. La méthode. Extraits de la *Recherche de la Vérité*, l. VI,
part. I, ch. II, III, IV.. 261
III. Les lois de l'union de l'âme et du corps. Extraits du *Traité
de morale*, Ire partie, ch. X... 275
IV. L'imagination. *Traité de morale*, Ire partie, ch. XII....... 278
V. Les différents airs. *Traité de morale*, IIe partie, ch. XIII... 286
VI. L'éducation des enfants et les châtiments. *Traité de mo-
rale*, IIe partie, ch. X et XI.. 293

APPENDICE III

EXTRAITS DE BOSSUET.. 302
I. L'imagination. Sa nature et son usage. Extraits de la *Connaissance de Dieu et de soi-même*, ch. I et III................ 302
II. La curiosité et l'orgueil. Extraits du *Traité de la concupiscence*, ch. VIII et XVIII... 323

APPENDICE IV

EXTRAITS DE NICOLE... 329
Exemples de mauvais raisonnements causés par l'imagination et la passion dans la vie civile et dans les discours ordinaires. *Logique de Port-Royal*, III° partie, ch. xx............... 329

APPENDICE V

EXTRAITS DE FÉNELON.. 353
I. De l'imagination des femmes et de l'importance de bien élever les filles. *Traité de l'éducation des filles*, ch. I............ 353
II. De l'éducation des enfants. Qu'il ne faut pas les presser. *Traité de l'éducation des filles*, ch. v.................... 355
TABLE DES MATIÈRES... 361

SAINT-CLOUD. — IMPRIMERIE V° EUG. BELIN ET FILS.

www.ingramcontent.com/pod-product-compliance
Lightning Source LLC
Chambersburg PA
CBHW050544170426
43201CB00011B/1559